电子商务中的
争端解决问题探究

Research on Legal Issues
in Electronic Commerce and Dispute Resolution

赵云 著

厦门大学出版社
XIAMEN UNIVERSITY PRESS

内容简介

电子商务的飞速增长极大地推动了人们商务往来的全球化、便捷化、高效化，与此同时，它也不可避免地给这一领域带来了所谓“诉讼爆炸”的新困境，而且，这类争端往往由于具有前所未有的复杂性特征而难以适用传统的争端解决机制，因而无法得到快速、合理、令人满意的解决。因此，法律社会能否应时代发展的新需要，尽快展开相关研究并逐步建立起有效的电子商务争端解决机制，将大大影响到电子商务的进一步发展，甚至对它起到举足轻重的作用。本书所探讨的问题正好是国际社会在探索如何建立电子商务争端解决机制必须面临的崭新课题。作者在本书中先是对电子商务的发展以及现存争端解决机制的局限性分别进行了分析阐述。然后，通过对国际社会对于电子商务的一些现有政策的思考以及对于传统商业诉讼模式是否仍具有适用性展开剖析，并由此论证了当前电子商务争端解决因缺乏新的争端解决技术和规则而处于困境的现实状况及缘由。最后，作者在总结该领域现有研究成果的基础上，颇有建设性地提出了应该怎样设计争端解决的新机制才能符合当前电子商务发展的需要。

有关电子商务及其争端解决课题的研究，已经在20世纪末开始。但是有关此方面的专著，至今在国际国内还没有出现。当前正处于进行相关法治建设的关键时期，本书研究成果和出版恰能起到抛砖引玉的重要作用。

序

在迈入21世纪的进程中，人类继续表现出了令人惊叹的创造力。毋庸置疑，以数字化、网络化和知识经济为主要特征的全球一体化发展潮流方兴未艾，科技革命展示出了对生产力发展的巨大推动作用。电子商务在全球的蓬勃兴起正是这一时代特征的重要代表，尤其是因特网的迅猛发展，直接导致了人们从传统商贸活动中分离出以网络为基础的电子商务成为现实。而这一重要转变正在给人类的经济、社会、法律制度等发展带来新一轮的冲击与挑战。

事实上，电子商务的飞速增长极大地推动了人们商务往来的全球化、便捷化、高效化，与此同时，它也不可避免地给这一领域带来了所谓"诉讼爆炸"的新困境，而且，这类争端往往由于具有前所未有的复杂性特征而难以适用传统的争端解决机制，因而无法得到快速、合理、令人满意的解决。因此，法律社会能否应时代发展的新需要，尽快展开相关研究并逐步建立起有效的电子商务争端解决机制，将大大影响到电子商务的进一步发展，甚至对它起到举足轻重的作用。

为此，全球电子商务提供者都有责任建立使用者对电子商务的信心，并确保网上交易安全，才能继续促进电子商务的持续、高速发展。本书所探讨的问题正好是国际社会在探索如何建立电子商务争端解决机制必须面临的崭新课题，赵云博士在这方面做出了较为全面、系统、富有前瞻性和创新性的研究。作者在本书中先是对电子商务的发展以及现存争端解决机制的局限性分别进行了分析阐述；然后，通过对国际社会对于电子商务的一些现有政策的思考以及对于传统商业诉讼模式是否仍具有适用性展开剖析，并由此论证了当前电子商务争端解决因缺乏新的争端解决技术和规则而处于困境的现实状况及缘由；最后，作者在总结该领域现有研究成果的基础上，颇有建设性地提出了应该怎样设计争端解决的新机制才能符合当前电子商务发展的需要。

总之，无论国际社会在这一方面是否已经做好了充分的准备，电子商务前进的车轮仍然一如既往地滚滚向前，新生事物如火如荼地成长乃大势所趋。而在网络技术日新月异的形势下，且又得益于众多专家学者的积极探索和实践，适用于电子商务的行之有效的争端解决机制也呼之欲出了。当前正处于进行相关法治建设的关键时期，我相信本书的出版恰能起到抛砖引玉的重要作用。因此，对于所有致力于在此领域进行学习、研究及实践的读者来说，此书必将是值得首选阅读的论著了。

该书是在作者的博士学位论文的基础上修改而成的，我有幸担任其导师。该同志学习刻苦、思维敏捷、视野开阔。该书结构完整、构思严谨、内容丰富、论证有力，充分反应了作者较高的理论研究水平和严谨求实的治学态度。当然，电子商务争端解决的发展远未达到成熟阶段，故而希望作者今后进一步对之跟踪研究，以发挥更大更重要的作用。

马德培(Peter Malanczuk)教授

目录
Contents

第1章 简介

第一节 背景

20世纪末因特网的迅猛发展令人瞩目;通过网络进行的商务活动,即电子商务得到极大的推广并被人们广泛接受和使用。坐在电脑前通过浏览网页,就能完成很多工作,这对许多人而言曾经是一件不可思议的事情。在计算机及网络出现之前,人们根本无法想象足不出户就能获取各种信息或在一个看不见、摸不着的世界里进行商务往来。① 这一切都随着计算机的使用、电信技术、缩小化及压缩技术以及数字化等技术革新而改变,许多原来根本无法想象的构思都变成了现实,并展示着未来技术发展不可逆转的趋势。

其实,电子商务的某些形式早在我们今天所称的电子商务之前就已经出现了。当我们用电话、传真或所熟悉的其他形式的通信工具进行商务联系时,我们就已经融入了最广泛意义上的电子商务。② 但只有当网络出现后,人们才真正认识到电子商务的潜在威力;正是网络特有的开放性、多功能性以及国际性等多种特性极大地激发了电子商务的潜能,展现了网络对现代商业的革命性影响。③电子商务正在改变商业实体与其客户及供应商之间沟通联络的方式,也日益深入地影响着客户与商业实体及其他个人之间交流联络的模式。某权威机构将这种变化描述为"在经济层面上带来根本性的改变,以致简直可以认为是我们商务往来方式的一个重大突破。网络的广泛使用是一个迅猛的不可逆转的转折点,通过涤

---

① A. Goldstein & D. O' Connor, *E-Commerce for Development: Prospects and Policy Issues*, *OECD Development Center*, at http://www. oecd. org/dev; R. Perez-Esteve & L. Schuknecht, *A Quantitative Assessment of Electronic Commerce*, *Economic Research and Analysis Division*, WTO, Staff Working Paper ERAD-99 - 01, September 1999, at 2.

② K. W. Grewlich, *Governance in "Cyberspace": Access and Public Interest in Global Communications*, Kluwer, 1999, p. 47, 383.

③ 参见《电子商务:OECD 政策简报第 1-1997 号》, 第 1~3 页。

清已经建立起来的商业做法并以新的商业范例取而代之展示着历史发展的方向”。① 正是出于此种考虑，本书所指的电子商务专指基于网络展开的商务往来。

以往一直被视为怪异想法的电子商务近年来由于网络的迅猛发展得到许多商家的青睐，其业绩也得以成倍增长。② 每一天我们都会面对更多更新的统计数据反映电子商务的迅速扩张。现今电子贸易的增长正处于快速增长时期，而网络为电子商务的发展提供了前提和无限的机会。③

1991 年网络的使用者只有 4500 万，当时根本谈不上在商业上的使用；④但是新的信息交换方式从那时起就开始改变社会和经济结构的很多方面。⑤ 当网络延伸到商业领域时，其强大影响很快就显而易见了。商业实体、组织机构、政府和个人可以利用计算机网络销售产品，分享信息，交流和开展对话，跨越时空迅速拓展相关群体。⑥ 在短短几年的时间里，电子商务得到了显著的发展。据估计，1994 年的时候就有大约 3 亿或更多的网络使用者，⑦网上交易的金额也在十年内从零增长到 20 世纪末的近 3 亿美元。⑧ 另一项研究表明网上交易者的

---

① T. M. Siebel & P. House, *Cyber Rules, Strategies for Excelling at E-Business*, 1999, p. 1.

② M. M. Waldrop, Culture Shock on the Networks, *Science*, Vol. 265, 1994, pp. 879 ~ 880.

③ MT. Melville-Ross, The Changing Face of Business, in T. Nash (Ed.), *Electronic Commerce: Directors and Opportunities for Electronic Business*, 1998, p. 5.

④ 有关网络的迅猛发展，参见 K. S. Byford, Privacy in Cyberspace: Constructing a Model of Privacy for the Electronic Communications Environment, *Rutgers Computer & Tech. L. J.*, Vol. 24, 1998, pp. 1 ~ 38. 保守估计，网络在 1994 年拥有两千万用户。参见 G. P. Long, III, Comment, Who are You?: Identity and Anonymity in Cyberspace, *U. Pitt L. Rev.*, Vol. 55, 1994, pp. 1177 ~ 1178.

⑤ 参见 R. Wiley & R. Butler, National Information Infrastructure: Preserving Personal Space in Cyberspace, *Communications Lawyer*, Vol. 12, No. 3, 1994, p. 1.

⑥ G. Friedman & R. Gellman, An Information Superhighway “On Ramp” for Alternative Dispute Resolution, *N. Y. St. Bus. J.*, Vol. 68, 1996, pp. 38 ~ 39.

⑦ 网络以每个月 5% ~ 8% 的速度增长。参见 J. Clark, The Online Universe: Find Out Why Some 30 Million People Count Themselves as Citizens of this Mysterious World, Toronto Star, October 20, 1994, at J1; Internet Crimes Soars, *Information Week*, October 10, 1994, at 20.

⑧ 参见 M. Bachetta, P. Low, A. Matto, L. Schuknecht, H. Wager & M. Wehrens, *Electronic Commerce and the Role of the WTO*, 1998, p. 1. 根据另一项资料，该数字应为 2000 亿美元。参见 Opening remarks by B. Munder on *Customer Privacy on the Web—Self-Regulation or Government?* March 4, 1998, at http://mcgraw-hill. govservices. com/speech/forum1. html. 网络使用者的数量仍然以几何级数的数目增长。参见 Web News & Views: *Internet Marketing* 101, *Basics*, at http://www. cincymart. com/webnews/market. html. 如今网络的交易量每 100 天就翻倍。参见 R. I. R. Abeyratne, Auctions on the Internet of Airline Tickets, *Communications Lawyer*, No. 1, 1999, p. 22

数量在2003年增长到1.83亿,网上交易额也激增至1000亿美元。[①] 如今,尽管网络交易与传统交易比起来可能仍然只占据次要地位,但是考虑到以纸张为基础的传统商业已经存在了几百年的事实,电子商务取得的成果已经是令人关注的;更为重要的是,电子商务目前正以更为迅速的速度发展着。2003年网络交易占到工业化国家所有商业交易的2%,[②]到2004年,网络交易则已经占到世界商品和服务交易总额的8.6%。[③]

作为信息技术的引领者,美国在网络交易方面更为活跃并为其他地区指明了方向。大约有70%的网站位于美国,在1996—1997年间,大约85%以上的以网络为基础的电子商务交易额发生在美国。[④] 到2003年,商业对商业(B2B)的电子商务[⑤]交易额单单在美国就达到1.3万亿美元。[⑥]

认识到电子商务的潜在优势,其他国家和地区也在努力加强研究和推广,促进本国商贸的电子化。20世纪90年代欧洲委员会一个雄心勃勃的计划就是要在2000年底推进有关电子商务的立法以帮助欧盟推动其网络经济的发展。[⑦]该计划已经在有关法规的出台下实现了。此外,在1993—1996年间,非洲、亚洲、拉丁美洲都经历了在网络方面最快速的增长,此后这种发展势头还得到了延续。[⑧]

展望未来,虽然很难将电子商务量化,但电子商务将很有可能占到消费者和

---

① 参见全球因特网使用和商务、国际数据市场预测公司1999年6月的数据。同样,Forrest公司的研究表明电子商务的贸易额在2003年达到1330亿美元。具体参见R. Holleyman, *The Impact on Intellectual Property: Jurisdiction, Enforcement and Dispute Resolution*, International Conference on Electronic Commerce and Intellectual Property, Geneva, September 14 to 16, 1999, WIPO/EC/CONF/99/SPK/6-C.

② M. Bachetta, P. Low, A. Matto, L. Schuknecht, H. Wager & M. Wehrens, *Electronic Commerce and the Role of the WTO*, 1998, p. 23.

③ R. Holleyman, *The Impact on Intellectual Property: Jurisdiction, Enforcement and Dispute Resolution*, International Conference on Electronic Commerce and Intellectual Property, Geneva, September 14 to 16, 1999, WIPO/EC/CONF/99/SPK/6-C.

④ M. Bachetta, P. Low, A. Matto, L. Schuknecht, H. Wager & M. Wehrens, *Electronic Commerce and the Role of the WTO*, 1998, p. 25.

⑤ 电子商务可以分为几种, B2B(即商业对商业)是其中重要的一类,有关的讨论将在第二章中介绍。

⑥ *Financial Times*, 1999年4月12日。

⑦ *Financial Times*, 2000年6月26日。欧洲委员会希望通过7个方面的立法,包括版权、远距离金融服务以及电子货币等方面的法律。

⑧ ITU, World Telecommunications Indicators Database, 1997 b.

商业实体进行商贸活动相当重要的一部分。① 通信基础设施的发展,数字网络和以图像为基础的网络的应用已经使得并将继续促使信息传递更迅速、更便宜、更简单。随着技术的进一步提高,通信将变得更为可靠,因此更多的使用者将会被吸引到这个美妙的世界里。这将不可避免地导致很多工商业的生产力和效率的提高。理论上,提高的生产力将会创造出更多的利润并使经济体制更为稳定。②因此,网络的商业化使用,更确切一些,电子商务的未来发展将会十分美好。

大量网上消费者交易的涌现预示了电子商务的光明前景。网络通过促进消费者和商业实体之间的直接交易,鼓励消费者采用电子商务。虽然目前商业对商业(B2B)的电子商务的交易量远远超过网上消费者的交易量,③但是消费者大量采用网络进行商贸往来只是一个时间迟早的问题。④ 在电子商务的环境下,商业实体和消费者只需坐在电脑前与网络连接就可以进行交易,这从根本上改变传统的商业世界。伴随这些交易所可能产生的潜在利润已经吸引了很多商业实体并改变传统的观念和消费模式。

第二节 研究的问题

网络高效和便捷的通信方式,对传统的商业模式产生极大的冲击。商界正在试图改变传统的商业模式以适应新的交流方式。要取得成功,商界必须规划出一套完整的策略来应对商务、技术、安全及法律等多方面的要求,以更好地服务于消费者并避免潜在的责任。因此,网络的广泛使用给现有的许多领域都带来了新挑战,并要求有关人员对这些挑战作出迅速而有效的反应。⑤

① J. Coppel, E-commerce: Impacts and Policy Challenges, Economics Department Working Papers, No. 252, OECD, ECO/WKP, 2000, p. 25.

② 详见 *USA Today*, 1995 年 12 月 8 日。

③ 参见 *Measuring Electronic Commerce*, *Committee for Information*, *Computer and Communications Policy*, OECD/GD(97)185, at 13, at http://www.oecd.org/dsti/sti/it/ec/prod/e_97-85.htm.

④ The Emerging Digital Economy, U. S. Department of Commerce report, April 1998 at 5-6, at http://www.ecommerce.gov/whatsnew.htm.

⑤ 详见 M. I. Meyerson, Virtual Constitutions: The Creation of Rules for Governing Private Networks, *Harvard Journal of Law and Technology*, Vol. 8, 1994, p. 129; I. K. Gotts & A. D. Rutenberg, Navigating the Global Information Superhighway: A Bumpy Road Lies Ahead, *Harvard Journal of Law and Technology*, Vol. 8, 1995, p. 275.

其中,解决法律的适用问题已经是很迫切的任务。[①] 网络的使用已经对现有的法律体系、法律概念造成了很大的冲击并因而产生了许多争议。例如,现有法律有无提供清晰的、足够的指引来促进网络交易的发展?[②] 是否要消除一些电子商务特有的法律障碍?在电子商务背景下,如何重新考虑合同的一些要求如“书面”、“签字”、“原始证据”等等问题?

针对上述存在的问题,为了弥补法律存在的漏洞,许多团体已经着手做了许多工作。[③] 例如,联合国国际贸易法委员会牵头制定《电子商务示范法》,该法于1996年12月16日被采纳。[④] 此外,在国际与国内层面上的其他立法也均在进

---

① P. H. Schuck, Legal Complexity: Some Causes, Consequences, and Cures, *Duke L. J.*, Vol. 42, p. 1, 18 (1992).

② J. K. Winn, Open Systems, Free Markets and Regulation of Internet Commerce, *Tul. L. Rev.*, Vol. 72, 1998, p. 1177; R. J. Robertson, Electronic Commerce on the Internet and the Statute of Frauds, 49 S. C. L. Rev. 787 (1998); H. K. Towle, Electronic Transactions and Contracting, 520 *PLI/Pat*, 515 (1998); K. S. Haw, E-Commerce: Technology Can Bypass the Legal Pitfalls, *Bus. Times* (Singapore), 14 October 1996, at 16.

③ 例如, the International Chamber of Commerce (ICC) formulated General Usage for International Digitally Ensured Commerce (GUIDEC); this document can be found at http://www.iccwbo.org/guidec2.htm. 有关的讨论,参见 Survey of International Electronic and Digital Signature Initiatives, Internet Law & Policy Forum, at http://www.ilpf.org/digsig/survey.htm.

④ United Nations, UNCITRAL Model Law on Electronic Commerce, *I. L. M.*, Vol. 36, 1997, p. 197; 同时参见 The Report of UNCITRAL on the work of its 29th Session, UN General Assembly Official Records Supplement No. 17 (A/51/17), Annex I; A. H. Boss & J. K. Winn, The Emerging Law of Electronic Commerce, *Bus. Law.*, Vol. 52, 1997, p. 1469; J. Y. Gliniecki & C. G. Ogada, The Legal Acceptance of Electronic Documents, Writings, Signatures, and Notices in International Transportation Conventions: A Challenge in the Age of Global Electronic Commerce, *Nw. J. Int'l. & Bus.*, Vol. 13, 1992, p. 117; D. J. Greenwood & R. A. Campbell, Electronic Commerce Legislation: From Written on Paper and Signed in Ink to Electronic Records and Online Authentication, *Bus. Law.*, Vol. 53, No. 1, 1997, pp. 307 ~ 309; J. Clift, Electronic Commerce: the UNCITRAL Model Law and Electronic Equivalents to Traditional Bills of Lading, *International Business Lawyer*, Vol. 27, No. 7, 1999, pp. 311 ~ 316; R. Hill & I. Walden, The Draft UNCITRAL Model Law for Electronic Commerce: Issues and Solutions, *The Computer Lawyer* (March 1996), at http://www.batnet.com/oikoumene/arbunc.html.

行中。[①] 应该说,这些立法为电子商务的开展奠定了良好的法律基础。

但是,必须注意到,电子商务争端解决的问题一直被众多学者、商家遗忘,没有得到足够的重视。[②] 近年来,随着电子商务的与日俱增,由于误解、利益冲突或其他恶意行为而产生的纠纷不可避免。[③] 例如,如果通过网络购买的产品或提供的服务没有收到或不能产生应有的效用或被消费者认为在某方面不满意,其寻求法律救济方面就会存在一定的困难。这些困难包括了交易双方之间的地理距离,双方所处的政治和法律背景的差异,追索所可能发生的费用以及法律措施的复杂性等等;而这些问题都对传统争端解决的理念带来了巨大的挑战。伴随着电子商务所产生的纠纷,无论在其发生的数量上还是复杂程度上都使人们不能再对电子商务争端解决的问题熟视无睹。

例如,一个美国商人通过一个德国的服务器设立了一个网站,一个荷兰的消费者在该网站与这个美国商人进行交易。在交易过程中,消费者可能会与商人发生有关货物质量、价格、交付方式等纠纷。此外,在该电子交易过程中还可能会产生其他类型的纠纷:商人因为连接服务问题可能会与网络服务商发生争执;商人的网站可能侵犯另一个公司的知识产权等等。很明显,电子商务开展过程中会产生出许多纠纷,而这些纠纷往往都跨越国界,牵涉到许多国际利益。

争端解决的妥当与否会在很大程度上影响商人和消费者对网络交易的态

---

① 例如加拿大联邦及六个省的立法部门专门为电子商务制定法律。参见 L. Guibault, Canada: New Legislation on E-Commerce Underway, *Computer Und Recht International*, No. 1, 2001, at 25 ~ 26. 美国统一商法典第 2 条的修改以及加入新的有关计算机信息交易的 2B 条款都是出于健全电子商务法律的目的。参见 R. T. Nimmer, Article 2B: An Introduction, 16 *J. Marshall J. Computer & Info. L.* 211, 227 – 237 (1997); R. T. Nimmer, Electronic Contracting: Legal Issues, 14 *J. Marshall J. Computer & Info. L.* 211 – 212 (1996); A. H. Boss, Electronic Commerce and the Symbiotic Relationship Between International and Domestic Law Reform, *Tulane L. Rev.*, Vol. 72, 1998, p. 1931, pp. 1956 ~ 1963. 荷兰商业机构和荷兰政府经济事务部为促进电子商务的发展,共同建立荷兰电子商务平台组织,该组织提出了电子商务行为准则草案。该草案提出以非法律方式解决许多电子商务运转中继续解决的问题。参见 The Draft Code of Conduct for Electronic Commerce, Willamette J. *Int'l L. & Dispute Resolution*, Vol. 7, 2000, p. 173.

② Symposium, Doing Deals in Cyberspace: Negotiation, ADR and the Electronic Revolution, *Negotiation*, J. 91, Vol. 11, 1995; I. MacDuff, Flames on the Wires: Mediating from an Electronic Cottage, *Negotiation*, J. 5, Vol. 10, 1994.

③ 参见 R. H. Mnookin, Why Negotiations Fail: An Exploration of Barriers to the Resolution of Conflict, *Ohio St. J. on Disp. Resol.*, Vol. 8, No. 2, 1993, p. 235; W. L. Ury, J. M. Brett & S. B. Goldberg, *Getting Disputes Resolved: Designing Systems to Cut the Costs of Conflict*, at xii (Jossey-Bass, Inc., 1988).

度。而商人和消费者对互联网的态度又将决定电子商务的最终命运。当然,从目前来看,电子商务短期内将会继续发展,而不论这种交易本身存在多少问题:只要有可预见的利润,商人就会设立网站做生意;而消费者由于对电子商务存在的猎奇心态以及所提供交易便利的机会,也会从行动上支持商人的生意。但这只是短期的现象。如果当电子商务发生的争端堆积如山,却没有解决这些争端的适当的法律措施和途径,商人和消费者就会发现其利益处于危险境地,他们的热情也就会逐渐消退了。这对电子商务的长期发展将会造成毁灭性的打击。因此,为确保电子商务的健康发展,建立有效的争端解决机制就变得十分必要了。

争端解决是确保一个多元的社会组织所必须具备的最低秩序性和稳定性的机制。① 从这个角度来说,争端解决在人类社会出现的时候就已经存在了。不无奇怪,当人们回顾美国的历史资料时,会发现许多诉讼的记录,这说明争议双方去法院解决问题是一件既平常又自然的事情。

虽然上述诉讼的记录表明人类社会为处理一切争端,包括电子商务的争端提供了一条有效的途径并建立了一个良好的基础,但是电子商务作为一种新型的贸易方式与传统交易方式在许多方面均有所不同,特别是电子商务交易的性质使得传统诉讼上的管辖理论受到极大的质疑,因此需要一种新的法律机制来应对这些质疑与挑战。此外,诉讼所需的高额费用和时间令争议双方对将电子商务的争议提交法院解决望而却步;而消费者电子交易所涉的金额往往都比较少,当其争议所涉金额仅为100美元或更少时,更令人质疑诉讼方式的可行性。

除了诉讼以外,还存在其他的争端解决方式,这些方式往往效率高而成本较低,受到很多人的欢迎并广为采用。其中,通过仲裁解决商务争端更是得到了广泛的认可。

如前所述,通过现有的机制来解决电子商务的争端也是可能的,但问题在于这些方式合适与否。网络的发展带来电子商务的应用,在争端解决方面也应该加强对现代技术的应用,不应限制视野而削弱互联网本身应有的意义。电子商务的出现与网络的使用需要发展新的争端解决机制来适应它。目前的主要问题就是要确定一个连接点,将互联网的应用融入现有的争端解决机制。在继续发挥争端解决机制传统功能的同时,引入新技术,提高争端解决机制的可操作性和适用性。

本书研究的目的就在于探求解决电子商务争端中应适用的原则和规则,并构建新的机制快捷地解决电子商务争端。本书所要解决的问题可以归纳为:由

---

① T. E. Carbonneau, *Alternative Dispute Resolution: Melting the Lances and Dismounting the Steeds*, University of Illinois Press, 1989, p. 5.

于传统的争端解决机制不能很好地适应目前的状况,那么应该制定什么样的规则和措施来快捷地解决电子商务中产生的争端?

第三节 方法和范围

如上所述,电子商务过程中会产生争端。在没有新的机制之前,我们没有其他选择,只能利用传统机制来解决此类争端。但是这其中会存在诸多问题和困难。电子商务对传统诉讼机制带来诸多的挑战,要求对诉讼的传统理论,例如管辖权和法律适用的理论等,作出相应的发展和修改,以适应新的需求。

电子商务所具有区别与其他传统交易的新特征要求进一步发展争端解决体制。虽然诉讼仍然可以用来解决争端,但在处理电子商务的争端时应积极寻求诉讼之外的解决方式。替代性争端解决机制(ADR)的概念实际上包括除了诉讼(和仲裁)以外的所有争端解决机制,这就为寻求适应电子商务争端解决需求的努力提供了极大的灵活性。

本书研究的目的并非在于呼吁适用替代性争端解决机制取代传统的诉讼,恰恰相反,其目的是要对所有可能的电子商务争端解决机制做一个全面的审视。在分析传统诉讼中存在的问题的同时,本书试图找出其他方式来解决诉讼存在的问题。本书作者的观点是诉讼仍然是争端解决的一种重要机制;而且诉讼是保障公平正义的一个安全阀。但现代技术的应用要求更快捷的方式来解决争端。随着新技术在经济领域中的广泛运用,相应地,应积极采用新技术制定出的机制来监管经济,如果不这样做的话,就会造成对现有资源的浪费。因此完全有必要及早研究如何在现有机制中应用现代技术,或更确切一点,如何发挥网络在争端解决中的作用并从而制定新机制。

将网络技术应用到争端解决中的可行性已经得到许多机构和组织的验证。一些组织机构尝试应用在线设施来处理某些特别领域的争端,但这些尝试都没有从一般意义上处理电子商务的争端。在在线机制没有得到广泛应用的情况下,专家的意见以及现有的在线做法就变得很重要了。电子商务的潜力是巨大的,而电子商务对于许多人来说还是一个新现象,本书对争端解决以及在线机制的探讨都是尝试性的工作,其涉及的范围也相当广泛,相信一定会引起诸多的讨论,这也是本书作者作此项研究的本意之所在。

第四节 概要

本书共七章。第一章简介;第二章阐述电子商务的发展、与电子商务有关的争端以及处理这些争端可能使用的争端解决机制。本章将电子商务定义为通过互联网进行交易这样一个概括性的术语，并将电子商务划分为几种特定形式。接着讲述了电子商务的交易过程，并综述潜在的合同性与非合同性纠纷以及目前现有的争端解决机制。本章尤其分析了现存机制的缺陷及有待改善之处。

互联网的应用从根本上改变了社会生活，法律也应通过采纳新的争端解决措施作出相应的变动。第三章指出了一些政策方面的考虑。第一节讨论了自律原则这一规制互联网的理想方式；第二节探讨了国际合作在跨国界的电子商务争端中的意义；第三节针对由于交易各方所能接触到网络信息的不同而导致新的力量失衡的可能情况，重新审视了保护消费者和商人利益的传统政策。本章还列举了一些例子来诠释推行以上三方面政策的程序及与政策之间的关系。

在上述三项政策的指引下，第四章讨论了传统的商业诉讼模式。无论发生了什么纠纷，代表国家权力的传统诉讼模式在争端解决中一直占有重要地位。但是诉讼应进一步发展以适应科技的进步，否则陈旧的理论将阻碍诉讼进一步发挥作用。本章专门对诉讼两个相关的方面加以详细讨论。第一节针对司法管辖权，即授予某个法院受理案件的权力；第二节针对电子商务中的法律选择问题。这是与诉讼密切相关的两大议题。法院应确立其受理案件的正当性并适用恰当的法律以确立其立场的合法有效性。

第四章的讨论表明诉讼其实并不是处理电子商务争端的最佳选择，因此必须加强新机制的研究。本书第五章选出并论述了体现设立新机制总体趋势的几个例子。其中包括“虚拟法庭项目”、马萨诸塞大学的网上申诉办事处、网络审裁庭、世界知识产权组织解决域名争端以及有关应用网络服务提供商预防及解决争端的一些举措和做法。

基于第五章的讨论，第六章于是设计了电子商务争端解决的新机制，该机制并非是现有仲裁的简单移植。本章第一节描述了该机制的蓝图，阐述了其指导原则及应用中的特殊细节。第二节讨论了电子商务中法律的适用并建议现阶段依照“信息所在”原则处理该领域纠纷。第七章对本书的研究和发现作出总结。

第2章 电子商务及争端解决

第一节 电子商务

"电子商务"一词已经为许多人所熟识,其本身并没有明确的定义,但却能与现有社会上的不同的利益团体之间产生不同的联系。① 由于电子商务及其参与者如此众多,他们之间的复杂关系演变的如此之迅速,不同主体对于电子商务的含义有着不同的理解。② 本章的目的不在于对电子商务给出一个精确的定义,因为这几乎是不可能的。本章意在对以网络为基础的电子商务在经济生活中的实践做法和含义做一个大致的概括和总结。③

当今世界人们所称的"电子商务"主要是指以因特网或其他网络为基础开展的商务活动。但是对于这一说法颇有争议,有人认为其有缺陷或至少太狭

---

① 参见 M. B. Andersen, Electronic Commerce: *A Challenge to Private Law*?, Centro di studi e Ricerchedi Diritto Comparato e Straniero, Saggi Conferenze e Seminari 4 Rome, 1998.

② 有关电子商务定义的讨论，详见 http://www.oecd.org/dsti/sti/it/ec/act/sacher.html; H. K. Towle, *Electronic Transactions and Contracting*, 520 Prac. L. Inst.: Patents, Copyrights, Trademarks, and Literary Property Course Handbook Series 515, 517 (June 8, 1998); J. Coppel, E-Commerce: Impacts and Policy Challenges, Economics Department Working Papers No. 252, June 2000, OECD, ECO/WKP(2000)25, at 4; Measuring Electronic Commerce, OECD Working Papers Vol. V., No. 97, Paris, at 6, 9.

③ 参见 S. S. Wu, Incorporation by Reference and Public Key Infrastructures: Moving the Law Beyond the Paper-Based World, *Jurimetrics J.*, Vol. 38, No. 3, 1998, p. 317; D. J. Greenwood & R. A. Campbell, Electronic Records and Online Authentication, *Bus. Law.*, Vol. 53, 1997, pp. 307 ~ 308; A. Urbaczewski et al., A Manager's Primer in Electronic Commerce, *Bus. Horizons*, 1998, p. 5.

隘。[①] 因为电子商务并非由网络的出现而创造出来,也并非为网络的出现而产生。电话、传真、电视、电子支付和电汇系统以及电子数据交换都使商务活动在某一方面或某几个方面以电子形式开展成为可能。[②] 例如,电子基金转移就是国际金融交易的主要形式之一,且成为重构消费者银行交易以及许多国家银行支付系统的核心。

但是,只有在网络出现后,电子商务的提法才为广大公众所理解并接受。道理很简单。当所有的交易都能通过网络来达成时,突然之间一个普通人可以在其所不了解的虚拟空间与他们的客户及商业伙伴进行商务往来,这是多么的神奇并令人惊讶。而且,网络比之前所提到的诸如电话、传真等电子方式更为方便,网络提供了一种更有效更低廉的商务往来的方式,商人和消费者都能从中受益。而其他电子方式在提供相对低廉有效的服务的同时,都只是对传统交易作出一点小小的变更;该种变更绝达不到网络所带来的变革性的影响。

虽说如此,我们也应注意到上述电话等五种方式仍然被广泛地使用着。事实上,网络本身的使用经常可以或必须与电话、传真甚至非电子方式的交易如运输等结合起来。这里我们需要强调的是,网络的存在为消费者和商人提供了更多的选择,而本书的研究正是针对通过网络而进行的商务活动。

第二节　通过网络而进行的商务

一、网络作为媒介

网络是以电脑为基础进行电子通信和交流的场所。[③] 有学者将其定义为全球信

---

① C. Hsu & S. Pant, *Innovative Planning for Electronic Commerce and Enterprises: A Reference Model*, Kluwer, 2000, pp. 7 ~ 8.

② 参见 M. Bachetta, P. Low, A. Matto, L. Schuknecht, H. Wager & M. Wedrens, *Electronic Commerce and the Role of the WTO*, 1998, p. 5.

③ 有关网络的讨论,参见 N. J. Boddie, II, et al., A Review of Copyright and the Internet, *Campbell Law Review*, Vol. 20, 1998, pp. 193 ~ 206; G. Basque,, Introduction to the Internet, in E. Mackaay et al. (Eds.), *The Electronic Superhighway*, 1995, pp. 7 ~ 15; J. Matthews, A Million Subscribers a Month Can't Be Wrong, *Sunday Times*, 26 June 1994; L. J. Gibbons, No Regulation, Government Regulation, or Self-Regulation: Social Enforcement or Social Contracting For Governance in Cyberspace, *Cornell J. L. & Pub. Pol'y*, *Vol.* 6, 1997, *p.* 475, *pp.* 487 ~ 489; *C. P. Gaumer*, *Conflicts*, *the Constitution*, *and the Internet*, Ill. B. J., *Vol.* 86, 1998, *pp.* 502 ~ 503.

息系统,该系统由基于网络协议或其延伸的全球唯一地址空间有逻辑地联系在一起。① 网络作为庞大的电子通信连接网,一个世界范围内的网,连接着全世界的电脑。②

有关网络的研究始于美国国防部在20世纪60年代末的一个研究项目,③名为中介网高级研究项目,目的是为了探索一种现代信息传递技术以获得高效的通信能力。④ 该项技术最初被用作军事用途,作为一旦爆发核战争导致通信严重受扰时一种确保军事部队之间的安全通信的方法。⑤ 1981年,军事通信网成功将300台电脑连接起来实现安全通信的目的。⑥ 之后这一项目的初衷被拓

---

① Fed. Networking Comm'n, Definition of the Internet (24 October 1995), at http://www.fnc.gov/Internet_res.html.

② A. Knoll, Comment, Any Which Way But Loose: Nations Regulate the Internet, *Tul. J. Int'l & Comp. L.*, Vol.4, 1996, p.275, 277; G. Bovenzi, Liabilities of System Operators on the Internet, *Berkeley Tech. L. J.*, Vol.11, No.1, 1996, p.93, 97.

③ L. Lessig, *Code and Other Laws of Cyberspace* 4 (1999); see also K. Cheatham, Negotiating a Domain Name Dispute: Problem Solving v. Competitive Approaches, *Willamette J. Int'l & Dispute Resolution*, Vol.7, 2000, p.35, 38.

④ D. H. Crocker, An Unaffiliated View of Internet Commerce, in R. Kalakota & A. B. Whinston (Eds.), *Readings in Electronic Commerce*, 1997, *p.* 4; *see also J. M. Adams*, *Controlling Cyberspace: Applying the Computer Fraud and Abuse Act to the Internet*, Santa Clara Computer & High Tech. L. J., *Vol.* 12, 1996, *p.* 403, 405. 中介网高级研究项目使有关人员能通过所谓的"网络控制协议"进行联系,该协议能将有关信息在发出时进行转换成有关数据,然后在接受时重新组合成接受者可认读的信息。

⑤ 参见 G. B. Allison, The Lawyer's Guide to the Internet, 1995, p.31; J. R. Levine & C. Baroudi, The Internet for Dummies, 1994, p.12; J. Reno, Attorney General of the United States et al. v. American Civil Liberties Union, Supreme Court No. 96～511, 20 n.3 (26 June 1997), at http://www.ciec.org/SC_appeal/opinion.html.

⑥ 有关互联网的历史及相关内容,详见 T. Berners-Lee & M. Fischetti, *Weaving the Web: The Original Design and Ultimate Destiny of the World Wide Web by Its Inventor*, 1999; *A. M. Froomkin*, *Wrong Turn in Cyberspace: Using ICANN to Route Around the APA and the Constitution*, Duke L. J., *Vol.* 50, 2000, *p.* 17; *J. Weinberg*, *ICANN and the Problem of Legitimacy*, Duke L. J., *Vol.* 50, 2000, *p.* 187; *B. M. Leiner et al.*, *A Brief History of the Internet (authored by the Director of the Researcher Institute for Advanced Computer Science, Senior Vice President of Internet Architecture and Technology at MCI WorldCom, Senior Research Scientist at the MIT Laboratory for Computer Science, President of the Corporation for National Research Initiatives, Professor of Computer Science at UCLA, among others), at http://www.isoc.org/internet/history/brief.html.*

展了。网络作为信息传递的一种方式,不仅仅用于军事目的,也被用于其他目的。①

网络的出现的确对人们的联系方式产生极为重要的影响,因而也大大改变了许多人的日常生活。② 不同于其他联系方式,网络可以使各方当事人的联络跨越时空,相互之间的联系更加简捷,相互之间的互动更为频繁,缩短了时空原有的地理含义。③ 通过网络进行的某些联系方式如电子邮件发挥着特定作用,但是必须注意,不可与网络本身相等同。网络是这种新的交流媒介的一个总称。现实生活中,经常有许多人将互联网④等同于网络。⑤ 而实际上,互联网仅仅是网络联系的方式之一。世界各地的人们只要有着必要的设备,即一台联接网络的电脑,就可以在任何时间接触到相关网站上的信息,这是科技的一大进步。⑥

与其他通信方式相比,网络有着明显的优势。通常,一封邮件要很长时间才能送达,电话将使用者之间的交流局限于口头,传真机又仅仅以快捷的书面传递形式替代口头交流。无论是电话还是传真都未能实现面向广大群体的信息传递,虽然广播和电视在设计上做到了信息向广大群体的传递,但其并没有使人与人之间的个别交流更方便。只有网络将声音、文字、人与人之间的沟通及大众化

---

① 许多校园也渐渐采用网络技术用于通信目的。参见 K. Hafner & M. Lyon, Where Wizards Stay up Late: the Origins of the Internet, 1996, p. 249.

② 参见 A. L. Shapiro, *The Control Revolution: How the Internet is Putting Individuals in Charge and Changing the World We Know*, 1999.

③ H. M. White, Jr. & R. Lavria, The Impact of New Communication Technologies on International Telecommunication Law and Policy: Cyberspace and the Restructuring of the International Telecommunication Union, Cal. W. L. Rev., *Vol.* 32, 1995, *pp.* 1 ~ 2.

④ 有关网络及互联网的基本概念及术语的讨论,参见 *ACLU v. Reno*, 929 F. Supp. 824 (E. D. Penn. 1996); T. Laquey, *The Internet Companion: A Beginner's Guide to Global Networking*, 2nd Ed., 1994.

⑤ D. Bicknell, Bigger, Better, Faster, More (where the Internet revolution could take us over the next five years), *Computer Weekly*, 18 November 1999, at 44. Berners-Lee 在欧洲物理实验室工作时开始互联网的研究,希望能建立高效的通信媒介体制。参见 Thomas Boutell and Boutell. Com, Inc., World Wide Web FAQ, 1997, at http://www. boutell. com. faq. 1992 年 Andreessen 和伊利诺斯大学的其他同事共同设计了第一个互联网浏览器(莫赛克),并于 1994 年设立了 Netscape 公司。

⑥ L. Tien, Who's Afraid of Anonymous Speech? MaIntyre and the Internet, *Or. L. Rev.*, Vol. 75, 1996, p. 182.

的宣传真正融为一体。①

一些网络评论员因此断言，网络作为一种透明的通信方式，将会增强容忍度，倡导民主，重新分配社会财富，提高读写技巧，摧毁贸易壁垒，为世界带来和平。② 不论上述评论正确与否，网络确实已经被人们所广泛应用。商人利用网络进行贸易模式的革新，他们利用网络做广告进行产品的宣传并开展贸易。③潜在的消费者可以通过网络直接回复这些商人，这就使信息和商品的交换变得高效低廉。

① B. Robin, E. Keeler & R. Miller, *Educator's Guide to the Web*, 1997, *pp.* 1 ~ 2.

② 参见 F. Cairncross, *The Death of Distance: How the Communications Revolution Will Change Our Lives*, 1997, *pp.* 119 ~ 120, *p.* 155, *pp.* 209 ~ 210, *pp.* 233 ~ 234; *M. L. Dertouzos*, What Will Be: How the New World of Information Will Change Our Lives, 1997, pp. 82 ~ 85; E. Dyson, *Release* 2.0: *A Design for Living in the Digital* Age, 1997, pp. 83 ~ 86, p. 125; B. Gates, The Road Ahead, 1995, pp. 135 ~ 136, pp. 157 ~ 158, pp. 184 ~ 185; N. P. Negroponte, Being Digital, 1995, pp. 55 ~ 59; H. Rheingold, Why Censoring Cyberspace is Dangerous and Futile, *at http://www.well.com/user/hlr/tomorrow/tomorrowcensor.html.*

③ 实际上，20 世纪 90 年代浏览器的出现对电子商务的发展起了推动作用。Netscape, Internet Explorer 等浏览器能使网络的使用者快速搜索到他们所需要的网络页面。参见 P. L. Spector, The Internet and Intellectual Property: Toward a New Model for the Economics of Content, *Telecommunications and Space Journal*, Vol. 4, 1997, pp. 157 ~ 158.

二、电子商务的网络空间

"网络空间"[①]一词是随着网络的出现才提出来的新词。[②] 它是指所有网络活动发生的空间,[③]它与现实空间所不同的是网络空间是看不见摸不着的。网络空间的本质就是一个搜索引擎,人们可以利用它来跨越无穷无际的空间来找到自己想要的东西。[④] 而本书讨论的电子商务就发生在这个空间里。

网络空间已经突破了现实空间里所存在的地理和时间上的局限。现实世界中的地理边界决定着司法管辖权的界限,但是在网络空间里已经不存在这种边界了,边界在网络中无处不在而又无处所在。[⑤] 网络的架构旨在克服任何可能

---

① Bibson 是科幻小说作家,是网络文学类型的奠基人之一。"网络空间"一词由其在1984 年的小说中首先提出。该书 51 页他将"网络空间"定义为"日常生活中各国合法的使用者所共有的幻觉;电脑数据库的生动体现;相当复杂的一个空间。"该词被用以描述电脑适用所形成的虚拟的空间,而该空间又被赋予物质世界的特性。根据计算机专家 Gelernter,网络空间应该被视为对世界的影像;在该空间,物质世界以电子形式体现,而人们则能如同在物质世界一样互相交流和活动。参见 D. H. Gelernter, *Mirror Worlds, or, the Day Software Puts the Universe in a Shoebox … How It Will Happen and What It Will* Mean (1991); T. H. Flaming, The Rules of Cyberspace: Informal Law in a New Jurisdiction, *Illinois Bar Journal*, Vol. 85, 1997, p. 174; R. T. Muth, Old Doctrines on a New Frontier: Defamation and Jurisdiction in Cyberspace, *Wis. Law.*, Vol. 68, 1995, p. 11; E. A. Cavazos & G. Morin, *Cyberspace and the Law: Your Rights and Duties in the On-Line World*, 1994, pp. 1 ~ 11; A. M. Fulton, Cyberspace and the Internet: Who Will be the Privacy Police?, *Commlaw Conspectus*, Vol. 3, 1995, p. 63; S. C. Jacques. Comment, Reno V. ACLU: Insulating the Internet, the First Amendment, and the Marketplace of Ideas, *Am. U. L. Rev.*, Vol. 46, 1997, p. 1945, 1948, n. 8.

② 有时因特网更被视为或等同于网络空间或所谓的全球信息基础设施。参见 J. C. Ginsburg, Global Use/Territorial Rights: Private International Law Questions of the Global Information Infrastructure, *J. Copyright Society U. S. A.*, Vol. 42, 1995, pp. 318 ~ 319 ; A. P. Reindl, Choosing Law in Cyberspace: Copyright Conflicts on Global Networks, *Mich. J. Int'l L.*, Vol. 19, 1998, pp. 799 ~ 800; S. Fraser, The Copyright Battle: Emerging International Rules and Roadblocks on the Global Information Infrastructure, *J. Marshall J. Computer & Info. L.*, Vol. 15, 1997, p. 759, 760.

③ 参见 J. Zanghi, "Community Standards" in Cyberspace, *U. Dayton L. Rev.*, Vol. 21, 1995, p. 95, 106.

④ L. Lessig, Surveying Law and Borders: The Zones of Cyberspace, *Stan. L. Rev.*, Vol. 48, 1996, p. 1408.

⑤ 参见 R. C. Bordone, Electronic Online Dispute Resolution: A Systems Approach-Potential, Problems, and a Proposal, *Harv. Negotiation L. Rev.*, Vol. 3, 1998, p. 181.

的障碍,通过网络避免控制信息传播的现实可能性和可行性。① 通过网络,世界各地的众多人们可以在任何方便的时间进行联系,即时并穿越任何距离地互发信息。因此,网络空间为在世界各个角落的成千上万的人们创设了一个虚拟的交流空间。② 只要坐在屏幕前,人们几乎可以做他们在现实生活中所做的每件事情,如交流思想和知识、参与学术讨论、做生意、玩游戏或说三道四。③

三、电子商务的特点

通过网络进行的电子商务在许多方面都是全新的。新的电子信息技术对电子商务至关重要,因为交易中几乎所有通信联络都使用这一技术。电子商务并非简单的把商品目录放在网上,它从根本上改变了一个公司做生意的方式,改变了利用原有销售系统与客户、供应商、合作伙伴交流的方式。电子商务是系统的、全面的在线贸易,而不仅仅是电脑上显示的一个网站!电子商务带来的值得我们注意的一个现象是贸易各方关系的短暂性,大多数贸易关系都是通过网络所建立起来的。④

随着网络的广泛应用,许多商务程序都可以被省略或加快,这就大大简化了商业流程。例如,与传统商务相比,电子商务所需的循环周期短,并能提供更为高效高质的客户服务。这些优势都适应了现代社会和商务的节奏,即变化迅速且要求快速反应。网络所带来的效率对现代商业来说是至关重要的。

电子商务所需要的交易费用也较低,这就为许多商人特别是中小商户提供了新的商业机会。⑤ 因为几千块钱就能设立一个网络商业,网络避免了人为的对不同规模商务企业的歧视。一个通过网络服务商发布的信息可以以同样的方式同时传送给全球各地的消费者。更低的运营成本、更低的购买成本、更低的销售和推销成本,新的销售机会以及遍及全球的消费者群体是十分吸引人的,这对

---

① A. Lazzaretti, Internet Regulation and On-Line Gambling: A Brief Study of the US and EU Legal Systems, *Law/ Technology*, *World Jurist Association*, Vol. 31, No. 4, 1998, p. 6.

② 因特网在本质上确实是全球化并具深远影响。参见 Vice President A. Gore, Bringing Information to the World: The Global Information Infrastructure, *Harv. J. L. & Tech.*, Vol. 9, 1996, p. 1.

③ 参见 H. Rheingold, *The Virtual Community*: *Homesteading on the Electronic Frontier*, 1994, p. 3.

④ A. H. Boss, The Internet and the Law: Searching for Security in the Law of Electronic Commerce, *Nova L. Rev.*, Vol. 23, 1999, p. 586.

⑤ Joint EU-US Statement on Electronic Commerce, 5 December 1997, at http://www.qlinks.net/comdocs/eu-us.htm; The First Annual Report, US Government's Working Group on Electronic Commerce, November 1998, at http://www.ecommerce.gov/whatsnew.htm.

中小企业更是如此。

同时,消费者也被一视同仁地对待。任何人只要有必要的设备就可以以最低的费用与商人进行即时交流。许多人即使在不知晓或无法知晓对方的地理位置的情况下也可以与之做生意。

四、电子商务的准备及一般流程

如上文所述,电子商务通过网络进行交易。虽然电子商务开展的方式或表现形式多种多样,但仍然可以从中归纳出一些共同点。本节就试图勾勒出这些共同点或者说电子商务的一般程序。

开展电子商务的一个重要步骤就是首先设立一个网站,以便上传有关企业的信息。但是网站的设立还要求有其他基础设施的支持。从源头谈起,启动电子商务必须有相应的电信基础设施存在,作为信息传递的基本承担者。电信正在经历飞速发展。国际电信联盟(ITU)承担着协调及促进不同地区电信发展的监管任务。自从世界贸易组织(WTO)乌拉圭回合谈判之后,电信服务的贸易与自由化方面已受《服务贸易总协定》(GATS)的调整,逐步开放电信市场,努力实现电信服务的全面自由化。该总协定确认电信为电子商务及其他领域服务的基本通信工具。① 协定要求便利电信服务提供商进入相关市场,提供电信的连接服务,使其他基于电信服务的活动成为可能。同时该协定还要求各国开放电信服务商进入网络间信息传递的服务市场。

电信服务市场为各商家建立网站提供基本的前提条件。商家必须申请登记网址,以便其设立网站来宣传其产品或服务并进行具体的交易。每个网站都有一个称为“网络协议(IP)”的独一无二的数字地址,②这些数字地址类似于电话号码,并没有任何特别之处;实际上这些数字号码对网络使用者来说没有任何意义,因此要求浏览者记住这些数字号码几乎是不大可能的,为了使网址利于识别,

---

① 这些发展为全球电子商务的发展奠定了坚实的基础。参见 S. Y. Choi & A. B. Whinston, The Future of the Digital Economy, in M. Shaw, R. Blanning, T. Strader & A. Whinston (Eds.), *Handbook on Electronic Commerce*, Springwe-Verlag, 2000, p. 50.

② 参见 F. L. Street, *Law of the Internet*, 1997, at xxx; D. Diamond, *Whose Internet Is It Anyway?*, Wired, April 1998, at http://www.wired.com/wired/archive/6.04/kashpureff.html?topic=internet_law&topic_set=newpolicy.

域名也就应运而生。① 域名被许多学者认为是一种对用户友好的网址形式。②

域名系统存在不同的等级系列。③ 顶级域名(TLD)是注册的基础,显示域名中最没有企业特性的部分。④ 顶级域名通常有两种:一般性的和国家代码。前者中的每种域名都有着特殊的目的:“.com”用于商业实体;“.net”用于计算机网站或其他网络地址;“.org”用于国际组织等等。⑤ 每个国家代码都是代表着注册国的两个字母的缩写。⑥ 例如,“.cn”代表一个在中国监管下的顶级域名。目前,大约有250个国家顶级域名,每个域名分别代表注册在某个特定国家的名下。注册国和注册方之间不一定要有密切关系,他们仅仅存在域名管理上的联系。

与顶级域名相连接的就是第二级域名(SLDs),第二级域名能够识别域名的具体注册者。⑦ 注册者可以从一个网络服务提供商(ISP)那里选择一个顶级域名,商家通常会选择.com作为其网址的顶级域名。第二级域名排在顶级域名之前,这部分具有特殊的含义。第二级域名通常由准备注册的商家商号或实体的名字构成,因而商标经常成为第二级域名的内容。商标法允许同一商标在不同的商品或服务上使用,但是在域名体系内此类重复是不可能的。所以,如何选择一个恰当的名字作为网址的第二级域名至关重要。

---

① D. J. Loundy, A Primer on Trademark Law and Internet Addresses, *J. Marshall J. Computer & Info. L.*, Vol. 15, 1997, p. 465, 468.

② 参见 Interim Report of the WIPO Internet Domain Name Process, 23 December 1998, Chapter 1, para. 2 (iv), at http://wipo2. wipo. int/process/eng/rfc3/interim2_ch1. html; D. Davidowicz & P. Vixie, Securing the Domain Name System, *Network Magazine*, January 2000, at 92.

③ *Panavision Int' L, L. P. v. Toeppen*, F. Supp., *Vol.* 945, *C. D. Cal.* 1996, *p.* 1296, 1299.

④ *Brookfield Communications, Inc. v. West Coast Ent. Corp.*, 174 *F. 3d* 1036, 1044 (*9th Cir.* 1999).

⑤ 更精确地说,一般性的顶级域名(gTLD)还可以细分为两类:开放式 gTLDs,例如.com,.net,此类域名没有对申请注册人或团体作出限制,任何人或团体都可以申请注册;限制性 gTLDs 只允许某些机构申请注册,例如.org,.edu,.gov,.mil,其注册者必须分别为国际机构、大学与学院、政府部门、军方。

⑥ 参见 O. M. Baratta & D. L. Hanaman, A Global Update on the Domain Name System and the Law: Alternative Dispute Resolution for Increasing Internet Competition-Oh, the Times They Are a-Changin'!, *Tul. J. Int' l Comp. L.*, Vol. 8, 2000, pp. 332~333.

⑦ G. Weiswasser, Domain Names, the Internet, and Trademarks: Infringement in Cyberspace, *Santa Clara Computer & High Tech. L. J.*, Vol. 13, 1997, p. 146.

有了这种域名体系,每个网络协议(IP)的数码都对应着一个域名。① 电脑可以自动将输入的域名转换为 IP 数字并通过网络传输数据。② 例如,域名 www. amazon. com 就能对应于 Amazon. com 公司的 IP 地址(208. 216. 182. 15)。到此为止,网站上的所有信息就可以在看不见的网络空间里自由传输了。③

在上述的准备工作(网址注册并设计网页,上载相关材料)完成后,商户就可以在网络上做生意了。他可以在网站上发布广告以便消费者阅读或浏览;他还可以利用产品的三维图像来给消费者一些触摸性的实体感受。而消费者则可以使用浏览器(如 Netscape 或 Microsoft Explorer)或搜索引擎(如 Google、Alta Vista、Excite 等)在网络上冲浪寻找特定信息,符合消费者要求的潜在网站会被搜索出来,供消费者选择阅读相关信息。商人通常会在他们的网站上设置消费者选择购买的页面,该页面一般会以"接受"或"我同意"键(所谓"射性合同")的形式出现,但消费者还可以通过电子邮件或其他电子方式与商人联系以获得更多的信息。

商家交付货物或提供服务并由消费者付款是接下来的重要步骤。商品可以数字化,并以可以忽略不计的成本毫不费力地通过网络交付。消费者仅需轻轻点击鼠标就可以从网站上下载软件到自己的电脑里。④ 随着分销技术的提高,越来越多的数据密集型商品如视听资料都可以通过网络销售配送。对于那些不能数字化的产品,仍然要依赖传统的交付方式。付款也可以通过信用卡等电子化的形式支付。全部的交易在交易双方没有见面的情况下就这样完成了。由此可见,电子商务能够减少为约定见面、谈判等活动所需花费的交易时间和精力。网络能有效降低交易成本,使交易双方均受益。

五、电子商务的种类

交易双方可以以不同的方式参与电子商务;而电子商务基于不同的分类标准可以被进一步分为不同的种类。实践中,通常将电子商务分为两类,即商业对

---

① 参见 *Lockheed Martin, Corp. v. Network Solutions, Inc.*, 985 F. Supp. 949, 952 (C. D. Cal. 1997).

② R. S. Vermut, File Caching on the Internet: Technical Infringement or Safeguard for Efficient Network Operation, *J. Intell. Prop. L.*, 1997, p. 273, 287; R. Raysman & P. Brown, Dangerous Liaisons: The Legal Risks of Linking Web Sites, *N. Y. L. J.*, 1997, at 3.

③ 有关具体的讨论,参见 A. Grosso, The National Information Infrastructure, *Fed. B. News & J.*, Vol. 41, 1994, p. 481.

④ M. S. Donahey, Dispute Resolution in Cyberspace, *Journal of International Arbitration*, Vol. 15, 1998, p. 4, pp. 129 ~ 130.

商业(B2B)和商业对消费者(B2C)或简称为消费者交易。这一分类是根据合同双方的性质而划分的。有时候还可细分出第三类,即商业对管理机构(business-to-administration),此类对组织内部的管理者如何进行管理活动很重要:管理人员(经理人)利用网络与雇员交流,在线发送有关文件,使其为公众所知晓,实现从生产到售后服务全过程的有机协调。因为该第三类电子商务实际上涉及贸易的管制而非严格意义上的商务,本书对于此类电子商务不做探讨。

1. 商业对商业(B2B)

电子数据交换(EDI)是电子商务发展的一个重要阶段。自从网络出现后,局域网或封闭式网络得到广泛运用。① 通过所谓的局域网,商务信息可以在一个封闭式网络内的几个商人之间进行交流。EDI迅速成为商人之间做生意的典型方式,通过订单、发票、发货通知、电汇等电子化模式可以便捷地进行订货、运输、存储货物等贸易活动。②

EDI的一个最立竿见影的效果就是采购和寻找货源效率的提高。③ 网络理顺了交易的程序,便利了贸易的正规化和规范化。网络能确保更有效更直接的价格及质量的对比,因此消费者就能在此相对透明的市场基础上作出理性的决定。市场的高度透明以及消费者的理性判断都被视为是对传统商业的一种根本性改变。

一般说来,这种交易中的双方并不是最终用户,而是连接在一个完整的交易链中的商户。他们在以前的联络中已经认识对方,彼此有一些基本的了解。所谓的"买方"在B2B中并不是真正的消费者,而是中间人或中介代理商,这种交易的交易额通常很大,因此现实生活中已经形成了相对完善的体系和资源来调整此类贸易。

---

① A. H. Boss, Electronic Data Interchange Agreements: Private Contracting Toward a Global Environment, *Nw. J. Int'l Bus.*, Vol. 13, 1992, p. 31, 38; A. H. Boss & J. B. Ritter, *Electronic Data Interchange Agreements: A Guide and Sourcebook* (1993); The Electronic Messaging Services Task Force, The Commercial Use of Electronic Data Interchange-A Report and Model Trading Partner Agreement, *Bus. Law.*, Vol. 45, 1990, p. 1645.

② J. C. Yates, *Recent Legal Issues in Electronic Commerce and Electronic Data Interchange*, at 271 (PLI/Pat. Copyrights Trademarks & Literary Prop. Course Handbook Series No. 430, 1996); The Commercial Use of Electronic Data Interchange-A Report and Model Trading Partner Agreement, the Electronic Messaging Services Task Force.

③ F. P. Philips, The CRP B2B E-commerce Initiative, International Conference on Dispute Resolution in Electronic Commerce, November 2000, WIPO, ARB/ECOM/00/31.

2. 商业对消费者(消费者交易)

商业世界随着因特网或所谓的开放性网络的出现发生了根本性改变。目前,电子商务的很大一部分还是集中在 B2B。但是,消费者交易发展迅速,在未来应大有可为。这种商务以电子采购、客户支持及电子送货等多种形式呈现,①可以预见此类电子商务的交易量将在近年成倍增长。

B2B 没有给传统商业带来实质性的影响,但正是消费者交易对传统商业造成实质性的变革。该类电子商务的活动包括商人设立他们自己的网站,向潜在的消费者介绍其产品或服务,消费者足不出户就可购买产品或服务。消费者所要做的就是在网络上搜寻信息,点击相关按钮。通过这种形式的电子商务,商人可以在网络空间直接接触到消费者。

消费者交易又细分为两种。第一种为单独的零售关系,消费者与商户之间互动式地在线买卖;第二种包括个人用户和特定在线固定机构之间的合同关系,例如消费者利用网上银行服务使用电子现金。②

两种交易均推翻了传统的交易的概念:省去了传统的中介或中间人,简化了交易。但是,新形式的中介又涌现出来以适应新需求。例如,网络服务提供商(ISP)提供必要的网络支持。在电子化消费者交易中,许多传统的商业程序都被摒弃了。消费者无须认识商人,消费者对商人的唯一印象来自商人的网站。简单点击按钮就构成了商业上的承诺。这完全区别于传统的商务往来,传统的商务往来有发展完善的法律来保障,但是在网络空间中确保网络交易的商业习俗几乎不存在或尚未完善,还需要做许多工作来保障交易各方,特别是在法律方面的改进。

第三节　电子商务纠纷

电子商务借助于新的通信方式加速了贸易的流程,这是其与传统的商务往来最大区别之所在,但是,不可否认的是,电子商务并没有改变传统交易的根本目的,即获取利润。在传统的贸易中,交易双方由于存在不同的利益,不可避免

---

① 其中一种形式就是由全套式服务(UPS)提供给消费者的网上互动服务。另一种形式就是由网络服务提供商提供互联网或在线商店的免费登入。具体参见 M. S. Raisinghani, Electronic Commerce at the Dawn of the Third Millennium, in S. M. Rahman & M. S. Raisinghani (Eds.), *Electronic Commerce: Opportunity and Challenges*, IDEA Group Publishing, 2000, p. 6.

② 参见 E. C. Lide, Note & Comment, ADR and Cyberspace: The Role of Alternative Dispute Resolution in Online Commerce, Intellectual Property and Defamation, *Ohio St. J. on Disp. Resol.*, Vol. 12, 1996, p. 195.

地会发生纠纷。这一点在电子商务的环境下也不能例外。只要有不同的利益追求,存在不同的目标,就会有纠纷。由于采用了不同的媒介进行贸易,电子商务中发生的纠纷除了与传统商务纠纷有重叠之处,还会有新的表现形式。每种纠纷都产生于某种具体的社会背景中,背景的不同可能会影响各方在具体纠纷中的期望值、解决纠纷的紧迫性、对解决时间及方案等认识的不同。此外,纠纷发生背景的不同还会对解决未果的后果及其替代方案,第三方的作用,甚至争端解决的形式等产生不同程度的影响。① 因此,在讨论电子商务争端解决机制之前,很有必要先分析一下电子商务中存在的不同类型的争端。

一、一般意义上的争端

从广义上解释,争端是双方或多方当事人在政治、经济或文化等领域内存在的分歧。本书研究的重点在于经济方面的争端。根据不同的标准对争端可以进行不同的划分。例如,根据是否存在明确的法律规定,可以将争端划分为利益争端和权利争端。② 此外,对争端进行划分最普遍的方式是根据争端的内容将其分为合同性与非合同性争端两大类。合同性争端产生于合同关系;非合同性争端通常包括侵权、诽谤、侵犯知识产权等。由于电子商务与传统商务相关联,传统的划分方式在电子商务中仍可适用。

二、电子商务中特有的争端

上文已经讨论了许多有关电子商务的话题以及数字化时代的潜在优越性,但是很少涉及电子商务中发生的争端问题。其实,电子商务的任何阶段,包括从最初设立必要的基础设施提供网络服务到后来交易的最终完成都可能会发生争端。③

电子商务中发生的争端与传统商务中的争端并没有多少差别。如果一定要给电子商务中的争端下一个定义的话,可以定义为参与电子商务各方之间发生

---

① E. Katsh, *The Online Ombuds Office: Adapting Dispute Resolution to Cyberspace*, at http://www.umass.edu/dispute/ncair/katsh.htm.

② "利益争端"要求在争端解决的过程中讨论并建立原来并不存在的规则,以指引以后相类似争端的解决。"权利争端"则要求依据现有的规则公正合理地解决此类争端。参见 H. H. Perritt, Jr., *Electronic Dispute Resolution: An NCAIR Conference*, Washington, DC, 22 May 1996, at http://mantle.sbs.umass.edu/vmag/PERRITT.htm。

③ 但是,EDI 交易中还没有出现任何争端,这或许是因为 EDI 交易双方原有的和谐关系。参见 R. Hill, Electronic Commerce, The World-Wide Web, Minitel, and EDI, *The Information Society*, Vol. 13, *No. 1, 1997, at http://www.batnet.com/oikoumene/arbecom.html*。

的争议。电子商务为我们提供了一个崭新的思想境地,也为争端提供一个新境地。争端发生时所处环境的不同不仅会影响到卷入争端的各方,而且直接关系到争端本身,这一点将在下文进一步阐述。尽管电子商务本身就能包含并反映现实世界的诸多方面,但它更创造出许多我们以前从来没有遇到的各种各样的争端及想法,我们或许对其中一部分熟悉,但不可忽视的是,我们还有许多不熟悉、不了解的部分。①

如前文所提到的,认真研究电子商务中可能发生的争端是很重要的,而且必须注意到争端可以依据不同标准进行不同的分类。例如,可以根据争端所涉及的具体内容分为网络互联争端、销售争端、付款争端、交付争端、侵权争端、商标争端等。此外,还可以区分传统争端和电子商务特有争端。传统商务争端包括对于网上购买的产品质量的争议、未能交货、错误接单、未能支付等方面的争端;而电子商务特有的争端主要是与网络有关的争端,如信息上载网络时发生的侵权争端、域名争议等。② 争端各方的性质及资格也可以构成另一类区分的标准:如消费者争端、涉及公司实体的争端、涉及公共机构的争端等。除上述分类外,我们还可以根据有否现有规则来分类:依现有规则解决的争端和需要创设新规则来解决的争端。本书不可能对上述所有分类进行详尽讨论;合同争端与非合同争端与本书的讨论密切相关,将在下文作深入探讨。

三、合同争端

合同关系是电子商务双方当事人交易过程中最重要的关系之一。合同关系早就存在于商家建立网站之时或消费者上网浏览时;商家或消费者与网络接入服务提供者之间往往需要签订协议确定双方的关系。③

在电子商务的第一阶段,需要电信基础设施来实现以后的步骤。因此,首先要在基础设施运营企业与基础设施使用方(一般指网络服务提供商,即ISP)之间签订合同来为消费者提供进一步的商业服务。一般来说,这种奠定电子商务

① M. E. Katsh, Dispute Resolution in Cyberspace, *Conn. L. Rev.*, Vol. 28, 1996, p. 955.

② A. Williams, Dispute Resolution and Arbitration for Electronic Commerce, *Deeth Williams Wall*, at http://www.dww.com/articles/ec_adr.htm.

③ M. R. Burnstein, Conflicts on the Net: Choice of Law in Transnational Cyberspace, *Vand. J. Transnat'l L.*, Vol. 29, 1996, p. 75.

基础的合同被称为"互联"合同。① 由于电信服务长期以来都在国家的垄断式监管之下,涉及国家经济与安全事宜,因此互联合同方面发生的争端是很敏感的话题。电信服务的垄断阻碍了电信的进一步发展;1995 年世界贸易组织(WTO)乌拉圭回合谈判将电信服务纳入自由化谈判;电信自由化成为各国努力的目标。但由于电信服务对各国经济及国家安全的敏感性,要实现完全自由化尚需时日。目前各国对于此类争端高度重视,这完全可以从 WTO 成员对于自由化的谨慎态度中推断出来。互联合同通常跨越的时间较长,合同在履行过程中所处的社会环境可能会发生重大变化,而这些变化可能会对合同的进一步履行造成重大影响。如果要合理解决此间发生的有关对初始合同条款的解释和合理适用等方面的争端,就会存在技术上的实际困难。② 对此类争端,基于其敏感性,各国都会保留一定干预的权力;实际上,在国内及国际层面上也都存在不同的解决方式。③ 应该说明的是,本书的研究重点并不在此。

电子商务的第二阶段主要针对网络服务提供商(ISP)向终端客户提供的电信服务,此时 ISP 与客户之间会达成前者向后者提供接入通信网络的服务合同。随着业务的迅速增长,ISP 已经制定了一套格式合同以供客户参考,合同中确立了一般性的条款。④ 此类合同在履行过程中,双方可能会就服务的质量和价格产生争议;此外,从试图接入网络到拒绝接入及信息排斥等过程中均可能产生争议。⑤ ISP 就其所应尽义务以及消费者就其上传材料的侵权问题发生多种争议。

---

① 互联合同主体主要是原来处于垄断地位的电信服务商以及接受电信服务的另一方。其提供的服务与我们所指的电子商务争端还是有一定距离的。参见 R. Hill, The Internet, Electronic Commerce and Dispute Resolution: Comments, *Journal of International Arbitration*, Vol. 14, 1997, p. 4, 105.

② 但是,根据 Hill,至今互联合同中发生的所有争端都是围绕一个主题,即互联的费用问题。有关其他互联合同的争端都是假设性的。由于电信服务是由国家垄断,内容也是由国家电信机构预先设置的,因此对这些合同订立后的修改并不多见。具体参见 R. Hill, The Internet, Electronic Commerce and Dispute Resolution: Comments, *Journal of International Arbitration*, Vol. 14, 1997, p. 4, 105.

③ 有关的例子,参见 Swiss Telecommunications Act (1998); the ONP Leased Line Directive (Directive 92/44/EEC of 5 June 1992)。

④ J. S. Gale, Note, Service Over the "Net": Principles of Contract Law in Conflict, *Case W. Res. L. Rev.*, Vol. 49, 1999, p. 567.

⑤ 此类纠纷还可以细分为三种:尚未享受在线服务的人们与已经享受在线服务的人们之间的纠纷;要求终止网络信息传递的人们和拒绝终止信息传递的人们之间的纠纷;网络协议双方当事人就协议义务履行的纠纷。这三类纠纷都是基于协议的义务履行而发生的,因此可能会有重叠之处。

当然,该两者多被列入非合同性争端一类。

上述准备工作完成后,真正商业意义上的电子商务就开始了。在此阶段,交易双方能够就交易本身达成协议。而正是在该阶段,电子商务的特性及其所引起的各种复杂关系才真正地体现出来。① 与电子商务的两种基本类型相对应,此阶段的合同关系又可以进一步细分为两类:商业性合同关系和消费者合同关系。

相对于消费者合同,商业性合同的历史较为久远。EDI 一直是商业合同的主要形式。交易各方可能在交易之前已经相互认识并保持良好关系;双方一直利用通信网络来开展商务往来,包括下订单、运输、存储货物及电子支付等商务活动。毫无疑问,商业性合同作为一种重要的贸易形式,将继续存在并扩展。

20 世纪 90 年代末期,消费者合同迅速发展。日常生活中人们谈及的电子商务经常就是指这一类合同。在电子商务中,商品或服务的最终用户可以浏览网页上的广告,作出自己的判断。这样,商家与消费者在网络空间进行直接的交流。这种直接交易给传统的商业理论带来了结构性和观念性的变革。如上文所提到的,随着一些软件公司通过网络来销售、交付其产品,随着网上书店将书直接销售到世界各地,消费者合同因其快捷性日渐受欢迎,并正在以爆炸性的速度增长。② 只要具备良好的消费者保护和诚信贸易的法律框架,消费者合同无疑会成为未来交易的主流形式。

四、非合同性争端

非合同性争端是电子商务争端的重要类型之一。所有不是基于合同关系的争端都可以归到这一类。可以说,非合同性争端是电子商务中许多种不同纠纷的混合体。知识产权侵权是非常典型的非合同性争端。著作权侵权、商标侵权、数据保护及网络诽谤等都是网络时代很普遍的现象。域名争端的出现是电子商务特有的争端形式;此外,我们可以关注有关 ISP 是否要对第三方的行为负责的争论。这些现象都引发了知识产权保护的传统结构在信息时代适用的新问题。除了涉及知识产权问题的争端之外,非合同性争端还可能因言论自由、上传某些国家禁止的资料、竞争法等方面的问题而产生。

卷入该类争端的当事方各种各样。根据具体环境,个人、商业实体、政府、国际组织都可能卷入电子商务非合同性争端。因此,在衡量争端各方的地位时一

① M. E. Schneider & C. Kuner, Dispute Resolution in International Electronic Commerce, *Journal of International Arbitration*, *Vol.* 14, *No.* 3, 1997, *p.* 7.

② 例如著名的网上书店 Amazon. com。

定要谨慎。虽然包含个人或商业实体的争端不那么棘手,但包含公共权力结构的争端恐怕就需要特别注意并考虑是否存在独特的解决方法。总而言之,针对涉及不同主体的争端,我们应采用不同的解决机制。

第四节　争端解决机制

日常生活中争端的发生是不可避免的,相关的争端解决机制也就应运而生。一般来说,争端解决的过程包括三个阶段:当事人之间出现不和谐的问题,该问题进一步发展成为争端而当事人则开始寻求争端的解决,争端通过特定的渠道解决。① 本研究主要针对上述第三个阶段,即争端的解决渠道。历史上,争端解决的方式多种多样,从中世纪最极端暴力的决斗到现今通过调解等和平方式来解决各方间的冲突。今天,争端多种多样,与之相对应,多种争端解决机制并行,但人们还在继续寻求更为有效的机制来处理各种各样的纠纷。同理,一项切实可行的争端解决机制对电子商务的顺利运行至关重要。

一、诉讼

诉讼,作为传统的争端解决机制,有国家权力机构的支持,在一国法院以公正、公开的形式解决争端。诉讼机制是整个争端解决体系所不可缺少的。但越来越多的人认为,一旦发生纠纷,不应立即提交诉讼,而应该首先尝试其他争端解决机制。这种考虑也同样适用于电子商务的争端。首先,整个诉讼所需要的时间长度不能适应当前商业的节奏,往往落后于现代经济活动的发展。过长的诉讼时间往往使最终的判决失去其应有的意义。

其次,诉讼的高昂费用也是一个障碍。有时诉讼费用会相当于甚至超过所造成的损害本身。一些争议本身涉及的数额很小,这尤其常见于电子商务消费者合同,某纠纷仅仅是几十美元的书款,如果将该纠纷提交诉讼,将显得很可笑:姑勿论诉讼,到达法院所在地国的旅行费用就可能比争议金额高了。因此,诉讼费用会阻碍人们运用诉讼来保护他们的权利。如果存在简捷的机制的话,人们为什么要诉讼呢?

再次,在国际层面上,管辖权和法律适用问题变得尤其复杂。电子商务中消费者合同双方当事人往往不认识对方。当受害方想提起诉讼时,他必须知道另一方的地理位置,但在网络空间,每个人都无处不在又无处所在。如何确定法院

① F. Schwank, Before the Battle Commences, in D. Campbell & P. Summerfield (Eds.) *Effective Dispute Resolution for the International Commercial Lawyer*, 1989, p. 9.

的管辖权？如何确定适用的法律？这一切都成为难题。因此，必须重新评估管辖权确定和法律适用的传统理论在信息时代的适用。

最后，诉讼的氛围不利于双方当事人贸易关系的继续发展，对交易各方以后的贸易往来产生负面影响。从长远来看，法院判决的胜诉方未必真正胜诉，未必得到其真正想得到的或所需要的。

除了上面提到的这些不足之外，诉讼还可能存在其他的缺憾。诉讼制度要求严格遵循具体的程序规定，缺少必要的灵活性。许多情形下，诉讼制度不能满足当事人多方面的需求，因而也不是当事人争端解决的首选机制。① 随着商务交往的频繁和争端的增加，法院体系受到很大的压力，过多的案件积压，拖长了法院审理的整个程序，给诉讼各方及纳税人增加了不必要的费用。② 此外，如何承认及执行外国判决仍然是一个悬而未决的议题。

基于上述的考虑，许多学者对诉讼体制提出诸多批评意见，要求设立新机制来应对新时代的要求。③ 为解决当前电子商务中的争端并为未来网络社区④的持续稳定增长作出长远规划，我们必须及早着手研究设立争端解决的替代机制。当然，诉讼体制会继续存在，永远都不会被彻底废弃；但我们必须因应新的需求加强对争端解决机制整体的研究讨论并作出相应的调整。该观点已广受认可，而国际社会也正在作出这方面的努力。

二、替代性争端解决机制（ADR）

如前所述，诉讼机制存在多方面的局限，一些学者已经提出建议，要求以其他替代性方法补充并完善争端解决体系。⑤ 替代性争端解决机制（Alternative

---

① C. L. Mudd, Jr., *Cybercourt: A Virtual Resolution of Differences or An Alternative Proposal for Law and Order in Cyberspace*, at http://www.mudd.org/professional/articlesclm/cybercourt.htm.

② J. O. Newman, "Rethinking Fairness": Perspectives on the Litigation Process, *Yale L. J.*, *Vol.* 94, 1985, *pp.* 1643 ~ 1644.

③ T. D. Rowe, Jr., American Law Institute Study on Paths to a "Better Way": Litigation, Alternatives, and Accommodations: Background Paper, *Duke L. J.*, Vol. 38, 1989, p. 824.

④ 本书中"网络社会"、"网络团体"都有类似的含义，主要指在网络上活动的公众团体，他们利用网络进行讨论有关话题、在聊天室交流，或者通过设置个人网页与其他人交流信息以建立各种相对较为稳定的关系。有关讨论，参见 P. K. Kannan, A. M. Chang& A. B. Whinston, The Internet Information Market: The Emerging Role of Intermediaries, in M. Shaw et al. (Eds.), *Handbook on Electronic Commerce*, Springer-Verlag, 2000, pp. 583 ~ 584。

⑤ E. U. Petersmann & G. Jaenike, *Adjudication of International Trade Disputes in International and National Economic Law*, University Press Fribourg, Switzerland, 1992, p. 3.

Dispute Resolution,简称 ADR)是包括诉讼机制之外的任何其他解决争端方法的一个统称。虽然在学术及商业领域对 ADR 的确切含义还没有一个完善的定义,但大多数专家都将 ADR 视为除诉讼外的广泛的争端解决的一系列做法,包括公司的消费者投诉服务。① 不过,必须注意到,仲裁机制有其特殊性。随着越来越多仲裁的开展,仲裁制度也得到完善,随之而来的是仲裁机制的司法化趋势越来越明显,因此,一些学者将仲裁从 ADR 中独立出来。应该说,这种做法是合适的。但本书为了便于论述,暂时将仲裁机制与 ADR 放在一起,希望不会造成这方面的误解。

ADR 机制的目的并不在于取代诉讼,而是作为诉讼的补充而存在。ADR 涵盖双方或多方在法院诉讼程序之外解决争端的所有机制。ADR 的出现可以追溯到由 Frank Sander 教授在 20 世纪 70 年代提出的一些非常有意思的想法。②大部分 ADR 机制,对传统的诉讼程序作出较大的修改,避免原来诉讼中经常出现的无休止的动议、大量烦琐严格的程序、程序上的激烈争辩、旷日持久的辩论以及毫无目的地等待判决等现象。因此,ADR 深受商业社会的欢迎。

1. ADR 机制的优势

鉴于诉讼机制存在的诸多弊端,ADR 作出了许多改进。首先,ADR 能够帮助争端双方以相对快捷、廉价有效的方式解决争端。商业争端经常包含了一些具体的技术性争议,这些技术性问题不为外行所知,诉讼体制中法官只能借助有关专家来帮助确定事实的真相。而 ADR 机制下可直接选择这些专家与法律人士就争议事项达成客观结论,共同解决争端。ADR 机制同时要求加强争端各方在争端解决过程中的合作,这种合作关系将影响到最终解决方案的形成和执行。ADR 解决争端最理想的结局就是,在融洽的气氛中尽早达成协议并有助于维持争端双方未来的商业关系。

其次,ADR 机制一劳永逸地解决了管辖权的问题。随着越来越多争端在跨国交易中发生,法院管辖权及法律适用的问题显得尤为严峻,这也是诉讼机制所

---

① Building Trust in the Online Environment: Business to Consumer Dispute Resolution, Joint Conference of the OECD, HCOPIL, ICC, The Hague, 11 - 12 December 2000, Orientation Document, DSTI/ICCP/REG/CP(2000)1 - UPDATED as of 7 December 2000, at 4.

② 参见 R. Smith, Access to Justice: Innovation in North America, in R. Smith (Ed.), *Achieving Civil Justice: Appropriate Dispute Resolution for the* 1990*s*, 1996, p. 42. Sander 教授希望 2000 年"多门法院"将不再仅仅是理论上的讨论,而已经实实在在地以"争端解决中心"的形式存在。通过该机制,该中心的秘书接受所有案件,然后根据不同案件种类,将案件再分配给不同的争端解决小组。这些小组可以包括:调解组、仲裁组、事实调查组、不法行为组、高级法院组、监督组等 7 个小组。

不得不面对的直接挑战。国际私法中冲突理论在不断的发展,但是至今为止还没有就管辖权问题找到一个令人满意的解决方案。ADR 机制基于争端各方的一致选择,当事人可以就法院的管辖以及法律的适用等问题作出约定,这样就有效避免了法院管辖潜在冲突的可能,这样的安排也能有效削减争端解决所需的时间和成本。

最后,ADR 机制能够促成争端双方达成有利于商业利益的协议,该协议将主要基于商业利益以及未来双方关系的考虑,因此会更加灵活,并有创造性。在一个成熟的、互惠的贸易供应链中,贸易双方都希望避免诉诸法院,这不仅是为了节约成本,而且也是为了减少商业上的不确定性并维护长期的良好关系。双方良好的关系可能会因为短期的敌意及过激行为而受到危及,但友善的争端解决氛围能够将可能的破坏程度降到最低点。争端各方利用 ADR 可能会最终找到一个双赢的解决办法从而巩固他们对法律及公平贸易的理念。此外,由专家或专业人士参与争端解决,往往能有的放矢,有助于双方达成解决方案。而达成的解决方案往往有助于各方超出争端本身达成更广泛的共识。因此,这种前瞻性的做法更有助于改善未来的商业关系。

作为一种不公开的程序,ADR 还有助于保护当事人的隐私及秘密。在许多交易中,将各方之间的争端维持在一种秘密的状态以避免对今后的商业活动造成负面影响,可能比任何具体的赔偿方案更重要。对于电子商务来说,这一点也不例外,特别当争端的产生是由于公司主要安全系统功能未能发挥作用或某个主要系统的技术问题时,所涉及的公司不会希望将这些问题公之于众损害其声誉。

ADR 机制在程序和实体上都较为灵活。争端各方可以自由选择他们喜欢的任何程序或规则,或对已有规则共同作出相应的修改以适应他们的具体案件情况。而且,他们可以事先就争端所涉的事实及有关法律问题等实体部分作出认定,达成共识。例如,一旦双方当事人共同选择仲裁机制,这就意味着他们放弃了诉讼的权利。但是,即使在此具有终局效力的程序之后,他们仍然可以到法院寻求救助,在有的情况下法院甚至可以宣布仲裁裁决无效。

实际上,ADR 还有其他更多的特点,这些特点最终都是服务于迅速、省时、有效解决争端等目的。因此,许多学者都将 ADR 视为诉讼机制的最好的替代方式。对于电子商务而言,ADR 更是一种量身定做的争端解决方式,比传统的争端解决机制更能适应网络的特殊性。①

---

① A. Salaun, E-Commerce: Consumer Protection Proposals for Improving the Protection of Online Consumers, *Computer Law & Security Report*, Vol. 15, No. 3, 1999, p. 165.

2. 常见的 ADR 机制

ADR 机制包含了许多种不同的程序，或者说，ADR 又可以细分为许多种类。从最正式的到最不正式的可以列出如下九种机制：仲裁、争端审议委员会、审查监督机制、中立的事实调查专家、早期中立评估、微型审判、调解、争端解决顾问及谈判。

上述九种机制并不是绝对地分开，在许多情形下，一项争端的解决需要多种机制的配合。例如，在仲裁过程中，可能需要事实调查专家及其他技术人员的协助，对事实部分作出明确的评定。此外，对上述机制的分析表明，仲裁和调解有一个完整的争端解决过程，而其他的方式都只涉及或针对争端解决的部分或特定过程，如澄清事实或提供客观观点。这些有助于争端解决的某些具体方法，从严格意义上来说，还不应该将其称为所谓的"独立的争端解决机制"。过多的非正式性及不具有约束力的特点，限制了上述某些争端解决方式的有效性和适用性。因此本书的研究主要针对仲裁和调解。

调解是一种私下的、自愿的、非正式的、不具有约束力的、不公开的和灵活的程序。在争端双方当事人的要求下，由中立的第三方帮助促使争端双方达成互相满意的解决方案；或者在当事人的要求下，该第三方对争端各方的立场及最终结果作出中立的评估，以利于争端的有效解决。从表面上看，该机制在形式上较为单一，但事实上存在不同的调解模式。① 该机制努力促成双方当事人进行协商，仅仅是迈向争端最终解决的环节之一。介入调解机制的中立第三方，即调解员并没有权力来决定最终协议的内容，而仅仅是协助争端双方协商并达成一个双方均能接受的解决方案。② 调解唯一的强制性特征在于双方协商同意并签字后的调解协议所带来的合同效力。调解协议的内容及达成方式直接影响到协议的履行，并最终对调解机制的有效性产生决定性的影响。

仲裁同样是一种自愿的和不公开的程序，由一个或更多的仲裁员组成仲裁庭就争议作出具有约束力的裁决。当然也不排除某些仲裁不具终局性的情形。仲裁是解决商业纠纷中使用最为广泛的机制。仲裁的优势是很明显的。③ 除了上文已经提到的优势外，仲裁机制还有以下优势。仲裁的裁决，相对于调解协议或谈判达成的协议而言，所涉及的法律考量更多一些，因此可以更好地保护合法

---

① J. Conley & W. O' Barr, *Just Words*: *Law*, *Language*, *and Power*, 1998, *p*. 40.

② S. Cobb & J. Rifkin, Practice and Paradox: Deconstructing Neutrality in Mediation, *Law & Social Inquiry*, Vol. 16, No. 1, 1991, p. 35.

③ S. L. Hayford, Commercial Arbitration in the Supreme Court 1983 - 1995: A Sea Change, *Wake Forest L. Rev.*, Vol. 31, 1996, p. 1.

行为。仲裁,虽然可以由当事人决定程序事项,但当事人若没有决定,则必须遵循有关的程序规则;裁决具有终局性且有相应的强制执行机制。在法律框架下,仲裁所具有的灵活性赢得了商业界和法律界的诸多兴趣,而其相对的"正规性"又能赢得业界更多的信任。电子商务作为新型的商务往来方式,相信仲裁将继续在该领域的争端解决中占据重要地位。

三、电子商务亟须新机制的必要性

实践证明 ADR 机制对各类争端的解决起了积极的作用,受到极大的欢迎。商业社会更是频繁采用 ADR 机制,在维持双方良好关系的同时,有效解决了交易中出现的问题。电子商务的出现使许多人对 ADR 机制产生了更高的期望,但是人们普遍对当前现有机制是否足以解决电子商务纠纷表示质疑。在经济全球化的背景下,新技术极大便利了人们的联系和贸易往来,这些新技术、新发展是否可为争端解决机制所有效利用?

如前所述,电子商务与传统交易,不论是交易背景还是交易流程方面都存在一定的区别。上述的不同点对选择合适的争端解决机制有着至关重要的影响。哪一种方式才是电子商务争端解决最合适的机制?电子商务双方当事人之间的争端到底有何特质?是否有必要确定争端解决的指导原则或标准,抑或寻求更加灵活的方式?① 对于这些问题的解答将直接关系到电子商务争端解决政策的制定和具体机制的设置。

显然,随着网络的使用和电子商务的发展,传统的机制在技术上相对落后。现代信息技术完全有必要也应该运用于争端解决机制,否则将会造成资源的浪费。这将具体关系到商贸往来中重要的经济和商业利益。

毫无疑问,任何商务往来都必须为消费者提供一项或多项公平、及时、有效且廉价的争端解决方式。② 虽然诉讼机制仍然是当事人可以选择的争端解决机制之一,但是我们必须适应新时代的要求,努力探寻并发展新的争端解决原则和

---

① M. E. Katsh, Dispute Resolution in Cyberspace, *Conn. L. Rev.*, Vol. 28, 1996, p. 963.

② Principles of Consumer Protection for Electronic Commerce: A Canadian Framework, Working Group on Electronic Commerce and Consumers, at http://strategis. ic. gc. ca/oca. 该文件第 5 项原则规定,卖方应有足够的资源快速简捷地解决与消费者的争端。如果卖方内部争端解决机制不能解决问题,那么必须使用现存的、快捷的、公正的第三方介入争端解决机制来解决双方的争端。但是,卖方应该给予消费者选择解决机制的权利。政府、商家以及消费者团体都必须共同努力,发展并设立合适的争端解决机制和标准。只有如此,消费者利益才能得到有效的保护。政府部门应该与商家及消费者团体合作,在明确管辖权、法律适用以及外国判决的承认和执行等问题上发挥重要作用。

实践。ADR机制内容丰富,为当事人提供了多种迅速、廉价、有效的解决争端的方式,被视为司法程序的重要补充。① 可以毫不犹豫地说,对ADR的研究和发展,使之为网络争端解决服务,完全符合广大消费者的合理期待和利益,②也能增强消费者对在线购买产品和接受其他服务的信心;消费者所参与电子商务的增加又会使商人受益。因此,这种良性循环完全有利于电子商务的进一步推广。此外,ADR机制的使用减少诉讼程序的启用,减少政府在这方面的开支,因而也使政府从中受益。有学者因此认为电子商务尤应避免诉讼,大量采用ADR机制。③

电子商务涉及更多的跨境贸易,管辖权问题显得更突出而更模糊,现有的争端解决机制多产生于网络不存在的时代,应该说,在许多情形下,并不是电子商务争端解决的最理想方式。况且,因为消费者交易一般所涉金额较少,让交易各方交一大笔仲裁或调解费用或其他行政费用也很不现实。④ 在现有机制下,一个案件可能会拖上一年或更长,对于少至几美元的纠纷来说,这种时间上的拖延显得滑稽可笑。因此,只有当网络争端能得到合理有效、迅速的解决时,消费者的利益才能得到切实的保护,他们也才能真正对电子商务有信心。⑤

在新的机制还没有建立之前,争端双方当事人只能依赖现有的机制,寻求争端的解决。而这些现有机制创建之时根本不可能考虑到网络可能存在的影响,也就不可能对电子商务有任何针对性,在此种情形下,从事电子商务的当事人的

---

① 但是,在某些情形下,消费者合同禁止采用ADR机制。例如,法国有关法律就明确禁止在消费者合同中规定"妥协"条款。

② A. Salaun, E-Commerce: Consumer Protection Proposals for Improving the Protection of Online Consumers, *Computer Law & Security Report*, Vol. 15, No. 3, 1999, p. 165.

③ M. C. Karamon, Note, ADR on the Internet, *Ohio St. J. on Disp. Resol.*, Vol. 11, 1996, p. 537; M. E. Katsh, The New Frontier: Online ADR Becoming a Global Priority, *Disp. Resol.* Mag., 2000, *p*. 6, 8; *E. C. Lide, Note & Comment, ADR and Cyberspace: The Role of Alternative Dispute Resolution in Online Commerce, Intellectual Property and Defamation, Ohio St. J. on Disp. Resol.*, Vol. 12, 1996, p. 193, pp. 216 ~ 222.

④ 例如,现在国际商会仲裁院的申请费就是2500美元。

⑤ 参见 Consumer Protection Principles in Electronic Commerce, at http://www.accc.gov.au/acomm/principles.htm. 该文件"消费者申诉和争端解决"一节规定,必须有合理有效的内部争端解决机制在合理的时间期限以合理的方式处理消费者申诉或其他消费者问题,而该机制不应该给消费者带来任何不必要的负担,而且允许消费者就争端解决机制作出选择。这些措施包括,但不限于以下种类:网站上发布有关消费者申诉服务和其他争端解决机制的信息;及时接受,回复并处理消费者申诉问题;公正合理处理申诉并向消费者表明可能采取的进一步措施;向消费者提供由第三方介入解决争端的信息;及时通知消费者有关处理结果。

利益就不能得到完全和充分的保护。因而随着时间的推移，人们对电子商务原有的好奇感和信心就会逐渐减弱，更多的人将会徘徊于电子商务的入口，等待更完善的包括争端解决在内的法律保障机制的出现。

第3章 政策选择

互联网从根本上改变了商业社会。这场"信息革命"改变了人们之间互动的基本原则。① 它的出现给现有社会的经济、文化、教育等诸多方面都提出了新的挑战,而在许多国家的政府、商业部门对互联网的了解都只是几年的时间,更不用说互联网的具体商业应用了。② 社会经济、技术层面的改变会直接冲击并影响着各国有关电子商务发展方面的构想。

原有的法规条文基于原有的经济社会及技术状况而制定,无法有效地调整无形和无限的网络空间:③除了互联网,从来没有一种媒介能如此有效地横跨疆界传送信息,而且也没有适当的架构调控互联网的活动。在新的法规条文制定之前,原有规章条文被继续沿用,但愈来愈显出其不足之处。互联网上的商贸往来与日俱增,电子商务就更需要一个和谐和可行的管理架构来解决其中出现的问题。从宏观来看,要制定适合于电子商务争端解决的框架并有助其具体实施,有关人员必须考虑社会经济、法律及技术等多方面的因素。

---

① N. Mandela, Address at the Telecom 95, October 3, 1995, quoted in V. Montviloff, *Some Legal and Ethical Issues of the Access to Electronic Information*, John F. Kennedy School of Government Symposium on Information, National Policies, and International Infrastructure (28 Jan. 1996), at 1, http://ksgwww.harvard.edu/iip/montpap.html.

② N. Mandela, Address at the Telecom 95, October 3, 1995, quoted in V. Montviloff, *Some Legal and Ethical Issues of the Access to Electronic Information*, John F. Kennedy School of Government Symposium on Information, National Policies, and International Infrastructure (28 Jan. 1996), at 1, http://ksgwww.harvard.edu/iip/montpap.html.

③ 网络空间使不同媒介之间的界限变得模糊,因此必须采取新的变革模式制定新的条文规范网络空间。立法者必须认识到网络使用者及有关网络管理者已经采取的自律模式的重要性,努力学习该种模式,并在合适的领域授权该类人士监管网络空间。M. Johns, Comment, the First Amendment and Cyberspace: Trying to Teach Old Doctrines New Tricks, *U. Cin. L. Rev.*, Vol. 64, 1996, p. 1437; A. M. Fulton, Comment, Cyberspace and the Internet: Who Will be the Privacy Police?, *COMMLAW Conspectus*, Vol. 3, 1995, p. 64.

第一节 自律(自我监管)原则

互联网的出现源于一项政府的项目,随着现今社会的推广使用,互联网已经广泛用于商业目的,其原有的公共目的已经有所改变。这也表明政府如果试图为公共目的进一步严格监管互联网,将对互联网的商业化发展产生不利的影响。在商业领域,自我监管原则的应用已经相当广泛;在互联网的监管方面也不例外:自我监管原则在互联网领域的适用可能比政府监控更为有效。① 鉴于此,完全有必要将自我监管原则引入电子商务争端解决的构建过程,并加以有效利用。

一、自律(自我监管)原则的理解

自我监管原则在商业领域的适用由来已久。它可以追溯至中世纪,行业公会为其所处特定区域的贸易制定商业标准,以对抗外来竞争者,从而保护其商业利益。② 当然,自我监管原则在以后的发展和使用中变得更多元化,涉及的层面亦更广。不同的群体对自我监管原则存在不同的理解。一般而言,自我监管原则意味着商业部门,个别或一起制定有约束力的规范,调整自身商业活动。③ 换言之,自律即一个独立的区别于技术管理机构的管制本体对其所属的团体开展的活动制定规范并进行有效管制。这些团体可以大至整个行业,或小至一家公司。

美国商业部副秘书长 Larry Irving 认为“自我监管”一词本身可以有多种定义。从狭义上,自我监管特指政府部门正式下放监管权力给某团体,例如,政府下放证券交易的监管权予证券业本身。广义上理解,不论是基于满足消费者的需求、实现企业的道德理念,还是提高企业的名声或加强市场竞争力,只要企业

---

① 详见 E. A. Cavazos & G. Morin, *Cyberspace and the Law: Your Rights and Duties in the Online World*, xiii (1994); ACLU v Reno, *F. Supp.*, Vol. 929, E. D. Pa. 1996, p. 824, pp. 858 ~ 859.

② D. I. Baker & W. T. Miller, Privacy, Antitrust and the National Information Infrastructure: Is Self-regulation of Telecommunications-related Personal Information a Workable Tool? *in Privacy and Self-Regulation in the Information Age*, U. S. Department of Commerce, NTIA 1997, http://www.ntia.doc.gov/reports/privacy/privacy_rpt.htm.

③ 详见 An Analysis of the Bertelsmann Foundation Memorandum on Self- Regulation of Internet Content: Concerns from a User Empowerment Perspective, October 1999, http://www.cdt.org/speech/991021bertelsmannmemo.shtml.

或私营团体意识到自我监控的重要性并付诸实施，就是自我监管行为。[①]

自我监管工作主要包含三类：立法——监管者须制定相关活动的准则或条例；条例的实施——监管者须帮助业界去实现有关条例的目标；裁决——一旦出现违反条例的情形，监管者须进行裁决并采取相应的惩罚措施来维护公众利益。[②] 以上三类是依自我监管原则可能开展的所有活动。[③] 但是，在许多情形中，自我监管只涉及其中一项或两项活动。[④] 自我监管活动可以由不同的主体开展：代表整个行业的业界；[⑤]业界的具体组成的私营商业团体；其他社会团体等等。这些不同的个体将对自我监管原则的理解有直接的影响，因此有必要讨论自律（自我监管）中对"自"或"自我"的理解。

1."自我"的理解

"自我"可以指整个业界，也可以是以贸易协会形式出现的公司团体，或者像中世纪时行会代表整个业界利益的其他组织。随着互联网的广泛使用，许多相关的监管机构也出现了。例如，网络监察基金会（Internet Watch Foundation），网络当地广告和商贸联合会（Internet Local Advertising and Commerce Association），网络服务联合会（Internet Services Association），商业促进局（Better Business Bureau），消费者银行家联合会（Consumer Bankers Association），直接市场销售联合会（Direct Marketing Association），网络隐私工作组（the Internet Privacy Working Group，简称 IPWG），[⑥]消费者信任项目（TRUSTe's），[⑦]等等。上述不同的组织机构处理电子商务不同方面的内容并努力提供保护和平衡其所代

① L. Irving, Introduction to Privacy and Self-regulation in the Information Age, *in Privacy and Self-regulation in the Information Age.*

② 参见 P. P. Swire, Markets, Self-Regulation, and Government Enforcement in the Protection of Personal Information, in *Privacy and Self-Regulation in the Information Age.*

③ 一些学者将自我监管原则的适用范围定义得更广。例如 E. E. Dennis, Internal Examination: Self Regulation and the American Media, *Cardozo Arts & Entertainment Law Journal*, Vol. 13, 1995, p. 697.

④ 参见 F. Kuitenbrouwer, Self-regulation: Some Dutch Experiences, in *Privacy and Self-Regulation in the Information Age.*

⑤ "工业"有广义和狭义的意思。狭义上指直接进行商品或服务的生产、提供、运作及处理过程的公司或公司团体；广义上指涉及或受商品或服务生产销售等活动影响的公司或公司团体。本书采用狭义上的"工业"含义。

⑥ IPWG 的工作是互联网协会中隐私平台工作的一部分，通过给消费者提供有关信息使他们对个人资料有一定的操控权。参见 http://www.cdt.org/privacy/ipwg.

⑦ TRUSTe 是隐私加密方面的一个独立的非盈利组织。该组织旨在确保消费者对网络的信任和信心。参见 http://www.truste.org.

表的利益群体的不同利益。

“自我”也可以指一家公司。公司内部可以单独成立一个专门的部门，承担调整本身日常运营的工作。如果一家公司的实力雄厚，其制定的调整模式及内容还可能延伸到其他公司或为其他公司所采纳。此外，“自我”还可以指社会团体。他们不是业界的直接运营者，但他们是业界重要的参与者和消费者。他们的监管活动对业界未来的发展将会带来极重要的影响。

对上述三类“自我”的讨论对于自律而言都很重要。一家公司可以开展自律活动，但许多情形下，整个业界或公司团体互相合作制定相关政策进行自律活动则可以带来更大的利益：不同团体代表了电子商务不同层面群体的利益，如果独立地从本身利益出发而不考虑其他团体的利益，这样的自律活动难免会有偏颇，不能为更广大的群体所接受，因而也就不具有代表性。

在进一步讨论中，我们必须明确区分使用者的授权和自我监管两种不同的行为。使用者的授权行为强调使用者在有关活动方面的控制力；例如网络技术都是由私营机构开发使用并由其控制，这些私营机构就可以授权某些团体进行监控活动。① 自我监管行为则不是源于使用者的授权行为，而是由业界或专业人员自发地提出。自我监管活动中或许会考虑到有关使用者的意见，但使用者的意见不能左右自我监管行为。当然，我们必须注意到，授权与命令又是不同的。政府部门在一些情形下可以命令业界采用及实施自我监管行为。② 自律部门可以依据有关建议或命令开展自律活动，但这些活动的开展还在于自律部门的自愿，而非出于被迫。

2. 自律（自我监管）的评估

自我监管所具有的好处是显而易见的。自律机构往往由业界专家组成，能够在合理的期限内作出适当的和客观的专业决定。③ 当需要运用专业技术知识

---

① 参见 An Analysis of the Bertelsmann Foundation Memorandum, K. S. Byford, Privacy in Cyberspace: Constructing a Model of Privacy for the Electronic Communications Environment, *Rutgers Computer & Tech. L. J.*, Vol. 24, 1998, pp. 1 ~ 38.

② 依照澳大利亚《无线电广播电台法案》〔1992〕123，广播业界应就诸如不合适节目的播放、提高播放新闻和时事节目的准确性和公正性以及避免儿童接触有害信息等议题咨询有关管理机构，并制定行为准则。参见 I. Ayres & J. Braithwaite, *Responsive Regulation: Transcending the Deregulation Debate*, 1992, *p*. 103.

③ 参见 D. C. Michael, Federal Agency Use of Audited Self-Regulation as a Regulatory Technique, *Administrative Law Review*, Vol. 47, 1995, p. 171, pp. 181 ~ 182.

制定有关规范并对有关违反规范的行为作出决定时，专家的作用更为重要。[①]专家的权威性也能确保有关规定的顺利执行。[②] 与那些由政府部门制定的规范相比，[③]专家所订立的规范更能服众，从而减少强制执行的运用，进而减少了有关管制方面所需的财力和物力的花费。

自我监管的私有特质令商务政策更有弹性。[④] 技术发展一日千里，同时技术的发展会带来许多新的情形。新情形的出现使许多原有的法律规定变得过时了。自我监管使监管者能紧跟形势并作出即时的调整。[⑤] 此外，一旦某项决定出错，监管者可以立刻采取相应措施避免损失进一步扩大。自我监管还可以作为政府部门出台新规章的先行者，[⑥]有关经验教训可为政府管制借鉴。自我监管和政府管制可先后进行，一旦自我监管的措施被证实是合理和必要的，政府管制即可开始；这两种监管机制实施的间隔就是反馈阶段和过渡期。上述这种安排一方面有助于商务策略的顺利调整，另一方面也能加强政府制定规章的效力。

但是，一些学者也对自我监管提出了一些批评。首先，自我监管者可能会混

---

① A. J. Campbell, Self-Regulation and the Media, *Federal Communications Law Journal*, Vol. 51, 1999, pp. 715 ~ 716.

② 基本的立场就是：他们知道自己的利益之所在；尊重市场交易中体现的喜好选择是提高社会群体福利的最好方法。参见 M. A. Utton, *The Economics of Regulating Industry*, 1986, p. 1; C. R. Sunstein, Disrupting Voluntary Transactions, in J. W. Chapman & J. P. Pennock (Eds.), *Markets and Justice*, 1989, p. 279, 281.

③ D. C. Michael, Federal Agency Use of Audited Self-Regulation as a Regulatory Technique, *Administrative Law Review*, Vol. 47, 1995, p. 181, pp. 183 ~ 184; I. Ayres & J. Braithwaite, *Responsive Regulation: Transcending the Deregulation Debate*, 1992, *pp.* 115 ~ 116; *P. P. Swire, Markets, Self-Regulation, and Government Enforcement in the Protection of Personal Information, in* Privacy and Self-Regulation in the Information Age, p. 4.

④ D. C. Michael, Federal Agency Use of Audited Self-Regulation as a Regulatory Technique, *Administrative Law Review*, Vol. 47, 1995, pp. 181 ~ 182; I. Ayres & J. Braithwaite, *Responsive Regulation: Transcending the Deregulation Debate*, 1992, *pp.* 110 ~ 112.

⑤ 这是相对政府管制的一个好处。政府部门必须依照国家法律中规定的正式程序开展活动，这往往拉长了新法规制定的时间。此外，政府部门必须花很大工夫去获取政治支持和共识。

⑥ 自我监管的措施可避免宪政问题。参见 D. A. MacDonald, Privacy, Self-Regulation, and the Contractual Model: A Report from Citicorp Credit Services, Inc., in *Privacy and Self-Regulation in the Information Age.*

淆自我监管及自助的区别，①而且有可能产生不正当竞争行为。② 竞争的商业伙伴在一起参与监管工作，可能会借机达成一些事宜，构成垄断行为。另外，自我监管的私有特质可能忽略公众及业界以外其他人士的利益和需求。③ 正由于此，一些自律规则的执行会出现一定的难度。我们不能想当然认为有关规则会得到自动履行。④ 而且，当一些规定被强制执行时，还会产生对规则履行时有关执行机构自由裁量权的关注。⑤ 如果没有强有力的后盾支持有关规定的履行，自我监管的管制活动将注定是失败的。⑥ 因此，如何确保有关规则的执行是对自我管制的严峻挑战。⑦

当然，在注意到有关批评的同时，我们必须看到自我监管在商业领域还是得到了广泛的认可。自我监管存在的问题不在于机制本身，而在于它的具体实施。因此，现有的任务就是调整自我监管使其利益得到最好的实现。

3. 自我监管的最佳做法

自我监管政策要得到顺利实施，必须确保以下几个方面的问题能得到解决。首先，自我监管者的品格标准对自我监管的成功实施至关重要。他们必须是业界的专家，对业界有深入的认识并与其他相关产业保持良好的关系。自我监管

---

① D. I. Baker & W. T. Miller, Privacy, Antitrust and the National Information Infrastructure: Is Self-regulation of Telecommunications-related Personal Information a Workable Tool? *in Privacy and Self-Regulation in the Information Age*, *U. S. Department of Commerce*, *NTIA* 1997, *http://www. ntia. doc. gov/reports/privacy/privacy_rpt. htm.*

② J. Kattan & C. Shapiro, Privacy, Self-Regulation, and Antitrust, *in Privacy and Self-Regulation in the Information Age.*

③ A. J. Campbell, Self-Regulation and the Media, *Federal Communications Law Journal*, Vol. 51, 1999, p. 718.

④ S. Balkam, Content Ratings for the Internet and Recreational Software, in *Privacy and Self-Regulation in the Information Age.*

⑤ D. C. Michael, Federal Agency Use of Audited Self-Regulation as a Regulatory Technique, *Administrative Law Review*, Vol. 47, 1995, p. 190; I. Ayres & J. Braithwaite, *Responsive Regulation: Transcending the Deregulation Debate*, 1992, *pp.* 124 ~ 125.

⑥ D. K. Mulligan & J. Goldman, The Limits and the Necessity of Self-Regulation: The Case for Both, in *Privacy and Self-Regulation in the Information Age.*

⑦ 执行的措施有许多种。例如，一个贸易协会可以禁止展示有关标识来惩罚不遵守规则的团体。但是，惩罚措施的有效性取决于标识能带来的利益如何。所以，这些措施的效力取决于公司从违反自律规定获取的利益与遵守规定所获取的利益比较。参见 H. H. Perritt, Jr., Regulatory Models for Protecting Privacy in the Internet, *in Privacy and Self-Regulation in the Information Age.*

者必须是客观的，与具体的操作部门互相独立，不受其左右。此外，自我监管者必须有从事监管工作的意愿和热情，能够对业界出现的复杂情况提出具有创意的解决方案。

自我监管者的素质直接决定监管的成败。自我监管者可以处理不同层面的管制工作，同一行业的不同监管者可以互相制衡。不同部门的监管者可以由一个上级机构协调相互的工作，并进而将管制工作标准化。

一些学者认为政府应该被完全排除于自我监管之外①，但是笔者认为这是不合理的。也有一些学者建议采纳受审核制约的自我监管机制。② 他们认为，尽管非政府组织或其他机构被委以管制权力，政府应该确保管制的内容，检查规则遵守的情况，并对收到的信息作抽样调查。③ 政府要努力确保不会出现任何严重的违规现象。④

自我监管不能采取绝对化的模式。⑤ 成功的自我监管一般都会有政府参与

---

① 参见 J. P. Barlow, *A Declaration of the Independence of Cyberspace*, http://www.eff.org/pub/Publications/John_Perry_Barlow/barlow_0296.declaration; J. Kay, Sexuality, Live Without a Net: Regulating Obscenity and Indecency On the Global Network, *S. Cal. Interdisciplinary L. J.*, Vol. 4, 1995, p. 355, 387; K. J. Epstein & B. Tancer, Enforcement of Use Limitations By Internet Services Providers: "How to Stop that Hacker, Cracker, Spammer, Spoofer, Flamer, Bomber", *Hastings Comm/Ent. L. J.*, Vol. 9, 1997, p. 661, 664; R. Corn-Revere, Self-Regulation and the Public Interest, in C. M. Firestone & A. K. Garmer (Eds.), *Digital Broadcasting and the Public Interest: Reports and Papers of the Aspen Institute Communications and Society program* 63 (1998), at http://www.aspeninst.org/dir/polpro/CSP/DBPI/dbpi14.html. Corn-Revere 认为，自我监管的最佳做法就是结束政府对监管内容直接或间接的干涉和控制；任何包含通过强制力、间接压力来推行政府政策的模式都不属于真正的自我管制。

② D. C. Michael, Federal Agency Use of Audited Self-Regulation as a Regulatory Technique, *Administrative Law Review*, Vol. 47, 1995, p. 171, pp. 181 ~ 182, p. 192. 他认为，受审核制约的自我管制机制只要满足以下条件将会运行良好：首先，自我监管者是业界人士，有监管的意愿和热情；第二，有关审核机构有审查自我管制活动的经验，能对有关规则或决定进行独立和客观的审查；第三，有客观的量化的标准进行审查工作；第四，审查机构和自我监管者都能遵守有关通告，聆讯，公正性以及以书面记录下过程和结果等规则。

③ A. J. Campbell, Self-Regulation and the Media, *Federal Communications Law Journal*, Vol. 51, 1999, p. 719.

④ J. E. Gaylord, State Regulatory Jurisdiction and the Internet: Letting the Dormant Commerce Clause Lie, *Vand. L. Rev.*, Vol. 52, 1999, p. 1103.

⑤ 某种程度上，自我监管不是自动开展的。通常需要有关国家法规的授权和认可，所以有学者将其视为政府的间接管制活动。参见 E. M. Noam, Privacy and Self-Regulation: Markets for Electronic Privacy, *in Privacy and Self-Regulation in the Information Age.*

其中,①是业界和国家权力机构共同作用的混合体,即自我管制需要有国家法律和政府的支持作为后盾。[2] 政府的存在能加强自我监管的可信度。当自我管制的规则不被遵守,政府可以采取有关措施提供救济。在自由和责任中间,自我监管必须受一定的约束,接受一定规则的制约。[3]

此外,必须设立一些渠道接收并处理对自我监管的反馈意见。自我监管必须给任何受有关规则影响的群体对有关规定进行评议的机会,对业界之外亦受影响的群体更要尤为重视,并将收回的反馈意见整理,对其中合理的建议作出反应,努力提高自我管制水平。[4] 不重视反馈的作用,自我监管将失去方向,失去业界的信任并流于形式。

二、电子商务争端解决中的自我监管

1. 引言

多数学者认为网络不应该由政府来监管,[5]而应该实行自我监管。[6] 许多学者对政府干预持保留态度,此种态度更为受市场自由化影响的电子商务商家所

① 有关政府对消费者保护的规范活动的讨论,参见 P. Asch & R. Seneca, *Government and the Marketplace*, 1985, pp. 397 ~ 420; C. R. Sunstein, Legal Interference with Private Preferences, *U. Chi. L. Rev.*, Vol. 53, 1986, p. 1129, 1132.

② 参见 An Analysis of the Bertelsmann Foundation Memorandum; E. Harrington, *Consumer Protection in Cyberspace: Combating Fraud on the Internet* (25 June 1998) (Federal Trade Commission Report to the Telecommunications, Trade, and Consumer Protection Subcommittee of the House (Committee on Commerce)).

③ E. E. Dennis, Internal Examination: Self Regulation and the American Media, *Cardozo Arts & Entertainment Law Journal*, Vol. 13, 1995, pp. 703 ~ 704. 在美国,自我监管的力度往往处于业界管制和政府调整之间,即兼有两者。

④ A. J. Campbell, Self-Regulation and the Media, *Federal Communications Law Journal*, Vol. 51, 1999, p. 76.

⑤ 网络应成为"无管制"的区域。参见 D. R. Johnson & D. G. Post, And How Shall the Net Be Governed?: A Mediation on the Relative Virtues of Decentralized, Emergent Law, in B. Kahin & J. H. Keller (Eds.), *Coordinating the Internet*, 1997, pp. 62 ~ 91; D. G. Post, Governing Cyberspace, *Wayne L. Rev.*, Vol. 43, 1996, p. 155, 157; R. E. Litan & W. Niskanen, *Going Digital!*, 1998, pp. 67 ~ 81.

⑥ M. J. McCloskey, *Bibliography of Internet Self-Regulation*, http://www.ilpf.org/selfreg/bis4_15.htm.

推崇。① 私有化在商事领域得到甚多支持,②其在网络的管制方面更是如此。③

其实这种态度不仅为网络使用者所推崇,也得到政府的支持。④ 美国在处理一些网络问题方面已经采用自我管制模式。⑤ 1997 年 7 月 1 日,克林顿总统发表了一个名为"全球性电子商务架构"的报告(或 Magaziner 报告),明确表示

① E. G. Thornburg, Going Private: Technology, Due Process, and Internet Dispute Resolution, *U. C. Davis L. Rev.*, Vol. 34, 2000, p. 156.

② S. J. Ware, Default Rules from Mandatory Rules: Privatizing Law Through Arbitration, *Minn. L. Rev.*, Vol. 83, 1999, pp. 703 ~ 704; L. S. Mullenix, Resolving Aggregate Mass Tort Litigation: The New Private Law Dispute Resolution Paradigm, *Val. U. L. Rev.*, Vol. 33, 1999, p. 413.

③ M. A. Lemley, The Law & Economics of Internet Norms, *Chi. -Kent L.* Rev., *Vol.* 73, 1998, *p.* 1257.

④ J. H. Birnbaum, Getting to Know the Hill, *Time*, 14 August 2000, at B12, B15, at http://www.time.com/time/magazine/articles/0,3266,52104,00.html.一些学者仍然认为在此无边界的网络实行自我管制是极其不现实的。参见 J. I. Edelstein, Anonymity and International Law Enforcement in Cyberspace, *Fordham Intell. Prop. Media & Ent. L. J.*, *Vol.* 7, 1996, *p.* 231, *pp.* 284 ~ 286.

⑤ 克林顿总统要求业界采用自我管制模式解决网络消费者隐私问题。该要求已为美国国家电信信息局(NTIA)和联邦贸易委员会(FTC)所认同。参见 Elements of Effective Self-Regulation for the Protection of Privacy and Questions Related to Online Privacy, Notice and Request for Public Comment, 63 *Federal Register* 30,729 (NTIA 1998); FTC, Privacy Online: A Report to Congress i-ii (1998). 1999 年 9 月 10 日, Bertelsmann 基金会在德国慕尼黑的网络内容高峰会上发布了题为《互联网内容的自我管制的备忘录》。该备忘录认可美国政府、业界以及许多商业自由化人士关于自我管制的观点。美国一些组织和网络业界均支持自我管制作为政府或网络服务提供商(ISP)对网络内容管制的模式。参见 An Analysis of the Bertelsmann Foundation Memorandum.

应将自我管制用于网络领域。[①] 该报告提出信息经济发展的五项指导原则。[②] 这些原则包括:业界应主导网络的发展;政府应该避免过度监管电子商务;政府需要介入的目标在于支持电子商务形成一个具有可预见性的、外界干预较少的、一致的、相对简单的法律环境;政府应该认识到网络的特性;电子商务的发展应该基于全球性的考虑。[③]

欧盟在1991年首次提及网络问题,此后改变有关网络管制的观点,支持自我监管原则。[④] 1997年9月欧洲网络服务提供商协会(EuroISPA)成立后,进一步改变欧盟的管制政策。[⑤] 欧盟向该协会提供资助并鼓励业界实行自我监管。[⑥]

---

① 参见 W. J. Clinton & A. Gore, Jr., A Framework for Global Electronic Commerce, http://www.iitf.nist.gov/eleccomm/ecomm.html; N. W. Allard & D. A. Kass, Law and Order in Cyberspace: Washington Report, *Hastings Comm. & Ent. L. J.*, Vol. 19, 1997, p. 563, pp. 596 ~ 601; L. Kehoe, Clinton Takes Hands-Off Over Internet, *Financial Times*, 2 July 1997. 这个报告指出:"尽管政府在网络发展过程中提供了财政上的支持,但其进一步的拓展还主要依赖于商界的推动。商界在电子商务的继续发展过程中仍然起到重要作用。在政府高度管制之下,网络不会得到顺利发展;而只有在市场力量作用的环境中,电子商务才会不断出现新的创意、服务范围的不断扩大、更广泛地参与及低廉的价格。相应地,政府应鼓励业界自我监管,支持业界采取适当的措施促进网络的迅速发展。即使在制定集体合约或标准合同时,业界也应积极参与其中的制定过程。在需要政府采取相关行动或达成相关协议时,例如税收问题,业界仍然应该积极参与政策制定的过程。"具体分析,参见 W. Kleinwaechter, ICANN Governance: From Self-Governance to Public-Private Partnership: The Changing Role of Governments in the Management of the Internet's Core Resources, 36 *Loyola of Los Angeles Law Review* 1109 – 1111 (Spring 2003).

② K. Lui-Kwan & K. Opsahl, The Legal and Policy Framework for Global Electronic Commerce: A Progress Report, *Berkeley Tech. L. J.*, Vol. 14, 1999, p. 504.

③ W. J. Clinton & A. Gore, Jr., A Framework for Global Electronic Commerce, http://www.iitf.nist.gov/eleccomm/ecomm.html

④ M. J. Feeley, EU Internet Regulation Policy: The Rise of Self- Regulation, *Boston College International and Comparative Law Review*, Vol. 22, 1999, p. 161, pp. 164 ~ 169. 欧盟委员会于1994年7月19日发布题为"欧洲信息社会的道路:行动计划"的文件,提出网络管理架构的概念。经济社会委员会发布的观点主张存在高层次的管制。欧洲议会在1996年作出决议,要求有一个强有力的管理架构。以上文件都没有提及自我监管。从1991至1997年,欧盟一直支持一个强有力的政府管制架构。

⑤ 参见 European Internet Services Providers Association: EuroISPA established in Brussels, M@ PRESSWIRE, 15 September 1997.

⑥ 作为欧洲信息社会行动计划的一部分,欧盟拨出700万欧洲货币单位给 EuroISPA 支配。

此态度的改变可以说是对美国立场作出的一个反应,①认识到促进和加速欧洲商务进入网络市场并取得一席之地的必要性。②

许多学者均认为自我监管是调整网络及电子商务的合理模式。③ 甚至有学者认为自我监管是通往成功电子商务的钥匙。④ 政府管制政策受到各种各样的批评。⑤ 网络社群有义务去创建合理的商务行为准则来促进电子商务的进一步发展。

网络的管理机制仍处于试验阶段,这已经体现在其现有管理机制的不确定

---

① 发布上述报告后,美国和欧盟官员于1997年7月9日在布鲁塞尔举行会议,讨论因特网自我监管原则的适用问题。参见 Press Release Re EU-US Meeting to Discuss Internet, Spicers Center For Europe, 8 July 1997; Press Release: European Union and United States Meet to Discuss Internet, RAPID, 8 July 1997.

② M. J. Feeley, EU Internet Regulation Policy: The Rise of Self- Regulation, *Boston College International and Comparative Law Review*, Vol. 22, 1999, pp. 170 ~ 172.

③ 参见 J. T. Delacourt, The International Impact of Internet Regulation, *Harvard International Law Journal*, Vol. 38, 1997, p. 235. 参见 K. L. Macintosh, The New Money, *Berkeley Tech. L. J.*, Vol. 14, 1999, p. 665; M. Lemley, Standardizing Government Standard-Setting Policy for Electronic Commerce, *Berkeley Tech. L. J.*, Vol. 14, 1999, p. 748; L. Lessig, The Limits in Open Code: Regulatory Standards and the Future of the Net, *Berkeley Tech. L. J.*, Vol. 14, 1999, p. 761; V. Mayer-Schonberger, The Shape of Governance: Analysing the World of Internet Regulation, *Va. J. Int'l L.*, Vol. 43, 2003, pp. 620 ~ 626.

④ 参见 D. Spar & J. Bussgang, Ruling Commerce in the Network, 2 *Journal of Computer-Mediated Communication*, No. 1, http://www.usc.edu/dept/annenberg/vol2/issue1/commerce.html. 作者写道:“电子商务可以得以发展的前提是,一些获得信任的网络中介制定了基本的游戏规则。如果政府不能制定和实施这些规则,业界就会介入填补真空地带。在这过程中,他们会在业界和政府调整之间取得平衡,并依据电子商务有关的原则和规则行事,以从中获得最大的利益。因此,通过制定和实施有关规则,网络社区的成员可以从电子商务中获得利益。”参见 D. G. Post & D. R. Johnson, “Chaos Prevailing on Every Continent”: Towards A New Theory of Decentralized Decision-Making in Complex Systems, *Chi.-Kent. L. Rev.*, Vol. 73, 1998, p. 1055; J. R. Reidenberg, Governing Networks and Rule-Making in Cyberspace, *Emory L. J.*, Vol. 45, 1996, pp. 911 ~ 913; L. J. Gibbons, No Regulation, Government Regulation, or Self-Regulation: Social Enforcement or Social Contracting for Governance in Cyberspace, *Cornell J. L. & Pub. Pol'y*, Vol. 6, 1997, p. 475.

⑤ 例如,已经有人就欧洲有关数据保护的指令(1995年10月24日有关个人资料的处理和自由流动方面对个体保护的理事会95号、46号指令,1995 O. J. (L281) 31.)产生很恶劣的后果提出投诉。由于1006号联邦通信法令(CDA)用词抽象和过分概括而不能有效保护言论自由,法院宣布该法违宪。参见 *Reno v. ACLU*, 117 S. Ct. 2350 (1997)。

性上。① 网络需要一个弹性的自我管制模式测试有关政策的合理性,然后逐渐将其演变为正规的管制。网络自我监管的过程使政府有足够的时间去熟悉电子商务这一新事物及其特性,同时在自我监管不能有效实施的地方介入,完善整个对网络贸易进行监管的体系。政府机构在熟知网络的特性及调整方式后,才能作出正确的抉择,进行合理的和必要的宏观调整。如果将原有适用于物质世界的管制规范套用于跨越时间和空间的网络贸易,这将带来许多问题。② 欧盟内部市场专员 Mario Monti 于 1997 年 4 月就此指出:"就如其他部门一样,我们绝对要防止过早有过多的立法。"③这一意见充分表明建立一个有创意的和灵活的管理体制的重要性。

网络轻易跨越国界,任何政府如果单独进行管制跨境电子交易将面临很多困难;④而在管制过程中,也会不可避免地影响到其他国家:试图严格控制信息的跨境流通多数会是徒劳无功的。⑤ 各国有着不同的政治背景、经济背景、宗教、文化意识和价值观,因此必须共同合作,互相协调。在政府间的管制架构上达到共识需要时间和努力。有别于政府管制,在迅速发展的网络世界中,自我监管便利并加速了合作政策的步伐。在没有过多的官僚政治下,自我监管原则能

---

① 参见 J. Mnookin, Virtual Law; The Emergence of Law in LambdaMOO, in Symposium, Law on the Electronic Frontier, 2 *Journal of Computer-Mediated Communication*, Vol. 2, No. 1, 1996, http://www.usc.edu/dept/annenberg/vol2/issue1.

② 参见 J. Goldring, Netting the Cybershark: Consumer Protection, Cyberspace, the Nation-State, and Democracy, in B. Kahin & C. Nesson (Eds.), *Borders in Cyberspace: Information Policy and Global Information Infrastructure*, the MIT Press 1997, p. 321, 345.

③ S. Perry, EU to Propose Electronic Commerce Regulation, *Thr Reuter Eur. Community Rep.*, 16 April 1997.

④ 控制网络交易运作是很昂贵的;但还是有控制的可能。参见 D. L. Burk, Virtual Exit in the Global Information Economy, *Chi.-Kent L. Rev.*, Vol. 73, 1998, pp. 960 ~ 961, pp. 992 ~ 993; T. S. Wu, Cyberspace Sovereignty?: The Internet and the International System, *Harv. J. L. & Tech.*, Vol. 10, 1997, p. 647, 651; M. Stefik, Shifting the Possible: How Trusted Systems and Digital Property Rights Challenge Us to Rethink Digital Publishing, *Berkeley Tech. L. J.*, Vol. 12, No. 1, 1997, p. 137, pp. 139 ~ 144; S. D. Krasner, Global Communications and National Power: Life on the Pareto Frontier, *World Politics*, Vol. 43, No. 3, 1991, p. 336, pp. 344 ~ 349; J. Boyle, Foucault in Cyberspace: Surveillance, Sovereignty, and Hardwired Censors, *U. Cin. L. Rev.*, Vol. 66, 1997, p. 177, pp. 202 ~ 204; L. Lessig, Reading the Constitution in Cyberspace, *Emory L. J.*, Vol. 45, 1996, p. 869, pp. 893 ~ 895.

⑤ 参见 D. R. Johnson & D. G. Post, Law and Borders: The Rise of Law in Cyberspace, *Stanford Law Review*, Vol. 48, 1996, p. 1367.

加快政策的协调过程，使有关规范的适用相对灵活。①

但是，在强调自我监管的同时，我们也不能忽视政府的作用。② 可以想象，即使政府制定了有关规章，在网络瞬息万变的情形下，还需要自我监管所拥有的灵活度。③ 灵活的自我管制架构使业界能迅速对技术的更新作出及时迅速的反应，并进而利用新技术来处理新问题。

同理，争端解决的合理管理机制也应该是以自我监管为主导，与政府管制互相结合的混合体。④ 从长远来看，市场因素的考虑，将取代政治考虑，在设计争端解决模式时占主导地位，指引政策制定的方向。⑤ 1997 年《网络政策的白皮书》已明确指出，虽然政府在网络的政策方面会起一定作用（主要是填补网络领域管制的真空领域），但业界应占据最重要的主导位置。⑥

争端得到合理解决对于电子商务是非常重要的，而争端解决应该适用自我监管原则，⑦这点已被大多数学者所认可。⑧ 任何一个被网络社区接受的自我调整机制均有助于争端的预防和解决；或者说，争端的解决同时要求自我监管原

---

① 参见 G. Majone, Regulating Europe, in J. Richardson (Ed.), *European Union Power and Policy-Making*, London and New York, Routledge, 1996, pp. 23 ~ 26.

② J. Boyle, Foucault in Cyberspace: Surveillance, Sovereignty, and Hardwired Censors, *U. Cin. L. Rev.*, Vol. 66, 1997, p. 177.

③ 虚拟空间是现代政治机构发生根本性结构性调整的模型和载体。参见 N. W. Netanel, Cyberspace Self-Governance: A Skeptical View from Liberal Democratic Theory, *Cal. L. Rev.*, Vol. 88, 2000, p. 395, 401.

④ 参见 M. A. O'Rourke, Progressing Towards a Uniform Commercial Code for Electronic Commerce or Racing Towards Nonuniformity?, *Berkeley Tech. L. J.*, Vol. 14, 1999, p. 635; K. Werbach, *Digital Tornado: The Internet and Telecommunications Policy* (FCC, Office of Plans and Policy, Working Paper No. 29, 1997), at http://www.fcc.gov/opp/workingp.html.

⑤ R. E. Litan, Law and Policy in the Age of the Internet, *Duke L. J.*, Vol. 50, 2001, p. 1057.

⑥ Management of Internet Names and Addresses, 63 *Fed. Reg.* 31, 741 (1998), at http://www.ntia.doc.gov/ntiahome/domainname/6_5_98dns.htm. 当政府有必要介入时，其目的主要在于为电子商务营造一个有可预见性，干预最少，一贯和简单的法治环境。这个法律环境不是政府占主导，而应是以分权和契约为基础的法律框架。

⑦ A Global Action Plan for Electronic Commerce, Prepared by business with Recommendations for Governments, at http://www.uscib.org/policy/actplan.htm.

⑧ Internet Self-Regulation: Comments on How the Internet can Arrange Its Own Regulation, http://www.endispute.co.uk/isr/cirb.htm. 其中的一个原因是互联网不存在边界，当事人可以轻易逃避国家法院体系的监控。参见 *A Global Action Plan for Electronic Commerce, Prepared by Business with Recommendations for Governments*, 2nd, 1999, p. 33。

则，消除或减少政府基于地域基础上的立法干预。①

其实，自我监管原则在电子商务的争端解决中已被广泛使用，而政府的作用就是提供一个可被接受的最低标准。② 在这方面的例子包括“虚拟法庭项目”，马萨诸塞州大学的网上申诉办事处及 eBay 的第三方托管金和保险的安排。③ 这些项目都不采用诉讼方式，降低了诉讼在此类争端解决中的地位。Cybersettle. com 公司是世界上首间在线争端解决公司，已经成功在线解决的争议价值逾 2000 万美元。④ 这个例子可以为以后进一步推广使用提供了很好的依据。本书第五章将就这些项目进行进一步的分析。

2. 评估

自我监管已广为网络社区所接受。⑤ 到目前为止，就避免政府过度干预或限制竞争等目标的实现程度而言，自我监管可以说是相当成功的。⑥

现在，自我监管已经有不同的形式，其中许多形式都是经过长期的比较研究

---

① A. E. Almaguer & R. W. Baggott III, Shaping New Legal Frontiers: Dispute Resolution for the Internet, *Ohio State Journal on Dispute Resolution*, Vol. 13, 1998, p. 714.

② L. J. Gibbons, Rusticum Judicium? Private "Courts" Enforcing Private Law and Rights: Regulating Virtual Arbitration in Cyberspace, *Ohio N. U. L. Rev.*, Vol. 24, 1998, p. 775; C. Menkel-Meadow, Do the "Haves" Come Out Ahead in Alternative Judicial Systems?: Repeat Players in ADR, *Ohio St. J. on Disp. Resol.*, Vol. 15, 1999, p. 60; M. J. Radin & R. P. Wagner, The Myth of Private Ordering: Rediscovering Legal Realism in Cyberspace, *Chi. -Kent L. Rev.*, Vol. 73, 1998, p. 1317.

③ 其他的项目包括：e-Resolution (Canada), BBB-Online (USA and Canada), IRIS mediation (France), Eurochambres (Association of European Chambers of Commerce), FEDMA (Federation of European Direct Marketing Associations) and EASA (European Advertising Standards Alliance), Visa International, Barclays Bank PLC, WebTrader (EU) 等等。

④ Over 20,000,000 Dollars in Claims Settled Online: Insurance Companies, Lawyers Go Online to Settle Disputes, http://www. udiweb. com/udi1020b. htm. Cybersettle. com 通过已在申请专利的安全网站提供保密的求偿安排服务来解决争端。保险公司、机构、政府机构、律师和申诉人都能使用 Cybersettle. com 实时地解决争端，而且该服务任何时候都开放。

⑤ J. Krasovec, Comment: Cyberspace: the Final Frontier, for Regulation?, *Akron Law Review*, Vol. 31, 1997, p. 143. 近来的一些立法尝试调整网络的一些问题，但结果并不是很理想。1996 年的《通信法案》(CDA) 就是一个很好的例子，它旨在限制网络中某些淫秽物品的通信和联系。CDA 在 *Reno v. ACLU*, 117 S. Ct 2329, 2331 – 2332 (1992) 中被最高法院废除。法院认为 CDA 的主要条款过于广泛和隐晦；在限制淫秽读物的同时也限制了成年人阅读的权利。

⑥ A. J. Campbell, Self-Regulation and the Media, *Federal Communications Law Journal*, Vol. 51, 1999, p. 757.

和理论论证才提出来的。例如,许多合同都规定由一个咨询委员会或管理委员会来解决争端。① 由此,在美国仲裁协会(AAA)这一私有机构的协助下,虚拟法庭项目得以出现。美国仲裁协会的一些程序规则在该项目实际解决争端中都得到适用。此外,基于市场研究建立起来的可信度和公众态度的研究,都与盈利动机、经营底线以及公司公共关系紧密联系在一起,在设计争端解决机制中起到一定的作用。eBay 的做法和 Cybersettle. com 公司基于自己商业利益的考虑来解决争端的做法都是最好的代表。作为实验,这些项目都制定条款免除可能出现的法律和准法律责任。②

上述这些例子在此阶段的作用主要是要证明解决电子商务的纠纷在技术上是可行的。③ 同时,他们也能为发展在线解决非网络纠纷提供一个很好的试验场所。对于未来的纠纷,无论它是从网络还是非网络的活动中引起,这些自我监管的架构绝对有助于对此类争端通过在线形式来解决的探索。因此,我们不应仅仅注意网络纠纷的在线解决,还要注意和鼓励非网络纠纷的在线解决。④

第二节　国际取向原则

互联网的出现使人们可以在瞬间互相沟通,世界因此变得越来越小了。国界在信息高速公路下显得苍白无力。⑤ 这些新现象都要求有新的策略来应对。全球性问题需要国际性的解决方法。1996 年 9 月,欧洲议会发布一项决议⑥,表

---

① 这些安排通常会出现在 B2B 的电子商务中,双方都希望能保持良好关系。例如,英国船务信息交换(DISH)项目和它的试验项目(交换协议)就是 DISH 管理委员会的先遣程序。

② 例如,虚拟法庭项目要求双方当事人同意豁免法官,项目管理员和其他有关人士参加该项目有关活动可能出现的责任。

③ 参见 Cyberspace Law Institute, the Virtual Magistrate Pilot Project, at < http://www. 11. georgetown. edu/lc/cli. html#VM TOP >.

④ Online Dispute Resolution, Cyberspace Law for Non-Lawyers, < http://www. ssrn. com/update/isn/cyberspace/lessons/disput04. html >.

⑤ 参见 H. M. White, Jr. & R. Lavria, The Impact of New Communication Technologies on International Telecommunication Law and Policy: Cyberspace and the Restructuring of the International Telecommunication Union, *Cal. W. L. Rev.* , Vol. 32, 1995, pp. 1 ~ 2.

⑥ European Parliament Comm. Econ. and Monetary Affairs and Industrial Policy Report on Resolution on "Europe and the Global Information Society-Recommendations to the European Council" and on a communication from the Commission of the European communities: "Europe's Way to the Information Society: An Action Plan" 1996 O. J. C 320.

明实现欧洲一体化,需要通过区域性甚或更广范围的立法来创造一个有序和公平的环境。[①] 这个文件虽然没有明确提及业界的自我监管,但强调建立国际管理体制的必要性。[②]

一、国际取向原则

1. 采用国际取向原则的理由

多种因素使网络的监管成为了优先要处理的问题,而其在商业上的潜力应该是众多因素中最重要的一个。许多国家都通过变通旧有的规则这一临时措施来监管网络贸易,并将自我监管原则确定为管制网络的最好政策。但是,国际取向原则,远远早于自我监管原则,已被网络社区广泛认可和采用了。该原则从一开始就被接受,而不受任何异议。互联网的本质和经济的全球化都表明电子商务的管制应该提升至国际层面。互联网带来的高速和高效使国界失去了意义,而国界意义的丧失对互联网的管制形成了严峻的挑战。

理论上,任何国家完全有权在本国境内制定并强制执行有关网络活动的法律。根据国家主权原则,一个国家在其境内对于跨境贸易进行法律管制有绝对排他的权力。[③] 但是,这并不意味着各国都有能力对网络的信息传播进行有效的调整。[④] 现代社会,任何一个国家都不能使用专断措施来禁止信息在各国的传播:网络并不存在一个有效的"开关"。一个国家可能可以控制在它境内的计算机,但它不能控制整个信息传播系统。[⑤] 而且,各国法律规范之间的冲突在电

---

① European Parliament Comm. Econ. and Monetary Affairs and Industrial Policy Report on Resolution on "Europe and the Global Information Society-Recommendations to the European Council" and on a communication from the Commission of the European communities: "Europe's Way to the Information Society: An Action Plan" 1996 O. J. C 320,第1段。

② European Parliament Comm. Econ. and Monetary Affairs and Industrial Policy Report on Resolution on "Europe and the Global Information Society-Recommendations to the European Council" and on a communication from the Commission of the European communities: "Europe's Way to the Information Society: An Action Plan" 1996 O. J. C 320,第32段。该解决方法强调必须有一个高效迅速的法律框架来为信息社会提供一个实时的帮助;此外,还需要有超国家层面的一个机构来指引和监管该框架的有效运作。

③ M. N. Shaw, *International Law* 277 - 314 (3rd Ed. 1991); L. Brilmayer, Consent, Contract, and Territory, *Minn. L. Rev.*, Vol. 74, 1989, p. 1, pp. 11 ~ 12.

④ 参见 J. Goldsmith, Unilateral Regulation of the Internet: A Modest Defense, *EJIL*, Vol. 11, No. 1, 2000, p. 139.

⑤ S. Selin, Governing Cyberspace: The Need for an International Solution, *Gonz. L. Rev.*, Vol. 32, 1996/1997, pp. 368 ~ 369.

子商务领域会显得越来越突出,最终将会阻碍电子商务的进一步发展。①

此外,国内的管制无法限制网络的国际效应。一国法律去管制网络而不影响其他国家的情形几乎是不可能的。② 在 *New York v. Vacco.* 一案中,一家纽约公司的分支机构 Golden Chips Casino,是在安提瓜岛注册并可以在该岛经营赌场的公司。Golden Chips 经营一个安提瓜岛的网站,而在纽约的互联网用户可以进入这个网站。纽约高等法院裁定 Golden Chips 违反了纽约的反赌博法。③ 由于 Golden Chips 的董事和雇员都位于美国,该判决得以执行。这一不允许网站提供纽约用户赌博服务的判决其实同时也禁止 Golden Chips 的全球性网络赌博服务,已经超出纽约法院判决应有的效力范围。

另外,欧盟《关于欧洲数据保护的指令》中明确禁止个人资料从欧盟传送到一些缺乏数据保护措施的国家。④ 该指令也适用于在欧盟的非欧洲国家的公司。这样,境外那些对个人资料保护体系不够完善的国家将不能再得到欧洲有关的资料,由此可见,该指令的效力将会延伸到境外的非欧盟国家。⑤

从以上的例子,我们可以看到单独一个国家的管制效力将无可避免地延伸到该国以外的区域。没有一个国际层面上协调的管制构架将迫使各个国家根据不同网络群体的利益制定不同的规章,导致更多冲突的出现,⑥进而损害商业环境⑦及影响言论自由的实现。⑧ 因此,一项政策的成功实施需要国际层面上的友

---

① 国家间合作,要求各国考虑对他国国民如何进行合理限制。参见 Y. Benkler, Internet Regulation: A Case Study in the Problem of Unilateralism, *EJIL*, Vol. 11, No. 1, 2000, p. 171.

② J. S. Bauchner, State Sovereignty and the Globalization Effects of the Internet: A Case Study of the Privacy Debate, *Brooklyn J. Int'l L.*, Vol. 26, 2000, pp. 695 ~ 696.

③ *New York v. Vacco*, No. 404428/98, Supreme Court, 22 July 1999.

④ Directive 95/46/EC of the European Parliament and the Council, 24 October 1995.

⑤ 参见 P. Swire & R. Litan, *None of Your Business: World Data Flows, Electronic Commerce, and the European Privacy Directive*, 3 – 4 (1998).

⑥ I. Brownlie, *Principles of Public International Law*, 5th Ed., 1998, p. 314.

⑦ C. Gregoire, Law Enforcement Challenges in Cyberspace, *Prosecutor*, Vol. 34, 2000, p. 29.

⑧ 参见 A Proposal for Removing Road Blocks from the Information Superhighway by Using an Integrated International Approach to Internet Jurisdiction, *Minn. J. Global Trade*, Vol. 10, 2001, p. 397; J. L. Goldsmith, The Internet and the Abiding Significance of Territorial Sovereignty, *Ind. J. Global Legal Stud.*, Vol. 5, 1998, pp. 488 ~ 489.

好合作。①

2. 国际取向原则与自我监管原则

因为对网络规管的适合性及其在网络空间的新应用，自我监管原则在网络争端解决中担当最重要的角色。另外，尽管人们已经在不同方面实施了国际取向原则，但由于其通俗易懂，因此缺乏学术界及业界的重视，没有将其提升到理论的高度。虽然这两项原则存在诸多的不同，但最终它们还是有紧密的联系。

跟自我监管原则相比，国际取向原则的实施需要更多的准备工作，因而在实行上会遇到更多的困难。国际性的协调和合作涉及很多准备工作，需要考虑很多因素。尽管这两项原则经常是同时使用的，但自我监管原则是从业界出发的，目的性较强。为了强调网络的国际性，业界在自我监管过程中必须超越国界，考虑全球化的趋势；位于不同国家的业界人士必须相互协调各自立场达成共识，为电子商务研究各种可行的监管机制。单独一国的管制也许在某些情形下是可行的，但网络上的单独管制经常出现"溢出效应"，即延伸到其他国家，因此，对网络的自我监管工作往往需要在国际化背景下进行。此外，国际取向原则可以在不同层面上实行，并不限于业界之间的国际合作，亦可以在政府或政府间组织的层面上适用以加强有关规则的强制执行力。对于一贯要求政府监管的人士而言，也可以通过国家日益加强的协调活动制定有关双边或多边条约，抑或成立新的国际性管理机构来加强政府管制的力度。②

这两项原则从不同方面指引电子商务的活动，同时又能很好地结合在一起，因此对电子商务而言都是不可或缺的。在强调业界领导经济及商业的发展和全球信息框架及全球信息社会（GII-GIS）计划实施的同时，还必须注意到社会上不同团体参与的重要性和必要性。③

---

① S. M. Hanley, International Internet Regulation: A Multinational Approach, *Journal of Computer & Information Law*, Vol. 16, 1998, p. 1011; S. K. Thomas, The Protection and Promotion of E-Commerce: Should There be a Global Regulatory Scheme For Digital Signatures?, *Fordham Int'l L. J.*, Vol. 22, 1999, p. 1063; S. Tavakol, Digital Value Units, Electronic Commerce and International Trade: An Obituary for State Sovereignty over National Markets, *Journal of Computer & Information Law*, Vol. 17, 1999, pp. 1229～1232.

② 参见 G. S. Wood, *The Radicalism of the American Revolution* 262 (1992); G. Stourzh, *Alexander Hamilton and the Idea of Republican Government* (1970); C. McManis, Taking TRIPs on the Information Superhighway: International Intellectual Property Protection and Emerging Computer Technology, 41 *Vill. L. Rev.*, *Vol.* 41, 1996, *p.* 207.

③ 参见 OECD (1997b), Global Information Infrastructure-Global Information Society, working paper 81.

3. 实施国际取向原则的模式

笔者认为可以通过两种模式加强电子商务领域的国际合作:各国达成一系列国际条约或者创建一个诸如世界贸易组织的国际机构来处理电子商务问题。政府可以在承认和执行他国判决裁决及跨境调查取证方面达成双边或多边的合作协议。① 制定有关网络活动的国际条约有助于统一国际实践,减少国家间不同规定之间的相互冲突。许多学者正在讨论制定统一的网络法以避免和迅速解决纠纷的可能性。联合国国际贸易法委员会(UNCITRAL)把握先机,制定了电子商务的示范法。一部完善的网络方面的国际性法律将有效解决争端解决过程中的法律适用问题。有关此方面的讨论详见本书第六章。

这里我们首先谈第二种模式:创建或授权一个国际性的组织来规管电子商务及其争端的解决活动。其实已经有许多国际组织致力于用有效的方法来解决电子商务中的纠纷。他们正努力寻求适用的原则和政策以获普遍认可,这些努力能创造一个很好的国际氛围,有助于电子商务的发展。

二、国际性尝试

1. 引言

许多国际组织已经就其管辖范围内的电子商务事宜开始监管活动。其中一些就争端解决进行了尝试,可供进一步研究之用。正是由于他们在国际上的影响力,使国际取向原则的适用效果多于自我监管的意味。以下就其中有代表性的组织进行分析。

2. 欧盟

欧盟与其他国际组织相比,有其独特之处,即它可以制定对成员国有强制约束力或直接赋予成员国公民权利和义务的规范。欧盟很早就认识到制定合理模式解决网络问题的必要性。② 许多欧盟的条例都已经涉及欧洲经济融合过程中有关技术发展的问题。③ 其规范电脑活动的尝试早在1991年就开始了。④ 1994

---

① 例如,各国可以分享竞争法执行方面的保密资料。参见 N. Hachigian, Essential Mutual Assistance in International Antitrust Enforcement, *Int'l Law.*, Vol. 29, 1995, p. 117.

② S. Murray & R. L. Hudson, A Fair Deal and Real Choice, *Wall St. J. Eur.*, 14 March 1996.

③ F. C. Mayer, Europe and the Internet: The Old World and the New Medium, *EJIL*, Vol. 11, No. 1, 2000, p. 156; J. Dickie, *Internet and Electronic Commerce Law in the European Union* 3 (1999). 除组织内的措施外,欧盟还与美国共同发表了联合声明。参见 Joint E. U.-U. S. Statement on Electronic Commerce, 5 December 1997, at http://www.qlinks.net/comdocs/eu-us.htm.

④ 参见 J. Rosener, Cyberlaw: The Law of the Internet, 271 (1997). 欧盟发布有关隐私保护的指令,该指令于1995年被欧洲部长理事会正式采纳,即《有关个人资料保护的指令》。

年 7 月 19 日,欧洲委员会发表题为"欧洲信息社会的道路:行动计划"的文件,支持欧盟作为监管者的地位。① 1997 年 4 月欧盟发布了"电子商务问题的欧洲动议",旨在通过国际协商谈判达成欧洲区域及全球性共识,以提供未来社区行动的和谐的政策框架并鼓励电子商务在欧洲的迅速发展。②

欧盟为在线争端解决的实现作出了很多努力。1999 年末,欧洲委员会发布了一个名为"电子欧洲——一个为所有人的信息社会"的新动议,制订了所有欧洲人能充分享受到信息社会带来的利益的宏大目标。③ 其中一项具体的指引就是鼓励"在线争端解决机制"和消费者索赔的新模式。该指引在 2000 年的《电子商务指令》中再次得以确认,④更进而规定电子商务争端解决的几项重要原则。该指令尤其强调,由社会上包括贸易、专业人士以及消费者组织等不同层面的群体共同制定行为准则,并要求会员国在立法中允许诸如(电子)法庭外解决纠纷的可能性。⑤ 该指令还要求会员国确保法院诉讼机制的存在并研究将在线争端解决的模式引入司法程序的可行性。⑥

3. 世界贸易组织(WTO)

世界贸易组织于 1998 年开始加入电子商务的议题。⑦ 1998 年 9 月 25 日各国商务部长共同发布世界贸易组织《有关全球性电子商务的宣言》,要求理事会建立一个综合性的工作项目,审查所有与全球性电子商务相关的贸易问题。尽管网络世界给现有的贸易政策带来严峻的挑战,但世界贸易组织诸如非歧视、透明度和市场开放等传统的贸易原则在电子商务中仍然是适用的。世贸组织现有

---

① 参见 Commission of the European Communities, Europe's Way to the Information Society: An Action Plan, (COM (94) 347 final, at Intro.), http://www.echo.lu/eudocs/en/com-asc.html.

② 参见 Commission Communication "A European Initiative in Electronic Commerce", COM (97) 157 of 15 April 1997, at 12 - 14, http://www.ispo.cec.be/ecommerce/answers/what.html.

③ 参见 the European Commission's Communications of 8 December 1999, eEurope-An Information Society for All, (p. 9), European Commission Press Release of 8 December 1999, IP/99/953, http://europa.eu.int/comm/information_society/eeurope/index_en.htm.

④ 参见欧洲议会和理事会 2000 年 6 月 8 日第 2000/31/EC 号《有关内部市场包括电子商务在内的信息社会服务某些法律问题的指令》,欧共体官方公报,2000 年 7 月 17 日,L178/1。

⑤ 参见《电子商务指令》,第 16~17 条。

⑥ 参见《电子商务指令》,第 18 条。

⑦ 参见 C. L. Mann & S. C. Knight, Electronic Commerce in the World Trade Organization, in J. Schott (Ed.), *The WTO after Seattle* (Institute for International Economics, July 2000); E-Commerce in the World Trade Organization: The Need for a Horizontal Approach, International Communications Round Table, 12 July 2000.

的框架体系暂时主要套用到改变全球经济形式电子商务的某些方面。① 具体的自由化工作还有待新一轮的贸易谈判展开。②

世贸组织框架内争端的解决一直备受关注,1995 年乌拉圭回合谈判后设立了新的争端解决机制,受到大多数会员的欢迎。③ 许多学者都认为该新机制相对原有《关贸总协定》下的机制有了很大的进步。其中一个重要的方面就是要求所有在世贸框架下发生的贸易争端都提交该机制来解决。④《世贸组织争端解决谅解》为世贸组织框架下所有的多边协议建立了一个一体化的争端解决体系。该机制只适用于会员国之间,而不能用于解决私人或商业机构之间的纠纷,除非该类纠纷有某会员国支持并提交世贸解决。因此,对于电子商务中商家的纠纷似乎不具有太强的针对性。

4. 国际商会(ICC)

国际商会是调整国际商务往来的另一个重要国际机构。它通过设在法国巴黎的国际仲裁院提供争端解决服务。仲裁规则在 1998 年初经过 20 年来第一次修正后,采用该规则来解决争端的需求持续增加。该新规则令整个仲裁体系更有弹性,更易使用。⑤ 基于它传统的商业特性,该仲裁院是商业社会最受欢迎的仲裁中心之一。大多数仲裁机构都是地区性的或隶属于某个国家,而国际仲裁院是真正的国际性仲裁机构。国际仲裁院是世界上最具有代表性的争端解决机构之一,其成员来自各大洲的 60 多个国家。⑥

---

① 有关世贸组织框架下电子商务的讨论,参见 H. Hauser & S. Wunsch-Vincent, A Call for a WTO E-Commerce Initiative, *Int'l J. Comm. L. & Pol'y*, Vol. 6, 2000/2001, pp. 1 ~ 30.

② 根据欧盟的建议,未来世贸组织框架下电子商务自由化的工作项目应属于总理事会管辖,而不应该分归各个不同部门或服务贸易理事会单独管辖。

③ 对于世贸组织机制的讨论,参见 L. Wang, Some Observations on the Dispute Settlement System in the World Trade Organization, *JWT*, Vol. 29, No. 2, 1995, pp. 173 ~ 178; G. Horlick, Dispute Resolution Mechanism: Will the United States Play by the Rules?, *JWT*, Vol. 29, No. 2, 1995, pp. 163 ~ 171; E. Vermulst & B. Drissen, An Overview of the WTO Dispute Settlement System and its Relationship with the Uruguay Round Agreements: Nice on Paper but Too Much Stress for the System?, *JWT*, Vol. 29, No. 2, 1995, pp. 131 ~ 161; N. Komuro, The WTO Dispute Settlement Mechanism: Coverage and Procedures of the WTO Understanding, *JWT*, Vol. 29, No. 4, 1995, pp. 5 ~ 95; P. T. B. Kohona, Dispute Resolution under the World Trade Organization: An Overview, *JWT*, Vol. 28, No. 2, 1994, pp. 23 ~ 47.

④ EU Committee Position Paper on the Millennium Round, September 1999, at http://www.eucommittee.be/pop/pop1999/Tra/trade%2023.htm.

⑤ 来自海外和本地的商业咨询, http://www.firmholdings.com.au/bus-consultancy.html.

⑥ ICC 国际仲裁院:仲裁的介绍, http://www.iccwbo.org/court/english/arbitration/introduction.asp.

在电子商务时代,国际商会的工作涉及政策的制定、电子商务项目、文件及相关服务。① 国际商会的信息保安工作组在ICC电子商务项目的支持下草拟了题为"国际数字电子商务统一惯例(GUIDEC)"的文件。② 该文件试图将电子商务的关键元素融会在一起并提供指引细则及相关问题的背景材料。虽然它和解决纠纷没有直接关联,但它建议的电子签名或认证,为电子商务的开展及争端的解决提供了坚实的基础。

国际商会还致力于构建电子商务的框架,起草了题为"电子商务的全球商业行动的计划",并提交到经济合作和发展组织(OECD)的部长们。该计划主张专门设计一个迅速并且专业的机制来解决电子商务的纠纷。同时,它建议各政府应鼓励公众以自我监管这一最为有效的原则来设计争端解决机制;而各国法院系统尤其应拥有自己的信息技术和法律方面的专业人才。③ 该计划承认新出现的在线争端解决机制的效力,此外,还要求各国法律专家在进行国际合作中解决管辖权冲突问题。

5. 经济合作和发展组织(OECD)

经济合作与发展组织在电子商务领域相当活跃。它提供一个政府与业界对话及分析的场所,来处理全球经济中的技术问题。1998年秋季,国际消费者组织(CI)要求切实履行《电子商务环境下的消费者保护指引》中包括消费者求偿措施在内的所有指引。虽然这些指引没有约束力,但它们能提醒政府提供基本的消费者保护措施,使消费者及业界认识到自己的权利和责任,并且促进新的争端解决机制的研究。④ 这些指引认识到有必要创建解决国际纠纷的机制,并建议应该鼓励现有的国际商业团体来承担这个角色。⑤

6. 世界知识产权组织(WIPO)

世界知识产权组织处理知识产权的问题。该组织与电子商务的联系源于许

---

① Dawn C. Valdivia, Panel Report: Panel I: Report on the E-Commerce Activities of the OAS, ICC, ABA, and Unicitral, *Ariz. J. Int'l & Comp. Law*, Vol. 17, 2000, p. 113.

② 《国际数码电子商务的统一惯例》, http://www.iccwbo.org/home/guidec.asp.

③ 《电子商务的全球行动计划》。

④ 参见 C. L. Mann, S. E. Eckert & S. C. Knight, *A Policy Primer: Global Electronic Commerce*, Institute for International Economics, 2000, p. 136; K. Alboukrek, Adapting to a New World of E-commerce: The Need for Uniform Consumer Protection in the International Electronic Marketplace, *George Washington International Law Review*, Vol. 35, 2003, pp. 444 ~ 446.

⑤ 参见密码政策指南和有关密码政策背景材料的报告, OECD Privacy Guidelines in the Electronic Environment: Focus on the Internet, 1997, at http://oecd.org/dsti/sti/it/secur/pro/GD97 - 204.htm; C. Swindells & K. Henderson, Legal Regulation of Electronic Commerce, 3 *The Journal of Information, Law and Technology* (*JILT*), (1998), at http://elj.warwick.ac.uk/jilt/98 - 3/swindells.html.

多电子商务的纠纷和知识产权的保护紧密相联的事实。此外,WIPO 仲裁和调解中心(简称 WIPO 中心)在提供争端解决服务方面相当成功。WIPO 中心于 1994 年在瑞士日内瓦成立,为商业实体之间的国际商业争端提供仲裁和调解服务。该中心投入相当的资源建立一个运作的法律架构以处理与网络和电子商务有关的争端。

随着网络自由化趋势的出现,一个名为互联网名称与数字地址分配机构(ICANN)的非盈利机构在美国成立,承担域名的管理工作。[①] WIPO 被该机构任命为域名争端解决的服务机构之一。该争端解决机制的具体操作将在本书第五章详细讨论。

WIPO 中心帮助“应用服务提供商工业联盟”发展一套防止跨境争端和争端解决的指引和最佳做法,这方面的活动进一步加强了 WIPO 在电子商务争端解决中的领导者地位。应用服务提供商工业联盟位于马萨诸塞州的 Wakefield,于 1999 年 5 月成立,是一个代表多于 650 个公司利益的国际团体。旨在通过资助研究,提倡最好的政策和宣传应用服务模式中可见利益的实现等形式来促进应用服务提供者工业的发展。随着市场对应用服务需求的迅速增加,服务提供商有时不能提供用户满意的服务或达不到用户要求的服务水平,争端也就不断出现,该联盟因此请求 WIPO 研究避免和解决纠纷的方法。WIPO 经过调研后,发表一份题为“ASPresolve:应用服务提供商供应链中争端的防止和解决的最佳做法的白皮书”,提出一系列建议和指引。

该白皮书指出应用服务提供商供应链中纠纷的特征,即一点对多点、管辖权积极冲突、问题源头的复杂性、时新的法律和商业问题、共生关系、当事人之间的独特关系以及宽广的价值取向。[②] 白皮书还进一步表明,供应链复杂的特性决定了,就算有最完善并且构思良好的风险管理和避免纠纷的措施,仍然会有一些争端需要通过争端解决机制来解决。因此,诉讼机制还是有存在的必要。其他争端解决机制,已经被建议用于应用服务提供商与其供应商、合作伙伴及消费者之间的争端解决,但还处于试验阶段。

白皮书按照形式的正规程度列出不同的争端解决机制。最非正式的机制是

---

① 该非盈利公司的成立给网络社区带来独特的挑战和机遇。有关 ICANN 的信息,参见 Domain Name Resolutions: CPSR Proposals for the New Corporation, http://www.cpsr.vacia.is.tohoku.ac.jp. 有关 ICCAN 的分析,参见 K. Perine, Throwing Rocks at ICANN, http://www.thestandard.net/article/display (2000 年 3 月 27 日浏览)。

② 有关特征的讨论,参见 A. H. Ali & N. Shah, Executive Summary: Dispute Avoidance and Resolution Best Practices, Dispute Avoidance and Resolution Team (DART), Best Practice Committee, International Conference on Dispute Resolution in Electronic Commerce, WIPO, November 2000, ARB/ECOM/00/25a.

谈判,最正式的是诉讼;这两者之间正规程度从弱到强分别有争端解决顾问,调解、小型审判、早期的中立评估、中立的确认事实专家,申述专员、争端评估委员会和仲裁。白皮书还列出这些机制的重要特点,以协助争端当事人选择一个合适的机制。列出的特点包括以下方面:商业模式的优先性、契约关系、争议数额和当事人的身份。

白皮书更进一步建议,在最初的商业合同中应该订立争端解决条款,使双方当事人对争端解决有一个合理期待。根据由应用服务提供商工业联盟成员提供的条款,WIPO 中心的大量资源以及争端解决领域专家的意见,该白皮书提供了争端解决的示范条款。争端解决可以根据双方当事人的特别安排进行,也可以根据某争端解决机构的规则来进行。

7. 分析

互联网的特性决定了其争端解决过程中必须考虑国际取向原则。很明显,国际组织,能够代表所有或大多数国际社会成员的利益,是电子商务争端解决机制的合适载体。世贸组织的争端解决机制对私有团体不开放。国际商会的国际仲裁院在解决电子商务的争端方面不存在任何制度和实施的障碍。虽然它的仲裁规则并不是为解决网络的争端而专设的,但从 20 世纪末以来,国际商会已经并一直关注电子商务的发展并采取有关的措施。世界知识产权组织在解决网络域名争端方面迈出了关键而成功的一步,表明国际组织在处理网络纠纷方面完全是可以胜任的。从上文的论述可以清楚地看出,网络争端解决方面国际的合作不仅是可行的,而且是必须的。只有通过国际合作才能顺利解决信息社会的各种需求。

第三节　消费者保护原则

近年来关于消费者保护问题的热烈讨论已经对立法产生重大影响,并从某种程度上促进消费者保护的立法活动。[①] 一般来说,可以对消费者提供两类保护:法律保护,即消费者购买的商品或服务与合同约定不一致而由法律提供救济;商业保护,即消费者购买的商品或服务与卖方作出的明确描述不一致而作出的救济。[②] 近来,传媒和政界有一个流行的说法,即消费者保护原则给商品或服

① 有关消费者保护法背景的讨论,参见 J. A. Spanogle et al. ,*Consumer Law*,1991; *D. J. Whaley*,*Problems and Materials on Consumer Law*,1991.

② 欧洲议会和理事会有关消费者货物买卖及有关担保问题的指令在 1998 年 4 月修改案第 2 条和第 3 条就已经论及该点。参见 G. T. Brady, Consumer Protection in the European Community: Hope for the Consumer or Unfulfilled Promises?, 23 *North Carolina Journal of International Law & Commercial Regulation*, *Vol.* 23, 1997, *pp.* 166 ~ 172.

务的实际消费者提供保护措施,包括制定法律要求向最终消费者提供尽可能多有关商品或服务的信息以及增加卖方的法律责任等。

确实,消费者在贸易买卖中往往以独立的个体出现,相对商家而言处于弱势的地位,因此通过法律对消费者提供充分的保护是相当重要的。该观点对消费者和商家来说都是可接受的,因为没有消费者,买卖就不可能开展;对消费者的保护,本身就是对顺利开展贸易活动起着促进作用:有关消费者保护的政策和法规能增强消费者的信心并促进他们积极参与交易,改善双方贸易关系。

消费者是否应在传统的贸易环境和网络环境下都得到同等的保护?而该类保护又是否充分?首先,消费者期望他们在网络贸易中的利益得到充分保护,但随着跨境的电子商务活动越来越频繁,要彻底保护消费者不受贸易欺诈及其他欺骗行为越来越困难。① 消费者一旦受损,希望通过在他国起诉保护自身权利的行为往往因为多种因素而不能顺利进行。在他国诉讼的高昂诉讼费用可能是阻碍消费者进行他国诉讼的重要障碍之一。② 因此,传统消费者保护方面的法规和政策已经不能很好地适应网络时代,需要作出及时调整。

一、电子商务中消费者保护的一般理解

经济合作和发展组织(OECD)早在1998年就提出建议"在其他商业模式下消费者保护法律和政策提供的保护应同样以同等水平提供给网络贸易中的消费者"。③ 由此可见,消费者保护原则对于传统贸易和电子商务中的交易双方都很重要。

网络改变了人们通信的方式,贸易合同经常可以通过网络形式达成,这些变革都对消费者保护原则提出严峻的挑战。一些消费者保护规则在传统贸易中是相当有效的,但在网络贸易中可能就不是这样了。传统的贸易中,消费者囿于国

---

① J. Rothchild, Protecting the Digital Consumer: The Limits of Cyberspace Utopianism, *Indiana Law Journal*, Vol. 74, 1999, p. 925.

② 参见 G. Rosenberg, Legal Uncertainty Clouds Status of Contracts on Internet, *N. Y. Times*, 7 July 1997, at D3.

③ OECD, DSTI/CP(98)4, 1998年4月, 第27项, 该草案有两个修订本: DSTI/CP(98)4/REV1; DSTI/CP(98)4/REV2. 针对电子商务中消费者的一些特殊需求,可以提供更多的保护,因此该文件可以被视为提供了最基本的保护标准。

界;但国际贸易的开展,消费者已经突破国界,逐渐改变了原有的状况。① 随着网络的迅速发展,消费者的范围更广,可能来自全球各个角落,传统贸易中消费者保护原则适用的难度更大了。

现有消费者保护体系提供了多种方式保护消费者,已经通过一些消费者保护的法律,还成立一些专门的机构开展消费者保护工作。② 但这些都不能确保对消费者的保护万无一失。网络世界的消费者在交易中仍然会遇到大量的困难和不公平待遇。商家有很好的组织进行产品和服务的提供和分销活动,对相关市场具有相当大的影响力,③而消费者则没有形成较强的群体,对市场的影响力较弱,因此往往受到来自商家方面的压力。④

不论好还是坏,电子商务都已经在逐渐改变消费者贸易的方式。网络使商业贸易活动轻易跨越国界,能有效降低商品和服务的价格。许多商家已经设立网站,努力吸引更广范围的消费者。⑤ 消费者通过网站获取更多的信息,可以在许多在线商家中作出自己的选择,由此可见,顾客在电子商务中的地位已经有所提升。⑥ 一些媒体认为,在电子商务商家之间激烈的竞争中,消费者在货物和服

---

① 准据法的确定、各国法律的差异、在商业担保上的困难等问题都使国际贸易给消费者保护造成很大的问题。这些问题的影响深远,因为消费者如曾遇上这些问题,他们都不愿意再重蹈覆辙。所以很有必要确保消费者居住国不会对他国购买的商品有所歧视。参见欧洲委员会提出的欧洲议会和理事会有关消费者货物买卖及有关担保问题的指令的建议案,COM (95) 520 final at 3 - 4; Commission Green Paper on Guarantees for Consumer Goods and After-Sales Services, COM (93) 509 final at 8 - 9; T. C. Hartley, *The Foundations of European Community Law*, 1994, p. 11.

② 参见加拿大消费者保护法的中期报告, Industry Canada, October 1996.

③ 参见 F. E. Zollers, S. N. Hurd & P. Shears, Consumer Protection in the European Union: An Analysis of the Directive on the Sale of Consumer Goods and Associated Guarantees, 20 *U. Pa. J. Int'l Econ. L.*, 99 (Spring 1999).

④ 详见欧洲经济共同体关于消费者保护和信息政策的初步项目的理事会决议, 1975 O. J. (C 92), 第3页, 第6段。

⑤ 网络公司采取多种措施,例如购物时送出飞行哩数,加快网页的运作速度,提升顾客服务质量及派发现金奖等。参见 S. C. Miller, Anybody in There? Sites Strain to Build in Customer Service, *N. Y. Times*, 22 *September* 1999, *at D*51.

⑥ 参见 D. T. Rice, Jurisdiction in Cyberspace: Which Law and Forum Apply to Securities Transactions on the Internet? Appendix, 21 *U. Pa. J. Int'l Econ. L.*, 589 (Fall 2000).

务的销售及提供方面占据了一定的优势。[①] 消费者基于网络多方面的信息,有更多机会和时间进行权衡,作出对自己最有利的抉择。有些学者甚至认为网络环境下,消费者完全可以通过自助行为来保护自己的利益。[②] 这种说法完全可以理解,因为互联网用户标榜自己是“网民”或通称“网络世界的市民”,他们自行形成了相互之间往来的适用规则。[③]

那么,既然消费者在电子商务中已经受到较好的保障,是否还需要强调消费者保护政策? 答案是肯定的。[④] 原因如下:为了进一步促进电子商务消费者交易的迅速发展;[⑤]网络贸易还有许多法律真空,存在贸易的风险,该政策从一定程度上缓和这些顾虑;[⑥]以防网络市场调制的失败;采取切实措施制定网络交易

---

① 参见 S. Hansell, A Feeding Frenzy Made for Consumers, N. Y. Times, 22 September 1999, at D1; E. Goode, The Online Consumer? Tough, Impatient and Gone in a Blink, N. Y. Times, 22 September 1999, at D22; T. Golsberg, Online Shopping Gets Sticky, 18 October 1999, at <http://www. msnbc. com/news/302106. asp>; B. Sullivan, Surfing-and Recruiting-for Cash, 6 October 1999, at <http://www. msnbc. com/news/319148. asp>.

② 参见 D. Pridgen, Wyoming Division: Speech: How Will Consumers be Protected on the Information Superhighway?, 32 *Land & Water Law Review*, 253 - 255 (1997); R. Frieden, Does a Hierarchical Internet Necessitate Multilateral Intervention?, 26 *N. C. J. Int' l Law & Com. Reg.* 400 (Spring 2001).

③ M. A. O' Rourke, Fencing in Cyberspace: Drawing Borders in a Virtual World, 82 *Minn. L. Rev.* 609, 641 (1998).

④ 欧盟试图用消费者保护法来解决电子商务中商家和消费者之间经济力量失衡的问题。而美国则认为互联网的科技日新月异,这种变化将会使任何消费者保护法很快变得不合时宜;政府除了在打击网络犯罪外,不能在保护消费者问题上施加实质的影响。参见 G. Miller, Clinton Pushes Initiatives for Electronic Commerce, *L. A. Times*, 1 *December* 1998, *at* C3, *p.* 10.

⑤ 缺乏相关的法规调整将会阻碍销售及影响消费者的信心。参见 J. Covitz, A Framework for Global Electronic Commerce, 1075 PLI/Corp. 11 at 22, 25; C. E. Dubuc, Cyberspace: The Advertising Super Highway-Some Bumps Need Repair, 790 PLI/Comm 165 (April 1999); A. Boss, The Internet and the Law: Searching for Security in the Law of Electronic Commerce, 23 *NOVA Law Review*, 583, 590 - 596 (Winter 1999); J. K. Winn, Open Systems, Free Markets, and Regulation of Internet Commerce, 72 *Tulane Law Review*, 1177, 1190 (March 1998).

⑥ 买卖双方之间缺乏实际的沟通会导致互相的猜疑。参见 B. Wright & J. K. Winn, The Law of Electronic Commerce (1999), at 13.03, 14.02; A. Boss & J. K. Winn, The Emerging Law of Electronic Commerce, *Bus. Law.*, Vol. 52, 1997, p. 1469; R. Nimmer, Selling Products Online: Issues in Electronic Commerce, 467 PLI/Pat 823 (January 1997).

相关的法规来保护消费者的利益。①

认识到电子商务在未来经济社会的重要性及消费者保护的必要性,很多国家都已经设立了专门的委员会来研究消费者保护原则的具体实施。美国联邦贸易委员会(FTC)1998 年 12 月 24 日宣布组织一个全球性信息市场消费者保护的研讨会。② 美国政府有关电子商务的工作组的第一个年度报告就强调了保护在线消费者的重要性。③ 欧洲委员会也在努力协调欧盟机制来处理电子商务领域中的消费者保护政策。例如其草拟的《电子商务指令》就包含一项为消费者的保护和投资者而设立的紧急机制。④

信息网络和信息技术固有的跨国性都要求适用国际取向原则来协调各国消费者保护政策的实施。电子商务中消费者保护政策的实施在整个电子商务自我监管的法律框架内应该具有透明性和可预见性。⑤ OECD 已经就此采取了有关行动。1998 年 4 月,OECD 的消费者政策委员会制定了一系列的指引来确保消费者在参与电子商务时不会遭遇任何贸易壁垒。这些指引在协调各国消费者保护规定方面同样也起着重要作用。当然,这些指引是针对电子商务的整体,而非局限于争端的解决。在具体到电子商务中争端的解决时则要考虑其他更细的因

① 参见《统一计算机信息交易法令》(UCITA);《统一电子交易法令》(UETA),at http://www. law/upenn. edu/bll/ulc_frame. htm;《联合国国际贸易法委员会(UNCITRAL)电子商务示范法》,at http://www. uncitral. org/english/texts/electcom/ml-ec. htm;《欧洲议会和理事会关于内部市场电子商务的特定法律问题的指令的建议稿》,COM (1998) 586 final-98/0325 (COD); 1997 年 5 月 20 日欧洲议会和理事会《关于远距离合同中消费者保护的 97/7/EC 号指令》,1997 O. J. L 144, at http://europa. eu. int/eur-lex/en/lif/1997/en_397L0007. html;《加拿大个人信息保护及电子文件法令》(Bill C-6), at http://www. parl. gc. ca/36/2/parlbus/chambus/house/bills/government/C-6/C-6_3/C-6_cover-E. html;《国际商会关于国际数字电子商务的统一惯例》(GUIDEC), at http://www. iccwbo. org/home/guidec/guide. asp;《经济合作与发展组织有关信息系统安全的指引》(1992), at http://www. oecd. org/dsti/sti/it/secur/prod/e_secur. htm. 有关详尽的解释,参见 S. Zain, Regulation of E-Commerce by Contract: Is It fair to Consumers?, *University of West Los Angeles Law Review*, Vol. 31, 2000, pp. 166 ~ 170.

② FTC to Study Consumer Protection in International Electronic Commerce, *Tech Law Journal*, http://www. techlawjournal. com/internet/81215. htm. 该研讨会讨论消费者从国外购买商品或服务时所要面对的各种问题:准据法的适用、国际消费者交易的实现、法院的管辖权以及何国政府有权保护消费者。

③ FTC to explore International Consumer Protection Concerns in the Electronic Marketplace: Spring Workshop to Examine How to Protect Online Consumers When They Do Business with Foreign Firms, http://www. techlawjournal. com/internet/81215. htm.

④ 参见《电子商务指令》第 3(4)(a) 条。

⑤ Recommendation of the OECD Council Concerning Guidelines for Consumer Protection in the Context of Electronic Commerce, http://www. ftc. gov/opa/1999/9912/oecdguide. htm.

素。

二、电子商务争端解决过程中消费者的保护

现在已经有不少立法保护消费者利益。① 但是,消费者仍然要面对很多问题。例如,他们在市场中没有足够大的选择权,对合同条款的正确理解还存在困难。更重要的是,还没有一个有效的机制使消费者能充分保护自己权利并迅速解决与商家的纠纷。②

商家都很清楚资料的分发和传送对他们的生存至关重要;如果没有了解相关的信息资料,消费者就不会花钱去购买其商品或服务。因此,商家会努力通过包括广播、电视、报纸、杂志、广告牌在内的各种各样的途径,使尽可能多的潜在消费者了解他们的产品或服务。

但是,通过上述媒体进行的宣传活动需要较高的费用,因此限制了信息传播的范围和时间。往往只有其中一小部分信息被传达给消费者。对于一些消费者已经相当了解并经常使用的产品或服务,存在的问题并不大;但是对于一些新的复杂的产品或服务,信息的匮乏将会使消费者对这些产品或服务缺乏信心。一旦存在疑虑,消费者可能就会放弃交易;更糟的是,如果他们真的选购了这些产品,但马上出现争议,这种现象对此类产品的打击是致命性的。

在某些重要或贵重的货品交易时,交易双方往往会有合同明确规定双方的权利和义务。许多情形下,商品买卖采用标准合约模式,即一旦消费者购买了商品,就意味着双方达成一项标准合约。消费者往往无须就合约的具体细节与商家谈判,因为许多合约都是标准性的,预先已经准备好了,甚至某些合约已经放在消费者要购买的商品包装箱内。在购买产品后才了解合约内容似乎本末倒置,但在现实生活中还没有更好的解决方案。③ 不少学者对标准合约的合理性提出质疑,④但不论该标准合约的做法合理与否,事实上这些合约在现代商务中已被广泛使用;而且消费者已经承担了其中的风险。一旦出现争议,法院会综合考虑该合约的背景及存在的现状,常常给予消费者优先考虑。

很明显,合同条款的早期披露在很大程度上对于争议出现之前和争议解决期间消费者的保护至关重要。但是,即使消费者能及早了解合约条款的内容,对

---

① 例如合同法中普通法规则和《统一商法典》都给消费者提供了传统的保护模式。

② 参见 G. E. Maggs, Internet Solutions to Consumer Protection Problems, *South Carolina Law Review*, Vol. 49, 1998, p. 889.

③ 参见 *Hill v. Gateway* 2000, *Inc.*, 105 F. 3d, 1147 - 1151 (7th Cir. 1997).

④ 参见 M. I. Meyerson, Efficient Consumer Form Contracts: Law and Economics Meet the Real World, *Ga. L. Rev.*, Vol. 24, 1990, pp. 597 ~ 600; T. Rakoff, Contracts of Adhesion: An Essay in Reconstruction, *Harv. L. Rev.*, Vol. 96, 1983, p. 1173, 1226.

于这些条款措辞的理解又是另一个问题。例如，非法律人士往往很难理解专门的法律术语。[①] 面对这一两难的处境，一般的法律程序只会再次将消费者推向困难的境地。消费者必须认真阅读并谨守合约中的条款；在一些特殊情形下合约条款的措辞过于深奥以致无法理解，某些商家可能会主动通过电话、传真或其他口头形式解释合同的条款，但由于此方式增加的商品成本，很多时候又都转嫁到消费者身上。

网络可以有效地解决上述问题。只要有上网工具和网络连接，商家就可以以廉价的并有效的方式将详细的资料传送给无数的潜在消费者。[②] 在网络空间，商家可以将合约的基本资料和解释材料，包括音像制品，置于其网站，供消费者浏览。这样，商家就能节省广告成本，而顾客也可以通过这一透明的渠道充分了解他们未来的合约。

网络也提供法庭以外的另类争端解决方法。从前，消费者不正式的投诉往往不了了之。一旦出现纠纷，消费者往往只能依赖法律的力量，强制商家合作。但网络世界更加注重消费者的意见态度。互联网给消费者提供了申诉抱怨的场所。[③] 商家必须小心地查看消费者在网上的意见以避免出现对外形象问题。[④] 为确保自己的公众形象不受损，商家一般都会积极并迅速地解决纠纷。很明显，在争端解决方面，互联网会影响消费者及商家的行为。

三、电子商务争端解决中的消费者保护

争端解决中消费者保护的最有效途径就是给他们提供救济的方式和途径。[⑤] 网络的使用便利了信息的交流和消费者投诉，可以预见，在网络环境下，消费者的保护将会有所提高和改善。但这还不是法律意义上消费者的保护。在以前的法律体制下，许多国家消费者保护法律禁止消费者交易中发生的争端采

---

① 从时间、精力以及金钱方面考虑，努力去理解这些法律词汇所需的花费远远高于可能得到的好处。参见 R. Barnett, The Sounds of Silence: Default Rules and Contractual Consent, *Va. L. Rev.*, Vol. 78, 1992, p. 821, 886.

② 网络使用者只需要付网络服务提供商一小笔月费就可以使用网络。一些服务提供商还允许使用者用信用卡在网站上付费，这样在几小时就可以完成交费手续。有关网络服务提供商的网址，参见 http://www.nerdworld.com/nw500.html。

③ 消费者已设立100多个网站来对大型商户进行投诉。例如 Wal-Mart Sucks 的网站，http://www.walmartsucks.com.

④ 参见 J. Tanaka, Foiling the Rogues: "Anti" Web Sites are Great for Angry Customers, but Now Companies Are Trying to Fight Back, *Newsweek*, 27 October 1997, at 80.

⑤ 如 T. Fukuhara 教授所说，破坏后的重组是消费者保护中重要的一环。OECD Proceedings: Gateways to the Global Market: Consumers and Electronic Commerce, 119 (1998).

用仲裁机制解决。① 不论该规定是否现在还适用,我们可以就美国和欧盟这两个具有代表性区域的做法来探讨网络环境下争端解决过程中的消费者保护。

1. 美国的做法

美国有关消费者保护的立法较少。② 但是,自 1995 年开始一个名为联邦贸易委员会(FTC)的机构③就已经开始保护网络消费者的工作了。④ 它的一项重要使命就是保护消费者不受不公平或欺诈性商业行为的损害,促进市场竞争,增加消费者的选择余地,从而促进市场有序正常地运营。⑤ FTC 法令第 5 条规定,该项使命的实现并不区分电子商务或传统的商务。⑥ FTC 其他的一些规则和条例更进而专门针对网络交易作出规定。⑦ FTC 针对网络贸易的做法表现了其调整电子商务方面的雄心,避免网络世界成为"狂野的西部"。⑧

FTC 针对消费者保护提出一个包含四部分内容的策略。首先,它强调对商家和消费者进行教育的重要性。认识到对那些互联网的新用户或不熟悉广告宣传要求的商家进行教育的重要性;FTC 的消费者和商家教育办公室,有时与私营机构或消费者团体合作,针对某些消费者保护或广告宣传的要求等问题一起出

---

① 例如 1978 年芬兰《消费者保护法令》(1978 年 1 月 20 日/38)第 11 章第 1d 条规定消费者交易中发生的争端不能提交仲裁。

② G. E. Maggs, Internet Solutions to Consumer Protection Problems, *South Carolina Law Review*, Vol. 49, 1998, pp. 887 ~ 889.

③ FTC 是美国唯一的有权强制执行消费者保护法的国家机构。该机构也有权执行反托拉斯法以维护市场的竞争。

④ 参见 FTC, Anticipating the 21st Century: Consumer Protection Policy in the New High-Tech, Global Marketplace, Volume II (last modified 6 November 1996), http://www.ftc.gov/opp/global/report/global2.htm.

⑤ FTC Act 5(a), 15 U.S.C. 45 (a) (1994).

⑥ 参见 R. B. Starek, III & L. M. Rozell, A Cyberspace Perspective: The Federal Trade Commission's Commitment to On-Line Consumer Protection, *J. Marshall J. of Computer & Info. L.*, Vol. 15, 1997, pp. 683 ~ 684.

⑦ 例如《邮件或电话订货法规》(16 C.F.R. 435 (1997))不仅仅适用于邮购和电话订购的商品,还适用于通过传真或计算机订购的商品。同时参见 Fair Credit Billing Act, 15 U.S.C 1666 - 1666j (1994); the Electronic Fund Transfer Act, 15 U.S.C. 1693 - 1693r (1994) and its implementing regulation E, 12 C.F.R. 205 (1997).

⑧ FTC 已经于 1996 年 3 月 14 日与九家被指称参与不公平和欺诈性贸易活动的广告商达成了协议。参见 FTC Tackles Fraud on the Information Superhighway, Charges Nine On-Line Scammers, at http://www.ftc.gov/opa/9603/netsc.htm; Internet Advertisers are Targets in Nine FTC Cases: Eight Firms Settle, *Antitrust & Trade Reg. Rep.*, Vol. 70, 1996, p. 320.

版一些小册子。[1] 利用FTC本身的网页和其他合作网站,[2]FTC提醒消费者最新的诈骗方法和提供消费者报告有关违反市场规范行为的渠道。它通过分发小册子[3]及组织各种研讨会的形式来促进消费者保护法律政策的研究工作。[4]

其次,FTC支持法律途径作为保护消费者权益的有效方法。它经常通过法庭或特定委员会发出禁止误导性行为的命令,[5]给予消费者赔偿以及没收非法所得等方式来防止在以后的贸易中对消费者造成新的损害。[6] FTC法令第五部分的规定主要是禁止欺诈性的网上交易行为。[7] 一项高新技术已经得到发展来对付诸如网上欺诈性抽奖销售或先遣费贷款欺诈等法律欺诈行为。[8] 投诉人可以下载FTC网站上的投诉表直接将有关投诉传送给FTC。此外,《电子基金法令》的E号执行条例[9]也规定了收集错误行为并解决纠纷的方法。[10] 再次,FTC鼓励业界自我监管。最后,FTC支持政策制定方面采用兼容的方法。

FTC极其重视全球信息市场中的消费者保护问题,[11]为此,它发布多项旨在

---

① 大多数的出版物都能在FTC网站上下载,http://www.ftc.gov。

② 这可包括贸易促进局 <http://www.bbb.org> 以及国家消费者联合会的国家欺诈信息中心 <http://www.fraud.org> 的网站。

③ FTC已经出版了题为“网上诈骗:在信息高速公路上的危险”的消费者册子,http://www.ftc.gov/bcp/scamsol.htm.

④ 例如1996年6月的研讨会中讨论的全球化问题以及稍后的ADR研讨会等。

⑤ 参见15 U.S.C.53 (b) (1994).

⑥ 参见15 U.S.C.57 (b) (1994).

⑦ R. B. Starek, III & L. M. Rozell, A Cyberspace Perspective: The Federal Trade Commission's Commitment to On-Line Consumer Protection, *J. Marshall J. of Computer & Info. L.*, Vol. 15, 1997, pp. 686~694. 至今主要有以下做法:信托修复计划、商业机会、金字塔式的诈骗和欺诈的收费行为。

⑧ R. B. Starek, III & L. M. Rozell, A Cyberspace Perspective: The Federal Trade Commission's Commitment to On-Line Consumer Protection, *J. Marshall J. of Computer & Info. L.*, Vol. 15, 1997, p. 68. 这种方法使不同执法机构之间可以分享信息,使信息得到高效使用,从而提高公众对欺诈行为的认识,并防止类似欺诈行为的发生。

⑨ Electronic Fund Transfer Act, 15 U.S.C. 1693 - 1693r (1994); Electronic Fund Transfers (Regulation E), 12 C.F.R. 205 (1997).

⑩ 15 U.S.C. 1693f; 12 C.F.R. 205.11.

⑪ 参见FTC to Study Consumer Protection in International Electronic Commerce, *Tech Law Journal*, http://www.techlawjournal.com/internet/81215.htm. 考虑到业界在自我监管中存在的困难,我们要求加快执行自我监管政策的想法是不切实际的。美国现有的政策给消费者很少的资源去解决电子商务发生的争端。

实现争端解决中消费者保护的政策建议书。[①] 首先,它认为应制定可行的法院管辖权框架。诉讼机制一致被认为是实现法律正义的主要途径。针对电子商务领域法院的管辖权问题,有些学者主张采用来源地的学说。但 FTC 并不支持这个建议,认为该学说存在诸多缺点:该学说过于偏袒商家,允许商家选择对其有利的来源地和适用的法律。这种做法就强迫消费者去了解其他国家的法律,而且在许多情况下,剥夺他们的求偿权或为他们实现自己权益设置了过多的障碍。此外,该学说还剥夺了政府对本国公民(消费者)进行保护的机会和能力。因此,该学说的使用将不利于电子商务的进一步发展。本书接下来还会具体讨论法院管辖权的合理模式。

其次,要努力实现法律的融合和统一。不论消费者位于何地,各国消费者保护法都能给予他们大致相当的保护水平,而无须考虑法院管辖权的复杂问题。再次,FTC 鼓励私营部门主动采取行动。如前所述,电子商务的争端解决应该采用自我监管原则。[②] 业界本身应该积极采取有关措施解决消费者保护以及预防争端发生。最后,FTC 强调处理跨国消费者的赔偿和执行的重要性。FTC 坚信各国消费者都应该有途径保护自身权益,实现法律的正义。此外,FTC 还认为,协调各国的法律活动并支持他们决定的有效执行对于信息社会完善法律和商业领域的规定都是相当重要的。

通过诉讼程序解决争端以及之后判决的承认和执行,都需要较高的花费以及较多时间和精力的投入。这对于电子商务消费者交易中仅涉及较少金额的争议解决,显得尤为不合理。FTC 以上四点建议都支持采用相对廉价和高效的替代性争端解决机制(ADR)来解决纠纷。而要在电子商务争端的解决方面发展一个合适的框架来采用 ADR 机制,则需要国际性的合作。尤其是各国政府之间的合作对于建立一个全球兼容的电子商务争端解决机制是至关重要的。[③]

技术的革新对电子商务领域 ADR 机制的发展有着正面的影响。信息技术一方面鼓励商业诚信,另一方面也能帮助消费者更好地保护自己的利益。信息

---

① 以下的讨论基于 2000 年 6 月 6－7 日由 FTC 的商务部举行的公开研讨会,有关材料参见 http://www.ftc.gov/bcp/altdisresolution/summary.htm。

② W.J. Clinton, Memorandum for the Heads of Executive Departments and Agencies, at PP 10, 12 (1) (1 July 1997), at http://www.ecommerce.gov/presiden.htm; Info. Society: Common Launches Debate on Virtual World, *European Report*, 4 February 1998, at No. 2288, at p. 3; G. Miller, Clinton Pushes Initiatives for Electronic Commerce, *L. A. Times*, 1 *December* 1998, *at C3*, *at pp.* 1～5; *W. M. Daley*, *U. S. Secretary of Commerce*, *The Administration's Position on Electronic Commerce*: *Let Markets*, *Not Regulations*, *Define How Electronic Commerce Matures*, *at http://www.ecommerce.gov/16.htm.*

③ 参见 H. K. Towle, On-Line: Selected Issues in Contracts, 557 *PLI/Pat* 242－245 (29－30 April 1999).

技术极大地便利了有关文件的传送、证据的下载以及视听传送技术的提高，这些改进都能加速争端的解决，减少外来的干预并确保争端解决的客观性。

在新的ADR框架中，还要考虑最终裁决的执行。现在，FTC仍然对一些欺诈性或不正当的ADR活动有管辖和调整的权力。就公司如何处理消费者投诉的问题，有关讨论仍在进行中。争端的公正解决对于消费者树立对电子商务的信心是非常关键的。这些解决方法应该是低成本、高效率以及易于消费者理解和应用的。此外，消费者应该有充分的信息来作出自己的决定。

该种新的ADR机制，应该包含国内国际多方面的合作，对消费者以及业界有一个清楚的认识；同时也是私法和公法共同实施的一个结合体。我们不能期待一个机制能够满足所有的要求。所以在统一尽可能多的方面后，还应该允许不同国家在程序和信息披露等方面有不同的做法。结果的透明性、决议的合法性以及最终决定的效力（相对法院判决是否有终局性？）等问题都会给政策制订者带来更多的问题，他们需要很好地平衡各方的利益。

消费者和业界的教育是很重要的。业界应互相合作，大力宣传有关封印项目、行为准则以及ADR机制使用的知识。① FTC在这方面已经举行了多种活动，令消费者更熟悉这些新提案。② 公开宣传是教育大众的最佳方式；FTC还通过各种研讨会、网上宣传或实物宣传等方式来推广有关信息；现在许多出版物也能在FTC的网页中找到并下载。政府和消费者权益组织可以将有关信息公之于网站，这些措施都令消费者和业界关于消费者保护的宣传能更容易和更有效率地推行。在美国那些包含关键信息的小册子都被广泛地分发给州和当地的政府办公室、全国的消费者和企业组织、商业促进局（BBB）③及大学④等机构。这些材料都有助于消费者了解如何更好地保护自己的权益。

---

① 2000年6月6-7日FTC商务部公开研讨会的总结，2000年11月，http://www.ftc.gov/bcp/altdisresolution/summary.htm.

② FTC主办了几个会议并参与数个联邦政府机构工作组讨论有关电子货币和隐私等问题。其中值得一提的是1999年6月8-9日由FTC消费者保护局召开的关于全球电子市场中消费者保护的公开研讨会，摘要可参见 http://www.ftc.gov/bcp/icpw/lookingahead/electronicmkpl.pdf。其他的研讨会的文章可在FTC网站 <http://www.ftc.gov>下载。

③ 美国和加拿大的贸易促进局的网络服务器可参见 http://www.bbb.org。

④ R. B. Starek, III & L. M. Rozell, A Cyberspace Perspective: The Federal Trade Commission's Commitment to On-Line Consumer Protection, *J. Marshall J. of Computer & Info. L.*, Vol. 15, 1997, p. 69.

2. 欧盟的做法

欧盟的政策一直很重视消费者权益的保护。① 这是欧洲经济共同体(EEC)②所关心的重要事项之一,1975 年他们实施了第一个有关消费者的项目。③ 1986 年欧洲理事会通过决议,认识到一国消费者在其他成员国购买商品时获取对该产品的保证方面存在的困难;④1980 年中期的单一欧洲法令提出立法程序,为改善消费者保护铺平了道路。⑤ 这一切都表明欧盟在消费者保护方面的努力是一贯的。

现在,欧盟有很多消费者保护方面的立法。一方面,各成员国都有本国的消费者立法。⑥ 例如,德国有大约 120 条有关消费者保护的联邦立法。当然,各成员国发展水平不一,在国家层面的消费者保护立法存在相当大的差异。⑦ 另一方面,欧盟本身有大约 80 条消费者保护方面的法律条例。⑧ 但是,法律的数目并不能说明问题;许多法律的适用范围相当狭窄,对消费者保护并无太大的帮助。⑨ 而且因为有这么多不同层次的法律,消费者在寻求法律保护时,反而常常会显得无所适从。因此,即便是消费者保护水平较高的成员国有时也会因为这

---

① 欧洲经济共同体建立后的前几年,消费者保护问题并没有得到正视。有关消费者权利的信息大多都不存在,而可适用的国内法亦很复杂。但之后情况已有改善。参见 R. Evans, Time for Action: EU Consumer Policy, *Consumer Policy Review*, Vol. 4, 1994, p. 18; H. W. Micklitz & S. Weatherill, Consumer Policy in the European Community, *Journal of Consumer Policy*, Vol. 16, 1993, pp. 285 ~ 292.

② 参见欧洲经济共同体有关消费者保护和信息政策先期项目的理事会决议,1975 O. J. (C 92),第 12 ~ 13 页。该决议列出有关消费者利益方面欧洲经济共同体筹备的行动以及理事会的指令。

③ 参见欧洲经济共同体消费者政策的三年行动计划(1990 - 1992),COM (90) 98 final 1,1。

④ 欧洲经济共同体保护和促进消费者利益侦测未来取向的理事会决议,1986 O. J. (C 167) 1。

⑤ 《单一欧洲法令》第 100A 条宣称,未来的措施只需多数成员国的批准即可通过,而不需所有成员国一致同意。该条款确保顺利通过一些有争议而有利于欧洲统一的法律。H. W. Micklitz & S. Weatherill, Consumer Policy in the European Community, *Journal of Consumer Policy*, Vol. 16, 1993, p. 295.

⑥ 参见《有关消费者保护和内部市场完善的意见》,1991 O. J. (C 339);同时参见《欧洲经济共同体消费者政策的三年行动计划》(1990 - 1992), COM (90) 98 final 1。

⑦ 参见 A. R. Young, Towards a More Vigorous European Consumer Policy?, *European Business Journal*, Vol. 7, No. 4, 1995, p. 34.

⑧ 《跨境电子商务的庭外争端解决》,欧洲委员会联合研究中心, http://dsa - isis. jrc. it/ADR/consumer. htm。

⑨ 参见《有关消费品担保及售后服务的委员会绿皮书》,COM (93) 509 final at 53。

些繁多法律的存在而降低其保护效率。[①]

面对法规的繁杂,欧盟采取辅助原则来协调各成员法规的差别。[②] 也就是说,欧盟选择了部分协调的模式。[③] 各成员国的法律仍然可以用于某些特定领域;欧盟不会介入其成员国自己能够解决的问题。[④] 只有当成员国自己的行为不足以充分实现欧盟有关项目的目标和宗旨时,欧盟才会采取行动调整各成员国专属领域之外的问题。

但是上述辅助原则并不适用于消费者保护方面的立法。[⑤] 根据辅助原则,成员国可以拥有广泛的权力,而欧盟只有在有限的情形下介入其中。这样必将造成消费者保护立法的不一致。[⑥] 鉴于此,欧洲委员会促请各成员国同意在立法上有最低限度的和谐统一。[⑦]

有了这些背景材料,我们可以回到电子商务的讨论。假设某成员国需要立法来保护电子商务中本国消费者的利益,而电子商务的发生往往跨越国界,各国都有自己不同的立法,如果仅仅利用本国立法去保护本国消费者,往往不能取得应有的效果;此时就需要欧盟介入这一调控的过程,在欧盟的层面上统一消费者保护的规定,这才是电子商务领域可取的立场和态度。欧盟可以制定一系列消费者保护的原则和规定,适用于所有的成员国。为避免各国异议,欧盟必须先考虑各国有关消费者保护方面的强制性规定,尽可能将其纳入欧盟的法令中。欧盟最基本的消费者保护政策[⑧]就是要规范电子商务,避免因商家互相之间的竞

---

① 参见 Consumer Protection: An Essential Priority for Cross-Border Commercial Communications, Com. Comm., June 1997, at 6.

② 有关讨论,参见 G. A. Bermann, Taking Subsidiarity Seriously: Federalism in the European Community and the United States, *Columbia Law Review*, Vol. 94, 1994, p. 403.

③ 协调在欧洲共同体法律体系中是一个技术用语,指通过正规程序逐渐增加各成员国法律措施中的相似度。参见 P. M. Schwartz, European Data Protection Law and Restrictions on International Data Flows, *Iowa L. Rev.*, Vol. 80, 1995, p. 481; G. A. Bermann *et al.*, Cases and Materials on European Community Law, 1993, *p.* 430.

④ H. McGregor, Law on a Boundless Frontier: The Internet and International Law, *Ky. L. J.*, Vol. 88, Summer 1999/Summer 2000, p. 980.

⑤ 有人认为消费者政策的立法是哗众取宠的行为。R. Evans, Time for Action: EU Consumer Policy, *Consumer Policy Review*, Vol. 4, 1994, p. 19.

⑥ A. G. Toth, The Principle of Subsidiarity in the Maastricht Treaty, *Common Market Law Review*, Vol. 29, 1992, p. 1079, 1103.

⑦ 参见 S. Prechal, *Directives in European Community Law*, 1995, p. 3.

⑧ 欧洲理事会 1999 年 6 月 28 日关于 1999 年到 2001 年共同体消费者政策的决议, 1999 O. J. (C 206) 第 1 页,第 II (4)条。

争而令消费者蒙受损失。①

欧盟在处理消费者保护问题时,采取了倾向于消费者的高水平的保护政策,并给消费者提供了寻求救济的途径。② 在争端解决方面,欧盟有两个重要的公约:1980 年《合同义务法律适用的罗马公约》(简称《罗马公约》)和 1968 年《民商事管辖权和判决执行的布鲁塞尔公约》(简称《布鲁塞尔公约》)。本书第四章将专门讨论这些公约在解决电子商务争端方面的作用。

许多欧盟条例都专门单独调整消费者问题。《有关异地合同中消费者保护的欧盟指令》涵盖了包括电子商务在内的,有关商品和服务买卖的所有消费者合同。③ 新近通过的《电子商务指令》推崇来源地原则:信息社会应遵守具体活动发生所在国家的法律。④ 但根据附录规定,该指令不适用于消费者合同。该项规定使消费者合同的法律适用又回归至原来有关适用消费者居所地法律的规定。该做法是否合理,还存在不同看法,⑤但是如果适用来源地原则,那么消费者就不能在其居所地得到本国法律的有效保护。由此可见,这两个原则都存在其局限性。不过,该指令为法庭程序的开展提供确保,这其实就是对消费者保护的一个重要方面。⑥ 成员国应保证存在诉讼途径供消费者选择,并进而考虑在司法程序中适用信息技术。

鉴于电子商务争端解决中存在的诸多问题,欧盟亦建议使用庭外争端解决

---

① 参见 J. R. Aguilar, Over the Rainbow European and American Consumer Protection Policy and Remedy Conflicts on the Internet and a Possible Solution, *International Journal of Communications Law and Policy*, Vol. 4, Winter 1999/2000, pp. 15 ~ 16.

② Opinion of the Economic and Social Comm. on the 'Communication from the Comm'n to the Council, the European Parliament, the Economic and Social Comm. and the Comm. of the Regions: A European Initiative in Electronic Commerce, 1998 O. J. (c 019) at 72, P21.4(1); the Fed. Republic of Germany and the Eur. Comm'n Have jointly Organized the Eur. Ministerial Conference Entitled "Global Info. Networks: Realizing the Potential", Bonn, 6 - 8 July 1997, at p. 22, at http://www2.echo.lu/bonn/final.html; Opinion of the Economic and Social Comm. on the 'Single Market and Consumer Protection: Opportunities and Obstacles, 1995 O. J. (C 039) at 55, section 2.2.2.2.

③ 有关讨论,参见 P. Stoll & B. Goller, Electronic Commerce and the Internet, *German Yearbook of International Law*, Vol. 41, 1998, p. 163.

④ 参见指令的第 3(1)条。该原则在指令第 3(3)条及附录中有所规定;传统的地域保护原则仍然适用于版权及其他相关的权利,地形和数据库,以及商标等工业产权。参见《伯尔尼公约》、《世贸组织知识产权协定》和《世界知识产权组织版权条约》。

⑤ 参见 M. Lehmann, Electronic Commerce and Consumer Protection in Europe, *Santa Clara Computer & High Technology Law Journal, Vol.* 17, 2000, *pp.* 106 ~ 107.

⑥ 指令第 18(1)条建议,成员国应确保在信息社会中,有高效的法院体系能够采取临时措施进行救济并避免对任何权益的侵犯。

机制。欧盟《电子商务指令》中就 ADR 机制的建议已作出明确规定。指令第 17 条指出，各成员国需就阻碍通过电子渠道进行庭外争端解决努力的立法作出相应的修改。① 这些立法的修改能确保，不论从实践上还是法律上看，在解决包括跨国争端在内的所有争端时，庭外机制都是切实可行和有效的。②

3. 分析

新技术的发展对消费者保护问题提出新的挑战，也就要求制定新的保护规则和措施。我们应清楚认识到，给网络交易的消费者提供好的保护框架，对于电子商务的进一步发展以及商家的利益都有积极的作用。一般来说，如果电子商务要持续兴旺，那么消费者一定要得到保护，而保护水平不得低于其在传统市场交易中所拥有的保护。③

美国和欧盟都肯定了保护网络消费者权益的重要性。随着电子商务的出现，消费者的角色发生了改变。传统交易中消费者处于被动的地位，而今消费者在交易中拥有较大的权力。④ 相应地，商家则处于相对被动的地位：商家现在的工作就在于上载有关产品或服务的信息，由消费者根据上述信息对产品进行评估并作出自己的决定。

美国和欧盟都认识到在争端解决中，最佳的消费者保护方法就是为他们提供合适的争端解决机制。消费者保护小组已经为消费者设立了相关论坛，消费者可以以电邮形式提交投诉，以抒解他们对广告、商品或服务的不满，或谴责有关违反商业行为规则的责任人。⑤

消费者保护可以不同的形式进行，但争端解决机制是消费者最终的保障。正式的争端解决机制比其他不正式的处理方法更吸引管理者，因为这样管理者

---

① 指令第 17 条规定庭外争端解决机制的使用以及争端解决的相关原则：网络社区法律，独立和透明的原则，抗辩原则，高效的程序，决定的合法性以及当事人选择争端解决机制和代表陈述的权利。

② 立法法令和其他文件，欧盟理事会，14263/1/99 REV1，布鲁塞尔，2000 年 2 月 28 日（OR. en）。

③ 参见 S. Baker & M. France, Taming the Wild, Wild Web: With-out Strong Laws, the Net's Growth Will be Stunted, *Bus. Wk.*, 4 October 1999, at 154.

④ 消费者就是上帝，其拥有的金钱就是其统治的工具。参见 P. Smith & D. Swann, *Protecting the Consumer* 8 (1979); G. P. Penz, *Consumer Sovereignty and Human Interests* (1986).

⑤ 例如雅虎！等网站和由加州为基地的软件制造商创立的新科技为消费者提供了投诉的网络空间。参见 A. Endeshaw, The Law Vis-á-Vis Electronic Commerce, in S. M. Rahman & M. S. Raisinghani (Eds.), *Electronic Commerce: Opportunity and Challenge*, 371 (IDEA Group Publishing, 2000). 有关新软件的内容，参见 Start-Up is Unveiling Software to Let Users Annotate Web Sites, *The Wall Street Journal*, 17 April 1999, B13.

可以鼓励采用一贯的做法更好保护消费者权益。① 一般而言，由政府提供的保护措施能够得到最大程度的信任。一些消费者甚至因此更愿意在法院中寻求庇护。有见及此，为了满足电子商务的特性所需，而又不会太脱离原有的实践，新的ADR机制就必须得到国家强制执行力的支持。②

电子商务争端解决中消费者的保护政策必须要跨越国家界限。单独一个国家很难完全解决电子商务中的消费者保护问题。许多跨境纠纷的出现往往是基于各国有关欺诈性商业法律规定的差异。应该考虑制定一项或多项网络消费者政策，使该政策可以适用于所有或大多数的国家。③

经济合作与发展组织（OECD）的成员国已经认识到各国政策的协调在电子商务争端解决方面的必要性。OECD起草的一份题为“电子商务背景下消费者保护指引”的重要文件中指出，争端解决和救济中消费者的保护措施旨在确保电子商务中的消费者权益得到切实保护，而该类保护措施又不会构成对国际贸易的壁垒。

在电子商务环境下消费者保护的问题上，OECD的上述指引给各国政府、业界、消费者及其代表提出了多方面的建议。④ 这些想法与美国和欧盟的做法都是大同小异的。首先，将管辖权和法律适用问题单列出来进行研究探讨。在指引中没有明确提出新的管辖权和法律适用原则，但是却指出研究探讨的方向。他们认为，公正是实现消费者保护的最重要因素之一。公正不仅仅要求消费者能够获得传统贸易形式下同等的保护，而且要求消费者在不增加额外负担的同时得到最直接和迅速的救济。⑤ 而要达到公正的目的，就必须建立一个能够矫正不公正现象的法律框架。

如前所述，业界、消费者组织以及政府必须共同努力，设立一个公正、高效、透明的自我监管体制，使电子商务中的争端得以适当的解决。此外，这些努力都必须建立在国际合作的基础上。要实现该新机制最大的效用，我们必须充分利

---

① A. McChesney，有关消费者和电子商务新标准的可行性研究，2000年2月14日，http://strategis.ic.gc.ca/SSG/ca01275e.html.

② 网络服务商联合会相信在技术和相关组织中能找到最有效的解决方法，而其成员将帮助寻找解决方法。参见互联网联盟，网络服务商联合会处理垃圾电邮问题，1997年6月24日，http://www.isa.net/news/970624.html。

③ J. Rothchild, Protecting the Digital Consumer: The Limits of Cyberspace Utopianism, *Indiana Law Journal*, Vol. 74, 1999, p. 972.

④ 参见OECD理事会有关电子商务中消费者保护指引的建议，http://www.ftc.gov/opa/1999/9912/oecdguide.htm。该文件不限制任何一方可能采取超越这些建议的措施，也不限制任何会员国保留或采纳更严格的措施保护网络消费者。

⑤ 参见OECD理事会有关电子商务中消费者保护指引的建议，附录，第二部份第（VI）（A）条款，第三段，http://www.ftc.gov/opa/1999/9912/oecdguide.htm。

用信息技术,提高消费者的认知力和选择自由度。

综上所述,国际社会就消费者保护的问题已经达成共识。一方面,必须对诉讼程序进行改变;另一方面,必须应电子商务的新特点设计新的争端解决机制以充分保护消费者权益。上述的设想,一方面能使电子商务商家以负责任的态度经营业务,迅速解决与消费者的争端;另一方面也使消费者拥有更多的选择,并促进业界的良性竞争。① 上述措施的实施,解决了由于各国不同规定带来的麻烦,必将使消费者的利益得到更好的保护。

第四节 结论

20 世纪末,网络的出现加速了信息经济的发展,电子商务的出现改变了传统商业的贸易模式。要完全理解这些变化给法律和经济社会带来的影响,我们必须充分了解网络的特性,并理解自我监管和国际取向原则在网络世界中的适用。② 我们必须清楚认识到这两项原则相互之间紧密相连,互不可分。这两项原则与消费者保护原则却可以很容易区分出来。前两项原则确定新机制的程序问题,而消费者保护原则解决实体问题。

在树立消费者信心及在交易双方当事人之间建立平衡的关系方面,消费者保护原则至关重要。③ 电子商务还在起步和走向成熟的阶段,所以消费者的参与是很重要的。首要的第一步就是向消费者提供一个全面及可信赖的架构去进行交易。就如 OECD 指出的,消费者无论是在传统贸易关系中还是电子商务中都应该得到同等的保护。④

网络的使用将消费者保护工作提到另一个层面。但是一个完整和周详的保护架构必须从结构和实体两方面进行设计。认识到电子商务中消费者保护的重要性,各国政府和国际组织在充分利用网络的同时已经设立新的项目研究消费者的保护问题。

---

① 电子商务和消费者保护组织是网络界、电子商务业界顶尖公司的联盟。该组织制定了消费者交易的指引,作为其建立一个全球性电子商务法治框架的第一步。

② G. Anthes, The History of the Future: As the ARPNET Turns 25, Its Founders Reunite to Talk About the Network That Became the Internet, *Computer World*, 3 October 1994, at 101.

③ 有信誉的商家通常都觉得很有必要采取措施建立消费者对电子商务的信心,保护消费者不受欺诈性行为的欺骗。R. B. Starek, III & L. M. Rozell, A Cyberspace Perspective: The Federal Trade Commission ' s Commitment to On-Line Consumer Protection, *J. Marshall J. of Computer & Info. L.*, Vol. 15, 1997, p. 697, 695.

④ OECD 有关消费者保护的建议,参见 DSTI/CP (98) 4,第 27 点。该文件应视为给予消费者保护的最低标准。

如何确保消费者的权益在争端解决中得到保护？换言之，如何在保护消费者争端得到解决的同时最大限度地确保其利益的实现？正是上述这个问题将自我监管、国际取向以及消费者保护三项原则紧密联系在一起。现有争端解决机制的功效由于其最终执行的困难而被大大削弱。只有坚持上述三项原则，我们才能设计出合适的争端解决机制，见证电子商务在21世纪的迅速发展。

第4章 电子商务与诉讼

第一节 引言

网络技术极大影响了法院诉讼程序。从形式上看,利用计算机,法院书记员加快其记录,处理笔记以及法官判决的速度;随之出现的新的传递和记录证据的新媒介,例如视像会议和电子邮件等都被广泛适用于法庭审理过程。通过网络,法官能够更迅速地取得必要的文件并咨询专家的意见。也就是说,互联网对诉讼的影响深远,涉及其形式和实质①。网络的使用也影响到法律的具体适用。电子商务的出现对合同法以及诸如电子签字效力等证据法的内容都提出了新的要求。此外,法院也要重新审视信息技术中当事人权利的保护问题。不过不论技术如何发展,法院诉讼仍然是保护当事人权益、保护社会以及解决争端最重要的途径。

网络对立法、司法都提出了一定的挑战。互联网跨越国界,很难确定司法管辖权,或更为确切地说不存在任何管辖权的特点都成为众多法律问题的焦点。基于地理位置的司法管辖权概念受到威胁。消费者交易的商业形式的出现,不仅改变了消费者在交易中处于弱势的传统观念,而且也改变了整个国际贸易的概念。由于电子商务的法律框架还比较模糊,如何迅速解决其中发生的争端显得尤为困难。

有关网络空间中发生的纠纷近年来逐渐增多,这些纠纷涉及版权②、淫秽③、

---

① P. D. Carrington, Virtual Civil Litigation: A Visit to John Bunyan's Celestial City, *Colum. L. Rev.*, Vol. 98, 1998, p. 1516.

② For example, *Religious Tech. Ctr. v. Netcom On-line. Com. Serv.*, 907 F. Supp. 1361 (N. N. Cal. 1995).

③ For example, *United States v. Thomas*, 74 F. 3d 701 (6th Cir. 1996).

诽谤①、言论自由②等问题。虽然许多学者已经开始探寻多种争端解决的类型，但诉讼模式仍将是法律公平正义的最终维护者。譬如，在 ADR 机制中通过法官的介入③，可能有助于解决一些意想不到的问题④并确保 ADR 机制顺利进展。因此在努力探寻其他争端解决途径的同时，必须不断完善网络环境下的诉讼程序。

要完善诉讼程序至关重要。这里涉及三方面的问题：司法管辖权、法律的选择以及判决的承认和执行⑤。这三个问题互相独立，但同时它们又是相互依赖的；在确定相关的解决方案时，往往涉及相同或类似因素的考量。当提起诉讼的时候，第一个需要解决的重要问题就是确定法院的管辖权。由于管辖权不当引起诉讼程序的不公正，这将成为最终判决拒绝执行的抗辩理由之一。一旦司法管辖权问题解决之后，另一个需要决定的问题就是选择合适的法律，即准据法的确定。⑥ 一项判决必须依据相关事实和正确的法律作出，否则就会对当事人造成不当后果。⑦ 电子商务对管辖权和法律适用这两个问题提出了挑战。现存有关判决承认和执行的规则和协议在很大程度上仍然可以适用于有关电子商务的案件。因此，本章的目的就是要讨论有关电子商务案件的诉讼过程中管辖权和法律适用这两个问题。

---

① For example, *Stratton Oakmont, Inc. v. Prodigy Serv. Co.*, No. 31063/94, 1995 N. Y. Misc. LEXIS 229 (N. Y. Sup. Ct. 24 May 1995)

② For example, *ACLU v. Reno*, 929 F. Supp. 824 (1996)

③ 一旦仲裁的组织、实施、和执行遇到困难时，当事人或仲裁机构可以求助于一类特殊的法官(*judge d' appui*)，该类法官在仲裁中起辅助作用。他可能被要求介入仲裁庭的具体组成(如果仲裁庭出现问题而仲裁员又无法就这些问题的解决达成一致意见时，那么该类法官可以从仲裁刚开始或仲裁过程中介入)。在紧急情况下(尽管各国法律并无此项规定)，或在很难获得证据的情况下(实践中非常少见)，以及强制执行仲裁裁决时，他也有可能被传唤，从而发挥一定的作用。他具体的角色和作用由仲裁本身的法律决定，而不是由仲裁的实体法或程序法决定。

④ 例如，服务提供商在仲裁过程中消失了或严重背离了独立和公正的原则。

⑤ L. Henkin et al., *International Law* 1046 (3rd Eds. 1993).

⑥ M. S. Yeo & M. Berliri, Conflict Looms Over Choice of Law in Internet Transactions, 4 *Electronic Commerce & Law Report*, 85 (1998).

⑦ Restatement (3rd) of Foreign Relations Law of the United States, section 401 (1987).

第二节 司法管辖权

一、信息时代司法管辖权的理解

司法管辖权是指一国法院或行政法庭对某当事人或某事件进行审理的权力①。该权力体现在两个过程中：首先，当事人从众多的法院中选择一家法院提起诉讼；之后该法院使用自由裁量权决定其是否有权处理该案件。司法管辖权往往被视为一项诉讼成功开展的前提。

一直以来，司法管辖权多基于某人或事件所处的地理位置，基于其与领土之间的联系而确定。② 法院在其管辖的范围内被赋予无可争议的权力。在传统的国际贸易中，当事人都处于同一个物质世界，其与领土的联系可以轻易界定。但是电子商务就与此大相径庭，首先电子商务在一个虚拟的空间进行；网络空间并不存在所谓的地理位置或划分不同州和国家的物理界限，而当事人与地理位置没有实质的联系；在网络世界中，当事人无处不在而又无处所在③。在网络空间中不存在一个合理的框架对司法管辖权进行界定并公正分配。④

一些学者因此认为，应该针对电子商务的新特征设立一套新的司法管辖权体制⑤；鉴于地理位置的因素在网络空间中的作用不大，他们建议采取新的联系因素来确定司法管辖权。但是，这种提议没有得到广泛的支持。

从本质上来说，电子商务仍然属于广义的国际贸易。网络空间当事人交易的根本目的还在于实现商业利润；其次，尽管电子商务可以在网上完成整个交易过程，但很多网络交易还要结合使用传统的通信方式。新旧通信方式的使用不能改变贸易的本质，更不能成为要求发展特定管辖权框架的充分理由。传统的商业理论完全可以处理网络中的贸易问题，而不需要设立一个全新的框架和法

---

① 参见 Restatement (3rd) of Foreign Relations 402 (1986).

② C. N. Davis, Personal Jurisdiction in Online Expression Cases: Rejecting Minimum Contacts in Favor of Affirmative Acts, *International Review of Law, Computer & Technology*, Vol. 14, 2000, p. 44.

③ 网络空间的问题在于不能确定具体的位置。参见 R. Resnick, Cybertort: The New Era, *National Law Journal*, 18 July 1994, at A1.

④ V. Heiskanen, Dispute Resolution in International Electronic Commerce, *Journal of International Arbitration*, Vol. 16(3), 1999, p. 36.

⑤ D. R. Johnson & D. Post, Law and Borders — The Rise of Law in Cyberspace, Stanford Law Review, Vol. 48, 1996, p. 1357, 1367.

律体系来专门处理电子商务问题。①

更进一步而言，尽管有关当事人可能通过改变电脑的地理位置来逃避相关国家法院的管辖权，但这种可能性还不足以构成为电子商务设立一套独立的司法管辖权的充分依据。② 许多学者因而更倾向于在现有司法管辖权理论的基础上探寻新的解决办法；③即在现有法律体系的基础上注入一些新的元素以适应电子商务的新特征。美国和欧盟在处理电子商务管辖权问题上处于领先地位。因此有必要对他们的有关做法进行研究和探讨。

二、美国司法管辖权方面的有关判例

1. 司法管辖权的基本理论

总体而言，一国法院对人和事行使司法管辖权是基于该法院地和相关的人和事之间存在的某种联系④。司法管辖权分为两类：属人管辖权和属地管辖权(一些学者认为存在第三类管辖权：准属地管辖权)。⑤ 前者强调与当事人之间的联系：当某当事人与一国所属领域存在一定的联系时，该国家就对其拥有司法管辖的权力。当事人与一国的联系决定着司法管辖权的存在与否。⑥ 该当事人与某国的联系则往往取决于诸如其财产所处的位置等客观因素。⑦

司法管辖权的行使取决于一国法院对特定的人或物的实际控制。例如，19

---

① 正如 E. M. Katsh 在 Cybertime, Cyberspace and Cyberlaw, *Journal of Online Law*, 1995, article 1, paragraph 36 中提及的，如果法律随着特定事件而发生变化，那么就根本没有法律。参见 L. Fuller, *The Morality of Law*, 1964, p. 37.

② J. M. Oberding & T. Norderhaug, *A Separate Jurisdiction for Cyberspace*? http://www.ascusc.org/jcmc/voll/issuel/juris.html.

③ 网络是否应该有专门的司法管辖权规定？这个问题至今仍在争论之中。更多的人相信为互联网确立适当的司法管辖权原则还需要对现有管辖权理论修改，结合新的技术发展和自我监管原则的运用。

④ Prospectus: Transnational Issues in Cyberspace: A Project on the Law Relating to Jurisdiction, http://www.abanet.org/buslaw/cyber/initiatives/prospect.html.

⑤ 该原则在 *Pennoyer v. Neff* 这一重要案件中被确立，95 U. S. (1877)。

⑥ 根据美国国际民事诉讼法，对各种关系的分析是确定属人管辖的出发点。参见 S. Wilske & T. Schiller, International Jurisdiction in Cyberspace: Which States may Regulate the Internet?, *Fed. Comm. LJ.*, Vol. 50, 1997, p. 117, 146.

⑦ 参见 Restatement (Second) Conflicts of Laws, Chapter 3, Introductory Note (1971); *Shaffer v. Heitner*, 433 U. S. 186, 199 (1977). 如果法院的司法管辖权是基于其对被告的固有权力，该行为被称为“属人管辖”。如果司法管辖权是基于法院对其境内的财产的管辖权，这种行为被称为“属地管辖”或“准属地管辖”。参见 *Black's Law Dictionary* 854 (6th Ed. 1990)。

世纪末,法院仅对在其管辖领域内实际存在的自然人或公司拥有司法管辖权。[①]但是,司法管辖权理论必须不断地发展以适应新的需要。随着20世纪后半叶国际贸易的迅速发展以及新的通信方式的出现,司法管辖权理论也得到迅速的发展和丰富。时至今日,随着网络和电子商务的出现,很难确定网络交易中相关财产的位置并进而建立相关交易与法院地国之间的联系。因此,法院所面临的真正挑战就是发现并确立这种联系[②]。

2. 属地管辖权

属地管辖权的确定主要取决于法院地国能否对其区域内的财产行使控制权[③]。具体又可将其划分为两类:真正的属地管辖权和准属地管辖权。在有关真正的属地管辖权程序中,原告要求法院就争议的财产或其他事物的所有权人的身份作出裁决,而不论该所有权人是否在诉讼中提及[④]。准属地管辖权有两种类型:第一类与真正的属地管辖权不同之处在于原告声称其为某财产的所有者,而不是诉讼中提起的另一确定的当事人的财产,因此,法院的最终判决将会影响诉讼中列明的这些当事人的权利[⑤]。第二类则是在法院无法行使属人管辖权的时候,寻求就被告的财产建立一定的联系以便法院行使管辖权。[⑥]

属地管辖权的行使基于特定财产所处的位置。因此,在电子商务中,必须解决以下的问题:如何认定网络空间中的"财产"并进而确定其所处的地理位置?货物或不动产在通常情况下很容易被确定。但是在电子商务中,尤其在消费者贸易中,双方当事人互不认识,往往很难确定有关货物的具体处所。

那么应该如何解决这个问题呢?有学者以域名争议为例子进行了探讨。例如,将域名视为财产,而相关服务器所处的位置则可作为行使属地管辖权的依据。[⑦] 一些域名注册者可能利用虚假数据进行交易或恶意利用域名以非法获

---

① 参见 *Pennoyer v. Neff*, 95 U. S. (5 Otto) 714 (1877).

② 法院在处理互联网案件的时候面临诸多程序上的和实体上的问题。参见 S. R. Salbu, Who Should Govern the Internet? Monitoring and Supporting a New Frontier, *Harv. J. L. & Tech.*, Vol. 11, 1998, p. 429, 435.

③ 关于属地管辖的详细描述,参见 T. R. Lee, *In Rem* Jurisdiction in Cyberspace, *Washington Law Review*, Vol. 75, 2000, pp. 111 ~ 112.

④ Restatement (second) of Judgments, section 6 cmt. a (1982).

⑤ 16 J. Wm. Moore et al., *Moore's Federal Practice*, 108.70 [1] (3rd Ed. 1999).

⑥ Restatement (Second) of Conflict of Laws, section 66 cmt. a (1971); Restatement (Second) of Judgments, section 6 cmt. a (1982).

⑦ 另一种观点是财产上的属人管辖权,是属地管辖权的另一种形式。参见 H. H. Perritt, Jr., *Note on Personal Jurisdiction*, http://mantle.sbs.umass.edu/vmag/PJ2.HTM.

利。根据《反域名抢注消费者保护法令》(*Anticybersquatting Consumer Protection Law*)①,属地管辖权存在一些关于域名丧失和被取消的诉讼或一些牵涉转让域名给其合法拥有人的案件中②。

在 Porsche Cars N. Am. ,Inc. v. PORSCH. COM 一案中,法院认为属地管辖权的行使将会违反相关法令的规定,极有可能违反诉讼中正当程序的要求;而且在确定有关处所方面存在技术操作的困难。③ 该案法院拒绝行使属地管辖权的决定完全是可以理解的④,因为该案所涉财产完全位于法院管辖范围之外。一项基于属地管辖的域名争议诉讼,如果某法院要行使管辖权,必须证明域名注册人,注册机构或其他注册或分配域名等管理机构在某法院地,或有足够的文件证明域名的注册地或使用地在某法院地。⑤

显然,从理论上完全可以针对域名(即属地管辖)而无须针对某自然人或法人(属人管辖),即可提起诉讼。但是现在有关属地管辖的诉讼大多依 International Shoe 案件制定的标准确定管辖权。我们稍后将会具体探讨该案件。而实际上,就域名争议是依照属人原则抑或属地原则来行使管辖权问题的探讨对本书的研究并没有太大的实际意义。⑥ 域名争议仅仅是属地管辖原则适用一个很小的领域。我们应该在更广泛的意义上对属地管辖权进行研究。

3. 属人管辖权

属人管辖权是指一个法院或法庭对个人或财产的管辖权⑦。原告选择一个法院提起诉讼,属人管辖权的基本准则就在于提供一项宪法意义上的标准,限制法院的权力,保护个人权益不会受一个与其毫无联系的法院作出的判决的约束⑧。

---

① 该法令在 1999 年 11 月 29 日生效。

② 参见 15 U. S. C. section 1125 (d)(2)(D)(I).

③ 51 F. Supp. 2d 707,711 - 712 (E. D. Va. 1999).

④ T. R. Lee, *In Rem* Jurisdiction in Cyberspace, *Washington Law Review*, Vol. 75, 2000, pp. 111 ~ 112.

⑤ 15 U. S. C. section 1125 (d)(2)(c).

⑥ *Shaffer v. Heitner*, 433 U. S. 12 (1977).

⑦ H. H. Perritt, Jr. , *Electronic Dispute Resolution: An NCAIR Conference*, Washington, DC, 22 May 1996, at http://mantle. sbs. umass. edu/vmag/PERRITT. htm.

⑧ *International Shoe Co. v. Washington*, 326 U. S. 310, 319 (1954). International Shoe Co. (被告),一个总部在密苏里州的德拉瓦公司在几个州(不包括华盛顿州)有营业地并生产和配售产品。该公司在华盛顿州雇用了 12 个代理人展示商品和接受订单。该公司在华盛顿法院被起诉。该法院裁决原告在华盛顿的商业活动使其应在该州应诉。

当损害发生于某法院地，而被告处于该法院地之外，如何适用属人管辖权就显得尤为重要了。而这正是电子商务中经常出现的情形。当时法官在 Pennoyer[①] 和 International Shoe 这两个案件的审理过程中就面临着与现今电子商务属人管辖原则适用相似的困难[②]。由于美国拥有世界上最多的互联网用户以及最完善的电子商务网络，因此毫不奇怪，许多网络方面的争议已经提交到法院寻求解决。而实践证明，美国法院在处理司法管辖权方面极富创意[③]。为便利法院的审判，属人管辖权又被细分为两类：一般司法管辖权和特定司法管辖权。

(1)一般司法管辖权

一般司法管辖权是基于当事人和法院之间存在的持续的、系统的或实质性的联系[④]。一旦法院对被告有一般司法管辖权，该法院将对所有涉及被告的诉讼，包括与法院地没有任何关联的诉讼均具有司法管辖权。一般而言，如果在法院地设立机构开展商业活动，法院对该机构就具有一般司法管辖权。在电子商务中，被告与法院地居民所进行商业活动的性质和数量将决定被告与法院地是

---

① *Pennoyer v. Neff*, 95 U. S. 714 (1877). 一位沃列冈居民 Mitchell 因 Neff 未支付法定费用而提起诉讼。当时，Neff 是非本地居民，他没有收到传票，也没有出庭。法院在公告之后便进行了缺席审判。Neff 取得了 300 英亩的土地，Mitchell 占有了该土地并将其出售。Pennoyer 买下了该片土地，而 Neff 起诉要收回对该地的所有权。美国最高法院认定巡回法院关于沃列冈州法院的判决是无效的裁定。因为(1) Neff 本人并未收到任何传唤，并且(2)在该州法院做出裁决的时候，其并不对 Neff 的不动产享有司法管辖权。

② I. S. Nathenson, Showdown at the Domain Name Corral: Property Rights and Personal Jurisdiction Over Squatters, Poachers and Other Parasites, 58 U. Pitts. L. Rev., 991 (1997), http://www. pitt. edu/~lawrev/58-4/articles/domain. htm; 参见 M. N. Breen, Personal Jurisdiction and the Internet: "Showhorning" Cyberspace into International Shoe, *Seton Hall Const. L. J.*, Vol. 8, 1998, p. 779.

③ 关于互联网属人管辖权的详细描述，参见 M. D'Amico, A Survey of the Current Cases of Personal Jurisdiction and the Internet, http://www. madcapps. com/~Writings/asurvey. htm; D. Bender, Emerging Personal Jurisdictional Issues on the Internet, in PLI's Second Annual Institute for Intellectual Property Law, at 7, 10 (PLI Pat., Trademarks, and Literary Prop. Course Handbook Series No. 453, 1996); R. S. Zembek, Comment, Jurisdiction and the Internet: Fundamental Fairness in the Networked World of Cyberspace, *Alb. L. J. Sci. & Tech.*, *Vol.* 6, 1996, *p.* 339, 367.

④ 参见 J. W. Glannon, Civil Procedure Examples and Explanation 5 (2nd Ed. 1992); *Helicopteros Nacionales de Colombia v. Hall*, 466 U. S. 408, 414 (1984).

否存在连续的和系统的联系,一旦成立,该被告将受法院的一般司法管辖①。考虑到电子商务的特性,确定一般司法管辖并不容易②。而实践中,此类案例也并不多见。③ 更重要的是,在有关电子商务的案件中,还没有仅凭网络上的联系而确定一般司法管辖权的成功先例。

在 California Software, Inc. v. Reliability Research, Inc. 一案中,法院认为全国范围网络空间的信息服务以及通过该信息服务与法院地居民之间建立起来的通信模式还不足以支持法院行使一般司法管辖权所需的最低程度的联系。④ 在另一近期的 *McDonough v. Fallon McElligott, Inc.* 案中,法院认为法院地居民使用代理网站行为本身不能确立司法管辖权;而购买广告宣传的商品行为与诉讼本身没有必然的联系,不足以确定一般司法管辖权;法院的进一步调查表明法院地居民实际上并未购买该代理机构的产品⑤。因此,或许只有在法院地居民和该代理机构之间建立起"足够的"联系,法院才会行使一般司法管辖权。

一般司法管辖权可以基于网络上以及其他非网络上的多种联系的结合而确立。在 Mieczkowski v. Masco Corp. ⑥ 一案中,法院认为仅仅网络上的联系还不足以确立一般司法管辖权。虽然消费者可以在被告的网站上"逛"商店、下订单、付款、跟踪交易流程以及在网上与有关雇员进行交流,这些行为均被视为被动的行为而不被认为存在实质的联系。但是当这些行为伴随着诸如供货商与消费者之间的邮购订货等非网上行为时,法院就足以行使一般司法管辖权。⑦ 至于单纯网上的联系是否足够支持一般司法管辖权仍需拭目以待。

(2)特定司法管辖权

---

① T. P. Vartanian, The Confluence of International, Federal, and State Jurisdiction over E-commerce (Part II), *Journal of Internet Law*, http://ww. gcwf. com/articles/journal/jil_dec98_2. html.

② 由于管辖权的标准很高,因而可能只有那些在某地进行了重大持续性活动的大公司才能满足这些标准。参见 *Helicopteros Nacionales de Colombia, S. A. v. Hall*, 466 U. S. 408, 414 - 416, n. 9 (1984).

③ 另外有三个著名的案例: *Millennium Enterprises, Inc. v. Millennium Music*, LP, No. 98 - 1058, 1999 WL 27060 (D. Or. 4 January 1999); *Grutkowski v. Steamboat Lake Guides & Outfitters, Inc.*, 1998 WL 962042 (E. D. Pa. 28 December 1998); *ESAB Group, Inc. v. Centricut*, LLC, 1999 WL 27514 (D. S. C. 15 January 1999).

④ 631 F. Supp. 1356 (C. D. Cal. 1986).

⑤ No. 95 - 4037, 1996 U. S. Dist. LEXIS 15139 (S. D. Cal. 5 August 1996).

⑥ 997 F. Supp. 782 (E. D. Texas 1998).

⑦ 参见 J. L. Gedid, *U. S. Judicial Decisions on E Commerce Jurisdiction*, http://www. ilpf. org/confer/present99/gedidpr. htm.

特定司法管辖权是基于特定行为与法院地之间的联系。各州对于其领域内发生的活动拥有专属管辖权,因此很容易确定发生于某一特定区域行为的司法管辖权。但是,工业革命时代以来,跨越州界的贸易行为大量增加,以领域为基础的管辖权理论不足以应付这一新发展。法院在审理案件的过程中针对法院地以外居民行使管辖权的理论作出了发展,而 International Shoe v. Washington① 一案法院的判决就奠定了属人管辖权的现代理论基础。

长臂管辖条款②和正当程序的要求提高了法院对其他州或国家居民行使司法管辖权的审查标准。而法院在主张特定司法管辖权时,必须满足这些条款的要求。③ 长臂管辖条款是指到国外将非本州或本国居民带回本国对其展开诉讼程序④。法院必须首先确定法院地之长臂管辖条款是否适用于该被告⑤。在确定可以适用后,还必须满足宪法所规定的正当程序要求⑥。

为确保联邦体制下各州拥有的主权,正当程序要求被告与法院地存在最低限度的联系⑦,从而使被告能真正在与其有固定联系的州受审。⑧ 被告与法院地之间联系的紧密程度可以通过以下几方面来判断。首先,被告必须是有意识地

---

① 326 U.S.310 (1945).

② 长臂法令是由各州制定,通过对那些非本州居民的个人或法人给予传票而享有属人管辖权;而这些个人或法人只是临时性进入该州或与该州居民联系,从事有限的活动。参见 *Black's Law Dictionary*, West, 6th Ed. 1990, p. 942.

③ 参见 G. B. Born, Reflections on Judicial Jurisdiction in International Cases, *Ga. J. Int'l & Comp. L.*, Vol. 17, 1987, p. 1, 33.

④ J. W. Glannon, Civil Procedure Examples and Explanation 5 (2nd Ed. 1992). N. Y. C. P. L. R., section 302 (a): New York Long-arm Statue; Calif. Code Civ. Pro., section 410. 10: California Long-arm Statue; Conn. Gen. Stat. Ann., section 33 - 411 (c) (West 1997): Connecticut Long-arm Statute; Mass. Gen. Laws Ann., ch. 223A, 3 (West 1985): Massachusetts Long-arm Statute; Mo. Ann. Stat., 506. 500 (West 1986): Missouri Long-arm Statute; Ohio Rev. Code Ann., 2307. 382 (A) (Anderson 1995): Ohio Long-arm Statue.

⑤ S. D. Jones, *Internet Use and Personal Jurisdiction: Have Mouse, Will Travel?* http://www.ralaw.com/frame8118.html.

⑥ *Reynolds v International Amateur Athletic Federation*, 23 F. 3d, 1115 (6th Cir, 1994). 正当程序条款要求任何州都不得制定或执行任何减损美国国民特权和豁免的法律;任何州不得非经法定程序剥夺国民生命、自由和财产;并不得剥夺任何国民在其管辖内受法律平等保护权利。参见美国宪法第 14 号修改案。

⑦ M. J. Raisch & R. I. Shaffer, *Introduction to Transnational Legal Transactions*, New York, 1995, p. 42.

⑧ 参见 D. L. Burk, Jurisdiction in a World Without Borders, *Va. J. L. & Tech.*, Vol. 1, 1997, p. 3, 26.

与法院地联系，在该地获得相关利益①。换句话说，被告必须有意识地将有关行为指向法院地，显示其与法院地存在实质性的联系②。在 Bensusan Restaurant Corp. V. King 一案中，法院认为，被告所创立的网站，虽然任何人在任何地方都可以在网络上浏览，但并没有满足"有意识指引"这一要求。③ 其次，被告与法院地之间就诉讼所涉行为和内容必须存在充分的联系，使法院地足以据之行使管辖权。④ 这里必须注意的是，诉讼所涉行为和内容与此类联系直接相关，是由此类联系行为最终导致了诉讼。最后，管辖权的行使必须是合理的。⑤ 被告应该能够合理预见到法院地管辖权的行使。例如，如果被告的主要交易都在某州进行，那么我们就有理由推断，被告能合理预见将来诉讼的法院地。⑥

正当程序进一步要求法院地管辖权的行使，不得违背传统的公平公义原则⑦。法院应全面审查案件，调查诉讼之前被告和法院地之间的联系紧密程度，并进而权衡行使管辖权的决定是否公允⑧。美国最高法院确定了五项内容用以审查具体案件的管辖权问题：被告承受的负担；法院地审理案件所涉利益；原告获得迅速有效救济的必要；不同州的法律体制在迅速有效解决争端方面的共同目标；各州就确保实现基本的社会政策方面存在的共同利益⑨。应该说，这五项内容是相辅相成的。一旦第一个内容实现了，第二项内容往往也就实现了。⑩

随着商家在网络上的联系越来越普遍，贸易中对商业存在的要求也就越来

---

① 参见 *Hasen v. Denckla*, 357 U. S. (1958).

② *Burger King Corp. v. Rudzewicz*, 471 U. S. 462, 475 (1985). D. L. Stott, Personal Jurisdiction in Cyberspace: the Constitutional Boundary of Minimum Contacts Limited to a Web Site, *J. Marshall J. of Computer & Info. L.*, Vol. 15, 1997, pp. 824 ~ 825.

③ *Bensusan Restaurant Corp. v. King*, 937 F. Supp. 310 (S. D. N. Y. 1996). 类似判决也可见于 *McDonough v. Fallon McElligott, Inc.*, 1996 U. S. Dist. LEXIS 15139, No. 95 - 4037, slip op. (S. D. Cal. 6 August1996).

④ J. C. Henry, *Establishing Personal Jurisdiction for Internet Transactions*, http://www.law.stetson.edu/courses/computerlaw/papers/jhenryf97.htm.

⑤ A. F. Lowenfeld, *International Litigation and the Quest for Reasonableness*, 1996, p. 19.

⑥ *World-Wide Volkswagen Corp. v. Woodson*, 444 U. S. 286, 297 [1000 S. Ct. 559, 567, 62 L. Ed. 2d 490] (1980).

⑦ *International Shoe*, 326 U. S. 310, 316 [66 S. Ct. 154, 158, 90 L. Ed. 95] (1945).

⑧ 参见 *World-Wide Volkswagen Corp. v. Woodson*, 444 U. S. 286 (1980); *Burger King*, 471 U. S. 462 (1985). G. L. Gassman, Internet Defamation: Jurisdiction in Cyberspace and the Public Figure Doctrine, *J. Marshall J. of Computer & Info. L.*, Vol. 14, 1996, p. 572.

⑨ *Burger King*, 471 U. S. at 477.

⑩ 这可以被解释为，合理性要求本身就包含了公正性的考虑。

越不重要了。[①] 正是这些新的发展,法院在处理有关网络争议的时候,对传统的法学理论也作出了重大发展。[②]

Asahi v. Superior Court of California 一案,法院提出了著名的"商业流向"理论,对"有意识指引"一词的具体使用作出了进一步解释。"商业流向"理论一致被用来处理有关跨州或跨国生产商和消费者之间发生的产品责任争议。[③] 一旦被告将产品投放到市场上,如果该产品在某州造成损害,那么被告就必须受该损害发生州法院的管辖,而不论其是否知道其产品在该州销售。[④] 但是,O' Connor 法官在 Asahi 一案中认为,被告知道其产品在某州销售的事实本身,并不能表明该被告有意识地将自己的行为指引向该州;[⑤]被告还需要在该州有其他行为才能满足与法院最低限度联系的要求[⑥]。许多学者将该看法恰当地描述为"商业流向附加标准"。[⑦] 该标准受到学者们广泛的支持,并成为处理电子商务案件管辖权问题的主要指导理论。CompuServe v. Paterson 案件的审理就是一个明显的例子[⑧]。

因此,接下来的问题就是确定何种网络行为才能满足该附加标准,从而让法院可以行使管辖权。美国法院分析有关电子商务的案件,依据所谓的"递减等

---

① R. H. Trangsrud, The Federal Common Law of Personal Jurisdiction, *Geo. Wash. L. Rev.*, Vol. 57, 1989, p. 849, 892.

② S. Cohen, Jurisdiction Over Cross Border Internet Infringements, *European Intellectual Property Review*, Vol. 20, 1998, p. 296.

③ *Gray v. American Radiator & Standard Sanitary Corp.*, 176 N. E. 2d 761 (Ill. 1961); *Asahi Metal Industry Co. v. Superior Court of Cal.*, 480 U. S. 102 (1987). M. F. Noonan, Civil Procedure — Personal Jurisdiction: Evolution and Current Interpretation of the Stream of Commerce Test in the Third Circuit, *Villanova Law Review*, Vol. 40, 1995, p. 779.

④ M. H. Redish, Of New Wine and Old Bottles: Personal Jurisdiction, The Internet, and the Nature of Constitutional Evolution, *Jurimetrics Journal*, Vol. 38, 1998, p. 584.

⑤ *Asahi*, 480 U. S. at 112.

⑥ O' Connor 法官认为"附加行为"的要求表明被告有意识地在法院地市场采取有关活动,因此,被告知道其可能受到该特定法院地法律的规范。参见 *Asahi*, 480 U. S. at 112.

⑦ M. H. Redish, Of New Wine and Old Bottles: Personal Jurisdiction, The Internet, and the Nature of Constitutional Evolution, *Jurimetrics Journal*, Vol. 38, 1998, p. 585.

⑧ *CompuServe, Inc. v. Paterson*, 89 F. 3d 1257 (6th Cir. 1996).

级法"①(sliding scale),即根据双方当事人的互动程度和具体的商业活动将有关网络活动分为三类。Zippo Manufacturing Co. v. Zippo Dot Com, Inc. ② 案是美国区分被动和互动网站的第一个个案。

第一类网络行为明显具有互动性,例如向法院地居民反复传送有关材料乃至最终达成的买卖合同,该行为在法院地很明显已经构成相关的商业行为,毫无争议,该地法院可对被告行使管辖权。③ 属于该类网络行为的案件中,被告往往可以从网络行为获取直接的经济利益。第二类即所谓的被动性网站行为。被告仅仅于互联网上发布一些广告或信息,没有任何意图或期待在法院地展开任何商业活动,很明显,此类行为不能使法院获取管辖权。第三类介乎前两者之间,界限较为模糊,因此最富有争议性。④ 被告设立的网站允许用户自行发电子邮件到公司的网站并通过此类联系订购产品,达成交易。⑤ 这类网络行为涉及信息的交流,不能视为被动行为;但其互动程度又不是太高,所以又不属于主动的商业行为。⑥ "最低限度联系"要求被告在法院地从事商业活动。因此,如何合理界定为"从事商业活动"就变得非常重要。以下我们将对其进一步进行讨论。

在 Bensusan Restaurant Corporation V. Richard B. King 一案中,被告在密苏里州拥有一间名为"蓝色音符"的小酒吧,并以此为域名设立了一个网站。而该案的原告拥有一间名为"蓝色音符"的著名的纽约爵士乐俱乐部,"蓝色音符"是其在联邦注册的商标。被告认为法院没有属人管辖权,要求撤销该案。法院认为,被告的网站在全球范围都可以浏览,但其网络活动并没有明确意图吸引原告的顾客,而仅仅是为了吸引本地顾客;非法院地居民如果没有意图指引向法院

---

① R. L. Hoegle & C. P. Boam, The Internet and Jurisdiction: International Principles Emerge but Confrontation Looms, *Journal of World Intellectual Property*, *Vol.* 3, *No.* 1, 2000, *p.* 33; *W. E. Agin*, Jurisdiction over Web Sites, or "Where will I be Sued Next?", *http://www. agin. com/aigc/tic*84. *html*.

② 952 F. Supp. (W. D. Pa. 1997).

③ 如果商家有意识地与外国居民做生意,该外国法院就可以行使司法管辖权。关于此观点的进一步表述请参见 *Burger King*, 471 U. S. 475(1985).

④ 具体的划分,参见 *CompuServe*, 89 F. 3d1257, 1264 - 1265 (6th Cir. 1996). "互动网站"与"被动网站"的实质区别在于前者能够与位于特定地理位置的潜在消费者互相交流以及能够通过与这些潜在消费者的联系而建立起一种固定的与该地点紧密联系的活动模式。

⑤ G. R. Cummins, Esq. & C. M. Cerasale, *Jurisdiction in Cyberspace*: *User Beware*, http://www. gcwf. com/articles/interest/interest_23. html.

⑥ *Zippo*, 952 F. Supp. 1124 (W. D. Pa. 1997).

地，那么法院就不能行使属人管辖权。[①] 据此，法院撤销了该案件。该案表明了法院是如何衡量互动行为以及确定“从事商业活动”的含义[②]。

对于涉及第三类行为的案件，简单作出主张管辖或不主张管辖的决定都是不合理的或是武断的。因此法院进一步分析此类行为，按主动与否对该类行为分级别：①在网络中进行实际的金钱交易；②通过互联网购买和下载软件；③通过网络进行信息服务和交易；④寻求和获得用户信息的网站；⑤访客可以浏览的网站；⑥静态主页。[③] 基于互动和商业性的考虑，法院对于前三种行为拥有管辖权，但对于后三种行为，法院则没有管辖权。

但是，即便有了以上具体标准化的分类，法院仍有必要进行个案分析，对各个涉案网站的互动性进行研究，决定是否行使管辖权。实践中，法院在衡量一个网站性质的时候会考虑以下的因素：[④]①该网站是否具有商业的性质；[⑤]②被告是否与法院地居民达成了相关合同；[⑥]③该网站是否允许用户网上注册从而向

---

① *Bensusan*, 937 F. Supp. (S. D. N. Y.), confirmed by the U. S. Court of Appeals (2nd. Cir.) on 10 Sept. 1997. O. Renault, *Jurisdiction and the Internet: Are Traditional Rules Enough*? http://www.law.ualberta.ca/alri/ulc/current/ejurisd.htm.

② 参见近期的一个案件 American Information Corporation v. American Infometrics, Inc., 地区法院法官 Motz 于 2001 年 4 月 12 日发表在备忘录 F. R. Civ. P. Sec. 12(b)(2)的观点总结道：如果没有证据显示法院地居民曾与公司签约或联系，设立网站接收问题及接收工作申请的行为不能满足属人管辖权的最低限度的联系这一基本要求。有关讨论，参见 U. S. District Court for Maryland: Targeting Approach to Internet Jurisdiction, *Computer Und Recht International*, *No.* 3, 2001, *pp.* 79 ~ 81.

③ 这就是评估当事人是否与法院地存在最低限度联系的另一种方法。参见 E. Schneiderman & R. Kornreich, Personal Jurisdiction and Internet Commerce, *New York Law Journal*, (4 June 1997). *The Law of Internet Jurisdiction*, http://www.unc.edu/~deweyma/law.html.

④ 参见 E. G. Gunnells & A. G. Mersereau, Personal Jurisdiction Issues in Conducting Business Over the Internet, http://www.hicksmaloof.com/ln7.html.

⑤ International Star Registry of Illinois, No. 98 - C-6823, 1999 WL 300285; *ESAB Group Inc. v. Centricut*, LLC, 34F. Supp. 2d323, 330 - 331 (D. S. C. 1999); *Mieczkowski v. Masco Corp.*, 997 F. Supp. 782, 786 (E. D. Tex. 1998); *Gary Scott International, Inc. v. Baroudi*, 981 F. Supp. 714, 717 (D. Mass. 1997); *Superguide Corp. v. Kegan*, 987 F. Supp. 481, 485 - 486 (W. D. N. C. 1997).

⑥ *Digital Equip. Corp. v. Altavista Tech., Inc.*, 960 F. Supp. 456, 464 (D. Mass. 1997).

其发送有关邮件信息；[①]④被告是否通过与法院地居民的联系而获得了经济利益；[②]⑤是否有大量法院地居民点击该网站；[③]⑥被告是否通过多种不同途径与法院地居民进行联系；[④]⑦被告是否在其他网站发布广告；[⑤]⑧该网站是否提供了免费电话号码。[⑥] 上述因素在不同的个案中都已被论及，[⑦]法院讨论的重点就在于网站的意图及有关网络行为根据"商业流向附加标准"是否已经构成"最低限度的联系"。

上文已经充分讨论了电子商务中出现的合同争议管辖权的确定问题，现在我们再讨论一下电子商务侵权行为中的管辖权问题。一些学者建议用"结果测试"理论取代"最低限度联系"理论。[⑧] 法院在审理案件中也采取了这个建议。例如，在 Calder v. Jones[⑨]一案中，法院认为被告有意识地采取行为指引向法院地，并在法院地造成可预计性的损害，因此法院可以行使管辖权。[⑩] 在国际侵权案件中，积极作为的行为本身并不是法院行使管辖权的决定因素；允许网站访问者联系网站的此一被动行为便已足够使法院在侵权行为案件中行使管辖权。

以另一案件为例。在 The People in the State of New York v. Kevin Jay Lipsitz 一案中，位于纽约的被告通过电子邮件向全美国用户提供虚假的和误导的网上杂志订购服务。位于不同州的互联网用户和消费者对被告的行为十分愤慨，于是向纽约的法院提起诉讼。法院认为，被告是纽约的居民以及被告的网络活动

---

① *Maritz, Inc. v. Cybergold, Inc.*, 947 F. Supp. 1328, 1333 (E. D. Mo. 1996).

② *Bluementhal v. Drudge*, 992 F. Supp. 44, 55 (D. D. C. 1998); *Scherr v. Abrahama*, No. 97 - C - 5453, 1998 WL 299678, 4 - 5 (N. D. Ill. 1998).

③ *Plus System, Inc. v. New England Network, Inc.*, 804 F. Supp. 111, 118 - 119 (D. Col. 1992).

④ *Superguide Corp.*, 987 F. Supp. 487 (D. N. Cal. 1997).

⑤ *Cody v. Ward*, 954 F. Supp. 43, 47 (D. Conn. 1997); *Edias Software International, L. L. C. v. Basis International, Ltd.*, 947 F. Supp. 413, 419 - 420 (D. Ariz. 1996).

⑥ *Telco communications v. An Apple a Day*, 977 F. Supp. 404, 406 - 407 (E. D. Va. 1997).

⑦ E. S. Freibrun, Esq., *Out-of-state Jurisdiction Over Web Site Operators and Junk E-Mail: Legal Developments on the Internet*, http://www. cl. ais. net/lawmsf/artic125. htm.

⑧ S. Tita & G. Scamby, The "Effects Test": Unifying Personal Jurisdiction Case Law in Internet Defamation Cases, *Law/Technology*, World Jurist Association, *Vol.* 33, *No.* 1, 2000, *pp.* 1 ~ 30.

⑨ 465 U. S. 783 (1984).

⑩ *Calder v. Jones*, 465 U. S. 788 - 789 (1984). D. L. Kidd, Jr., Note, Casting the Net: Another Confusing Analysis of Personal Jurisdiction and Internet Contacts in Telco Communications v. An Apple a Day, *University of Richmond Law Review*, Vol. 32, 1998, p. 505, 517.

都在纽约进行的事实本身就足以使法院对该案件享有管辖权。① 如果涉及侵权案件的被告与法院地没有其他的联系,但是其针对当地居民的行为已经造成损害,此时,该案法院的决定对其就有指导意义了:②在这种情况下,就要确定被动的行为本身是否足以使法院对侵权行为行使管辖权。

在 Yahoo! Inc. v. La Ligue Contre Le Racisme Et L'Antisemitisme et al. 一案中,③雅虎公司经营了数家网站,包括在 yahoo.com 上的拍卖网站和搜索引擎服务以及区域性网站,如 Yahoo.fr。该 Yahoo.fr 网站使用法文。有很多网络用户在雅虎拍卖网站张贴广告销售有关纳粹的宣传资料和德意志第三帝国的回忆录。法国的法院于是根据法国刑法典第 R645 条第 1 款关于禁止陈列和销售纳粹物品的规定命令雅虎公司重新设计其位于美国的网站以符合法国的刑法。雅虎公司随后向位于加州的联邦地区法院提起诉讼。就管辖权的问题,美国法院认为,雅虎公司提交的材料已经明白无误地表明被告故意采取针对其位于加州总部的行为,而该行为在加州造成损失,因此加州联邦地区法院对该诉讼享有管辖权。而法院在权衡确定属人管辖权的各个因素的过程也充分表明该法院享有管辖权的决定是合理的。④

(3)标识管辖权

标识管辖权是基于对偶然在美国某区域出现的当事人发送传票而产生的管辖权。在电子商务中承认标识管辖权是否合适呢? 当网络信息交流通过某一州到达最终目的地之前被"贴上"标识,那么此时行使标识管辖权是否合适?⑤ 在传统的标识管辖权下,要求接收传票方与法院地至少存在一定可感知的联系。在网络交易中则可能完全不存在任何实际的可感知的联系。因此,在电子商务中行使此类管辖权的可能性较小。如果一定要在网络空间引入标识管辖权,那

---

① http://www.oag.sate.ny.us/press/june/lebedeff.htm.

② *Naxos Resources Ltd. v. Southam Inc.*, No. CV 96-2134 WJR, 1996 WL 66241 (C.D. Cal. 16 August 1996).

③ 该决定于 2001 年 6 月 7 日由地区法院法官 Fogel 发布, Fed. R. Civ. P. sec. 12(b)(2).

④ 有关讨论,参见 M. H. Wittow, U.S. District Court for the Northern District of California: Personal Jurisdiction over Nonresidents, *Computer Und Recht International*, *No.* 4, 2001, *pp.* 111 ~ 117; *M. Love*, *International Jurisdiction over the Internet: A Case Analysis of Yahoo! Inc. v. La Ligue Contre le Racisme et L'antisemitisme*, Temple International and Comparative Law Journal, *Vol.* 17, 2003, *pp.* 261 ~ 275.

⑤ *Internet Jurisdiction: Policy Issues*, http://www.unc.edu/~deweyma/policy.html.

么就必须从根本上改变整个管辖权理念。[①] 而这种改变将不会得到大多数学者的认同。

4. 评论

网络空间的特性与传统行使管辖权的标准不相符。尽管从定义上看,网络缺乏一个具体的方位,法院还是会确定一个行为或不作为的位置来决定其管辖权的行使。[②] 在电子商务中确定一个行为或联系是否足以使法院享有管辖权是一项困难的任务,因此法院在具体审理工作中,经常会作出一些矛盾的判决。[③] 美国最高法院已经认识到属人管辖权的分析不是很精确,在实际案件的审理过程中,不能机械地运用“最低限度联系”理论。[④]

法院已经成功地将传统贸易中的管辖权理论变通,用于电子商务领域。递减等级法在解释网络上不同活动的性质时颇具创意,不同程度的互动性导致不同的结果。美国判例法表明,网络活动在特定区域的互动性对司法管辖权的行使具有决定性;而仅仅提供网站供用户浏览本身不能构成行使管辖权的理由。为避免某些法院行使管辖权,有关当事人可以相应地减少或限制网络互动行为(例如通过限制网络订货程序、不使用 800 这一免费电话号码或避免网络用户

---

① 如果这种情形发生,标识管辖将延伸至电话和邮件交流等形式;这显然是不合理的。

② A. H. Ravia, *Local and International Jurisdiction on the Internet* (*Part I*), http://www.law.co.il/articles/juris1.htm. 如果当事人本身的行为导致了司法管辖权的行使,那么对该当事人实施管辖权就不会不公平。参见 Asahi, 480 U.S. 117 (1987); N.Y.C.P.L.R. 302 (Consol. 1978).

③ 互联网的普遍存在性和虚拟性使法院对互联网在传统属人管辖权框架下的定位得出了不同的结论。当公司在互联网上开展业务时,这些不同的结论将使当事人无法预知其行为可能导致的法律后果。参见 P. J. Whalen, *Internet Jurisdiction*, http://www.spencerfane.com/publica...Commerce/internet-jurisdiction.html; ;正如 Ponte 所言,在国际商业交易中,属人管辖权是一个棘手的问题。参见 L. M. Ponte, Boosting Consumer Confidence in E-Business; Recommendations for Establishing Fair and Effective Dispute Resolution Programs for B2C Online Transactions, 12 *Albany Law Journal of Science & Technology* 482 (2002).

④ *Kulko v. Superior Court*, 436 U.S. 84, 92 (1978).

直接与网站联系等等方法)。[①]

但是,要实际运用递减等级法却存在诸多问题。首先,并不是所有法院都充分认识到"被动"和"互动"网站的区别,而且对这些网络与法院地居民存在的"联系"进行区分方面还存在诸多困难。[②] 由此就导致法院间判决的不一致,并可能出现错误判决。

其次,递减等级法相当灵活,法院的自由裁量权对最终的判决会起着极大的影响。马歇尔法官在 Kulko v. Superior Court 一案中提及:最低限度联系理论是为数不多的在实际使用中黑白分明的理论;而更多的理论在运用时存在灰色地带,甚至可以对这些理论进行完全不同的多种解释。[③] 在使用递减等级法时,稍微一个细小的改变都有可能根本性改变有关互动性的判定。[④] 因此不同法院对何种行为享有属人管辖权存在不同的看法也就不足为奇了。[⑤] 一些法院认为与网络存在某种联系本身就足以使其享有属人管辖权,[⑥]而其他法院则认为仅仅

---

① 参见 *Electronic Commerce: An International Overview*, http://www.interleges.com/Archive/1999/1/18-1066.html. G. M. Perry, *Personal Jurisdiction in* Cyberspace: Where can You be sued, and Whose Laws Apply? *December* 1998, *http://www.llgm.com/FIRM/article14.htm. M. K. Dyer*, Omnipresence "Persona"-Fied: A Review of Personal Jurisdiction Principles and Their Application to Cyberspace, *http://www.emitech.com/dyer/persjur.html.* 当事人可以通过缔结协议规定司法管辖权,或者明确说明网站不在某些国家进行商务活动,由此可以避免管辖权问题在争议发生后可能出现的不合理性。但是这类说明是否有效仍有争议。

② Y. A. Tamayo, Who? What? When? Where? Personal Jurisdiction and the World Wide Web, *Richmond Journal of Law & Technology*, Vol. 4, 1998, p. 7, http://www.richmond.edu/~jolt/v4i3/tamayo.html.

③ 436 U.S. 84, 92 (1978); *Estin v. Estin*, 334 U.S. 541, 545 (1948).

④ 例如,在 *Blumenthal v. Druge*, No. 97-1968, 1998 U.S. Dist. LEXIS 5606 (D.D.C. 22 April 1998)一案中,被告的网站被认为是互动的,因为进入该网站的用户可以通过电子邮件要求预定以及该网站给那些在其邮件清单中列出的邮件地址发送新的报告。如果没有发送报告,该判决可能就不同了。

⑤ 关于对判决间存在矛盾之处的讨论,参见 D. L. Stott, Personal Jurisdiction in Cyberspace: the Constitutional Boundary of Minimum Contacts Limited to a Web Site, *J. Marshall J. of Computer & Info. L.*, Vol. 15, 1997, pp. 843~852。

⑥ 例如 *Maritz, Inc. v. Cybergold, Inc.*, 947 F. Supp. 1328 (E.D. Mo. 1996); *Digital Equip. Corp. v. Altavista Tech., Inc.*, 960 F. Supp. (D. Mass. 1997).

存在网络的联系还不足以使其有充分依据行使属人管辖权。①

许多学者对法院的不同做法作出了批评②。但还需要更多时间对这些做法进行调整。同理,尽管递减等级法现在已经有相当大的影响,但毕竟只是现时可以运用的管辖权理论之一;随着网络贸易进一步发展,有关管辖权的理论也会随之发展并逐步完善。③

在美国许多学者都已经意识到,属人管辖权的理论将会随着科技的发展而作出调整和发展。但是,现时美国法院还是继续运用最低限度联系理论来确定属人管辖权。法院通过制定诸如递减等级法等方式指导最低限度联系的具体使用。不过在使用这些方法的同时又可能导致结果不一致。法院在审理案件中必须考虑到网络并不是存在于真空中,而是实实在在地存在于人们的生活之中。当自然人进入网络空间的时候(例如设立网站),他不应该因为其网站在世界各地都可被浏览而处于所有的司法管辖之下;必须存在宪法中的正当程序要求确保其权益不受损害。④

我们必须注意到的另一个问题是:美国判例仅仅是处理美国境内的案件,具有局限性。如何将美国判例延伸到国际实践则存在两方面的问题。

首先,美国法院应如何运用国际性原则?考虑到国际案件的复杂性,法院在审理涉及外国人的案件的时候应特别谨慎。⑤ 他们应考虑到因该法院主张管辖权而利益可能受到影响的其他国家的程序上和实体上的政策。⑥

在主张对国际案件司法管辖权的时候可能会出现问题。即使在国际案件中可以找到最低限度的联系,其他国家可能仍然认为其主张管辖权的行为不合理

① 例如 *Esab Group, Inc. v. Centricut*, LLC, 34 F. Supp. (D. S. C. 1999); *Desktop Technologies, Inc. v. Reprod. & Design, Inc.*, 1999 WL 98572 (E. D. Pa. 25 February 1999); *Origin Instruments Corp. v. Adaptive Computer Systems, Inc.*, 1999 WL 76794 (N. D. Tex. 4 January 1999); *Millennium Enterprises, Inc. v. Millennium Music, LP*, 33 F. Supp. (D. Ore. 1999).

② 许多学者对下列案子提出批评。参见 *United States v. Thomas*, 74 F. 3d 701 (6th Cir. 1996), cert. Denied, 117 S. Ct. 74 (1996). 有关讨论,参见 A. G. Mirzaian, Y2K…Who Cares? We Have Bigger Problems: Choice of Law in Electronic Commerce, *Richmond Journal of Law & Technology*, Vol. 6, 1999 - 2000, p. 20, http://www.richmond.edu/jolt/v6i4/article3.html.

③ M. A. Willard, *Personal Jurisdiction and the Internet*, http://www.escm.com/new/art/JURISDICTION.html.

④ R. T. Krueger, Traditional Notions of Fair Play and Substantial Justice Lost in Cyberspace: Personal Jurisdiction and On-Line Defamatory Statements, *Cath. U. L. Rev.*, Vol. 51, 2001, p. 334.

⑤ *Asahi*, 480 U. S. 102 (1987).

⑥ G. Zeviar-Geese, The State of the Law on Cyberjurisdiction and Cybercrime on the Internet, http://www.law.gonzaga.edu/borders/documents/cyberlaw.htm.

和不公平。① 大致而言，为确保事实上的公平和实质上的公正，需要考虑以下七方面的因素：被告有意识地介人法院地事务的程度；被告在法院地辩护的负担；与被告所在国主权的冲突程度；法院地审理该案件存在的利益；法院地确保原告获得实时有效救济的重要性；以及是否存在另一享有管辖权的法院。② 由此可见，要恰当权衡这七项因素不是一项容易的工作。

其次，应该如何在国际层面上运用美国自身的原则？这主要取决于国际上的态度。考虑到美国在互联网方面的领先地位以及其强大的经济影响力，其他国家有可能接受这些原则并将其运用到他们的司法体系中。加拿大就是其中之一。③

但是，将美国的有关原则适用于国际案件的审理中仍然存在许多问题。例如，对一个无任何商业意图的网络行为而又无潜在商标侵权行为的外国被告人，是否足以对其主张属人管辖权？④ 是否一个用户超级连接他人网站的行为也足以对该连接网站的所有人实施管辖权？⑤

由上可见，美国的判例表明在电子商务案件中主张属人管辖权，被告应实施与被动张贴广告相比更具有互动性的行为。网站本身并不能构成对当事人的管辖权。⑥ 应该说，这种做法是合理的。如果仅仅在某网站粘贴信息就构成了最低限度的联系，那么任何能够上网浏览的地方（实际上是全球范围），法院均可

---

① *Core-Vent Corp. v. Nobel Industries, AB*, 11 F. 3d 1482, 1490 (9th Cir. 1993). 参见 E. M. Maltz, Unraveling the Conundrum of the Law of Personal Jurisdiction: A Comment on Asahi Metal Industry Co. v. Superior Court of California, *Duke Law Journal*, 1987, p. 669, pp. 689 ~ 690.

② *Core-Vent Corp. v. Nobel Industries*, AB, 11 F. 3d 1488 – 1490.

③ 至今，加拿大法院还没有太多机会讨论电子商务中的司法管辖权问题，但电子商务的学者达成共识，认为美国形成的有关原则可以在加拿大适用。参见 D. Young, Jurisdiction Remains a Work in Progress, eBusiness Journal, October 1999, http://news.globetechnology.com/site/ebusiness/102799_01.html.

④ *Digital Equipment Corporation v. Altavista Technology, Inc.*, Civ. Action 96 – 12192 NG (D. Mass. 12 March 1997).

⑤ *Playboy Enterprises, Inc. v. Frene*, 839 F. Supp. 1552 (M. D. Fla. 1993).

⑥ 参见 Kelly & Hieber, Untangling a Web of Minimum Contacts: The Internet and Personal Jurisdiction in Trademark and Unfair Competition Cases, *The Trademark Reporter*, Vol. 18, No. 5, 1997, p. 576.

主张管辖权。① 这显然是不合理的。张贴信息或者广告仅仅是众多联系方式中的一种,是法院在决定是否行使属人管辖权时考虑的一个因素。② 对他国国民行使管辖权,由于涉及主权问题,必须更加谨慎,③必须针对个案具体权衡上面提到的几项因素。

三、欧盟有关司法管辖权的做法

1. 引言

尽管欧盟至今涉及电子商务管辖权问题的案件还不是太多,但总体而言,欧盟相对于美国,采取更为正式和严谨的方式处理司法管辖权的问题。④ 要了解欧盟的立场,我们有必要研究有关民商事案件管辖权和判决执行的 1968 年《布鲁塞尔公约》⑤和 1988 年《洛珈诺公约》⑥。这两个公约对司法管辖权持相同的观点,不同之处仅在于两者的适用领域。前者处理欧盟内部成员国之间的管辖权问题;而后者则涉及欧洲自由贸易区成员国之间以及这些成员国与欧盟成员国之间的管辖权问题。

这两个公约达成之时,欧洲市场上还没有出现电子商务,所以也就没有针对电子商务的特别规定。从这个意义上说,这两个公约已经不能很好地适应现在的国际贸易形势。例如,这两个公约特别关注消费者合同并赋予消费者在其住所地法院起诉的权利,而该规定也许就不能很好地适应电子商务的特性。此外,

---

① 参见 *Hearst Corp. v. Goldberger*, No. 96 Civ. 3620, 1997 WL 97097, at 1 (S. D. N. Y. 26 February 1997). 被告是一个新泽西州的居民。他在新泽西创立了一个网站"esqwire. com",纽约的居民可以进入该网站并已经有该地区居民进入过。该网站声称其可以提供法律援助服务,但在该案开始以前,被告并未向任何人提供这种服务。原告在纽约起诉被告使用"esqwire"侵犯了他的商标"esquire"。法院裁定其对被告没有属人管辖权。理由是:如果像现在,被告没有签订合约销售或实际销售任何商品或服务给纽约居民;如果仅仅基于网站的设立就认为可构成属人管辖权,将意味着全国(实际上是全球)法院对任何设立网站的人都享有属人管辖权。这种全国范围内的管辖权有悖于传统的属人管辖权的判例法,作为政策事项,法院也不能接受。

② 例如 *Digital Equipment Corp. v. AltaVista Technology, Inc.*, Civil Action No. 96 - 12192NG, BNA's Electronic Information Policy & Law Report, 21 March 1997, at 343.

③ *Sinatra v. National Enquirer*, 854 F. 2d, at 1199.

④ 参见 H. L Korn, Development of Judicial Jurisdiction in the United States, *Brooklyn L. Rev.*, Vol. 65, 1999, p. 935

⑤ 它已经被修改了好几次。1996 年版现在仍然生效。参见[1998] OJEC 37,第 1 页。

⑥ 该公约将瑞士、挪威、冰岛与布鲁塞尔公约的缔约国联系在一起。参见[1998] OJEC L319,第 9 页。

尽管公约的目标在于统一欧洲有关管辖权的做法,但是在公约有关规定的具体实施中,各成员国的国内法仍然居于一种绝对重要的地位。

电子商务的迅速发展使各国逐渐关注其管辖权问题。欧盟已经通过《有关电子商务的指令》来规范网络交易行为;该指令采用了信息来源地原则。[①] 根据该指令,在欧盟任一成员国成立的公司,只要符合其设立国的有关规定,就可以在欧盟其他成员国合法经营。[②] 尽管该指令没有涉及 1968 年《布鲁塞尔公约》相关原则的适用,但已经影响到第 5 条第 5 款关于公司成立而产生纠纷的解释。该指令的有关规定表明,设立网站的行为意味着公司在某成员国成立,该成员国法院就可以享有管辖权。[③]

1997 年 12 月 4 日和 5 日举行的会议上,欧洲理事会对《布鲁塞尔公约》提出的修改方案不尽如人意。[④] 欧洲委员会之后提交了一份新的条例(后来称为《布鲁塞尔第一条例》)[⑤],该新条例于 2002 年 3 月 1 日成功取代了 1968 年《布鲁塞尔公约》,将后者订立当时尚未出现的电子商务形式纳入该新条例中。但是,如果成员国没有接受该新条例,那么 1968 年《布鲁塞尔公约》将继续适用于这些成员国。此外,该新条例不影响成员国参与的其他特定文件和公约中有关判决的管辖权和执行的规定。[⑥]

2.《布鲁塞尔公约》和《洛珈诺公约》

《布鲁塞尔公约》和《洛珈诺公约》第 2 条对管辖权作出基本的规定,即被告住所地法院享有管辖权。在缔约国居住的被告,不论其具有何国国籍,均受其住

---

① *Electronic Commerce*: *Commission Welcomes Final Adoption of Legal Framework Directive*, Brussels, 4 May 2000, http://europa. eu. int/rapid/start/c... txt = gt&doc = IP/00/442I0IRAPID&Ig = EN.

② M. Frendo, Legal Aspects of E-commerce, *Law/Technology*, World Jurist Association, *Vol.* 32, 1999, *p.* 12

③ 参见 Articles 7 - 9, Amended proposal for a European Parliament and Council Directive, in Certain Legal Aspects of Electronic Commerce in the Internet Market., 98 - 0325, COM (17 August 1999), 427 final. http://europa. eu. int/comm/dg15/en/media/eleccomm/com_427en. pdf.

④ 第 15 条 c 项和该条例第 13 项的说明完全削弱了提供服务的自由。

⑤ 关于民商事案件的管辖权、判决的承认与执行的条例草案, ref IP/99/510。该条例不适用于英国、爱尔兰和丹麦。但是,英国和爱尔兰准备加入该条例。参见 S. Dutson, *Transnational E-commerce*, *Computers and Law*, 2000, p. 25.

⑥ 参见 *Jurisdiction*, *Recognition and Enforcement of Judgments in Civil and Commercial Matters*, http://europa. eu. int, 访问时间:2003 年 10 月 23 日。

所地法院管辖。[①] 至于如何确定某被告是否居住于某一缔约国，该国法院将按照本国国内法来作出决定。[②]

公约对第2条又作出几项例外规定。根据公约第5条至第18条，住所在一缔约国的被告，可以在另一缔约国的法院被起诉。有关合同争议的案件，被告可以在合同义务履行地法院被起诉。[③] 在有关侵权、过失等案件中，被告可以在损害发生地法院被起诉。[④] 分支机构、代理机构或其他机构在运营中发生纠纷，那么上述机构所在地的法院享有管辖权。[⑤] 公约第6条进一步规定其他缔约国享有管辖权的情形：在有多方当事人、反诉以及有关不动产的合同争议案件中，当事人的住所虽在某一缔约国但可以在另一缔约国被起诉。

在确定管辖权事宜时，当事人也有一定的发言权。合同双方当事人可以就有关司法管辖权问题达成相关的协议。[⑥] 不过，此类协议必须满足一定的条件。[⑦] 此外，必须确保双方当事人真实的意思表示，公约第17条明确作出规定，应确保合同中弱方的利益。[⑧] 公约还有其他条款对当事人的此类协议作出限制。[⑨] 根据消费者保护原则，公约规定消费者可以选择在其本人住所地法院或卖方住所地法院提起诉讼[⑩]；卖方则只能在消费者住所地法院提起诉讼。[⑪]

3.《布鲁塞尔第一条例》

该条例的基本原则是由被告住所地的成员国行使司法管辖权，而不论其国籍为何。对于住所的具体理解，则根据法院所在地成员国的国内法决定。[⑫] 特

---

① 公约第2条。

② A. Lindberg, *Jurisdiction on the Internet — The European Perspective: An Analysis of Conventions, Statutes and Case Law*, America Bar Association, 20 July 1997, http://www.abanet.org/buslaw/cyber/initiatives/eujuris.html.

③ 公约第5条第1款。

④ 公约第5条第2款。

⑤ 公约第5条第3款。

⑥ 公约第17条。

⑦ 主要有以下三种情形：(1)合同是书面形式或可以书面形式体现合同内容；(2)合同形式是根据当事人之间长期实践形成的；或者(3)在国际贸易和商业中，合同形式是依据惯例形成的。

⑧ 参见 L. Katz, Jurisdiction and E-Commerce Disputes, *Journal of World Intellectual Property*, Vol. 3(2), 2000, p. 292.

⑨ 参照该两个公约的第15条第3款。

⑩ 公约第2条第1款，第5条第5项，第13条第1款，第14条第1款。

⑪ 公约第14条第2款。

⑫ 条例第2~4条。

别应该指出的是,1968年《布鲁塞尔公约》第15条第1款c项被本条例规定的一项先决条件所替代,即合同缔结当事人在消费者住所地进行商业或专业活动,或其通过某些方式将有关活动的目标指向消费者所在地或包括该地在内的几个国家,并且合同在上述商业或专业活动范围之内。① 这项先决条件的规定明确涵盖了电子商务。

该条例对所有消费合同的司法管辖权作出规定,并单独一节规定劳动雇佣合同的司法管辖权问题。条例有一项普遍原则就"管辖权不确定"②的情形提出解决方案。③ 在有关货物销售和提供服务的情形下,履行地应该是货物所在地或应交付的地点,或服务所在地或应该提供的地点。因此,软件下载的履行地应该是软件的下载地。该条例进一步规定,涉及网络合同的国际性争议中,只要商家在消费者居所国积极采取商业活动,消费者所在地国法院就享有管辖权。④

许多专家对《布鲁塞尔第一条例》的有关规定提出不同的意见。首先,条例的有关规定给网上的商家带来了很多问题。只要有网络的地方,网上广告就能被当地的消费者看到。所谓的目的地国家原则,意味着网上商家为避免出现问题,仅仅在欧盟领域,就必须确保其商业行为符合所有成员国的不同消费者保护法。⑤ 问题是,不能期望这些网络商家对所有成员国消费者保护的规则和法律都完全了解,更不用说,各个成员国或多或少地都有许多其他国内和当地的消费

① M. Lubitz, Jurisdiction and Choice of Law for Electronic Contracts: An English Perspective, *Computer Und Recht International*, No. 2, 2000, p. 42.

② 其将确定哪一个法院享有管辖权。

③ 参见 Commission Adopts Draft Regulation on Jurisdiction, Recognition and Enforcement of Judgments in Civil and Commercial Matters, Brussels, 14 July 1999, IP/99/510.

④ 布鲁塞尔条例第15条c款规定:当一个人在消费者惯常居住地开展商业或专业活动,或有关行为指引向该地或包括该地的几个地点,并达成有关合同,则满足了有关要件。参见 *Electronic Commerce: Legal Jurisdiction and Applicable Law*, at 3, in Details of Questions to be Addressed, Secretariat-General of the European Commission, 8 October 1999, http://europa.eu.int/comm/sg/tfjai/events/index_en.htm; EU Initiatives on Electronic Commerce, Coudert Brothers, 5 May 2000, at http://www.coudert.com/practice/euinitiatives.htm.

⑤ 根据欧洲消费者组织的报告,在经过一年的有关工业与消费者利益的争论之后,目的地国原则在2000年9月被确定下来。所有"不好"的修改,包括在消费者合同中允许商家管辖权选择的条款等,都被放弃了。参见 *Brussels Regulation on Jurisdiction*, http://lists.essential.org,访问时间:2003年10月22日;E. de Bony, *EU Tackles Jurisdiction in E-commerce Disputes*, 14 July 1999, http://www.idg.net/ec? external = 1&c...3DWW%26oq%3Ddispute%257Celectronic.

者交易方面的条例。[①] 但是,消费者利益团体则认为,不能期待消费者在境外提起诉讼,任何其他不同的规定都是对法律公正性的扭曲。[②] 尽管消费者利益团体的观点最终被采纳,但还是有必要进一步研究在争论中出现的其他观点,以更好地满足和平衡商家和消费者之间的不同要求。其次,近期的一个报告表明:只有当诉讼的价值超过2000个欧洲货币单位时,诉讼程序才会对消费者产生积极的经济影响。而事实上,大多数网上交易涉及较小金额,这就意味着该条例中规定的诉讼程序实际上并不能给网上消费者在所有情形下提供有效的保护。[③] 这一事实可能对电子商务产生负面的影响。再者,该条例细致具体的规定与英国布莱尔首相认为电子商务应轻度管制的看法、欧盟委员会建立统一市场的动议以及《电子商务指令》等都相违背。[④] 综上所述,必须进一步考虑该条例有关规定的合理性。[⑤]

欧盟一方面积极采取措施应对电子商务中可能出现的问题[⑥];另一方面,为防止对全球电子商务的发展造成障碍,欧盟在立法司法过程中,特别注意避免与其他国家地区法律出现不协调和不一致之处。《电子商务指令》和《布鲁塞尔第一条例》的通过都体现了欧洲在电子商务方面作出的努力,有助于加强欧洲在

---

① *Jurisdiction in Cyberspace*, September 1999, http://www.gip.org/gipjuris.htm.

② 参见 *European Parliament: The Answer is Yes!*, http://www.eurofinals.org, 访问时间:2003年10月23日.

③ 参见 M. Pullen, *On the Proposal to Adopt the Amended Brussels Convention and the Draft Rome II Convention as EU Regulations Pursuant to Article* 65 *of the Amsterdam Treaty*, EU version, Position Paper Prepared for the Advertising Association, http://www.ilpf.org/confer/present99/pullen_posit.htm.

④ J. Warchus, *E-commerce: A Choice of Laws?* http://www.wiredsussex.org.uk/ecommerce/ecomm11.htm.

⑤ 需要进一步讨论以下两个问题:是否现有《布鲁塞尔公约》已经很好地适应了电子商务的发展,是否还有必要采取其他保障措施给消费者提供保护?网站能在某地被当地居民浏览,是否足以认为该网站商家的商业活动指向该地?

⑥ 欧洲委员会强调了四项重要目标。一、通过安全、简便的技术和服务以及可靠和高容量的电信网络,使电子商务能广泛地与有关基础设施进行合理连接,享受有关服务;二、依据单一市场框架的原则,确保欧盟内部有一个统一的规范架构;三、通过提高相关技能和认知,努力实现一个良好的商业环境;四、应该有一个和谐统一的全球性的规范框架。参见 *Electronic Commerce: Commission Presents Framework for Future Action*, http://europa.eu.int/comm/internal_market/en/media/infso/313.htm.

国际法律架构发展中的影响力。①

四、评语

1. 司法管辖权中的自我监管

现在全球范围贸易自由化正如火如荼地开展。在推动商业社会健康发展的过程中,市场力量起着非常重要的作用。但是,在强调市场力量和竞争在实现经济效益最大化的同时,还要注意政府在确保和平衡不同社会利益方面的作用。

前文已提到,自我监管是网络空间的一项基本原则:网上使用者和服务提供商自身承担自我监管的任务。② 尽管网络空间没有边界并不可触摸,但确实存在物质世界中的实实在在的网络用户,他们可以自行决定自己希望适用的管制体系。③ 事实上,网络用户已经建立了一些执行机制,例如要求服务提供商制定有关服务提供条款供用户选择接入其有关服务时使用;要求违规者改正并遵守有关规则。自我监管原则在网上争端解决方面也是完全可以适用的。

由网络用户采取自我监管的效果要好于政府监管。但是,正如一位学者所评论,政府对自身不能有效实施现有对网络通信的限制措施,必然会有所不甘④而采取一些强制性措施;因此可以肯定地说,在自我监管的同时,政府会不可避免地对网络活动采取一些限制性措施。⑤ 但是政府的此种介入在一定程度上将不利于网络的发展及网络用户的利益。自我监管的最基本前提是管制本身不断

---

① *Electronic Commerce: Commission Welcomes Final Adoption of Legal Framework Directive*, http://europa.eu.int/comm/internal_market/en/media/eleccomm/2k - 442.htm.

② 自我监管中的"自我"一般仅指商业领域本身;从更广义的角度上说,还包括作为独立身份参与网络活动的网络使用者,电子商务的参与者以及管理人员。

③ M. Geist, *Internet Jurisdiction: The SEC "Opts Out"*, http://lawschool.mtcibs.com/lawtech/archive/199705.htm.

④ 注意到网络上出现各种形式的不健康内容以及网络被滥用的潜在可能性,一些政府已经开始对其使用实施限制。例如,在保留原有有关通信交流方面的限制之外,中国政府采用了一套商业化体制来刺激经济的增长,超出体制范围的网上交流就不能得到保护。但是,这种管理从技术的角度讲并不容易。网络空间过于宽广,任何管理活动在其面前都会显得很苍白无力。这一点可以从中国政府的一些做法中得到证实;例如,中国政府试图限制网络用户人数,限制网络连接的专业领域以及人为地提高本地互联网的服务费用。由此,上述的限制措施使互联网促进经济增长的作用不能发挥,不利于经济的进一步发展。参见 Great firewall of China?: Beijing Slaps Restrictions on Internet Access, http://www.asia-week.com,访问时间:2003 年 10 月 23 日.

⑤ J. T. Delacourt, The International Impact of Internet Regulation, *Harvard International Law Journal*, Vol. 38, 1997, p. 234.

完善,以最有效的方式迎合特殊行业的需求。[①] 而市场自身的监管行为比政府的监管更能满足市场的需要。只有市场才能决定哪一个法院对于争端当事人才是合理的。

有关网络社会自我监管和司法管辖权的标准将会出台。作为一些团体利益的代表,一些组织已经开始为网络社区制定规则。他们正在进行的研究和实践可作为未来网络社区实践的指导。

合同的意思自治原则对商业社会自我监管的实施提供了一定的理论基础,这尤其对网络中的争端解决和管辖权问题的解决具有积极意义。当事人应当自由表达他们的意愿,使他们的意愿和利益能够得到真实的体现和保护。因此,解决网络争端及管辖权问题,同样要考虑双方当事人的意愿,这样的解决方式才能获得网络社区的广泛支持。

电子商务中的自我监管行为和诉讼活动(也就是国家监管)两者之间应该达到一定的平衡,并形成合理的关系:网络用户的自我监管这一基于当事人协议基础上的行为得到以国家强制力为基础的诉讼活动的支持。市场自身行为能使司法管辖权的选择得到验证,而政府应尊重这一结果并据此制定有关规则。[②] 相关政府需要一定的时间对有关情况作出适当的反应。[③] 这里存在的问题就是,在什么情况下自我监管是充分的?何时政府监管是必要的?

2. 当事人的意思自治和消费者保护

意思自治原则在民商事行为中得到极高的推崇。在一份经双方当事人自由协商达成的协议中,法院选择条款可能是合同中最重要的条款。[④] 双方当事人都可以自由选择受案法院和适用的法律。电子商务跨越国界,使原已复杂的司法管辖权问题变得更为复杂,当事人如果对管辖权作出约定将有利于问题的解

---

① Observations on the State of Self-Regulation of Internet, Prepared for the Ministerial Conference of the Organization for Economic Cooperation and Development (OECD): A Borderless World: Realizing the Potential for Global Electronic Commerce, Ottawa, Canada, 7-9 October 1998. http://www.ilpf.org/selfreg/whitepaper.htm.

② 全球商业联盟在其有关电子商务的全球行动计划中认为,任何不成熟的规则都有可能阻碍电子商务的发展;政府应该主要依赖商业自我监管的实践以及市场上发展更灵活和平衡的解决方法的需求作出相应的决定。

③ 欧洲电信部长们都支持在欧盟境内通过自我监管行为和政府有效控制两者的结合来促进电子商务的发展,但是对于哪一种模式应居于优先地位仍有分歧。

④ 参见 G. Born & D. Westin, *International Civil Litigation in the United States Courts*, 223 – 224 (Deventer, 1993); N. Guthrie, A Good Place to Shop: Choice of Forum and the Conflict of Laws, *Ottawa Law Review*, Vol. 27, 1995, pp. 216 ~ 223, 231 ~ 232.

决。只有当有关当事人没有作出相关选择时，法院才需要基于有关规则和判例作出决定。

当事人意思自治原则起源于欧洲，该原则的实现可以通过多种途径。但是，在所谓的附和(射性)合同问题上则存在争议。在美国，有关法律允许当事人就附和合同作出管辖权的选择；一些学者认为这种做法是“不公正”和“不合理”的。而不同学者又对“不公正”和“不合理”作出不同理解。① 说到底，这还是一个关于消费者保护的问题。

有关司法管辖权的规则(尤其是有关消费者保护方面的法律规则)有时能准确反映商家和消费者之间的力量对比。但是在网络中商家和消费者之间具体情形的不同，可能要求对此两者力量的对比作出重新的评价。② 消费者一致被视为商业交易中的弱者，许多商业条例和规则都专门对消费者保护问题作出规定。例如，一直以来，消费者所在地法院对消费者纠纷享有专属管辖权。

一旦网络消费者交易发生纠纷，由双方当事人达成协议将案件提交其他法院审理是否合适？多数学者持肯定的态度。在电子商务中，消费者有更大的自主权选择合适的商家和产品，而商家能做的只有在网上发布信息。因此，在这种环境下，消费者已经从很大程度上改变其被动的地位。另外，商家面临比以前更激烈的竞争，为求生存，他们必须为消费者提供更优厚的条件，使产品的信息更加透明化；由此，双方力量对比的天平已经倾向消费者。因此，在新的商业环境中，消费者保护原则需进一步重建以更好平衡双方当事人的利益。③

在电子商务的环境中实现当事人意思自治原则的过程比较简单。一般来说，商家将有关法院选择的信息公之于网站。消费者在阅读相关信息后，如果接受该信息，只需点击“同意”键即可传递本身意思；如果不接受，就继续在网络搜寻其他信息。因此，意思自治原则在网络中可以继续适用，而网站的具体构建又有助于该原则的具体实现。

---

① 参见 Achieving Legal and Business Order in Cyberspace: A Report on Global Jurisdiction Issues Created by the Internet, London Meeting Draft, Report of the American Bar Association Jurisdiction in Cyberspace Project.

② T. P. Vartanian, *A Global Approach to the Laws of Jurisdiction in Cyberspace*, http://www.kentlaw.edu/cyberlaw/housetestimony.html.

③ 消费者被赋予了更多的权力。参见 J. Schack, Cost Containment, *Institutional Investor*, Vol. 33, 1999, p. 43；同时参见本章底注 152 – 157 及相对应的正文内容。

五、国际社会在司法管辖权方面的努力

1. 国际实践

随着网络的出现，任何一个国家都不可能真正地隐藏在国际舞台的背后。网络的一个特性就是世界上某一地区的计算机能够在瞬间与其他地方的计算机相连接。① 国家边界被轻易跨越，国家之间的联系比以往任何时候都更为紧密。因此，任何一个国家单独的管制活动都会不可避免地影响到其他国家。

互联网是网际网络，而不是"互联网"该单一词汇所体现的一个简单体系。②一个国家不能脱离其他国家独立进行商业活动。③ 同理，一个国家不能隔绝自己与其他国家的联系去制定本国有关电子商务的政策和规则。在电子商务领域，急需国际合作。网络的管制应该具有全球视野，构建一个促进电子商务在世界市场迅速发展的安全框架。④

对于电子商务中司法管辖权问题的解决也是如此。为防止国际社会中司法管辖权的冲突，国际机构在制定相关政策时必须合作。一些组织已经开始着手准备。美国律师协会已经开始了有关跨国司法管辖权的研究项目并发表了相关的研究结果。⑤ 国际商会、经合组织以及其他国际组织⑥也已致力于解决这个问题。

---

① B. Robin, E. Keeler & R. Miller, *Educator's Guide to the Web*, 1997, pp. 1 ~ 2.

② S. M. Hanley, International Internet Regulation: A Multinational Approach, *J.* Marshall J. of Computer Info. L., *Vol.* 16, 1998, p. 1010.

③ 这可以通过欧盟的态度看出来。欧洲委员会认识到各国在不同领域制定新的国内法将会设置新的贸易壁垒，阻碍电子商务在全球范围的发展。欧盟应该共同努力，通过适当的国际论坛，并与其主要贸易伙伴进行双边磋商，以建立和谐的全球性管制框架，1997 年 12 月 5 日，http://www.qlinks.net/comdocs/eu-us.htm.

④ M. Frendo, Legal Aspects of E-commerce, *Law/Technology*, World Jurist Association, *Vol.* 32, 1999, *p.* 30.

⑤ 美国律师协会网络法委员会编辑了一份关于各国如何处理网络管辖权的规则和要求的目录。

⑥ 例如，一个引领网上商业发展的国际性组织，电子商务全球商业对话（GBDe），在一份关于司法管辖权的文件中大致列出了现有行业达成的共识。因特网法律和政策论坛（ILPF）近期举行了一个关于司法管辖权和互联网的会议，并发起了一项评价有关互联网司法管辖权法律与政策的工作项目；国际商会也设立了有关电子商务和司法管辖权的工作组。有关司法管辖权的国际规则，参见 R. Wai, Transnational Liftoff and Juridical Touchdown: The Regulatory Function of Private International Law in an Era of Globalization, *Columbia Journal of Transnational Law*, Vol. 40, 2002, pp. 219 ~ 220.

现在的问题是谁更适合充当司法管辖权问题的解决机构。在这方面,海牙国际私法会议及时响应了上述有关司法管辖权问题进行自我监管的讨论,其采取的行动正在得到工业界的支持。对其起草的文件进行探讨对司法管辖权问题的解决将大有裨益。

2.《海牙公约草案》①

早在 1992 年国际社会还没有考虑互联网对司法管辖权产生的影响之时,一些专家已经提出就《有关民商事管辖权和外国判决的海牙公约》进行修改的计划。② 正式谈判从 1996 年开始并成立专门的委员会;之后,该委员会开始注意到电子商务问题,对其如何规定的问题给予较大关注。③ 其中一份达成的草案就有专门条款对电子商务作出规定。

根据第 4 条第 1 款,当事人可以就法院的选择达成协议。该协议可以通过任何方式以任何形式达成,只要其内容将来能被确定。④ 该协议在确定司法管辖权问题时优先适用。如果当事人没有就管辖权作出选择,被告的惯常居所地就是相关的考虑因素;作为被告的法人可以在其法定位置所在国,成立地所在国,管理中心所在国,或公司主营业地所在国被起诉。⑤

《海牙公约草案》在其架构内给予电子商务特别的地位。关于商业到商业(B2B)类型的电子交易,原告可以向全部或部分交付或提供货物或服务的所在地国家法院起诉。至于涉及货物交付又涉及服务提供的案件,法院所在国应该是主要义务全部或部分发生和履行的国家。⑥

至于在网上签约并履行的电子合同,情形就比较复杂了。⑦ 传统的管辖权理论还可以适用于网上缔结合同但其实际履行则在传统物理环境中进行的情

---

① 1999 年 10 月 30 日,特别委员会通过了《关于民商事案件司法管辖权和外国判决的公约预备草案》。该文本可从 http://www.hcch.net/e/conventions/draft36e.html 下载。有关讨论,参见 R. A Brand, Intellectual Property, Electronic Commerce and the Preliminary Draft Hague Jurisdiction and Judgments Convention, *U. Pitts. L. Rev.*, Vol. 62, Issue 4, 2001, pp. 581 ~ 603.

② 1992 年 5 月,美国国务院法律顾问 Edwin Williamson 致信海牙国际私法会议秘书长 Georges Dorz,建议该机构应该就有关判决承认和执行的多边条约举行谈判。

③ 在渥太华举行的《有关民商事案件私法管辖权和外国判决的海牙公约》的会议, http://www.cptech.org/ecom/hague-march-2000.html.

④ 《海牙公约草案》第 4 条。

⑤ 《海牙公约草案》第 3 条。

⑥ 《海牙公约草案》第 6 条。

⑦ 网络空间中货物和服务的区分较为模糊,但是这种区分却变得越来越重要。参见 *Doing Business On-line in the Digital Millennium: the Law Looks Ahead*, http://www.chapmantripp.co.nz/publish/c040500.htm.

形。此时，合同履行就是确定司法管辖权的基本考虑要素。但是一旦合同是网上缔结并在网上履行，就难以确定合同的缔结地和履行地。在这种情形下，就必须合理假设一个合同履行地或更准确而言，是相关信息送达地。①

在消费合同中，一旦(a)消费合同的缔结与在消费者住所所在国开展的商业活动有联系，或消费合同的缔结行为明确公开地指引向该消费者住所所在国；而且(b)消费者已经在其住所所在国为缔结合同采取了必要的措施，消费者可以直接在其惯常居所地法院提起诉讼。② 上述两个条件的规定用来平衡消费者和商家的利益。同时，该草案对当事人意思自治原则的规定采取谨慎的态度。③问题在于是否应对消费者的选择进行限制并如何限制；该问题还有待进一步论证。④

草案最后规定了电子商务中的侵权情形。两类法院可享有司法管辖权。在侵权行为发生地，法院应享有管辖权，除非能证明侵权人不能够合理预期其侵权行为或类似后果在该地发生。只要受害当事人是法院所在国的惯常居民，损害发生地的法院就对该受害人不论在何地发生的所有损害享有管辖权。如果受害当事人不是法院所在地的惯常居民，损害发生地法院的管辖权仅限于法院地发生的损害，而不是当事人在其他地方受到的损害。⑤

3. 评价

公约草案是海牙国际私法会议成立以来最具雄心的一个项目。但是公约的谈判由于起草委员会在2001年6月出现僵局而停滞。一个新的起草委员会于2002年4月成立，着手准备新草案。许多有争议的问题被留待将来谈判，其中就包括有关电子商务以及与网络有关的争议，有关知识产权的争议这两类诉讼

---

① 2000年2月28日至3月1日G. Kessedjian和加拿大司法部国际私法工作组合作在渥太华提交的有关电子商务和司法管辖权的讨论稿概要。

② 《海牙公约草案》第7条。有关讨论，参见T. P Lester, Globalized Automatic Choice of Forum: Where Do Internet Consumers Sue?: Proposed Article 7 of the Hague Convention on International Jurisdiction and Foreign Judgments in Civil and Commercial Matters and its Possible Effects on e-Commerce, *New England Journal of International and Comparative Law*, Vol. 9, 2003, pp. 431～488.

③ 《海牙公约草案》第7条第3款。

④ 关于消费者保护的争议涉及诸如是否以及在何种情况下允许使用附和合同。参见J. Love, *Views of the Consumer Project on Technology*, 1 March 2000, http://www.cptech.org/ecom/hague-march-2000.html.

⑤ 参见《海牙公约草案》第10条。2000年2月28日至3月1日G. Kessedjian在渥太华提交的有关电子商务和司法管辖权的讨论稿概要(2000年8月草案文件第12号第8页)。

的司法管辖权问题。起草委员会于 2003 年 4 月提交新草案，有待各国政府提交相关看法。①

可以想象，公约得以通过的道路是很崎岖的。但是，《海牙公约草案》的谈判过程同时为各国提供了一个就司法管辖权问题进行国际合作和协商的舞台。草案已经考虑到电子商务所面临的许多不同问题；更重要的是，草案对网上缔约在实地履行的合同与网上缔约并履行的合同进行了区分。随着科技的进一步发展，对后者的区分将日渐重要。

从理论上讲，对合同当事人及其地理位置的识别可以取代就合同传统领土的连接因素。这种识别要求改变一直以来当事人网上匿名交易的情形。② 对当事人地理位置的确定则非常重要，它将取代合同履行地这一连接因素。由于能在任何有网络连接的地方上网交易，因此他们提供的有关其住所和营业地的信息就很重要了。一旦《海牙公约草案》生效，这些信息会更为重要。

《海牙公约草案》就法院主张管辖权规定了明确细致的条件。但是，公约的具体适用又是另一回事，还有许多工作要做。电子商务日渐复杂，我们必须认真细致地研究其司法管辖权的合理框架并不断发展完善。另外一个以后要考虑的情形就是网上劳动合同的司法管辖权问题。如何将公约规则③适用于该特殊合同形式？是否可以直接将现有规则适用于这些合同？这些问题的解决对电子商务未来的顺利发展至关重要。

一些专家主张将电子商务的管辖权问题另行规定，不放入该《海牙公约草案》中。但是我们已经清楚地看到解决电子商务司法管辖权问题的重要性。尽管这个问题很复杂，但不能成为将其从《海牙公约草案》这一有关管辖权的基本性文件中排除的充分理由。该公约的设立就是为了彻底解决管辖权问题，那么就必须勇敢地承担责任，为电子商务的发展提供必备文件。

---

① 该草案被技术性地收窄为 B2B 合同的法院选择条款，同时准备将有关专利和商标的条款排斥在该草案之外。参见 CPTech's Page on the Hague Conference on Private International Law's Proposed Convention on Jurisdiction and Foreign Judgments in Civil and Commercial Matters, http://www.cptech.org，访问时间：2003 年 10 月 23 日。

② 但是仍需保留一定的透明度和控制。因此，应该鼓励使用由私有团体提出的认证方式。

③ 公约草案第 8 条就个人雇佣合同作出规定。一些专家认为这些规定将导致管辖权体系的分裂。

第三节 法律适用与法律选择

一、电子商务中法律适用的理解

法院在依据有关原则确定其管辖权问题之后，诉讼就开始进入实质审理阶段。当某一交易包含涉外因素时，如何确定适当的准据法就成为了关键。目前，不同国家基于本国国家利益作出不同的法律规定，①因此适用不同国家的法律对于同一交易经常会得出不同的结论，当事人也就因而享受不同的权利，但同时也要承担不同的义务。

众所周知，法律适用问题一直难以解决，即便是在相对简单的情况下也会涉及多种因素。② 电子商务的国际化性质比一般的国际交易要复杂得多，这类案件中的法律适用问题已成为法官、律师等业内人士的一项艰巨的任务。③

传统的法律适用要依据具体的地理位置来确定。但网络空间并不在乎现实世界；网址和基于地理上的管辖权没有必然联系。④ 网络使用者无处不在，⑤同时又无处所在。⑥ 没有人能够确定某一特定行为发生在哪里。⑦ 因此，不应奇怪，在全球的数字网络空间内，如何正确适用现实世界中的法律适用原则将会产

---

① 许多国内法的规定常常未充分考虑到全球网络信息传递的跨国性，因此缺少相应的针对性。参见 M. Kirby, Legal Aspects of Transborder Data Flows, *Computer L. J.*, Vol. 9, 1991, p. 233.

② S. F. Kreimer, The Source of Law in Civil Rights Actions: Some Old Light on Section 1988, *U. Pa. L. Rev.*, Vol. 133, 1985, p. 601.

③ A. H. Boss, the Jurisdiction of Commercial Law: Party Autonomy in Choosing Applicable Law and Forum Under Proposed Revisions to the Uniform Code, *Int'l Law.*, Vol. 32, 1998, pp. 1067 ~ 1068.

④ T. Puurunen, The Legislative Jurisdiction of States Over Transactions in International Electronic Commerce, *J.* Marshall J. Computer & Info. L., *Vol.* 18, 2000, *pp.* 689 ~ 690.

⑤ D. L. Burk, Transborder Intellectual Property Issues on the Electronic Frontier, *Stan. L. & Pol'y Rev.*, Vol. 6, 1994, pp. 9 ~ 10.

⑥ 使用者可以通过加密来隐藏其身份。参见 R. F. Pollack, Creating the Standards of a Global Community: Regulating Pornography on the Internet-An International Concern, *Temp. Int'l & Comp. L. J.*, Vol. 10, 1996, p. 480; M. A. Pike, *Using the Internet*, 2nd ed., 1995, p. 49.

⑦ D. L. Burk, Trademarks Along the Infobahn: A First Look at the Emerging Law of Cybermarks, *U. Rich. J. L. & Tech.*, Vol. 1, 1995, pp. 12 ~ 14.

生重大影响。①

一些学者已经认识到这些问题,并提议将法律适用问题完全排除在电子商务领域之外。有一种提议是制定新的网络空间法。② 当网络术语已发展成为"准语言",网络空间也已明显发展成为一个独特的领域。③ 支持者认为既然商法是专门针对商业世界的,所以对于独一无二的网络空间也应该有专门的法律。④ 有关该建议的具体内容将在第六章讨论。

统一的法律将彻底解决法律适用中的冲突问题。制定单独的网络法能协调不同国家的法律,从而最好地服务网络社会。⑤ 网络法的提议看起来是合理的,但是协调不同国家的法律使其和谐一致可能是一个循序渐进的过程。考虑到飞

---

① 许多学者认为传统的冲突法规则,依赖于地理位置选择法律,因而对网络交易没有实际的指导价值。参见 R. T. Muth, Old Doctrines on a New Frontier: Defamation and Jurisdiction in Cyberspace, *Wisconsin Lawyer*, Vol. 68, 1995, p. 11.

② 参见法律咨询委员会就《信息社会著作权及相关权利的绿皮书》作的答复, http://www2.echo.lu/legal/en/ipr/reply.html ; P. Samuelson, *Legally Speaking*, *the NII Intellectual Property Report*, *Communications of the ACM*, December 1994, at 21. J. R. Reidenberg, Lex Informatica: The Formulation of Information Policy Rules Through Technology, *Texas Law Review*, Vol. 76, 1998, p. 553; A. Mefford, *Lex Informatica*: Foundations of Law on the Internet, *Indiana Journal of Global Legal Studies*, Vol. 5, 1997, p. 211; W. H. van Boom & J. H. M. van Erp, Electronic Highways: On the Road to Liability, in V. Bekkers et al. (Eds.), *Emerging Electronic Highways*: *New Challenges for Politics and Law*, 1996, p. 153, 156.

③ R. L. Dunne, Deterring Unauthorized Access to Computers: Controlling Behavior in Cyberspace through a Contract Law Paradigm, *Jurimet.* J., Vol. 35, 1994, pp. 8 ~ 10.

④ R. L. Dunne, Deterring Unauthorized Access to Computers: Controlling Behavior in Cyberspace through a Contract Law Paradigm, *Jurimet.* J., *Vol.* 35, 1994, *pp.* 8 ~ 10.

⑤ R. T. Nimmer, Licensing on the Global Information Infrastructure: Disharmony in Cyberspace, *Nw. J. Int'l L. Bus.*, Vol. 16, 1995, pp. 246 ~ 247; J. Goldring, Netting the Cybershark: Consumer Protection, Cyberspace, the Nation-State, and Democracy, in B. Kahin & C. Nesson (eds.), *Borders in Cyberspace*: *Information Policy and the Global Information Infrastructure*, Cambridge, MA: MIT Press, 1996, pp. 340 ~ 344.; L. A. Herscha, Is There a Doctor in the House? Licensing and Malpractice Issues Involved in Telemedicine, *B. U. J. Sci. & Tech. L.*, Vol. 2, 1996, p. 8; M. Rustad & L. Eisenschmidt, The Commercial Law of Internet Security, *High Tech. L. J.*, Vol. 10, 1995, p. 213, 300; J. Ritter & J. Gliniecki, International Electronic Commerce and Administrative Law: The Need for Harmonized National Reforms, *Harv. J. L. & Tech.*, Vol. 6, 1993, p. 263 ; L. Solomon & L. Corso, The Impact of Technology on the Trading of Securities: The Emerging Global Market and the Implications for Regulation, *J. Marshall L. Rev.*, Vol. 24, 1991, p. 299, 330; D. Wilson, Viewing Computer Crime: Where Does the Systems Error Really Exist?, *Computer L. J.*, Vol. 11, 1991, p. 265; J. Grundfest, Internationalization of the World's Securities Markets: Economic Causes and Regulatory Consequences, *Fin. Svcs. Res.*, Vol. 4, 1990, p. 349.

速变化的技术和工业结构所产生的一些不确定因素,迅速地采纳一套全新的法律规则将是不适当的。对于新技术可能引发的相关有潜在争议的问题,采取逐步调整的方式更为适当。① 商法产生于解决商业争端的特殊安排;②在电子商务中,也同样已经产生了这种机制,比如网络法院和网络司法官员。③ 他们的行为将对网络空间法的进一步发展逐步产生影响。

网络空间的自我监管模式一直得到很多学者的倡导,但网络世界达成某种协议尚需时日。作为一个以指数速度增长且没有界限的群体,"网络社区"如此庞大且差别迥异,要在短时间内达成一些共同接受的原则,这是不大可能的。④

在鼓励网络社会发展网络法的同时,我们应该进一步改善法律适用体系以适应目前形势需要。虽然在电子商务中不易确定相关行为的地点,但人们是在现实世界中操纵着电子程序的。目前的任务就是要在现实世界中解决电子商务的法律适用问题。本节研究了这一问题,并提出了一个可能为国际社会接受的适当体系。下面着重解决电子商务中两种情形下的法律适用问题:合同和侵权。⑤

---

① *Denver Area Educ. Telecomm. Consortium, Inc. v. FCC*, 116 S. Ct. 2374, 2385 (1996). 欧盟的做法已经证实这点。欧盟《有关信息社会著作权及相关权利绿皮书》的基本目的就是希望一些利益集团能就欧盟著作权法如何延伸至网络领域提供意见。参见 S. Fraser, The Copyright Battle: Emerging International Rules and Roadblocks on the Global Information Infrastructure, *J. Marshall J. Computer & Info. L.*, Vol. 15, 1997, p. 783; A. A. Caviedes, International Copyright Law: Should the European Union Dictate Its Development?, *B. U. Int'l L. J.*, Vol. 16, 1998, p. 228.

② 但是一些学者质疑在国际贸易中是否存在独立于国内法的习惯规则。参见 G. Delaume, Comparative Analysis as a Basis of Law in State Contracts: The Myth of the *Lex Mercatoria*, Tulane Law Review, *Vol.* 63, 1989, *p.* 575; *K. Highet, The Enigma of the* Lex Mercatoria, *Tulane Law Review*, Vol. 63, 1989, p. 613.

③ M. E. Staib & M. Yablonski, "Virtual Magistrate" Offers Alternative Dispute Resolution for Internet Disputes: Project Offers Parties a Chance to Avoid the Unchartered Terrain of "Cyber" Law, *Litigation News*, September 1996, at 6.

④ R. Mergers, Intellectual Property and Digital Content: Notes on a Scorecard, *Cyberspace Lawyer*, *June* 1996, *at* 15.

⑤ 要严格区分电子商务中合同纠纷抑或侵权行为存在一定的难度。详见 D. R. Johnson & K. A. Marks, Mapping Electronic Data Communications onto Existing Legal Metaphors: Should We Let Our Conscience (and Our Contracts) Be Our Guide?, *Vill. L. Rev.*, Vol. 38, 1993, pp. 490 ~ 491; E. F. Scoles & P. Hay, *Conflict of Laws*, 2nd Ed. 1992, p. 38, 42.

二、合同关系中的法律适用

因为电子商务处理数字时代的国际交易,所以电子商务中的合同关系要远比传统的国际商务中合同关系复杂;相应地,处理电子商务合同纠纷也就更困难。为了说明这种处理方式的性质,本文以美国和欧盟为例。以这两个区域法律作为范本,进一步分析了建立国际体系的可行性,最后建议解决合同纠纷的合理体系。

1. 国际上的做法

(1)美国

对合同中的法律适用问题美国拥有最完整的体系。在发展这一体系时,美国学者提出了不同理论,后来,这些理论均被应用在实践中。

通常美国承认合同中选择管辖法院的条款,但该类条款有效的前提是所选择的适用法律是合理的。① 对于通过网络订立的合同,确定合理性的要素有两个:所选择的适用法律必须与当事人或交易有联系②以及不存在双方地位严重不对等的情况。③

当没有选择管辖法院的条款时,一般是按照两种方式进行。第一和第二冲突法重述对这两种方式都进行了说明。④

根据《第一冲突法重述》,合同缔结地决定合同的效力,合同履行地决定合同的履行。⑤ 这些都是明确的法律适用条款,⑥并曾一时代表美国对法律适用问题的普遍观点。⑦ 但随着通信方式的变化,地理位置的变化也日益频繁,这些条款已经失去了必然的关联性。甚至即便是在普通的国际交易中,美国许多州都

---

① *Carnival Cruise Lines v. Shute*,499 U. S. 593 – 594 (1991).

② 参见 G. B. Born, *International Civil Litigation in United States Courts*, 3rd Ed. 1996, p. 655.

③ 参见《第二冲突法重述》第 187 节。

④ 参见 J. P. Donohue, *Litigation in Cyberspace: Jurisdiction and Choice of Law, A United States Perspective*, http://www.abanet.org/buslaw/cyber/initiatives/usjuris.html.

⑤ 《第一冲突法重述》495 U. S., 第 377 – 397 节 (1990)。J. Story, *Commentaries on Conflict of Laws*, 2nd ed., 1841, p. 242.

⑥ 有学者认为如果不适用《第一冲突法重述》规定的法律适用原则,当事人对法律选择就缺乏可预见性。参见 H. F. Goodrich, *Handbook of the Conflict of Laws*, 3rd Ed. 1949, p. 92, pp. 261 ~ 262.

⑦ L. Brilmayer, *Conflict of Laws: Cases and Materials*, 4th Ed. 1995, p. 1.

已抛弃了这些条款。①

作为对《第一冲突法重述》的回应,②20 世纪 50 年代在法律实践中引入了政府利益分析学说。③ 该学说试图用政府利益的分析来确保实现所选择法律的根本目的。政府利益分析学说最大的优点是提出了虚假的法律冲突的概念,因而选择适用有实质性关系的法律。④

根据政府利益分析理论,在出现真实冲突的情况下,法院必须适用法院地法来判定:法院地法的适用与合同根本目的不相违背,否则适用与合同有最重要利益联系的法律,或适用其他相应的法律适用原则。⑤

在大多数情况下,法院地法均被给予优先的考虑。⑥ 法院并非总是站在一个客观的立场来解释其他法律的根本原则。⑦ 因此,在冲突法中,政府利益分析

---

① 在 Babcock 案件审理之后的几年,法院在审理涉及法律适用问题的案件时,就很少适用《第一冲突法重述》的有关规定。参见 G. B. Born, *International Civil Litigation in United States Courts*, 3rd Ed. 1996, p. 674. 有关对该重述的批评, 参见 W. W. Cook, *The Logical and Legal Bases of the Conflict of Laws*, 1942; F. V. Harper, Policy Bases of the Conflict of Laws: Reflections on Rereading Professor Lorenzen's Essays, *Yale L. J.*, Vol. 56, 1947, p. 1155; R. J. Traynor, Law and Social Change in a Democratic Society, *U. Ill. L. Rev.*, 1956, p. 230; P. Dane, Vested Rights, "Vestedness", and Choice of Laws, *Yale L. J.*, Vol. 96, 1987, p. 1197.

② B. Currie, On the Displacement of the Law of the Forum, *Columbia Law Review*, Vol. 58, 1958, p. 967.

③ B. Currie, The Constitution and the Choice of Law: Governmental Interests and the Judicial Function, in B. Currie, *Selected Essays on the Conflict of Laws*, 1963, pp. 183 ~ 184.

④ 虚假冲突的存在基于只有一国对其法律的使用有利益关系。W. L. M. Reese et al., *Cases and Materials on Conflict of Laws*, 9th Ed. 1990, p. 488; Babcock v. Jackson, 191 N. E. 2d 279 (N. Y. 1963); L. Brilmayer, *Conflict of Laws: Foundations and Future Directions*, 1991, pp. 145 ~ 189; L. Kramer, Rethinking Choice of Law, *Colum. L. Rev.*, Vol. 90, 1990, p. 277, pp. 315 ~ 344; J. P. Trachtman, Conflict of Laws and Accuracy in the Allocation of Government Responsibility, *Vand. J. Transnational L.*, Vol. 26, 1994, pp. 1017 ~ 1022.

⑤ A. G. Mirzaian, Y2K … Who Cares? We Have Bigger Problems: Choice of Law in Electronic Commerce, *Richmond Journal of Law & Technology*, Vol. 6, 1999 - 2000, p. 20, http://www.richmond.edu/jolt/v6i4/article3.html.

⑥ 其他国家的法律处于不利的地位,因此经常导致不公平的结果。

⑦ 参见 L. Brilmayer, Interest Analysis and the Myth of Legislative Intent, *Michigan Law Review*, Vol. 78, 1980, p. 392; J. Hill & J. E. Brazier, Constraining Administrative Decisions: A Critical Examination of the Structure and Process Hypothesis, *Journal of Law, Economics & Organization*, Vol. 7, No. 2, 1991, p. 398; P. S. Berman, The Globalization of Jurisdiction, *U. Pa. L. Rev.*, Vol. 151, 2002, pp. 422 ~ 423.

理论对电子商务的适用存在许多不足。① 其他相应的理论也存在同样的缺陷,② 因此也不适用于电子商务。③

其后,《第二冲突法重述》采纳了最密切联系原则,根据这一原则,法院应该审查几个因素以确定所选择的适用法律是否与所涉案件有最密切联系。这些因素包括合同缔结地、合同谈判地、合同履行地、合同标的物所在地、住所、居所、国籍、法人成立地、营业地等。④ 在进行审查时,法院应该对以下方面给予相应的权衡:各州之间法律体系和国际法律体系的要求,法院的相关政策,其他有利益关系州的相关政策和该州在所涉案件中的利益,保护正当的利益期待,法律的基本原则,结果的确定性、可预见性及一致性,确定和适用准据法的难易度。⑤

当法官被要求编制要素目录并权衡许多通常无法比较的因素时,就产生了司法自由裁量,而这一理论成为乐于司法自由裁量权的学者和法官的至爱。⑥ 抛弃机械的法律适用,这一灵活的理论认真并热衷于探寻与案件有最密切联系的法律。

不同的学者对上述原则有不同的看法。有人认为该原则提供的指引太少。该原则赋予法院如此之多的灵活性,没人能猜到最终将适用哪一个法律:不同教育背景,持有不同利益的法官可能会对同一个案件得出不同的结论。而且,当两种法律有着同样权重时,很难在两者之间作出一个合理的选择。

同样值得注意的是《统一电子信息交易法》(*Uniform Computer Information*

---

① F. K. Juenger, Conflict of Laws: A Critique of Interest Analysis, *American Journal of Comparative Law*, Vol. 32, 1984, p. 48.

② W. F. Baxter, Choice of Law and the Federal System, *Stanford Law Review*, Vol. 16, 1963, p. 1.

③ 详见 F. K. Juenger, Mass Disaster and the Conflict of Laws, *University of Illinois Law Review*, No. 1, 1989, p. 113.

④ 《第二冲突法重述》第188(2)节。有关因素的讨论,详见 H. H. Perritt, Jr., *Law and Information Superhighway*, 1996, pp. 527 ~ 533.

⑤ 《第二冲突法重述》第145节。Leflar教授列举了法律选择时考虑的五项因素:结果的可预见性;国际和州际秩序的维持;司法任务的简化;法院地政府利益的保护;较好规则的适用。但是这些因素还是过于弹性。而且该五项因素的考虑倾向于法院地法的适用,可能会对非法院地居民不利,并出现不重视非法院地法适用的后果,从而损害法律选择中的公正、统一性。参见 R. A. Leflar, *American Conflict of Laws*, 3rd. Ed., 1977, 193 ~ 195; G. R. Shreve, Choice of Law and the Forgiving Constitution, *Indiana Law Review*, Vol. 71, No. 2, 1996, p. 271.

⑥ W. H. Allen & E. A. O'Hara, Second Generation Law and Economics of Conflict of Laws: Baxter's Comparative Impairment and Beyond, *Stanford Law Review*, Vol. 51, 1999, p. 1019.

Transactions Act, UCITA)采用的规则,[1]这些规则反映了处理网络交易中的新趋势,并为推动合同法中缔约自由的观念以及促进电子商务交易提供了一些规则。[2] 该规则针对完全在网络交付并完成的网上交易,它并没有采用某种特殊的法律适用方法,而是把各种法律适用规则结合在一起,来达到一种更特别的相关利益的平衡。[3]

首先,鼓励当事人意思自治。双方当事人有权选择其案件适用的准据法,该规则对双方选择的准据法没有限制。[4] UCITA 的评论二表明,如果要求当事人选择适用的准据法与管辖法院有相应的联系,这种限制是不合理的,特别是在网络空间交易中,地理位置通常是不相关的或不知晓的[5]。但是,在消费者交易中,不应忽略有关的消费者保护条款,应当遵守法院地法对这类条款的强制性规定。《第二评论》中列出了两种对意思自治的限制:一般限制如显失公平原则和 UCITA 第 105 部分的公共秩序保留。[6]

如果当事人没有选择适用准据法,以下三种法律则应为适用的法律:首先,网络接入合同或网上交付合同,应适用合同订立时许可人所在地法院法律。[7] 许可人所在地是连结点,根据具体情况不同,连结点可能是许可人的营业地、主要办公地点、成立地或最初登记地、或主要住所地。[8] 其次,需要以某种可视载体进行网上交付的消费合同,应适用货物交付地或本应交付地的法律。该规定涉及在网上达成但在现实世界中履行的交易。[9] 最后,最密切联系原则适用于

---

① 文件可在 http://www.law.upenn.edu/bll/ulc_frame.htm 找到。该文件由统一州法的全国会议起草并在 2000 年佛罗里达举行的年会上通过。2003 年该组织将 UCITA 提交美国律师协会未获通过。因此,该组织撤回该文件。有关当时的争议,参见 C. L. Mann, The Uniform Computer Information Transactions Act and Electronic Commerce: Balancing Issues and Overlapping Jurisdiction in the Global Electronic Marketplace: The UCITA Example, *Washington University of Law & Policy*, Vol. 8, 2002, pp. 218 ~ 220.

② R. T. Nimmer, *UCITA: Modern Contract Law for a Modern Information Economy*, in Patents, Copyrights, Trademarks, and Literary Property Course Handbook Series, 1999, pp. 232 ~ 233.

③ K. Patchel, Choice of Law and Software Licenses: A Framework for Discussion, *Brooklyn Journal of International Law*, Vol. 26, 2000, p. 160.

④ UCITA 第 109 (a) 节规定合同双方当事人可以选择准据法。

⑤ UCITA 第 109 节评论二。

⑥ UCITA d 109 cmt. 2b.

⑦ UCITA 第 109 (b)(1)节。

⑧ UCITA 第 109(d)节。

⑨ UCITA 第 109(b)(2) 节。

其他所有类型案件。[①] 评论四主张该原则与《第二冲突法重述》中的原则相似，可以直接适用《第二冲突法重述》中的解释。[②] 因此，可以说，UCITA 的主要成就是通过适用最密切联系原则说明了电子商务中的连结点。

(2)欧盟

在合同关系涉及选择不同国家法律的适用[③]的时候，《有关合同义务法律适用的罗马公约》[④]为我们提供了理解欧盟在这一问题上态度的最佳指引。[⑤] 伴随欧盟成员一体化的观念，欧盟致力于消除各国之间阻碍人员、服务和资本自由流动的种种冲突性规定之间的差异。[⑥] 实践中，各国国内冲突规范条约的适用往往受到多种限制，[⑦]因此，条约的相关规定成为处理欧盟在合同关系上解决法律选择问题的重要指引。

首先，条约积极倡导当事人意思自治。[⑧] 合同应当受当事人选择的法律制约，当事人可以选择任何法律，甚至选择适用任何一方所在国都没有参加的条约。[⑨] 法律的选择不一定用书面形式，但必须通过合同条款或其他方式以具有合理的确定性的形式表达或证明。[⑩] 唯一的限制就在于公共秩序保留。[⑪]

在当事人没有选择适用法律的情况下，法院应当看当事人是否以合理的确

---

① UCITA 第(b)(3) 节。

② UCITA 第 109(b)节评论四。

③ 《罗马公约》第 1(1)条。

④ 80/934/EEC. 该公约 1991 年 4 月 1 日生效，适用于欧盟的成员国。该公约采取国际条约的形式，而不是欧盟内部的文件，因此欧洲法院对其无权解释。2003 年 1 月 14 日，欧洲委员会就是否应该将其转为欧盟内部文件并修改有关规定提交绿皮书。

⑤ A. Lindberg, *Jurisdiction on the Internet — The European Perspective: An Analysis of Conventions, Statutes and Case Law*, America Bar Association, 20 July 1997, http://www.abanet.org/buslaw/cyber/initiatives/eujuris.html.

⑥ C. Saf, *A Study of the Interplay between the Conventions Governing International Contracts of Sale*, September 1999, http://www.cisg.law.pace.edu/cisg/text/saf1.html.

⑦ 首先，公约相对欧盟的其他法令没有优先权；其次，公约不适用于某成员国就同一问题加入其他国际公约的情形；最后，公约不涉及包括遗嘱、继承、家庭关系、商业文件、公司法、信托等实体领域。

⑧ 《罗马公约》第 3(1)条。

⑨ 《罗马公约》第 2 条及第 3(1) 条。

⑩ 《罗马公约》第 2 条。

⑪ 《罗马公约》第 3(3)条。如果合同双方当事人与某国紧密联系，那么当事人在选择准据法时，就不得排除该国强制法的适用。

定性证明他们有暗示的选择。① 如果不能推导出双方暗示的选择，条约规定应当适用与合同有最密切联系国家的法律。② 条约推定与合同有最密切联系国家是当合同订立时特征性履行义务方的习惯住所地；若履行义务方为公司，则为公司管理机构所在地。③

特征性履行是指双务合同中代表合同本质特征的当事人履行合同的行为。根据不同合同的情况，特征性履行包括交付货物，允许使用某项财产，提供服务、交通、保险、金融运营、安全保障等，这些通常成为重力中心④和合同交易的社会经济职能形式所在地。⑤

在欧盟，消费者受到高度保护，⑥条约中专有一部分针对消费者合同。⑦ 该类合同中当事人意思自治仍然得到支持，但双方之间的自治安排并不能剥夺消费者的习惯住所地法律所提供的强制性保护。⑧ 这一规定的例外包括：首先，在合同订立前，消费者在其习惯住所地收到此类特殊要约邀请或广告。其次，如果他已经在该国履行了为缔结合同所需的一切必要程序。⑨ 如果当事人没有事先选择适用的法律，就应适用消费者习惯住所地的法律。

现有消费者保护法在电子商务的环境下是否合适的问题在有关《罗马公约》是否要转为欧盟内部文件的绿皮书中已经论及。⑩ 随着远程销售方式的发展，《罗马公约》中将消费者作区分的第 5 条受到批评。在有关争论中提出了基本的指针，即注意消费者保护的同时，还要考虑消费者和商家两者之间利益的平衡。⑪

虽然在《罗马公约》中没有特别的针对电子商务的规定，但欧盟采纳了其中的几个指令来处理数字通信交换中的特殊问题。1995 年制定了《欧盟数据保护

---

① 《罗马公约》第 3(1)条。

② 《罗马公约》第 4(1) 条。

③ 《罗马公约》第 4(2) 条。

④ 没有规定某具体适用的法律，该重力中心理论将选择法律的考虑集中在与特定交易或事件有紧密联系的地点。

⑤ 参见 M. Giuliano & P. Lagarde, *Report on the Convention on the Law Applicable to Contractual Obligations*, 1980 O. J. (C 282) 1, 20.

⑥ 参见 V. Kendall, *EC Consumer Law*, 1995.

⑦ 《罗马公约》第 5(1) 条，即消费者是以个人名义行事。

⑧ 《罗马公约》第 5(2) 条。

⑨ 《罗马公约》第 5(2) 条。

⑩ 2003 年 1 月 14 日欧洲委员会在布鲁塞尔提交的绿皮书，COM(2002) 654 final。

⑪ 2003 年 1 月 14 日欧洲委员会在布鲁塞尔提交的绿皮书，COM(2002) 654 final。

指令》,[①]该指令在 1998 年 10 月 25 日生效,适用于所有个人数据的处理,仅有个别例外。[②] 虽然这距一体化还相去甚远,但其制定初衷的确是为了协调数据保护法律使其一致。[③]

对于缺乏一致规定的领域,指令的第 4 条制定了法律适用的几个规则。其主要原则是当数据加工是由在其领土内建立的控制者所进行的情况下,每个成员国都应该适用本国的数据保护法。控制者的所在地决定适用的准据法。[④] 就指令来讲,控制者是指一个单独的或与他人共同决定个人数据加工的目的和方式的人。[⑤] 在电子商务中,指做生意的销售者。销售者是利用数据信息的人,因此应当在这类案件中适用销售者所在地法。

《欧盟远程销售指令》是欧盟政策的另一代表性文件。指令中包含的法律适用规则特别关注消费者保护政策。[⑥] 该指令适用于利用远程通信,包括电话、邮件或因特网进行有组织的销售。[⑦] 指令要求成员国采取措施确保消费者在选择非成员国法律作为合同适用的准据法时,如果合同与一个或多个成员国有密切联系,消费者就享有该指令所赋予其的保护。[⑧] 不论消费者选择了何种准据法,消费者仍然受到其本国法律的保护。[⑨]

(3)1985 年《海牙公约》

---

① Directive 95/46/EC of the European Parliament and the Council, 24 October 1995, Official Journal of the European Community, L1281 (November 23, 1995), at 31, http://europa. eu. int/comm/dg15/en.

② P. P. Swire & R. E. Litan, *None of Your Business: World Data Flows, Electronic Commerce, and European Privacy Directive*, Chapter 2 (1998)。

③ P. P. Swire, *Of Elephants, Mice, and Privacy: International Choice of Law and the Internet*, http://www. acs. ohio-state. edu/units/law/swire1/elephants. htm.

④ 详见指令第 4(1)(a) 条。

⑤ 该指令第 2(d)条。

⑥ 该条规定,消费者在远程销售合同中,在给付交易的费用之后,可以不给任何理由并不受任何惩罚,7 日内取消合同。参见该指令第 6(1) 条。

⑦ 参见该指令第 2(1),(4) 条。

⑧ 参见该指令第 12(2) 条。

⑨ 参见 P. Meller, Online Buyers Gain Ability to Sue, N. Y. Times, 1 December 2000, at http://www. nytimes. com/2000/12/01/technology/01NET. html; M. A. O' Rourke, Progressing Towards a Uniform Commercial Code for Electronic Commerce or Racing Towards Nonuniformity?, *Berkeley Tech. L. J.*, Vol. 14, 1999, pp. 654 ~ 655.

《国际货物销售合同法律适用的海牙公约》①是统一合同中法律冲突规则的一个重要的国际协定。② 该公约的目的是通过统一国际销售法律来减少因不同国家法律规定的不同而造成的法律上的不可预见性。可时至今日,只有很少国家签署了这一公约③,这就使该公约的实际意义大打折扣。而且,公约的适用范围排除了其在几种销售合同中的适用。但是,该公约仍然是一个有意义的范本。

公约承认双方当事人选择的法律,④并进一步规定了所选择的法律的几个外部条件。⑤ 重要的是,当事人应当选择能够在其合同中部分适用的准据法。⑥但对订立合同的连结点实际上并没有限制。当事人可以自由选择适用的准据法,只要明确地通过合同条款或当事人的行为清楚地证明连结点即可。⑦

在没有选择适用的准据法的情况下,应适用在合同订立时销售者营业地所在地国法律。⑧ 在某些情况下,也应适用购买者所在国法律。⑨ 最终应根据最密切联系原则来确定适当的法律。⑩

《海牙公约》在因特网广泛应用之前出现,当时并没有考虑到电子商务。但是,公约对国际惯例基本原则的规定代表了一部分国家可以接受条件的一般看法。

2. 现有法律适用体系的分析和建议

《第二冲突法重述》列出指导法院决定的考虑因素清单,并进一步列明将这些因素应用到合同中时应考虑的事项。⑪ 根据《第二冲突法重述》,法院享有广泛的自由裁量权。欧盟采取了不同的观点。《罗马公约》对法院选择适用的准

---

① 该公约于 1986 年 12 月 22 日达成。公约文本可在 http://www.hcch.net/e/conventions/text31e.html 下载.

② 海牙国际私法会议是统一冲突法规则方面的一个永久性的组织。P. Winship, Private International Law and the U. N. Sales Convention, 21 *Cornell International Law Review*, *Vol.* 21, *No.* 3, 1988, *pp.* 487 ~ 488.

③ 阿根廷,捷克,摩尔多瓦,荷兰和斯洛伐克等国家。

④ 《海牙公约》第 7(1)条。

⑤ 《海牙公约》第 7(1)条。

⑥ 《海牙公约》第 7(2)条。

⑦ 《海牙公约》第 7(1)条。

⑧ 《海牙公约》第 8(1)条。

⑨ 《海牙公约》第 8(2)条。

⑩ 《海牙公约》第 8(3)条。

⑪ 参见《第二冲突法重述》第 6,188 节。例如,合同谈判地与合同履行地相同时,就应该适用该地法律。

据法作出了更多的限制。[①] 在下文中将对这一规则是否以及如何适用到电子世界中进行讨论。

(1)当事人意思自治

大多数法律体系承认当事人意思自治的重要性:当事人应该有权利选择所应用的法律来调整双方之间的合同关系,这反映了民主的价值观念。给予当事人自治也是解决法律适用问题最容易的办法。[②] 法院可以轻松地确定适用的法律。当当事人进入决定程序时,当事人会对所进行的交易有一个更为清晰的看法,对可能采取的行动也会采取更为认真的态度。[③] 在电子商务中更应鼓励当事人意思自治是因为这样两个主要原因:在因特网上做生意,但可能不知道对方地理位置;以及因特网能够不受地域限制,同时向所有管辖地传送信息。[④]

是否应当允许当事人自由选择适用准据法,即使所选法律与合同没有明确的联系呢? 很明显,当事人可自由选择他们想适用的法律,只要他们的选择反映了他们的真实意愿。当某一法律没有很好适应调整某一案件时,另外的或更先进法律应当得以适用。[⑤] 缔约自由在电子商务中特别重要,因为许多国家都没有及时制定或更新其立法来适应新形势的需要。

消费者交易中的法律选择是另一个重要的问题。大多数的立法都给予消费者以特殊保护,因为他们在传统交易关系中处于弱势地位。但传统的交易背景在电子商务出现后已经改变了。因特网一方面限制了某一销售者的控制市场的能力,同时显著地拓宽了消费者的选择,推翻了消费者交易中的不平等地位的假定。既然决定权在消费者手中,在这种商业背景下拒绝推行当事人意思自治政策方面的原因也就弱化了。[⑥] 电子商务的特性和因特网商家的需要都证明当事

---

① 有学者认为,《罗马公约》,相对《第二冲突法重述》,重在具体国家的选择,而非方法的确定。参见 E. F. Scoles & P. Hay, *Conflict of Laws*, 2nd Ed. 1992, p. 47.

② L. O. Smiddy, Choosing the Law and Forum for the Litigation of Disputes, in A. W. Branscomb (ed.), *Toward a Law of Global Communications Networks* 303 (1986).

③ 当事人意思自治原则的适用尊重双方当事人的意愿,能确保法律选择的确定性和可预见性。参见《第二冲突法重述》, r187cmt. E (1971).

④ 有观点认为,这样才能使网络使用者真正制定适合他们本身的法律规则,主权国家不应过多干涉此方面的立法问题。

⑤ 《第二冲突法重述》1971 年,第 187 节。

⑥ T. P. Vartanian, *A Global Approach to the Laws of Jurisdiction in Cyberspace*, http://www.kentlaw.edu/cyberlaw/housetestimony.html.

人意思自治的适用是正当的。[①] 商人在销售合同中确定的法律适用条款通常都能得到合理的实施,即使这一条款看起来像,实施起来像,或者事实上就是附和消费者合同的一部分。[②]

为避免可能产生的不利后果,建议增加当事人意思自治不能与有关国家公共政策相违背的规定。必须考虑到强制性的公共政策,否则在实施中可能会产生一些问题。

长期以来,法院对附和合同[③]中的法律选择持怀疑观点。[④] 但随着电子商务的出现,这种观点也在变化。在电子商务中达成协议与在传统交易中达成协议不同。包括法律适用条款的广告可以在网上发布。[⑤] 消费者可以仔细阅读广告并决定是否同意广告条款,他们可以只按一下同意键即可。[⑥] 在这种情况下,消费者应该知道他们将要签什么。那些不满意法律适用条款的人可以简单地用他的鼠标投票并另寻合作伙伴。对于构成适当的合同的要素也在变化。最近的案件表明标准合同甚至是简单的在进入页面后的告示通知都可以视为合同。[⑦] 因此,电子商务的深入发展很可能会产生出解决法律适用问题时可接受的一种通

---

① 尽管该观点认识到电子商务的特殊性,但现行实践表明广义的合同冲突法条款适用于所有交易,而并不单单针对电子合同。

② L. S. Mullenix, Another Easy Case, Some More Bad Law: Carnival Cruise Lines and Contractual Personal Jurisdiction, *Tex. Int'l L. J.*, Vol. 27, 1992, p. 325; P. D. Carrington, Regulating Dispute Resolution Provisions in Adhesion Contracts, *Harv. J. on Legis.*, Vol. 35, 1998, pp. 225 ~ 226.

③ 附和合同是标准合同,消费者没有谈判的余地,或者同意或者拒绝。参见 *Black's Law Dictionary*, 6th Ed. 1990, p. 40.

④ 法院地会严格审查附和合同,不允许出现损害消费者利益的规定。参见《第二冲突法重述》1971 年,第 187 节;E. F. Scoles & P. Hay, *Conflict of Laws*, 2nd Ed. 1992, pp. 671 ~ 672.

⑤ M. Burnstein, A Global Network in a Compartmentalized Legal Environment, in K. Boele-Woelki & C. Kessedjian (Eds.), *Internet: Which Court Decides? Which Law Applies?*, luwer Law International, 1998, pp. 31 ~ 32.

⑥ M. Burnstein, A Global Network in a Compartmentalized Legal Environment, in K. Boele-Woelki & C. Kessedjian (Eds.), *Internet: Which Court Decides? Which Law Applies?*, luwer Law International, 1998, pp. 31 ~ 32.

⑦ 例如 *Carnival Cruise Lines v. Shute*, 499 U. S. 593 - 594 (1991). 该案中,尽管双方当事人的地位不同,但法院还是确认法律选择条款的效力。

常做法，这将能最好平衡公众的利益并为公众接受。①

(2)在没有当事人意思自治情况下的法律适用

在电子商务案件中当当事人没有选择适用的准据法时，为确定应适用的准据法，我们必须确定适当的连结点。

随着跨界交易变得更为普遍，在通常的做法中已经抛弃了以前严格的地理上的要求，②大多数国家也采纳了最密切联系原则。这一有争议的原则既适用于通过因特网的交易，也适用于普通的交易。本文作者认为该原则为确定最终适用的准据法提供了较好的通用原则，但认为其具有过多的灵活性。在电子商务中，真正的问题在于：在决定适用准据法时，选择什么连结点。

电子商务根据交易发售方式的不同可以进一步分为两种：通过因特网达成交易但须物理空间上交付的交易和完全通过因特网完成的交易。对于第一种交易不会有太多的异议。虽然确定合同交易地点可能并非易事，但货物交付地应该是一个有效的地域连结点。处理传统交易的一些做法在此仍然适用。③

在网络空间完成的交易则提出了更大的挑战。如果某种产品是下载下来的，那么连交付地址都没有。财产交付的无形性使得一些连结点如合同缔结地，履行地，在决定法律适用问题上变得毫无意义。④

一个连接点可能是人的行为或某一特殊活动。对于传统交易，当行为地失去意义时，我们仍然可以依赖有关当事人所在地来确定。为保护消费者，消费者所在国的法律通常得以适用。⑤ 但电子商务要求改变这种做法。一个网络上的经销商的顾客可能遍布世界各地，如果要求该经销商面对这么多不同国家的法律，这对他来讲是不公平的。⑥ 特别是对当今电子商务中的变化，建议适用经销商住所地或营业地法律。这一建议在上文讨论到的美国和欧盟的做法中也得到了证实。

---

① 详见 H. H. Perritt, Jr., Dispute Resolution in Electronic Network Communities, *Vill. L. Rev.*, Vol. 38, 1993, p. 391; E. Katsh, Law in a Digital World: Computer Networks and Cyberspace, *VVVill. L. Rev.*, Vol. 38, 1993, p. 403.

② 详见 W. M. Richman & W. L. Reynolds, *Understanding Conflict of Laws*, 1984.

③ 货物的交付形式可以采取买方从网上下载软件或卖方提供买方与某软件网上连接等。

④ E. Ulmer, *Intellectual Property Rights and the Conflict of Laws*, 1976, p. 7.

⑤ 例如《罗马公约》第5(2)条的规定。

⑥ 例如一家英国公司依英国法合法经营，但很可能因为其网页能在他国阅读而面临来自别国的起诉。因此该公司只能采取措施限制其在特定国家的商业活动或者阅览各国国内法，以避免或应对可能的诉讼。

三、侵权中的法律适用问题

电子商务中的侵权主要表现为知识产权侵权、名誉侵权等。因特网让世界各地的人们都可以轻易接触到各种信息资料，侵权可能会比以前产生更为严重的后果。① 原告经常不知该向哪个法院寻求救济及适用什么法律，因为许多网络侵权的发生都是在事先没有合同关系的情况下发生的，如果事先存在合同关系，管辖法院和法律适用的问题就容易解决得多。② 因此，侵权法律适用问题的合理解决在网络空间中要比在现实世界中重要得多。③ 现今已经有很多网络侵权的案件，随着电子商务的广泛应用，这类侵权将变得越来越多。④

不足为怪，随着网络侵权案件的产生，也就产生了法律适用问题。⑤ 由于适用不同的准据法可能会得出截然相反的结果，选择正确的准据法对于得出公正的司法判决十分重要。

1. 国际上的做法

(1)美国

在解决法律适用问题上通常存在两个原则：《第一冲突法重述》采纳了简单的侵权行为地法，⑥即行为人对事件的发生负有责任的最终发生地，⑦在大多数情况下，也就是侵权损害发生地。⑧

这一原则因其对适用法律提供的确定性、统一性和对结果的可预见性而经

---

① 电子网络使跨国侵权行为越来越容易发生。参见 J. C. Ginsburg, Copyright Without Borders? Choice of Forum and Choice of Law for Copyright Infringement in Cyberspace, *Cardozo Arts & Entertainment Law Journal*, Vol. 15, 1997, p. 155.

② R. Resnick, Cybertort: The New Era, *National Law Journal*, 18 July 1994, at A21.

③ T. Hardy, The Proper Legal Regime for "Cyberspace", *U. Pitts. L. Rev.*, Vol. 55, 1994, p. 1053.

④ 例如 Daniel v. Dow Jones & Co., 137 Misc. 2d 94 (N. Y. Sup. Ct. 1987); Cubby, Inc. v. CompuServe, Inc., 776 F. Supp. 135 (S. D. N. Y. 1991).

⑤ C. P. Beall, The Scientological Defenestration of Choice-of-law Doctrines for Publication Torts on the Internet, *J. Marshall J. of Computer & Info. L.*, Vol. 15, 1997, p. 365.

⑥ *Black's Law Dictionary*, West, 6th Ed. 1990, p. 911.

⑦ J. D. Lee & B. A. Lindahl, *Modern Tort Law: Liability & Litigation*, Rev. Ed. 1994, 13.3.

⑧ 例如当一个人射伤位于纽约州的另一位人时，纽约州法将是侵权损害发生地。参见《第二冲突法重述》，第 377 节，描述 1 和 4。对许多冲突法学者而言，该规则缺乏灵活性。参见 B. Currie, Survival of Actions: Adjudication versus Automation in the Conflict of Laws, reprinted in Currie; B. Currie, Married Woman's Contracts: A Study in Conflict-of-Laws Method, reprinted in Currie.

常受到推崇。[①] 确实该原则的适用对于物理空间中发生的案件有着很大的优势。[②] 但该原则在网络空间的适用中就会出现一些问题：因为从任何地点都会看到网上的信息，网络侵权几乎在各个国家都会发生，根据这一原则，适用任何一个与因特网连结的国家的法律都有正当理由。颇具讽刺意味的是，这将意味着根本没有侵权行为地法。[③] 侵权行为地法在无法确定侵权地点的因特网上艰难地挣扎。[④] 因此，在网络空间适用上述原则将会存在很大的问题。[⑤] 在某种程度上，因特网的使用者可能会受害，因为他们通常不知道自己访问的网址的地理位置，对于网络空间的其他访问者、逗留者更是知之甚少。[⑥] 此时，原告就可以任意选择法院和适用法律，在辩论中通过巧妙辩解确保适用的准据法最符合自己的利益，这就可能直接导致了不公正的结果。[⑦]

作为对通信和运输方式变化的反应，法律适用的强调重点已从地域上的假定转向更为灵活的法律理论。[⑧]《第二冲突法重述》首先要法院考虑侵权损害发

---

① *Boudreau v. Baughman*, 322 NC 331, 368 SE2d 849, 854 (1988). 各州已经广泛接受该观点。参见 H. H. Kay, Theory into Practice: Choice of Law in the Courts, *Mercer Law Review*, Vol. 34, 1983, p. 586; D. F. Cavers, *The Choice-of-Law Process*, 1965, p. 6.

② M. R. Burnstein, Conflicts on the Net: Choice of Law in Transnational Cyberspace, *Vand. J. Transnat'l L.*, Vol. 29, 1996, p. 94.

③ 参见 H. DeSaussure & P. P. C. Haanappel, A Unified Multinational Approach to the Application of Tort and Contract Principles to Outer Space, *Syracuse J. International L. & Com.*, Vol. 6, 1978, p. 12.

④ F. K. Juenger, *Choice of Law and Multistate Justice*, 1993, p. 51.

⑤ J. D. Faucher, Let the Chips Fall Where They May: Choice of Law in Computer Bulletin Board Defamation Cases, *U. C.* Davis Law Review, *Vol.* 26, 1993, *pp.* 1056 ~ 1057.

⑥ R. H. Acker, Choice-of-Law Questions in Cyberfraud, *the University of Chicago Legal Forum*, 1996, p. 446.

⑦ *Keeton v. Hustler Magazine, Inc.*, 465 U. S. 770 (1984).

⑧ 这可以从一些数据统计中看出：1983 年有 21 个州使用该规则；1994 年以后只有 13 个州采用该规则。S. C. Symeonides, Choice of Law in the American Courts in 1993 (and in the Six Previous Years), *American Journal of Comparative Law*, Vol. 42, 1994, p. 599, 606; S. C. Symeonides, Choice of Law in the American Courts in 1994: A View "From the Trenches", *American Journal of Comparative Law*, Vol. 43, 1995, p. 1; P. J. Borchers, The Choice-of-Law Revolution: An Empirical Study, *Wash. & Lee L. Rev.*, Vol. 49, 1992, pp. 373 ~ 374.

生地，但如果另一州与案件有着更为重要的关系，法院也应该考虑该州的法律。[①] 法院要审查几个连结点来确定与案件有最密切联系的地点：[②]侵权行为发生地、当事人的住所或居所地、当事人之间关系集中所在地。[③] 该分析还应考虑与合同事项有关的其他因素。[④] 这些因素试图帮助法院回答对于发生在一州的事件，通过适用另外一州的法律，将更为公正的问题。[⑤] 通过认真权衡对于公平、效率、冲突的需求、合适的法律原则等所有相关方面的考虑，才能得出适用的准据法。

在现实中，被告行为导致的侵权结果在一州发生，但可能要受到另外一州法律的制裁；也就是说，以前对侵权地作为联结点的考量有所变化，在具体案件的审理中要采取更为灵活的法律适用方式。但是，这一做法牺牲了当事人所预期的简洁性和确定性，而简洁性和确定性是在确定适用法律时的重要考虑。

《第二冲突法重述》通过灵活的表述对于细节上的法律适用问题几乎没有提供什么实质上的指导，特别是当所依赖一些因素要适应一个可以清晰划出政治界限的现实世界。根据这些指导原则，选择适用法律的程序是基于个案基础进行的，而不是通用的。但在数字世界中权衡网络空间的各种因素从而确定相关的地理位置是一件可怕的事情。运用美国的解决冲突法的方法，包括合同场所化理论、利益分析方式等等，也同样会出现各种各样的问题。[⑥]

但是，目前没有其他原则或方法能够适应网络空间法律适用的需求。只要州法院认为其与管辖区内的利益相关时，特别是当网络空间活动在该州内产生

---

① 《第二冲突法重述》第 145 节。法院最终目的不在于法律的选择，而是争端的解决。参见 G. R. Shreve (Ed.), *A Conflict-of-Laws Anthology*, Cincinnati: Anderson Publishing Co., 1997, p. 55; D. F. Cavers, A Critique of the Choice of Law Problem, *Harv. L. Rev.*, Vol. 47, 1933, p. 173, 189.

② 《第二冲突法重述》第 145 节。

③ 《第二冲突法重述》第 145(2)节。

④ 《第二冲突法重述》第 145 节，6 cmt. c.

⑤ 参见韩德培主编：《国际私法》，武汉大学出版社 1989 年修订版，第 145 ~ 146 页。有关批评，参见 F. K. Juenger, Choice of Law in Interstate Torts, *U. Pa. L. Rev.*, Vol. 118, 1969, p. 202, 212.

⑥ S. Wilske, Conflict of Laws in Cyber Torts, *Computer Und Recht International*, No. 3, 2001, pp. 70 ~ 71.

了某些负面影响时，州法院通常适用法院地法。[①] 事实上，显著增加的移动性导致更多的案件会涉及几个州的利益，该原则的灵活方式能够更好地适应案件复杂性的要求。判断选择适用的准据法正确与否要根据其与案件联系的紧密来确定。相应地，虽然该原则需要进一步的澄清和说明，但不应放弃这一原则。

(2)欧盟

在欧盟区内没有达成一致的公约，成员国可以自主采纳其本国的法律。多数国家采纳了同样的冲突法原则：侵权行为地法。[②] 但是，当侵权行为与侵权结果不一样时，仍存在分歧。因为在欧盟没有统一的规定，法律适用问题就由受理诉讼法院所在国决定。[③]

但欧盟最新的立法在法律适用问题上呈现出一种新的趋势。对这些立法的审视很重要，因为这些立法直接适用于成员国，且优先于各国已有的法律。这些立法的相关规定较为灵活，且是专门为适应新形势的需要而制定。

1993 年 9 月，欧洲理事会通过了《与卫星和有线广播有关的著作权及相关权利准则》。[④] 这一建议是基于《欧盟卫星广播理事会指令》，[⑤]该指令是运用了广播地国家的理论，[⑥]这被视作对传统的地域原则的偏离。[⑦] 该指令规定如果某个卫星传输侵犯了某一作品，应适用上传国家的法律来制裁该种侵权行为。这是源发地国原则的一个示范，该原则更能符合可预见性原则，且容易确定，这比主要或仅仅依靠某个宣传所产生的经济效果来确定适用法律好得多。[⑧] 当应用

---

① C. P. Beall, The Scientological Defenestration of Choice-of-law Doctrines for Publication Torts on the Internet, *J. Marshall J. of Computer & Info. L.*, Vol. 15, 1997, p. 361; J. H. Ely, Choice of Law and the State's Interest in Protecting Its Own, *Wm. & Mary L. Rev.*, Vol. 23, 1981, p. 173; M. E. Solimine, An Economic and Empirical Analysis of Choice of Law, *Ga. L. Rev.*, Vol. 24, 1989, pp. 49 ~ 50.

② M. Reimann, *Conflict of Laws in Western Europe: A Guide Through the Jungle*, 1995, p. 135; *Black's Law Dictionary*, 7th Ed. 1999, p. 923.

③ P. P. Swire, *Of Elephants, Mice, and Privacy: International Choice of Law and the Internet*, http://www.acs.ohio-state.edu/units/law/swire1/elephants.htm.

④ Council Directive No. 93/83/EEC on the Coordination of Certain Rules Concerning Copyright and Rights Related to Copyright Applicable to Satellite Broadcasting and Cable Retransmission, 1993 O. J. (L 248) 15.

⑤ Official Gazette of the EU No. L 248/15 (1993 年 10 月 6 日)。

⑥ 参见《欧盟卫星广播理事会指令》第 1(2)(b)条。

⑦ 参见《欧盟卫星广播理事会指令》第 1(2)(b)条。

⑧ L. G. C. Kaplan & J. R. Bankoff, Of Satellites and Copyrights: Problems of Overspill and Choice of Law, *Emory International Law Review*, Vol. 7, 1993, p. 741.

到因特网上时,该种方式意味着应当适用因特网服务商所在地国法律。[①] 但是,这只是从现有欧盟法律中推导出的结论。

欧盟现正考虑扩大《有关合同义务法律使用的罗马公约》的适用范围至非合同义务领域内的法律适用。[②]《有关非合同义务的法律适用理事会公约草案(罗马公约二)》[③]确立了最密切联系原则,[④]通常是侵权行为发生地。[⑤] 但是,关于是否应该适用被告或原告住所地国法律、侵权结果发生地国法律或其他法律的争论一直没有形成共识。判断任何一种观点正当与否都需要时间的验证。[⑥]

2. 对可能适用的准据法的分析

根据传统理论,适用的准据法可以是侵权行为地法或被告住所地法。[⑦] 当把这一理论应用到网络空间时,就可能产生一些问题。在传统理论中,确定地域联系是十分重要的。但在网络空间中,我们缺少地理方面的信息。要确定实施侵权行为人的所在地是很困难的,确定被告也是同样困难的。任何人可能会从任何地方实施侵权行为。

那么该如何确定地点并平衡各方之间的利益呢?作者认为上文讨论到的欧盟指导准则在回答这个问题上领先迈出了一步。美国还没有阐述这样的立场,但是对于 *Religious Tech Ctr. v. Lerma*[⑧] 和 *Religious Tech Ctro. v. F. A. C. T. Net. Inc.* [⑨]两案的判决支持了源发地国法律原则,法院选择适用了被告住所地法律,而被告住所地恰恰是网络传输的源发地。

服务商所在地对侵权案件的发端很重要且容易确定,这对选择适用的准据法密切相关。而且,因特网服务商自身对网络侵权的起源和存续十分有意义。

---

① J. M. Driscoll, It's a Small World After All: Conflict of Laws and Copyright Infringement on the Information Superhighway, *U. Pa. J. Int'l Econ. L.*, Vol. 20, 1999, pp. 978 ~ 979.

② Warchus, *E-commerce: A Choice of Laws?* http://www.wiredsussex.org.uk/ecommerce/ecomm11.htm.

③ H. C. Dethloff, European Conflict-of-Law Provisions Governing Unfair Competition, Commercial Communications, 1999, p. 2.

④ 参见《罗马公约二》第3(1)条。

⑤ 参见《罗马公约二》第3(6)条。

⑥ 该条款的规定引起许多广告商、出版商及网络商家的关注,仍在具体讨论中。参见 P. Meller, Proposed Law Sirs Concern on Europe E-Commerce,《纽约时报》2001 年 2 月 8 日版。

⑦ 参见《第一冲突法重述》第 377 节,描述 1 和 4。

⑧ 897 F. Supp. 260 (E. D. Va. 1995).

⑨ 901 F. Supp. 1519 (D. Colo. 1995).

因此,网络侵权案件中法律适用的最佳选择是因特网服务商国法律。

在电子商务术语中,服务商法律等同于源发地国法律。[①] 起初,确定侵权的源发地看起来很困难。假定,电子商务侵权最早发端于信息的首次公布地。[②] 但是因为确定使用者或所使用的电脑是困难的,服务商所在地就成为最佳标识。服务商所在地法满足了可预见性的要求:当事人可以预见到其案件所应适用的准据法。[③] 从而,进一步支持了公平和保护个体权利的理念。[④] 因为服务商知道使用者所进行的一些相关行为,服务商所在地法的适用有助于要求因特网服务

---

① 该规则在欧盟的《电子商务指令》中已经明确规定下来。参见 European Parliament Passes the Ecommerce Directive, http://www. silicon. com/bin/bladeru... EVENT = &REQINT1 = 37294&REQAUTH = 21046.

② 参见 R. T. Nimmer & P. A. Krauthaus, The Global Information Superhighway Challenges Virtually all of the Premises of Copyright Law, *Stanford Law & Policy Review*, Vol. 6, 1994, pp. 32 ~ 39; N. Elkin-koren, Copyright Law and Social Dialogue on the Information Superhighway: The Case Against Copyright Liability of Bulletin Board Operators, *Cardozo Arts & Ent. L. J.*, Vol. 13, 1995, p. 345, 387; T. Dreier, Copyright Digitized: Philosophical Impacts and Practical Implications for Information Exchanges in Digital Networks, in *WIPO Worldwide Symposium on the Impact of Digital Technology on Copyright and Neighboring Rights*, 1993, p. 187, 198.

③ 这在产品责任中得以充分的体现。可预见性使生产商能及早对可能发生的损害和适用的法律作准备。参见 P. J. Kozyris, Values and Methods in Choice of Law for Product Liability: A Comparative Comment on Statutory Solutions, *American Journal of Comparative Law*, Vol. 38, 1990, pp. 501 ~ 507; R. J. Weintraub, Methods for Resolving Conflict-of-Laws Problems in Mass Tort Litigation, *U. Ill. L. Rev.*, 1989, p. 129, 148; 海牙国际私法会议:《产品责任法律适用公约》, 1972 年 10 月 12 日, 第 7 条, 11 I. L. M. 1283. 该条规定,如果生产商不能合理预见其产品通过正常销售渠道在损害发生地或原告住所地造成损害,那么这两个地方法律不能得以适用。

④ 可预见性与公平及保护个体权利紧密相连。参见 L. Brilmayer, *Conflict of Laws*, 1991, pp. 210 ~ 230; L. Brilmayer, Interest Analysis and the Myth of Legislative Intent, *Michigan Law Review*, Vol. 78, 1980, p. 60.

商为第三方的违法行为负责。①

针对适用源发地国法律也会产生各种各样的问题。② 因为如同人们所预料的,没有任何一种方法可以做到绝对稳定并全面保障各种合法权益。③ 但是为确定适用的准据法,应当确定一个地域连结点,而目前来看,源发地似乎是最适当的。值得注意的是,虽然我们认可服务商所在地的准据法,作为指导理论的最密切联系原则更应优先适用。

四、小结

无论是在理论界还是在实践中,法律适用都是一个极具挑战性的问题。这不是一个新的问题,只要存在不同国家之间的法律差异,这一问题也就不会消失。

电子商务的到来对法律适用提出了许多新问题,这些新问题已经变成了许

---

① M. Racicot, et al., The Cyberspace is not a "No Law Land", http://www.strategis.ic.gc.ca/SSG/it03315e.html; Gershwin Publ'g Corp. v. Columbia Artists Management, 443 F.2d 1159 (2d Cir. 1971); Screen Gems-Columbia Music, Inc. v. Mark-Fi Records, Inc., 256 F. Supp. 339 (S.D.N.Y. 1996); J. L. Rojas, Liability of ISPs, Content Providers and End-Users on the Internet, in 18*th Annual Institute on Computer Law*, at 1009, 1029 (PLI Pats., Copyrights, Trademarks, and Literary Prop. Course Handbook Series No. 507, 1998); J. P. Cunard &A. L. Wells, The Evolving Standard of Copyright Liability Online, in *Litigating Copyright, Trademark and Unfair Competition Cases for Experienced Practitioner* 1997, at 365, 394 (PLI Pats., Copyrights, Trademarks, and Literary Prop. Course Handbook Series No. 497, 1997).

② 有学者认为使用该规则将会造成极大的混乱。例如,盗版行为者可以选择法律保护不完善的国家以规避法律制裁。参见 R. Fentiman, *Conflict of Laws in Cyberspace*, paper submitted to the Symposium: Multimedia and the Internet: Global Challenges for Law, organized by International Federation of Computer Law Association, the Computer Law Association, Inc., and Belgian Association for Computer & Law, held in Brussels: 27-28 June 1996, at 3, 9; J. C. Ginsburg, *Global Use, Territorial Rights, Private International Law Questions of the Global Information Infrastructure*, Paper Submitted to WIPO Worldwide Symposium on Copyright in the Global Information Infrastructure, organized by WIPO, held in Mexico City, 22 – 24 May 1995, at 386, 396, 398, 401.

③ K. Ishiguro, *International Copyright Infringements in Cyberspace: A Conflict-of-laws Analysis*, paper submitted to Session F-1 of the SOFTIC Symposium on a Balance between Protection and Exploitation of Digital Content, held in Tokyo: 13 – 14 November 1997, http://www.ilpf.org/confer/present99/ishiguro_a1.htm.

多最近讨论的焦点。[①] 对于传统的基于地域的法律选择体系来说,因特网有着其自身的特殊问题,因为网上的一个行为可能会在许多不同的国家产生影响。[②] 的确,网络空间被恰当地描述为"同一世界",[③]它对于"社区"、"群体"观念的重新定义使网络内成员的地理位置变得无关紧要。[④] 法律适用在国际网络空间中尤为困难,因为在网络空间中,由于分散的地理位置,数据的迅速传输和地理上数据加工的分散性,几个连结点可能呈现出复杂的状态,并包含法律上的创新要素。[⑤] 如何在与多个管辖都有联系的行为中选择一个适用法律,在某一行为的地理位置难以精确定位时,如何解决"地点"问题以确定选择适用的准据法呢?[⑥] 法律适用必须对全球信息基础的固有特征作出回应,更为重要的是,对同时和即时向全球传输文件的可能性作出回应。[⑦]

首先,电子商务的法律适用体系应该服务于冲突法的两大目标:确定性和公正性。[⑧] 在认识到在法律适用灵活性的同时,也应当推行某种程度上的确定性。

---

① J. L. Goldsmith, Against Cyberanarchy, *University of Chicago Law Review*, Vol. 65, 1998, p. 1199; J. C. Ginsburg, The Cyberian Captivity of Copyright: Territoriality and Authors' Rights in a Networked World, *Santa Clara Computer & High Technology Law Journal*, Vol. 15, 1999, p. 347, 153.

② K. Burmeister, Jurisdiction, Choice of Law, Copyright, and the Internet: Protection against Framing in an International Setting, *Fordham Intellectual Property, Media & Entertainment Law Journal*, Vol. 9, 1999, pp. 658 ~ 659.

③ 现代通信已经超越时空,将整个世界变为仅仅是地理边界的区分。参见 R. S. Zembek, Comment, Jurisdiction and the Internet: Fundamental Fairness in the Networked World of Cyberspace, *Alb. L. J. Sci. & Tech.*, *Vol.* 6, 1996, *p.* 339, 343。

④ S. R. Salbu, Who Should Govern the Internet? Monitoring and Supporting a New Frontier, *Harv. J. L. & Tech.*, Vol. 11, 1998, p. 454; UCITA 109 cmt. 2 (2000).

⑤ D. L. Burk, Patents in Cyberspace: Territoriality and Infringement on Global Computer Network, *Tulane Law Review*, Vol. 68, 1993, p. 5; OECD, explanatory memorandum, in *Guidelines on the Protection of Privacy and Transborder Data Flows of Personal Data* 36 (1980).

⑥ A. H. Boss, the Jurisdiction of Commercial Law: Party Autonomy in Choosing Applicable Law and Forum Under Proposed Revisions to the Uniform Code, *Int'l Law.*, Vol. 32, 1998, p. 1234.

⑦ A. P. Reindl, Choosing Law in Cyberspace: Copyright Conflicts on Global Networks, *Michigan Journal of International Law*, Vol. 19, 1998, p. 870.

⑧ . A. Zaphiriou, Basis of the Conflict of Laws: Fairness and Effectiveness, *Geo. Mason U. L. Rev.*, Vol. 10, 1988, pp. 302 ~ 303. 双方当事人都希望法律的选择具有可预期性。参见 R. H. Coase, The Problem of Social Cost, *Journal of Law & Economics*, Vol. 3, 1960, p. 19; C. L. Ingrim, Choice-of-Law Clauses: Their Effect on Extraterritorial Analysis-A Scholar's Dream, A Practitioner's Nightmare, *Creighton Law Review*, Vol. 28, 1995, p. 677.

在合同纠纷和侵权中,解决法律适用问题的标准是最密切联系原则。

虽然网络空间是无形的,但网络中的各种事件和网络中的动力都是由位于某一特定地点的人通过因特网提供商所引起的。① 网络空间不是自成一体的:网络空间的违规行为可能会侵害到现实世界的人们。② 因此,仍然可以找到松散的地理联系。特别是作为典型的网络空间地理连结点的因特网服务商所在地,不仅在侵权案件中确定适用法律是十分有用,对于一些其他问题也会大有裨益。

除法律适用原则以外,处理电子商务纠纷的统一法律规则也是必要的。一部由网络法专家制定的标准法规应该会受到大力倡导开展电子商务的国家的欢迎。联合国国际贸易法委员会(UNCITRAL)的《电子商务示范法》于1996年12月通过,为开展电子商务和协调各国法律提供了一个很好的基础。③但该示范法还有待国家的采用,一些地方也还需要进一步完善。该示范法有两重目的:一方面希望给各国立法者提供一套有利于电子商务发展和信息自由流通的国际法律框架;另一方面将电子方式等同于传统纸张基础的联系方式,努力协调国际经济关系。联合国国际贸易法委员会和欧盟的努力就是很好的例子。④ 总之,对于电子商务整个交易过程中出现的法律适用问题,应该充分考虑到网络交易中的特殊性,选择灵活但不失相应的可预见性。该种合理体系的建立将极大地保障电子商务有关当事人的权益,并从而促进电子商务进一步健康稳定的发展。

第四节 结语

没有其他事物像电子商务一样,能在如此短的时间内迅速地为社会各阶层的人们所接受。随着电子商务的进一步发展,人们的视线从表象逐渐深入到内部:其中之一就是争端解决问题。诉讼是人们熟悉的争端解决方式。信息技术

---

① D. Menthe, Jurisdiction in Cyberspace: A Theory of International Spaces, 4 *Michigan Telecommunications Technology Law Review* 69 (1998), http://www. mttlr. org/volfour/menthe. html.

② R. S. Zembek, Comment, Jurisdiction and the Internet: Fundamental Fairness in the Networked World of Cyberspace, *Alb. L. J. Sci. & Tech.*, *Vol.* 6, 1996, *p.* 341, 347, 367.

③ UNCITRAL, *Law on Eletronic Commerce*, http://www. in fojus. com. br/leiucitral. htm.

④ 欧盟有关电子商务的指令于2000年通过,试图统一欧盟境内的电子商务规则,但该指令对其他相关市场同样存在指导意义。参见 Official Journal of the European Communities, 17 July 2000, L 178/1.

的发展使诉讼体系也发生相应的变化;法院体系将这些先进技术应用到具体的审判实践中,许多法庭都安装了电脑设备。① 但是审理工作使用现代科技是一方面,而更重要的是如何合理迅速解决其中发生的争端。这就涉及两方面的问题:司法管辖权和法律选择。

这两个问题并不是新问题,仅仅是发生在不同的社会环境中。网络能迅速跨越国界的根本特征使许多原有的法律问题都面临新的挑战。② 网络信息可以在任何有网络连接的地方被浏览,可以说,网络上存在多重管辖权。③ 但是,另一方面,网络又可以被认为是不存在任何管辖权:物理上的国家边界在网络空间中都是毫无意义的。④ 因此,司法管辖权和法律选择问题的解决是相当困难的。

在考虑如何调整和完善现有法律框架的时候,有关部门应该努力确保新的框架能平衡消费者和商家的利益,便利电子商务的开展,消费者所获得的保护不会低于传统贸易环境下所获得的保护水平;此外,该新框架能给消费者提供一个能够迅速及时解决争端的途径。⑤ 网络环境下,地理位置的意义减弱,某地发生的行为能轻易传送到其他地方;该新框架要充分考虑到网络的这一国际化特征。司法管辖权和法律选择问题解决存在较大的难度,但是网络行业的支持以及国际社会的合作都将会对该两问题的解决提供有力的支持,使电子商务环境下的商务往来具有可确定性和可预期性。⑥

---

① 有关讨论,参见 R. F. Madden, Developments in the Electronic Courtroom, *International Yearbook of Law, Computers and Technology*, Vol. 6, 1992, pp. 203 ~ 208.

② R. L. Hoegle & C. P. Boam, The Internet and Jurisdiction: International Principles Emerge but Confrontation Looms, *Journal of World Intellectual Property*, *Vol.* 3, *No.* 1, 2000, *p.* 48.

③ J. C. Henry, *Establishing Personal Jurisdiction for Internet Transactions*, http://www. law. stetson. edu/courses/computerlaw/papers/jhenryf97. htm.

④ D. G. Post, Anarchy, State, and the Internet: An Essay on Law-Making in Cyberspace, 1995 *Journal of Online Law*, article 3, paragraph 36, http://www. law. cornell. edu/jol/post. html.

⑤ 该指导性原则可以在 OECD 有关电子商务中消费者保护的指引中找到, http://www. uscib. org/policy/jurrdfin. htm.

⑥ 可预期性要求一个法律框架使电子商务的商家和消费者都能放心,无须顾虑交易存在的风险。参见 T. P. Vartanian, *Whose Internet is it Anyway? The Law of Jurisdiction in Cyberspace: Achieving Legal Order Among the World's Nations*, 2000 Global Internet Summit, Vienna, Virginia, 13 - 14 March 2000, http://www. ffhsj. com/bancmail/bancpage. htm.

第5章 现存的机制及其发展

有见于针对电子商务制定一个新机制的必要性,很多组织都在作出这方面的努力。① 根据最近的调查和记录,经济合作与发展组织(Organization for Economic Co-operation and Development,简称 OECD)、国际商会(International Chamber of Commerce,简称 ICC)和国际消费者联盟(Consumers International,简称 CI)已确认有超过 40 个为电子商务而设计的网上争端解决机制。这些机制在程序设置和所应用的技术等方面各有不同。其中,有 26 个机制提供非正式的无约束力的争端解决方案,如谈判、调解或申诉调查类型的服务,有 14 个机制则提供更为正式的具约束力的仲裁程序,有 11 个机制通过网络来解决有关争端,有 14 个机制结合多种 ADR 方法来解决争端。② 这一章将对上述方案进行研究,并讨论它们是否适用于电子商务未来的争端解决。

第一节　自律原则与网上争端解决机制

一、虚拟裁判法庭项目

虚拟裁判法庭的构思源自一个由美国国家自动信息研究中心(National Center for Automated Information Research,简称 NCAIR)和虚拟网络法学所(Cyberspace Law Institute,简称 CLI)主办的于 1995 年 10 月 25 日在华盛顿召开

---

① 例如,DG INFSO 为合作研究提出 IST 研究发展计划,同时提出 TEN-Telecom 计划以证明这些创新服务可以为跨境网上争端解决机制提供稳定的资金来源。参见 http://europa.eu.int/comm/information_society/ist/index_en.htm; http://www.ispo.cec.be/tentelecom。美国商务部联邦贸易委员会已经于 2000 年 6 月 6 日至 7 日就“无边界网络市场中消费者交易的另类争端解决机制”为题召开一个研讨会。参见 http://www.ita.doc.gov/ita_home/adr-frn.htm。

② 详见 Building Trust in the Online Environment: Business to Consumer Dispute Resolution, Joint Conference of the OECD, HCOPIL, ICC, the Hague, 11 - 12 December 2000, Orientation Document, DSTI/ICCP/REG/CP(2000)1-UPDATED as of 7 December 2000,第 4 页。

的会议。[①] 起初,该项目的设计者尝试创建一个机制,用于决定是否应当将被指控侵犯版权的资料从源网址中删除。[②] 在这种情况下,"一方(申诉方)主张另一方在第三方(系统操作员)的控制范围以内,在系统中发表含有某种'非法内容'的信息或文档,如侵犯申诉方版权或商标专用权、盗用属于申诉方的商业秘密、具诽谤性、欺骗性或不当(淫秽、猥亵或违反系统规则)的资料,并要求在系统操作员的掌控下从系统中删除那些非法的内容。"[③]经过细致商讨后决定,该项目被定位为"提供一个快速而高效地解决互联网上争端的网上仲裁系统"。在定位、管辖及程序等问题上达成共识后,该项目于 1996 年 3 月 4 日公开并于同年秋天实施。

若干团体参与了该虚拟裁判法庭项目。美国国家自动信息研究中心是首个向该试验项目捐赠资金的团体。美国仲裁协会(American Arbitration Association,简称 AAA)[④]则充任该项目的行政机构,负责接收案件、评审个案的适格性并委任裁判官进行审理等工作。此外,在有关项目参加者因该项目进行的相关活动导致诉讼的情况下,美国仲裁协会还应为这些参加者提供法律资助并保障其利益不受损害。虚拟网络法学所和美国仲裁协会将联合挑选裁判官,当选的裁判官必须熟悉法律及网络系统。维纳诺瓦信息法律和政策中心(Villanova Center for Information Law and Practice)则负责该项目网页的运作及案件讨论群组的维护。

该项目旨在解决涉及网上系统使用者,以及主张受非法的信息、网帖和文件侵害的人员或系统操作员(在申诉或索赔指向系统操作员的情况下)的各种争端。[⑤] 由此可见,受理案件涉及含有侵犯版权或商标权、盗用商业机密、诽谤、欺

---

① 工作小组讨论的参加者有:T. C. Lexiner (NCAIR); A. Sloane (NCAIR); E. Kirsh (America Online); W. Marmon (MCI); D. R. Johnson (CLI/Lexis Counsel Connect); D. Post (CLI/Georgetown Law School); R. Gellman (CLI Fellow); J. B. Buur (CLI Fellow/Federal Trade Commission); G. H. Friedman (AAA)。

② 参加者关心的具争议性的问题是被指控允许客户浏览非法信息的网络服务提供商的责任,这些信息包括张贴或利用电子邮件邮寄侵犯版权、侵犯私隐、诈骗消费者或构成诽谤的信息。上述情况下责任及资料合法性的问题亟待解决。

③ D. Post, *Dispute Resolution in Cyberspace: Engineering a Virtual Magistrate System* (May 1996), http://www.law.vill.edu/ncair/disres/DGP2.HTM.

④ 参见 http://adr.com.

⑤ 参见 *The Virtual Magistrate Project: Concept Paper* 第 4 段(最后修订日期:1996 年 7 月 24 日), http://vmag.vclip.org/docs/vmpaper.html。

诈、欺诈性贸易作法、不当资料、侵犯私隐权以及其他非法内容的信息、网帖和文档。[①] 其中,侵犯知识产权的问题尤为显著。[②] 该项目可能需要处理涉及向非政府人员泄露个人信息或者系统操作员是否恰当地拒绝进入网上系统要求等问题的案件。但是,该项目不会述及有关使用者和系统操作员之间的账务或财务问题。

该网上仲裁项目订出八大基本目标:确立使用网上争端解决方式解决源自互联网的争端之可行性;基于可靠的信息就非法网帖的申诉向系统操作员提供中立的回复;有关网上张贴的申诉,向使用者及其他人员提供一种快捷、低成本而又易于获得的救济方式;为一个自立的网上争端解决系统打下基础,使其成为系统操作员、使用者和数据提供者(及其他担心受害于违法张贴的人员)之间订立的合同的重要条款之一;在出现申述时,帮助界定系统操作员的合理职责;探究使用虚拟裁判法庭方案解决网络相关争端的可能性;为实施中的虚拟裁判法庭规划一个正式的规管架构;[③]以及使该救济方式易于为公众理解和获得。[④] 不言而喻,该方案的目标将会适时地作出改变,以更好地适应国际社会的需求。虚拟裁判法庭方案充分利用了现代科技。参加者之间的通信大多以电子邮件和电话形式完成,[⑤]这一点更成为争端解决程序的特色之一。[⑥] 该方案可通过常规电子邮件接受来自全球任何电脑网络的申诉。[⑦] 美国仲裁协会的工作人员会先甄别所有申诉并决定他们是否属于该项目的管辖范围,[⑧]随后等待各方是否接受

---

① 参见 *The Virtual Magistrate Project: Concept Paper* 第 10 段(最后修订日期:1996 年 7 月 24 日), http://vmag. vclip. org/docs/vmpaper. html。

② 这与关于网上服务提供商责任问题的热烈讨论密切相关。详见 Y. Zhao, Internet Service Providers and Their Liability, *Law/Technology*, World Jurist Association, *Vol.* 34, *No.* 1, 2001, *pp.* 1 ~19.

③ *The Virtual Magistrate Project: Pilot Project Goals*, 第 1 段(最后修订日期:1996 年 2 月 26 日), http://vmag. vclip. org/docs/vmaggoals. html。

④ R. Gellman, *A Brief History of the Virtual Magistrate Project: The Early Months*, 第 23 段(最后修订日期:1996 年 5 月 22 日), http://www. law. vill. edu/ncair/disres/GELLMAN. HTM。

⑤ 1995 年 10 月召开的会议是唯一一次面对面会谈。该方案在电子邮件功能的支持下在网络上进行。

⑥ 参见 *Chicago-Kent College of Law, Illinois Institute of Technology, The Virtual Magistrate Project: Basic Rules*, http://www. vmag. org/docs/rules. html.

⑦ 一般的做法是在该项目的网站内点选"电子邮件"按钮以提交申诉。详见 *Chicago-Kent College of Law, Illinois Institute of Technology, VMAG: Online Dispute Resolution*, http://www. vmag. org.

⑧ AAA 的工作人员必须仔细审查所有申诉,并在必要时要求申诉方提供更多信息。

其管辖。① 一旦作出肯定的决定,该工作人员会在美国仲裁协会制定的名册中挑选一名裁判官,并将申诉送达被告以及包括网上服务提供商或被指控资料的创作者在内的所有可能受影响的第三方。大部分仲裁程序将于网上进行。不需要呈递书面文件或进行面对面接触。争端各方不需要为亲自会面而长途跋涉,甚至也不需要进行电话会谈。每个个案都会创设一个邮件名单服务器(Listserv)或讨论空间,供争端各方发表其观点和意见。裁判官应在收案后72小时(即三个工作日)内受理和解决申诉。②

作为公认的仲裁实务和程序习惯,保密性应得到大力提倡。基于当事人的要求和裁判官的裁量权,案件任何一方都可以在不透露其姓名或名称、地址或所属机构的情况下进行仲裁。在仲裁进行期间,只有使用密码方可进入讨论空间,而且,只有参加者才可查阅张贴的信息。在作出仲裁决定以前,仲裁程序的记录不会向公众开放。虽然公众可以浏览虚拟裁判法庭项目的主页,并能在待决案件列表中看到未审结的案件的名称,但他们在最终裁决作出之前不得查阅案件信息。在作出裁决之后,申诉、答辩、裁决结果以及其它相关资料将会自动公开。然而,基于当事人的要求和裁判官的裁量权,与申诉有关的信息,如姓名或名称、地址和所属机构等将会保密。

合理性是裁判官作出裁决时应考虑的法律标准。这一灵活的法律标准给予裁判官更大的自由裁量权。有见于目前缺乏针对互联网及其仲裁特点的相关规定,这一灵活的做法是可以理解的。该裁决结果不应对将来的裁决产生任何约束力,但可以作为将来的立法或者争端解决的参考。

为确保裁决的合理性,应考虑下列因素:网络礼仪、适用的合同、适当的实体法以及系统管理员在双方的申诉请求得到解决之前禁止公众浏览涉案的消息、文档或张贴的做法是否合理。在适用具体的法律之前裁判官也应考虑每一桩申诉的背景情况、当事人关于使用的法律原则和救济方式的观点及其在任何终局性诉讼或传统争端解决机制中可能产生的结果。

虚拟裁判法庭方案在充分利用互联网解决争端方面具有创造性,从创立之

---

① 只有在各方都同意参加仲裁,并同意免除虚拟裁判法庭项目、美国仲裁协会、裁判官及其他所有虚拟裁判法庭项目相关人员为该项目而为之行为和疏忽的法律责任,该申诉才可以被接受。

② 计划最初预期在48小时内作出判决。然而,仅交换有关信息和文件就需要比这更多的时间。三个工作日是作出裁决所需的通常时间,但为确保作出公正的裁断,可能需要更多的时间。裁判官可能也需要更多的时间去收集各种观点。

初就受到了网络社区的欢迎。然而，Tierney and Email America[①]案是其成立后唯一一个作出裁决的案件。[②] 该案在审理过程中出现的问题使人们对虚拟裁判法庭项目的可靠性和有效性产生了怀疑。

首先，该案的唯一被告，Email America 在审理过程中缺席。只有第三方 America Online (AOL)应诉。由于仲裁需要双方同意，被告的缺席令裁决因具违规性质而备受质疑。

其次，AOL 最初强烈支持虚拟裁判法庭项目，但其随后发现其自身的内部服务条款申诉机制[③]就足以妥善解决大部分争端。[④] 即便 AOL 一开始没有裁判官的指引，也能就该案采取有关行动。

最后，该案的裁决结果不能得到执行。涉案的有关消息采用直接电邮的形式，这意味着不存在具体的执行对象。[⑤] 该问题的出现主要是由于该案的裁判官未深入了解案情，过快作出裁决所致。

该案的最后一个问题是申诉人的身份，他不仅担任该项目有关消费者诈骗

---

① 美国仲裁协会用主要当事人的姓名或名称来辨认案件，并用"and"来代替"vs."；虚拟裁判法庭方案沿用这一做法。本案是在没有 Email America 的参与下得到解决，Email America 并不认可虚拟裁判法庭的权威性。参见 *Virtual Magistrate Handbook for Magistrates*，第27段（最后更新日期：1996年2月26日）http://vmag.vclip.org/magis/vmhdbook.html。有关 Email America 缺席等的具体内容的讨论，详见 *Tierney and Email America*: *Case Information*（最后更新日期：1996年5月8日）第1段，http://vmag.vclip.org/doksys/96-0001；A "*Good*" *Case*, *Not An* "*Ideal*" *Case*: *Virtual Justice*: *The No-Show Case Showcases*: *Promise and Peril of the Virtual Magistrate Project*, Voorhees Report, 3 June 1996, at *3, available in 1996 WL 8913605.

② 参见 *Chicago-Kent College of Law*, *Illinois Institute of Technology*, *The Virtual Magistrate*: *Sample Opinion*, http://www.vmag.org/sample.html. 申诉人 J. E. Tierney 请求 Email America 将某一广告从 America Online 的系统中去除。详见 Docket No. 96-0001 (8 May 1996), http://vmag.vclip.org/doksys/96-0001; *Tierney and Email America*: *Case Information*; Tierney and Email America: Final Decision（最后更新日期：1996年5月21日），*http://vmag.clip.org/doksys/*96-0001*/index.htm.*

③ AOL 的服务条款第4(a)段作出明确规定，AOL 有权删除被认为是有害的、令人反感的或者违反服务条款的内容。参见 Response & Affidavit of America Online，第32段（最后修订日期：1996年5月21日），http://vmag.vclip.org/doksys/96-0001/index.html。

④ 详见 H. H. Perritt, Jr., Dispute Resolution in Cyberspace: Demand for New Forms of ADR, *Ohio State Journal on Dispute Resolution*, Vol. 15, 2000, p. 687.

⑤ 参见 A. E. Almaguer & R. W. Baggott III, Shaping New Legal Frontiers: Dispute Resolution for the Internet, *Ohio St. J. on Disp. Resol.*, Vol. 13, 1998, pp. 732~733. 裁判官以为他是在处理 AOL 分类广告栏中的张贴；这一假设在作出裁决后被证实是错误的。

问题[①]的顾问,也是 Counsel Connect 论坛的主持人。[②] 其角色的复杂性令人高度质疑该项目审理程序的可信度。

此外,该项目也收到了其他申诉,但这些申诉要么不在该项目的管辖范围内,要么答辩人拒绝参加。[③] 而在某些情况下,当事人与裁判官之间的讨论就足以使争端得到圆满解决,无须裁判官的进一步采取行动。

该项目裁决的执行也存在问题。《纽约公约》[④]虽然涵盖常规的仲裁裁决,但在此却派不上用场。[⑤] 执行仲裁判决与否完全取决于当事人的意愿。理想状态下,执行应当作为一个主动自愿的环节顺利进行。当出现问题时,胜诉方可以向有关法院提起正式请求。但是,该项目当事人可以作出选择使仲裁裁决不具约束力,从而保留诉诸传统诉讼的可能性,因此,仲裁裁决并不必然取代传统司

---

① 参见 D. J. Loundy, Virtual Magistrate Becomes a Reality, Sort of, *Chi. Daily L. Bull.*, 16 June 1996,第 5 页;R. Gellman, *A Brief History of the Virtual Magistrate Project: The Early Months*,第 7 段(最后修订日期:1996 年 5 月 22 日),http://www.law.vill.edu/ncair/disres/GELLMAN.HTM。

② Counsel Connect 并非直接隶属于虚拟裁判法庭项目,但其负责人对该方案的发展给予了很大的帮助。详见 D. Post, Virtual Magistrates, Virtual Law, Am. Law., July/August, 1996,第 104 页;D. Thom, E-Mail Arbitration System takes ADR to Cyberspace, N. J. L. J., 15 April 1996,第 22 页。

③ 在该项目施行的最初六个星期,收到三起申诉。第一起是关于购买计算机的零售交易,但与计算机网络活动无关。另外两起申诉则没有获得其他当事方的支持和同意。正如 R. Gellman 所言,上述案件之所以被驳回,是因为联系所有当事方并说服他们向虚拟裁判法庭提请仲裁将需要相当大的努力。详见 R. Gellman, *A Brief History of the Virtual Magistrate Project: The Early Months*,第 32 段(最后修订日期:1996 年 5 月 22 日),http://www.law.vill.edu/ncair/disres/GELLMAN.HTM。

④ 参见《承认与执行外国仲裁裁决的纽约公约》,1958 年 6 月 10 日,21 U.S.T., at 2517, 330 U.N.T.S.,第 38 页。

⑤ 虚拟裁判法庭的裁判官期望系统操作员支持和执行裁决。第三方(版权所有人)将被要求履行相关裁决,作为使用该虚拟裁判法庭服务的代价。最终裁决可能会得到法庭重新考虑,但不存在上诉程序。参见 *The Virtual Magistrate Project: Concept Paper*, 24 July 1996, http://www.vmag.org(最后访问时间:2003 年 10 月 23 日)。同时,有的建议认为应使裁决具约束力,他们认为可以通过修改《纽约公约》的有关规定以配合本项目裁决的承认和执行。如果该建议被采纳,那么就要求采用与国内法相似的方式对公约中书面形式的要求和某些地理上的要求作出修改。参见 J. Goldsmith & L. Lessig, *Grounding the Virtual Magistrate*, http://www.lessig.org(最后访问时间:2003 年 10 月 23 日)。

法救济。① 不过,上述不具约束力的仲裁裁决仍会对法院判决有一定的影响力,并能就当事人争议的实质性事项作出判定,从而推动整个进程的进展。

由此可见,我们可以就虚拟裁判法庭未来发展得出至少三个结论。第一,网上仲裁程序必须尽可能地让更多人知道。迄今为止,许多争端都在网上服务提供商的内部机制下得到了解决,而上述内部机制的网站更容易辨认,并为使用者所熟知。② 一个争端解决机制只有在其为公众熟知,并存在公众很容易找到该方案的网站,才能得到更广泛的适用和推广。

第二,该项目的管辖范围不可过于狭窄。从该项目的具体操作,我们可以看出,太多的限制会带来非常不利的结果,在初始阶段尤为如此。当然,我们不能冀望该项目能解决当事人之间所有的法律争议,更遑论在短期内达到这样的效果。基于各种考虑,可以将某些事实清晰、情况相对简单的争端以及其他几种特定类型的案件排除在该项目的管辖范围之外。确实,该项目解决的大部分争端的基本问题涉及一个消息、文档或者张贴是否应当继续在互联网上存在。但是,项目管辖的范围则不能规定得过于狭窄,从而限制了人们将案件诉诸该项目的机会。可喜的是,芝加哥肯特法学院(Chicago-Kent)的 Kentra 教授已对规则进行了修改,将该项目的管辖权扩大,适用于更广范围的争端。

仅靠大力宣传和扩大管辖范围并不能确保该项目的成功。事实上,虽然虚拟裁判法庭计划越来越受到公众的注意,还是有服务提供商没有在他们的网页上提供该项目的链接。而在该项目管辖范围得到扩大后,几乎没有新的申诉立案,也没有就更多争端作出裁决。③ 有见及此,我们可以得出第三个结论:必须建立公众对该项目的信心。争端当事方拒绝参与该项目,表明其对项目尚存疑虑。提升信心涉及法律和技术两方面的问题,从电子邮件服务的安全到相关网页的链接都在此列。开发现代科技尤为重要。只有具备必需的设施和便利条件,争端各方才能相信该项目及其作出的裁决。

---

① 详见 *The Virtual Magistrate Project: Basic Rules*,第 1 段(最后更改日期:1996 年 7 月 24 日),http://vmag.vclip.org/docs/vmrules.html。

② 另一个原因是并不存在足够多的网上争端。据 AOL 的法律总顾问助理 W. Burrington 所说,AOL 每月只处理数宗网上争端。参见 D. Thom, ADR in Cyberspace, *Am. Law.*, *May* 1996,增刊第 19 页。

③ H. H. Perritt, Jr., Dispute Resolution in Cyberspace: Demand for New Forms of ADR, *Ohio State Journal on Dispute Resolution*, Vol. 15, 2000, pp. 686 ~687.

二、马萨诸塞州立大学(University of Massachusetts)网上申诉调查办事处

网上申诉调查办事处①由美国国家自动信息研究中心出资于 1996 年 6 月建立。② 在 1997 年,该办事处成为马萨诸塞州立大学信息科技及争端解决中心的一部分,而该中心是在 Hewlett 基金会、美国国家自动信息研究中心和马萨诸塞州立大学法学系的帮助下成立的。③

申诉专员(Ombudsman)起源于 18 世纪初的瑞典,本为打击和纠正政府部门和官僚政治团体中滥权的情况而设置。④ 在历史上,申诉专员是独立的官员,其职责是受理申诉、进行调查以及提出建议。⑤ 他们偶尔也会裁断案件,或者为报纸的社论版撰写专栏。⑥ 新成立的网上申诉调查办事处与申诉专员制度有着共同的目标,亦即提供信息和专家帮助。不同的是,该办事处存在于网络上,并尝试运用该办事处的资源解决发生于网上活动的争端。

网上申诉调查办事处也会向冲突的当事方提供调解服务,并已成功地进行

---

① 载于 http://www.ombuds.org。

② 参见 *Center for Information Technology and Dispute Resolution*, *University of Massachusetts*, *Online Ombuds Office*, http://aaron.sbs.umass.edu/center/ombuds/default.htm.

③ *Center for Information Technology and Dispute Resolution*, *University of Massachusetts*, http://aaron.sbs.umass.edu/center/Default.htm.

④ 申诉专员(Ombudsman)的概念源于瑞典,由查尔斯七世于 1713 年提出。考虑到当时其君主政体管制缺乏效率,不能及时回应国民关注的问题,查尔斯国王指派一个其信任的顾问担任历史上首个申诉专员,从而确立了这一概念。独立申诉专员的概念则于 1809 年由瑞典国会确立,并一直以独立形式沿用到现在。详见 *The City of Detroit Ombudsman Quick Facts*, http://www3.ci.detroit.mi.us(最后访问时间:2003 年 10 月 22 日)。

⑤ 详见 M. P. Roew, Options, Functions, and Skills: What an Organizational Ombudsperson Might Want to Know, *Negotiation Journal*, Vol. 11, 1995, pp. 103 ~ 114。申诉专员可以扮演各种各样的角色,但其主要职责通常包括听取申诉并作出回应、提供和接收信息、重新解构问题并规划解决方案、担任推荐人以及对人们的自助行为提供协助。申诉专员并不作出具权威性和终局性的决定,而是一个具保密性和非正式的信息来源、沟通渠道、申诉处理者和争端解决者。

⑥ L. Brown, *The Reluctant Reformation: On Criticizing the Press in America*, 1974, p. 66.

了数次网上调解。① 其非正式而又易于为用户掌握和使用的性质已经引起了公众的关注。在线的和离线的联络促进了信息的交流，从而令调解更加顺利地发挥作用。② 当事方若希望得到申诉专员的援助，应先浏览提供相关信息和工具的该计划的网站，以便自助，③而这种安排又必然能帮助各当事方掌握有关争端解决技巧，有助于双方尽早解决争端。④

该计划有技术专家，随时可以解释争端发生的网络环境，并提供有关技术支持。通过对现代科技的充分利用，技术专家协助申诉专员迅速找出解决争端的最佳方案。考虑到对多数申诉专员而言，互联网仍然是一种复杂的新事物，这些技术专家在电子商务案件中的作用尤为重要。

从实际操作看，网上申诉调查办事处比虚拟裁判法庭计划更加成功。例如，前者的“中心”在获取案源方面扮演着一个重要的角色，而后者的案件来源主要取决于有关争端当事方的兴趣。⑤ 更为重要的是，前者总体上非正式的性质，比仲裁更有可能给予争端各方更大的自由度和对案件及其结果更多的操控权。操控权对经济实力强的团体而言尤具吸引力，如网络服务提供商就经常依靠其内部机制解决争端。

---

① 1999 年 3 月，该办事处与网上拍卖站点 eBay 和 Up4Sale 合作，对因网上拍卖而产生的争端进行调解。随后，它调解了一个与 Netique. com 网站有关的域名案件，而目前则正与世界网站管理员联盟(World Organization of Webmasters)合作解决牵涉网站管理员的争端。首个案件涉及一家地方报纸的申诉，诉称一个互联网用户节选该报的报道张贴于互联网上，侵犯其版权。该案在几乎没有任何困难的情况下成功地得到解决。详见 *Transcript of a Dispute: The Web Site Developer and the Newspaper*, http://aaron. sbs. umass. edu/center/ombuds/narrative1. html.

② 这可以包括会晤、电话、手写笔录、电子邮件、视像会议等。当需要使用适当的方式沟通时，能随时获得不同的沟通工具对调解员而言十分重要。详见 S. S. Silbey & S. E. Merry, Mediator Settlement Strategies, *Law & Policy*, Vol. 8, 1986, p. 7, 14; M. C. Aaron, The Value of Decision Analysis in Mediation Practice, *Negotiation Journal*, Vol. 11, 1995, p. 123, 126.

③ 详见 E. Katsh, *The Online Ombuds Office: Adapting Dispute Resolution to Cyberspace*, http://mantle. sbs. umass. edu/vmag/katsh. htm.

④ 该网站含有一个数据库，收录网上争端以及可能有助于在不需正式手段的情况下解决争端的案件和资料。

⑤ 其实，经历人事上的变更之后，美国仲裁协会对该项目的关注减少了。

三、eBay 的第三方托管金安排和争端解决服务①

各种网上拍卖场是最成功的电子商务类型之一。eBay 是世界上最早创立、规模最大和最好的私人间网上交易社区；它开设网上论坛，供个人和小企业拍卖货物及服务。② 以 eBay 为例，这类网上拍卖规定，网站所有人不必为竞投者与卖家之间的交易承担任何责任。③ 为提升消费者对网上交易的信心，eBay 制定了数个内置的防护措施以避免或解决争端。

第三方托管金服务特别为网上拍卖站点而设：买家待接受货品或服务后才付款，而卖家则可在检验被退回的货物并批准退货之后再退款。④ 这项免费服务有助于避免争端。eBay 也提供了一项反馈和投诉服务，该项服务有助于通过非正式的途径解决争端。用户可以在没有第三方介入的情况下直接通过电子邮件和电话与有关当事方联络，尽可能在初始阶段解决争端。除此之外，网上反馈服务还可确保有意进行交易的用户事前对其可能的交易伙伴有所了解。

一旦产生争端，用户可以将案件提交"安全港"（SafeHarbor）处理。SafeHarbor 是一个全面的安全资源，为在 eBay 内部机制下解决问题提供援助。与此同时，一个独立进行的争端解决服务能够帮助双方当事人快速而公平地解决纠纷。⑤

SquareTrade 是 eBay 首选的争端解决服务提供者。SquareTrade 的网上争端解决系统提供方便快捷的途径，包括独立借助其网上直接谈判工具或通过调解，以解决纠纷。为向用户保证卖家会对申诉作出回应，SquareTrade 向致力于遵守高销售标准和已由第三方认证其身份的卖家提供其认证标记。获得 SquareTrade 认证标记的条件是如果出现纠纷，卖家必须同意参加 SquareTrade 的争端解决方案；由 SquareTrade 核实他们的身份，并且必须严格遵守

---

① 许多网站都提供网上拍卖服务。eBay 是最成功的拍卖网站之一，它通过提供不同的争端解决服务成功地赢得了消费者的信任。雅虎也紧随 eBay 在网上拍卖时采用的做法。详见 M. S. Donahey, Online Auctions and Dispute Resolution, International Conference on Dispute Resolution in Electronic Commerce, WIPO, November 2000, ARB/ECOM/00/13.

② 详见 eBay, http://www.eBay.com.

③ 参见 eBay, Inc., User Agreement, http://pages.eBay.com/help/community/png-user.html.

④ 详见 *eBay, Inc., Services: Escrow Overview*, http://pages.eBay.com/help/community/escrow.htm.

⑤ *Why eBay is Safe*, http://pages.eBay.com/help/basics/n-is-eBay-safe.htm.

SquareTrade 的网上销售标准。[①] 解决争端时应使用各类网上设施。电子邮件无疑是重要的联络工具;SquareTrade 安全服务器上的免费谈判工具对网上讨论也很有帮助。

值得注意的是 Up4Sale 这个由 eBay 购入的网上拍卖站点[②]与麻萨诸塞州立大学的信息科技及争端解决中心接洽争端解决服务,[③]并使用了相关的调解服务。[④] 由此,外部和内部资源共同使用以迅速解决争端,可以使消费者增强对该项目的信心。

四、信用卡拒付(Credit Card Chargeback)

信用卡拒付被认为是目前消费者争端中最常见的 ADR 形式。[⑤] 根据《公平信用结帐法案》(*Fair Credit Billing Act*),[⑥]信用卡发卡机构保留一定的纠纷裁断权,[⑦]该机构通过有关的书面记录调查持卡人所主张的记账错误,并作出决定。[⑧]记账错误的情形可包括持卡人就收费的依据产生争议,要求出示有关收费单据;[⑨]收货人或其委托人拒绝接受有关货物或服务;卖方没有依合同规定交付有关货物或服务。[⑩] 如果未能确认货品已经交付、邮寄或以其他方式运送给付款人并向付款人提供上述确认的支付报告书,发卡机构则不会扣除持卡人的交易款项。[⑪]

信用卡拒付服务对持卡者而言费用较低且易于操作;消费者不必缴付争端解决费用,只需尽快打电话或者书面通知发卡机构拒付交易款。消费者因此有

---

① *SquareTrade*: *Building Trust in Transactions*, http://www. squaretra... tplace_name = eBay&campaign = EBY_OD_2.

② 有关 Up4Sale 的情况,参见 http://www. up4sale. com/about1. htm。

③ E. Katsh, J. Rifkin & A. Gaitenby, E-Commerce, E-Disputes, and E-Dispute Resolution: In the Shadow of "eBay Law", *Ohio St. J. on Disp. Resol.*, Vol. 15, 2000, p. 705, 734.

④ 参见 Up4Sale, http://www. up4sale. com.

⑤ 12 C. F. R. section 226. 3(1999);15 U. S. C. section 1666(a)(3)(B) (1994). 根据条例 Z 及《公平信用结帐法案》的规定,拒付服务只提供给消费者,而不适用于商业交易。

⑥ 15 U. S. C. section 1666 et seq. (1994).

⑦ 发卡机构的权力范围由商家和持卡人的协议确定。

⑧ 15 U. S. C. section 1666 (a); *Himelfarb v. American Express Co.*, 484 A. 2d 1013, 1018 - 1019 (Md. 1984).

⑨ 12 C. F. R. section 226. 13(a)(6) (1999).

⑩ 15 U. S. C. section 1666(b)(3) (1994);12 C. F. R. section 226. 13(a)(3) (1999).

⑪ *SquareTrade*: *Building Trust in Transactions*, http://www. squaretra... tplace_name = eBay&campaign = EBY_OD_2.

机会保障自身的权利，从而在某种程度上平衡买卖双方的议价能力。如果多宗索偿都向同一商家提出，其信用网络系统的会员资格将有可能不保。为避免这一风险，商家将会尽力以公平的手法行商。如果真的发生拒付，商家和消费者之间随后通常会直接进行非正式的谈判，使他们有机会较为独立地解决争端。与消费者和商户一样，多数信用卡网络系统①也接受这一做法。② 大型的信用卡网络系统把拒付保障推向国际，并为电子商务采用了特殊的消费者拒付保障规则。

经济合作与发展组织（OECD）发布了一个关于拒付问题的草案，规定成员国向消费者承诺拒付原则时应考虑的各种标准。③ 这一做法在美国十分常见；但在某些欧洲国家，并不要求提供拒付服务。④ 由于在上述欧洲国家，更高比例的消费者交易是通过借记卡而非信用卡完成的，因此借记卡协议中是否规定拒付条款比信用卡协议中是否有此规定更为重要。⑤ 尽管如此，该做法也充分显示了电子商务中消费者保护在 ADR 机制下的重要性。⑥

五、网络审裁庭（Cyber Tribunal）⑦

网络审裁庭由加拿大蒙特利尔大学（University of Montreal）的公法研究中心（CRDP）创立，致力于满足商家和消费者的需要，并协助各方避免并解决电子商务中产生的争端。它采取调解和仲裁机制来解决涉及包括版权、言论自由和隐私权等问题在内的各种争端。争端解决的工作语言包括法语和英语，此外，在某

---

① 如果采取这一做法，商家会处于一个比接受支票支付更好的处境。在接受支票支付的情况下，商家只可以控告该消费者，或规定该消费者以后无权使用支票付款。

② H. H. Perritt, Jr., Dispute Resolution in Cyberspace: Demand for New Forms of ADR, *Ohio State Journal on Dispute Resolution*, Vol. 15, 2000, p. 690.

③ 详见 OECD Draft Recommendation on Charge-back Mechanisms, DAFFE/CP(97)13.

④ 法国并没有规定拒付。虽然英国法规定了拒付，但该法并不适用于某些特定的国际交易。参见 Organization for Economic Co-operation & Development, Consumer Redress in the Global Marketplace: Chargebacks（最后访问时间：2000 年 4 月 15 日），http://www.oecd.org/dsti/sti/it/consumer/prod/e_96-142.htm.

⑤ 参见 Organization for Economic Co-operation & Development, Consumer Redress in the Global Marketplace: Chargebacks（最后访问时间：2000 年 4 月 15 日），http://www.oecd.org/dsti/sti/it/consumer/prod/e_96-142.htm.

⑥ 它被视为一种可使消费者于争端案件中获得退款的途径，从而避免使用其他救济机制。但从广义上理解，这里的做法本身就是争端解决机制。

⑦ 最近更名为 eResolution。该计划在市场策划方面将自己定位为向互联网上开展的交易提供争端解决服务的服务提供商。参见 Cyber Tribunal, Cyber Conflict Resolution Center, http://www.cybertribunal.org/english/defaulting.htm.

些情况下，还可以使用西班牙语。① 由于其运作属于试验性质，其提供的所有服务均属免费。很多人对该试验的前景很有信心。但另一方面，有关实践表明，该试验若要取得成功，必须增加人们对计算机及网络的信心。目前，为进一步推广该做法，各方正在付出各种努力。

1. 网络审裁庭的调解

该项目不存在任何规范对调解员的行为作出调整，因此调解员在调解过程中，拥有相当大的自由度。不作规定的目的就在于增加程序的灵活性，并鼓励各方当事人充分利用电子媒介的优势。

2. 网络审裁庭的仲裁

仲裁采用的规则是在《联合国国际贸易法委员会仲裁规则》(*UNCITRAL Arbitration Rules*)以及《国际商会仲裁规则》(*ICC Arbitration Rules*)的基础上，因应电子商务的特质，②稍作修改而制订的。该规则要求各方当事人使用标准化的联系方式。只有在不存在上述联系方式时，各方当事人方可通过电子邮件或其他方式联络。③

网络审裁庭的仲裁按下列步骤实行。一方首先须向秘书处发出申请，启动仲裁程序。秘书处须于收到申请后五天内决定是否受理申请，并将收到申请的回执送达申诉方，并将收案通知送达被告。④ 在这一阶段可以提议进行调解。若双方接受调解，将中止仲裁程序。若无法达成调解协议，则须提交一份新的仲裁申请，重新启动仲裁程序。⑤ 须为案件建立一个网上联系空间，用以交换和存储与案件有关的数据、文件及信息，而这些资料只允许案件各方当事人和审裁庭浏览。⑥ 审裁庭由一个或者三个秘书处任命并得到各方当事人同意的仲裁员所组成。⑦ 审裁庭有权就自身的管辖权作出裁决，并根据争端的实际情况采取临时措施。⑧ 如果各方当事人均未选定适用法，审裁庭应选用与争端具最密切联系的国内法；但是如果控辩双方的一方是消费者，该消费者所属国家的国内法将被适用。⑨ 在决定适用的实体法时，审裁庭须一并考虑合同与双方当事人的实

---

① CyberTribunal General Arbitration Procedure, Article 10.

② CyberTribunal General Arbitration Procedure, Article 16.

③ CyberTribunal General Arbitration Procedure, Article 3.

④ CyberTribunal General Arbitration Procedure, Article 4.

⑤ CyberTribunal General Arbitration Procedure, Article 4 (4).

⑥ CyberTribunal General Arbitration Procedure, Article 1(f), 5(4), and 15(2).

⑦ CyberTribunal General Arbitration Procedure, Article 6.

⑧ CyberTribunal Arbitration Procedure, Article 11 and 14.

⑨ CyberTribunal Arbitration Procedure, Article 17(1) and (4).

际情况。[①] 审裁庭还须进一步决定证词和用计算机处理的文件是否适用,以及是否应当面或者采用其他方式讯问证人或者专家意见。[②] 除非秘书处批准延期,[③]否则审裁庭须于宣布审理程序结束后30天之内作出裁决。仲裁裁决将由仲裁员以少数服从多数的方式作出,该裁决包含全面的解释及电子签名,通过加密电邮送达各方当事人,并会在该案对应的网站上归档。[④] 该裁决是终局性的。除非当事人反对,裁决将会在其宣读后的60天后张贴在网络审裁庭的网站上。[⑤] 如果当事人反对张贴裁决,秘书处应向各方当事人提议将裁决中可以识别身份的资料作出更改(如使用化名)后再行张贴。[⑥]

六、其他项目

除上述项目之外,还有另外一些项目也为与电子商务相关的特殊争端提供了争端解决服务。虽然这些项目不如上文所提及的项目那样有影响力,但是它们的存在为我们解决未来可能发生的纠纷提供了丰富的参考资料。

商业促进局理事会(Council of Better Business Bureau,简称BBB)提供的争端解决服务得益于商业促进局本身的良好声誉。商业促进局的建立主要是为了帮助培养消费者对电子商务的信赖和信心。该局网上隐私项目(BBB online Privacy Program)一方面为测试一间公司信守其网上隐私承诺的能力提供了一套全面的评估程序;还进一步为消费者的隐私权问题设定了一个争端解决机制。所有申诉须先由商家处理,若不能成功解决,再交由商业促进局调解员解决。

TRUSTe是一个广为人知的供消费者解决与其个人隐私权及其他消费者权益相关问题的首创方案。[⑦] 想参与TRUSTe计划的网站所有人须与TRUSTe签约一年,以约束用户遵守某些隐私原则,并规定在争端不能得到解决时的进一步程序。一旦消费者和带有TRUSTe标志或商标的网站之间产生纠纷,争端解决机制将首先由TRUSTe解决纠纷;如果争议未获解决,则进入进一步的程序。

① CyberTribunal Arbitration Procedure, Article 17(2).
② CyberTribunal Arbitration Procedure, Article 18.
③ CyberTribunal Arbitration Procedure, Article 21.
④ CyberTribunal Arbitration Procedure, Article 22, 23(1)-(3).
⑤ CyberTribunal Arbitration Procedure, Article 23(6).
⑥ CyberTribunal Arbitration Procedure, Article 23(6).
⑦ 参见 http://www.truste.org.

七、分析

上述讨论的争端解决项目以及诸如 Janzen Group① 和 Cyberjury② 等其他项目所提供的争端解决服务，在某种程度上都涉及自律原则的适用，并为这一原则适用的优缺点提供一些实践上的证明。互联网在很大程度上是一个私有化的世界；在网络社区自行创设的框架下，各国政府及其法院介入的程度日益降低。③毫无疑问，更多的商业团体喜欢通过由网络社区自行设计和控制的非官方体制处理电子商务方面的争端。

1. 内部机制

处理消费者申诉的内部机制可以有效地防止争端的真正出现，或能在较早的阶段解决争端。有些现有的内部机制是法律要求的，如信用卡拒付的做法；有些则是基于商业考虑而由网络社区自发提出，如 eBay 提供的托管金服务。虽然上述机制可在最广泛的意义上被视作争端解决机制，但是我们倾向于将它们理解为避免争端发生的内部机制。

内部机制相当重要。由于可以预见电子商务中，涉及小标的的争端将比以前更频繁地出现，由商业团体内部作出决议解决此类争端将大大减轻外部机制的负担。如果商业团体表现出向消费者提供合理救济的意愿和能力，向各种交易中产生的申诉提供切实的解决方法，那么外部机制就能从很大程度上减少对此类争端解决的干预。此外，商家通过内部机制的提供，体现其可信度，从而提升消费者对商家的信心。高效的内部机制配合或仿照现行被认可的标准，可以使商家最终受益。从内部申诉机制所得到的反馈意见还可以进一步帮助商业组织制定市场方案和规划未来。④

内部机制应当得到支持和发展。一个商业网站可以包含关于内部申诉程序的详细信息，向消费者解释如何着手提起申诉，并列出详细联系方式和指出可能

---

① Janzen Group 向参与网上商贸的公司提供网上申诉专员的服务，并承诺为这些公司的客户解决可能出现的纠纷。参见 Janzen Group, Business and Workplace Mediation and Conflict Resolution, http://www.janzengroup.com.

② Cyberjury 是一个网站，向读者剖析真实个案，并要求读者根据争端各方当事人的证词和案件事实表达意见。参见 R. J. Konray, Cyberjury, http://www.cyberjury.com.

③ P. D. Carrington, Virtual Civil Litigation: A Visit to John Bunyan's Celestial City, *Colum. L. Rev.*, Bol. 98, 1998, p. 1516.

④ A. McChesney, Feasibility Studies for New Standards Relating to Consumers and Electronic Commerce, 14 February 2000, for the Office of Consumer Affairs, Industry Canada, http://strategis.ic.gc.ca/SSG/ca01275e.html.

的回应。内部机制应当有权力就有关申诉作出决定并实施救济措施。也就是说,商家可以决定申诉人是否拥有获得赔偿的合法权利;依据有关规定给予消费者赔偿常常是维持与客户良好关系的做法。[①] 当然,并非所有申诉都能通过内部机制得以解决,如果纠纷未能解决,那么就要依赖外部机制。

2. 外部机制

自律原则的一个好处就是能够为未来正式管制提供一个测试平台。[②] 由于电子商务的争端解决机制仍然是一个新计划,相关规则尚未完全建立,有待经过反复试验得到进一步完善。

迄今为止的实践证明,自律机制的确有其优胜之处,而外部监管机制的不足更加证明了这一点。没有商务专家、法律专家,没有财政上和技术上的支持,上文所讨论的项目就不可能实现;但是上述这些支持,对于这些项目成功的实施还是不足够的。例如,在虚拟裁判法庭作出的首个裁决之所以无法执行,主要是因为裁判官存在的疏忽。因此在项目的实施过程中,还需介入其他群体和个人,以确保项目的顺利实施。

上述项目实施中出现的问题也使自律原则受到批评,而且这些项目的客观性也备受质疑。例如,在虚拟裁判法庭裁断的首宗案件中,申诉人与该项目之间存在的关系使人们对最终裁决的效力产生疑问。此外,相关当事人承认和执行裁决又是另一重要问题。在同一案件中,被告人拒绝承认该项目的权威,这直接影响日后裁决的执行。

参与争端解决过程的专家本身及其素质在很大程度上能够决定上述项目对网络世界的实质价值;而从另一方面来说,该价值也取决于解决争端的速度和给争端当事方提供的便利程度。为了提高效率,所有程序都充分利用网上设施。由此可见,网上机制是解决争端的可行方法。由于互联网未能有效地确保机密信息的安全传播,目前需要考虑的,是决定如何使电子邮件通信更安全以及利用加密技术来补充网上设施的不足。

保密性是替代性争端解决方式的一般特征之一,它对建立消费者的信心起着尤为重要的作用。目前,对于使用网上机制的人而言,保密问题仍然未能得到

---

① A. McChesney, Feasibility Studies for New Standards Relating to Consumers and Electronic Commerce, 14 February 2000, for the Office of Consumer Affairs, Industry Canada, http://strategis.ic.gc.ca/SSG/ca01275e.html.

② 详见 D. K. Mulligan & J. Goldman, The Limits and the Necessity of Self-Regulation: The Case for Both, in *Privacy and Self-Regulation in the Information Age*, U. S. Department of Commerce, NTIA 1997, 67-68, http://www.ntia.doc.gov/reports/privacy/privacy_rpt.htm.

完善的解决。一般情况下,网上机制提倡在对案件作出终局性决定后才公布相关信息和文件,①但这样一来,所有通过各方当事人的网络服务提供商传递的电子邮件可能会被系统操作员(sysop)截获;因此,有必要考虑加密软件,从而解除这一通信安全威胁。② 在此类加密软件尚未成熟之前,为便利电子商务争端解决机制的发展,我们可以暂时考虑使用电子邮件的同时,结合使用其他通信方式。在争端解决过程中,必须根据具体争端的复杂程度向相关当事人和被委任的调解员或仲裁员提供各种互通信息或者与其他相关人员联络的途径,使其更好地了解案件中的利害关系。

此外,在消费者尚未完全了解电子商务及有关争端解决的必要知识之前,要树立他们对这些机制的信心仍然会是一个棘手的问题。因此,应当借助网站、广告和教育课程等手段进行教育和引导,使公众适应并接受这一新事物。

各个网站可成为通往争端解决服务的大门。它们可以宣传网上服务;为潜在的争端当事人提供网上程序的信息;收集未来消费者的联系资料以评估他们是否适合使用这些服务;公布服务章程和必须提交的文件;介绍关于仲裁员或调解员背景资料的信息等。网站还可用于其他目的。例如,有的网站可就某一特定领域提供法规和法律意见;有的则可以提供图书馆资料查询服务;有的还可以实行远程教育;等等。

在此方面,eBay 网站便是一个范例。如果产生争端的商家网站与一个著名的争端解决网站相链接,申诉人多数会使用网上机制。为了增加消费者对带有上述链接的商家的信心,同时也为了宣传该争端解决网站,该链接应当马上投入服务,从而促进商业发展和网上争端解决。

此外,为了提升消费者的信心并使网上机制取得最终成功,拥有一批通晓法律问题和科技知识的专家是至关重要的。网上申诉调查办事处项目要求每一位申诉专员都有一位具有某种专业知识并对互联网相当熟悉的工作搭档。当然,这只是权宜之计。从长远来看,申诉专员最终应兼备上述专业知识。

综上所述,通过网上机制,专家能够以尽可能低的费用解决有关争端。目前,一旦裁决作出,就由内部有关机制来执行;未来,在必要时可以考虑创设一个新的执行体制以执行新机制作出的裁决。

---

① 直到案件接近尾声,虚拟裁判法庭程序也不向外透露任何消息,这显示出该项目十分注重各方当事人的保密问题。

② 进展之一是可以使用保密聊天室,使互联网用户通过文字作实时沟通。参见 Virtual Magistrate Project Providers Dispute Resolution in Cyberspace, *World Arbitration & Mediation Rep.*, March 1996, at 77.

第二节 世界知识产权组织的争端解决机制

世界知识产权组织仲裁与调解中心(以下简称中心)是争端解决服务的一个重要机构,自从它承担了解决域名争端的新服务后便更为引人注目。它在这一领域的实践对整个电子商务领域的争端解决都具有重要意义。

一、背景

在互联网出现后,成立了互联网规约编号指配局(Internet Assigned Numbers Authority,简称 IANA),以维护根服务器(root server)并对互联网的地址、名称和协议参数进行中央协调、分配和登记。① 1998 年 6 月 10 日,美国政府发表了《网际网络名称与地址管理政策之声明》(白皮书)。② 该声明明确说明由私营部门建立一个全球性组织,承担管理网络协议、域名、网络通信地址及互联网根服务器系统的责任。③ 该声明发表四个月后,成立了一个名为 ICANN④(即互联网名称与数码分配公司)的新机构,该机构具体负责涉及诸如分配网络地址、自治系统编号、顶级域名、域名系统及网络协议等内容在内的行政工作。⑤ ICANN 是由

---

① 参见 IANA Press Release, 19 October 1998, http://www. postel. org/ianapr102098. html; D. Flint, Much Confusion in Cyberspace-A Personal View of the Proposals for Internet Regulation, *Business Law Review*, Vol. 19, 1998, pp. 112 ~ 115.

② Statement of Policy on Management of Internet Names and Addresses, *Federal Register*, Vol. 63, 1998, p. 317.

③ Electronic Signatures in Global and National Commerce Act on H. R. 1714 Before the Subcomm. On the Courts and Intellectual Property of the House Comm. on the Judiciary, 106th Cong. (1999) (Prepared testimony of M. M. Roberts, Interim President and Chief Executive Officer of the Internet Corporation for Assigned Names and Numbers).

④ 关于将权力移交 ICANN 的详情,参见 L. Pearlman, Truth, Justice and the Dot-Com Wars, *Law News Network*, http://www. lawnewsnetwork. com/practice/techlaw/news/A20216 - 2000Mar31. html; D. C. Nunziato, Freedom of Expression, Democratic Norms, and Internet Governance, *Emory Law Journal*, Vol. 52, 2003, pp. 196 ~ 201; A. M. Froomkin, Habermas @ Discourse. net: Toward a Critical Theory of Cyberspace, *Harvard Law Review*, Vol. 116, 2003, pp. 838 ~ 855.

⑤ Introduction to the IANA TLD Delegation Practices Document or ICP-1 paper, 21 May 1999, http://www. iana. org/icp1. html.

美国商务部支持的非营利机构,也是制定互联网政策的主要机构。[①] 该机构主要承担行政职责;根据有关文件,该机构的重要目标是为公众利益而维护全球互联网的中央协调职能。该机构成立后的首要使命之一是创设一个争端解决政策,使涉及域名权利的冲突得以低成本地迅速解决。

1999 年以前网络解决公司(Network Solutions,Inc. ,简称 NSI)是唯一的域名注册机构。根据美国政府发表的白皮书,[②]ICANN 挑选五间域名注册公司,与 NSI 展开竞争。其实,域名体系本身存在一些问题。虽然用阿拉伯数字组成的网络编码的数目可能不存在上限,但是商家在注册域名时,往往只会从一批有限的具有特定意义的词汇中选择作为其网站的域名。一些行业可供选择的词汇更少。[③] 由此,一些人看到其中的商机,利用有关词汇有限这一情况抢先注册某些域名,不是为了自己使用,而是为了将来将域名出售,从中牟利。[④] 这样就引起了很多争端。[⑤] 例如,那些打算建立网上购物网站的注册者和知名商标的持有人,稍迟一步就会发现他们的商号或商标已经被注册成域名了。[⑥] 虽然,NSI 创设了一套程序[⑦]供第三方质疑域名持有人使用某一特定域名的权利,[⑧]但该程序

---

① 详见 ICANN,Approved Agreements among ICANN,the US Department of Commerce,and Network Solutions,Inc. , http://www. icann. org/nsi/nsi-agreements. htm.

② 题为《改善互联网名称及地址技术管理的建议书》的绿皮书,由美国商务部的国家电信与信息局(NTIA)于 1998 年 1 月 30 日发表,并于 1998 年 6 月 5 日成为白皮书。详见 NTIA http://www. ntia. doc. gov/ntiahome/domainname/domainhome. htm#3.

③ S. Niyogi, *The Future of Domain Names*, http://www. siliconindia. com.

④ *Panavision Int'l, L. P. v. Toeppen*, 945 F. Supp. 1296, 1300 (C. D. Cal. 1996); *Intermatic, Inc. v. Toeppen*, 947 F. Supp. 1227, 1233 (N. D. Ill. 1996); A. M. Froomkin, Symposium: The Legal and Policy Framework for Global Electronic Commerce: A Progress Report of Governments and Governance, *Berkeley Tech. L. J.* ,Vol. 14,1999,p. 617,626.

⑤ 关于争端的出现,详见 C. Oppedahl, Internet Domain Names that Infringe Trademarks, http://www. patents. com; The Internet is Running out of Addresses, http://www. economist. com.

⑥ J. Zittrain, ICANN: Between the Public and the Private-Comments Before Congress, *Berkeley Tech. L. J.* ,Vol. 14,1999,p. 1071. 1079.

⑦ 详见 C. Oppedahl, Analysis and Suggestions Regarding NSI Domain Name Trademark Dispute Policy, *Fordham Intell. Prop. Media & Ent. L. J.* ,Vol. 7,1996,p. 73,pp. 77~81.

⑧ 最明显的特点是"冻结"程序:已注册的商标与其后注册的域名相同,该商标所有权人可以申请"冻结"该域名,这样一来,在争端得到和平解决或获得司法裁断之前,任何人都不得使用该域名。详见 The Network Solutions Domain Name Dispute Resolution Policy, Revision 03 (effective 25 February 1998), http://www. networksolutions. com.

的局限性[①]以及NSI程序中规定的被动模式[②]不但未能抑制域名抢注(cybersquatting),反而加剧这一现象的出现。[③] 许多学者都对NSI及其政策提出许多批判意见,强烈要求就域名的争端解决作出政策上的改进。[④]

为此,ICANN向包括WIPO在内的有关团体和个人[⑤]征询意见和建议,并于1999年10月24日正式通过《统一域名争端解决政策》(UDRP)及其规则。ICANN指定了数个争端解决服务提供商。基于WIPO在知识产权及争端解决方面的经验,它成为首个被指定的服务提供商。[⑥] WIPO的仲裁与调解中心随后制定了补充规则。

---

① 该程序只适用于在联邦或国内注册的商标。详见C. Clough, *The Only Way to Fully Protect Your Domain Name under Our Current "Dispute Policy" is with a Federal Trademark!*, http://blaze.net/search/internic.html; C. Oppedahl, Changes in Domain Name Rules could Result in Ownership Loss, http://www.patents.com.

② 商标所有权人只需向域名所有人寄出一封申诉信,再将该申诉信的副本连同信件已投递的证明和商标注册证书的副本发送给NSI。然后,NSI会联系域名所有人并要求其提供生效日期早于申诉日期的联邦商标保护证明。如果无法提供,NSI会将域名"冻结"至争端解决为止。

③ 参见C. Oppedahl, *NSI Domain Name Dispute Policy Puts Owners at Significant Risk, http://www.patents.com; G. G. Davis, III, Internet Domain Names and Trademarks, A Growing Area of Domestic and International Disputes*, 532 *PLI/Pat* 383, 393 (1998); *S. Kouretchian, Revised Rules Govern Domain - Name Disputes: To Adequately Preserve Their Rights, New Registrants Should File for Trademark Protection*, Nat'l L. J., 28 *October* 1996, *at C*20.

④ 详见D. Lock, Toll-Free Vanity Telephone Numbers: Structuring a Trademark Registration and Dispute Settlement Regime, *Calif. L. Rev.*, Vol. 87, 1999, p. 408; S. B. Sterling, Comment, New Age Bandits in Cyberspace: Domain Names Held Hostage on the Internet, *Loy. L. A. Ent. L. J.*, Vol. 17, 1997, pp. 746 ~ 747.

⑤ 由于意识到需要提供一个比诉讼机制更经济和更有效率的争端解决机制对域名纠纷进行审理和作出裁决,WIPO进行研究,起草《域名处理程序的最后报告》,并将该报告有关内容写入最后的UDRP,使该新机制成为替代诉讼的争端解决方式。

⑥ 另外三个已经获得批准,分别是位于美国明尼苏达州明尼阿波利斯的国家仲裁论坛,位于美国马萨诸塞州阿姆赫斯特和加拿大蒙特利尔的Disputes.org/eResolution Consortium以及亚洲域名争端解决中心,该三机构有不同的专家名单。随后会有更多的机构得到批准。参见Providers Take Different Approaches, 2 *World Telecom Law Report*, No. 2, 23 (2000); E-conflicts Find an eResolution Creation of a Canadian Virtual Tribunal to Settle Domain Name Disputes, http://www.newswire.ca.

二、打击域名抢注现象

众所周知,域名就是网站的名称或地址,用以识别与互联网连接的计算机或网络。[①] 但是,人们对域名纠纷的构成却不甚了解。在一些有关这类纠纷的文献中,域名纠纷往往被简化为域名抢注纠纷,更有甚者,会将域名纠纷混同于域名抢注。诚然,域名抢注是域名纠纷中最主要和最常见的形式,而且,大部分处理域名案件的机制专门针对域名抢注,但是,域名纠纷并不仅仅局限于域名抢注。下文将讨论域名纠纷的各种形式。

概言之,该机制针对的域名抢注指的是为将来转售牟利的目的而囤积域名的做法。[②] 这情形只见于二级域名(SLDs),因为这部分往往带有一个商业企业的明显特征。根据 WIPO 的《最后报告》,[③]如果判断一宗案件属于域名抢注,必须符合以下三个重要的先决条件。

第一,域名与申诉人享有合法权利的商标或者服务标记相同或者具有混淆性的相似。此类相似包括与申诉人将要从事的活动有关,足以导致误认的相似。域名对于从事电子商务的商业团体而言至关重要。和商标一样,一个域名可有效地代表一个商业团体,但域名同时比商标更独特。例如,同一个商标可以用于不同种类的货品或服务,但同一个域名则只可能用于一个商业团体。这第一个条件可以被视作界定域名抢注的外部条件;下面两个为实质条件。

第二,注册人对于被注册的域名不具有合法的权利和利益。如果想证明拥有上述利益,注册者必须证明即使尚未获得商标权利,但已因该域名而被公众所知;或者已事先将该域名用于与其商誉相关的商品或服务中(或已为上述域名的使用进行过相当多的准备工作);又或者,正在合法地使用该域名,而该使用不是出于非法的商业或盈利目的,不会误导消费者或转移消费者的注意力,而且不会对引起争议的商标或服务标记造成损害。[④]

---

① 详见 *Your Own Domain Name*, http://www.pharamond.com.

② D. Cabell, *Name Conflicts in Cyberspace*, http://www.mama-tech.com(最后访问日期:1999 年 9 月 3 日)。

③ 详见 Final Report of the WIPO Internet Domain Name Process: The Management of Internet Names and Addresses: Intellectual Property Issues (hereinafter WIPO Final Report), http://www.ecommerce.wipo.int(最后访问日期:1999 年 4 月 30 日)。

④ 详见 ICANN 于 1999 年 11 月 4 日在洛杉矶举行的年会上通过的 UDRP 的第 4 条(c)款, http://www.icann.org。Network Solution, INC.(NSI)的政策指出两条可行的答辩理由:域名在申诉人的商标生效日之前注册,或者联邦或国际性商标的域名持有人在域名相同时拥有所有权。

第三,注册人恶意注册和使用域名。这是判断域名抢注行为最重要的基本要素;善意使用域名不应被视作域名抢注。因此,阐明何谓恶意是非常重要的。UDRP及其规则对"恶意"一词作出详细的规定,该词在WIPO中心随后处理的首个案件中进一步得到具体的分析和适用。[①] 概言之,要断定是否存在恶意,需要证明域名的注册和使用均属违法。[②]

UDRP列出了构成域名恶意注册和使用的情形:有证据表明注册域名的主要目的是为了向作为商品商标或服务商标所有人的申诉人或其竞争对手出售、出租或转售域名,以获取直接与域名注册相关费用之外的额外收益;域名注册本身就是为了阻止申诉人注册相应域名;域名注册的主要目的是为了破坏竞争对手的正常业务;为获取商业利润,注册人通过在其注册的域名中制造与申诉人商标的混淆,故意吸引互联网使用者浏览其网站或其他网上场所。[③] 显然,上述列举并未穷尽所有情况。要确定不当或恶意行为的构成,仍需根据具体案情深入分析。

UDRP第4条(a)款列明,只有在申诉人证明某域名注册的行为满足上述三个条件时,该行为才能被界定为该机制所指的域名抢注;注册人如果在没有授权的情况下在其注册的域名加入某商标的成分,就可能成为域名抢注者。[④] 实际上,上述三项条件互相关联,为了对域名抢注案件作出公平合理的裁断,三者缺一不可。上述三个条件的结合正反映了内外在、正反两方面条件的结合和互补。具体来说,为了对恶意行为的指控作出抗辩,答辩人必须能够证明他拥有相关权利或合法利益。因此,第二项条件是第三项条件的补充。至于真实意图的证明标准则交由具体的争端解决机构来制定。[⑤]

如前所述,域名纠纷并不等同于域名抢注,因为域名抢注只是域名纠纷的其

---

① 首宗案件(World Wrestling Federation Entertainment, Inc. v. Michael Bosman)于1999年12月2日以电子方式提交WIPO仲裁与调解中心。专家小组对该案作出的裁决中对恶意进行了详细的阐述。

② D. Cabell, *Trademark Disputes Online-ICANN's New Uniform Dispute Resolution Policy*, http://www.mama-tech.com(最后访问时间:1999年11月18日)。

③ 详见ICANN UDRP, Section 4 (B)。S.1225,美国参议院通过一个新的法案,该法案规定,恶意由数个因素决定,包括意图转移顾客的注意力、为获取高额的利润而出售域名以及使用他人拥有的商标登记多个域名。参见 *New Bill Would Provide Remedies for Domain Name Hijacking*, http://www.mbc.com.

④ A. Baum & M. Epstein, New Dilution Act Used to Evict "Cybersquatters", Nat'l L. J., 27 January 1997, at C03.

⑤ UDRP, Section 4(b).

中一个类别。还有另外两种重要的纠纷类型:寄生域名和孪生域名。虽然上述三个类别密切相关,甚至在某种程度上非常相似,但是它们之间的分野还是相当清晰的。

和域名抢注者一样,寄生域名的目的也在于获取利益,但寄生域名的注册者与之不同之处在于注册者通过注册某著名企业的名称为域名,开展商业活动并从中牟利。不难想象,在同类行业的企业之间或那些想从知名企业的名气中获利的个人或团体与企业之间经常会发生这类纠纷。在"孪生域名"的情况下,域名注册人及申诉人可能拥有相同或几乎相同的名称,而且该两者之间都有权使用该域名,都拥有合法的申诉权。[①] 正如 WIPO《最后报告》所提出的,这类争端的解决存在较大难度,而且不存在恶意行为,与上面提到的域名抢注有实质的不同,因此必须将这些种类严格区分开。针对这两类,我们可以通过增加通用顶级网域(gTLDs)的种类,得到较好的解决。该报告还强调针对不同类型的争端,必须采取不同的方法和指导原则。

从现有的资料来看,另两类域名纠纷一直没有得到太多的阐述,大部分讨论都集中在抢注域名这一类案件中。原因何在? 首先,相对另两类争端,域名抢注案件较为普遍。其次,域名抢注案件的侵权事实更易于识别。最后,域名抢注的恶意行为,对社会危害极大,影响较深,因此急需解决。不过,无论属于上述哪种情况,对任何一种域名纠纷的处理都有助于明晰商标所有权人对其域名的所有权。为保障上述权利,我们亟须一个高效的机制来解决域名纠纷。

综上所述,域名抢注可能带来严重的后果。为解决域名抢注的纠纷,首先有必要确定此类案件的性质:民事性质抑或刑事性质;然后再有针对性地采取相关措施。

在各国的审理活动中,域名抢注者通常要服从民事诉讼程序的管辖,但是,有证据表明域名抢注也应接受刑事司法管辖。美国众议院司法委员会一致同意宣布域名抢注为非法行为。[②] 此外,该委员会还提交了一个法案:[③]只要任何人

---

① I. S. Nathenson, Showdown at the Domain Name Corral: Property Rights and Personal Jurisdiction over Squatters, Poachers and Other Parasites, *University of Pittsburgh Law Review*, Vol. 58, 1997, p. 991, http://www. pitt. edu.

② 1999 年 11 月 29 日,美国总统克林顿签署并通过了《知识产权与通信综合改革法》(Intellectual Property and Communication Omnibus Reform Act 1999),导致了《美国联邦商标法》的修定。该商标法内有新的条款专门针对域名抢注问题作出规定。详见 S. D. Littlepage, Anti-Cybersquatting Act: Federal Protection for Trademarks and Personal Names on the Internet, http://www. dickinsonwright. com.

③ 关于该法案的初稿,详见 http://www. senate. gov。

有意并使用欺诈手段,或者恶意注册或者使用他人的商标,该类行为如果淡化著名商标或服务标记或者对其所有权人商誉造成损害的行为即构成犯罪。虽然白宫发言人表示该法案不会得到通过,①但该提案引发了关于如何抑制域名抢注行为的深入讨论。正如该提案所述,要证明域名纠纷中存在犯罪行为(更详细地说,是证明恶意的存在)须考虑的因素多于上文讨论的三项条件。② 如果一项行为的性质足够严重,那么就应该受到惩罚。由于有些国家已经通过了与电脑有关的犯罪行为的立法,关于域名抢注犯罪性质的思考将有助于支持并完善相关的立法。就现有规定来看,处理域名抢注纠纷的机制与刑事问题并没有直接挂钩。

三、该机制的程序

一旦某商标被他人恶意注册并滥用于一个或数个顶级网域中,其商标持有人认为自己就商标的权益受到侵害,那么就可以向该机制提出申诉,③启动整个程序。④ 启动程序须提交的申诉材料包括:申诉人、答辩人和申诉人的代理人(如果有的话)的联系方式;⑤发生争议的域名或者名称;相关注册人的名字;关于滥用性域名注册的陈述并阐明作出该陈述的依据;该申诉欲对其作出答辩的任何证明文件及其一览表;以及申诉诉求。⑥ 这些材料将会移交给之后成立的依《滥用性注册规则》(Abusive Registration Rules)运作的专家小组。递交申诉

---

① 详见 I. J. Kaufman, The Domain Name System: Dispute Resolution and the Nice Classification System, *International Business Lawyer*, Vol. 28, No. 1, 2000, p. 39.

② 根据该提案,须满足以下情况(恶意行为的必要条件)方可构成犯罪行为:(a)被告注册或使用某一标识导致混淆或误解、欺骗,或淡化某一驰名商标的显著性;或者有意将商标所有权人的网上顾客转移到被告的网站;(b)被告在其注册标识的申请中提供虚假信息,或者发出要约,为换取一定价值而将注册的标识转让给商标所有权人或者其他人员或团体;(c)标识并非被告的合法名字或姓氏,又或者被告没有在首次使用注册商标时或注册生效日期前在合法商务中使用该标识。

③ WIPO 的网站载有一份标准的申诉表格,该表格可以在网上提交。而 WIPO《最终报告》中也提出来一项建议,认为应当为了对案件中所有诉状和答辩状进行安全的电子归档作出程序规则方面的规定。但是,WIPO《滥用性注册规则》规定通信方法应包括快递和急件服务、传真、以及在提供者有适当的技术设备的情况下通过互联网进行电子寄送。

④ WIPO Policy on Dispute Resolution for Abusive Domain Name Registration, Article 3, 6.

⑤ 一方当事人可由不论国籍和是否拥有专业资格的任何人员来代表。WIPO Policy on Dispute Resolution for Abusive Domain Name Registration, Article 4(a).

⑥ WIPO Policy on Dispute Resolution for Abusive Domain Name Registration, Article 6.

的同时须支付不可退还的行政费用。[①] 若有必要,还应缴付该程序所需费用的保证金。[②] 如果在第二次催缴后的七日内仍不能缴交费用,申诉视为撤回。[③]

在收到申诉之后,WIPO 中心将会审查该申诉,确保其符合 UDRP 的基本要求。如果符合的话,中心会将申诉送交答辩人,并告知双方该程序开始之日;根据有关规定,WIPO 中心最初收到申诉之日即为程序开始之日。[④] 答辩人从程序开始之日起十日内提交答辩意见,包括对于申诉中任何要点的意见,并提供答辩人想要援引的任何文书证据,以及上述文件的清单。[⑤] WIPO 中心应在收到该答辩意见后立即送交申诉人。[⑥] 未能提交答辩意见不会妨碍程序的进展;专家小组可以基于申诉方提交的材料作出裁决。[⑦]

随后,WIPO 中心会任命一个三人组成的专家小组,并从中指定一个首席专家。[⑧] 之后,中心会将涉案法律文件移交专家小组,[⑨]并将专家小组各成员的身份告知双方当事人。[⑩] 争端双方若质疑某专家可能缺乏公正性或者独立性,而该专家又拒绝退出时,任何一方当事人均可提出异议。[⑪] 在这种情况下,中心应就该专家的资质作出最终决定。[⑫] 整个程序应在递交答辩或者成立专家小组之

---

① WIPO Policy on Dispute Resolution for Abusive Domain Name Registration, Article 37 (a)-(c)。在申诉方支付行政费用之前,不应就其申诉采取任何行动。

② WIPO Policy on Dispute Resolution for Abusive Domain Name Registration, Article 39.

③ WIPO Policy on Dispute Resolution for Abusive Domain Name Registration, Article 37 (d),39.

④ WIPO Policy on Dispute Resolution for Abusive Domain Name Registration, Article 7.

⑤ WIPO Policy on Dispute Resolution for Abusive Domain Name Registration, Article 8 (a).

⑥ WIPO Policy on Dispute Resolution for Abusive Domain Name Registration, Article 8 (b).

⑦ WIPO Policy on Dispute Resolution for Abusive Domain Name Registration, Article 28 (a).

⑧ WIPO Policy on Dispute Resolution for Abusive Domain Name Registration, Article 9(a). 除非双方拥有相同的国籍,否则,在一般情况下,首席专家的国籍应当不同于任何一方的国籍。

⑨ WIPO Policy on Dispute Resolution for Abusive Domain Name Registration, Article 20.

⑩ WIPO Policy on Dispute Resolution for Abusive Domain Name Registration, Article 9(b).

⑪ WIPO Policy on Dispute Resolution for Abusive Domain Name Registration, Article 10 (a)-(b)。每一个专家都必须公正和独立,并确保没有任何情况会使人对上述公正性和独立性产生合理疑问;否则,一定要公开这些情况。

⑫ WIPO Policy on Dispute Resolution for Abusive Domain Name Registration, Article 12 ~ 17.

日起十日内宣布终结,以上述两个日期中较迟的一个为准。[①]

专家小组在整个过程中拥有完全的裁量权。[②] 它可以就适用的语言、[③]是否应当提交进一步的声明和附加的文件以及任何证据的可接受性、关联性、重要性以及分量作出决定。[④] 根据规则,专家小组仅就提交的文件进行书面审查并作出裁断;在特殊情形下,也可以选择开庭审理。[⑤]

专家小组应当根据《滥用性注册规则》的规定解决争端,[⑥]适当的情况下亦可以使用一些相关及合适的法律。[⑦] 裁决应当在程序终结后十日内由专家小组以多数票决定;如果不存在多数意见,则由首席专家作出决定。[⑧] 最终裁决书中应包括裁决日期、专家小组各专家的签名[⑨]和仲裁程序的费用。[⑩] 此外,该裁决书必须阐明作出该裁决的理由和依据。

专家小组应将裁决告知 WIPO 中心,并由后者将裁决送达各方当事人。[⑪] 在送达裁决之日起七天后,WIPO 中心会将裁决通知域名注册机构,后者将根据

---

① WIPO Policy on Dispute Resolution for Abusive Domain Name Registration, Article 34.

② WIPO Policy on Dispute Resolution for Abusive Domain Name Registration, Article 21 (a)-(b)。其前提是各方当事人都受到平等对待,并且每一方都得到平等的机会对案件进行陈述。

③ WIPO Policy on Dispute Resolution for Abusive Domain Name Registration, Article 22 (a)。除非另有协议,程序中使用的语言应与域名注册协议使用的语言相同,否则,由专家小组决定。同时,根据第22条(b)款,专家小组可以下令翻译不同于程序所使用的语言的文件。

④ WIPO Policy on Dispute Resolution for Abusive Domain Name Registration, Article 25.

⑤ WIPO Policy on Dispute Resolution for Abusive Domain Name Registration, Article 27 (a).

⑥ WIPO Policy on Dispute Resolution for Abusive Domain Name Registration, Article 31.

⑦ WIPO Policy on Dispute Resolution for Abusive Domain Name Registration, Article 15.

⑧ WIPO Policy on Dispute Resolution for Abusive Domain Name Registration, Article 32 (a).

⑨ WIPO Policy on Dispute Resolution for Abusive Domain Name Registration, Article 33(a)-(c)。最低限度,裁决书应包括专家小组多数成员或独任专家的签署,并应在缺少任何签名时提交简洁的情况说明。

⑩ WIPO Policy on Dispute Resolution for Abusive Domain Name Registration, Article 40. 这包括专家小组的费用、支出和其他在程序进行中必要的支出,如听证会设施的费用。

⑪ WIPO Policy on Dispute Resolution for Abusive Domain Name Registration, Article 33 (e).

裁决的内容采取执行措施。该裁决应于通知域名注册机构之日起生效。[1] 此外,该中心应将裁决送交 WIPO,让 WIPO 在其网站上向公众公布。[2] 至此,整个程序圆满结束。

四、机制的特征

UDRP 规则刚生效一天,WIPO 机制就接收到第一宗申诉案并开始运作。[3] 迄今为止,提交到 WIPO 的案件已达上千宗。[4] 为提供优质服务,WIPO 中心维持着一个全面的法律、行政及信息科技基础框架。该机制的专家、法律人员及助手跨越六大洲,为确保案件的处理过程合乎专业行政水平,秘书处向该支国际团队提供有力的支持。总括来说,该机制有如下特色:

第一,该机制被清楚地定性为行政性仲裁。WIPO 中心设立的目的是向私人团体间的国际商业争端提供仲裁及调解服务。[5] 虽然由中心提供的服务本质上是为了解决法律纠纷,但是中心本身并非法律权威机构。从法律角度看,中心的具体任务在于成立专家小组以解决域名纠纷。[6]

该机制的启动过程也足以证明 WIPO 中心的此项行政职能。正如 ICANN UDRP 所述,注册和使用互联网域名的纠纷应提交行政机构处理。实践中,这一提交行为注重的是事前达成的域名注册协议及其中提供规定的相关争端解决程序条款。所谓的域名注册协议在该仲裁程序中,就被作为域名注册申请人默示同意参与该程序的依据:即域名抢注者的域名持有人必须强制接受该仲裁程序,并认可裁决的约束力。这意味着,仲裁程序的结果将有可能使他丧失域名的所有权,并承担仲裁费用。因此,以行政为主导的仲裁机制不同于传统仲裁,传统

---

① WIPO Policy on Dispute Resolution for Abusive Domain Name Registration, Article 35 (b).

② WIPO Policy on Dispute Resolution for Abusive Domain Name Registration, Article 33 (f).

③ 首宗案件于 1999 年 12 月 2 日收案,于 2000 年 1 月 14 日前作出裁决并部份地公开。该案涉及 Melborne IT 公司的一宗恶意域名抢注,争议的域名为 < http://www.worldwrestlingfederation.com。参见 WIPO Press Release 2000/204, http://www.wipo.org/eng/main.htm.

④ 详见 http://www.arbiter.wipo.int.

⑤ 详见 WIPO 仲裁与调解中心, http://www.arbiter.wipo.int.

⑥ 详见 Substantive Guidelines Concerning Administrative Domain Name Challenge Panels, Interim Policy Oversight Committee, http://www.gtld-mou.org(最后访问时间:1997 年 5 月 23 日)。

仲裁的管辖权来自于争议当事双方达成的仲裁协议。下文将会进一步讨论争端中域名注册机构的被动角色。

第二,新机制并不排除诉讼环节。一旦一宗申诉被提交到 WIPO 中心,中心便会对其进行处理,直至该申诉得到解决或被撤回。如果域名持有人拒绝应诉,那么他败诉的几率就相对高一些。但是,该机制作出的裁决效力还是受到一定的限制。任何一个行政机关的决定都不影响一国法院就其管辖范围内知识产权案件的管辖权。① 在具体的执行阶段,诉讼显得尤为重要,因为它是由一国的法律明确规定,有国家强制力作为后盾,有专门国家机构就诉讼判决的执行提供保障。因此,诉讼机制可以说是确保权利义务平衡和实现法律公正的最终安全阀。商标所有权人在权衡不同机制后,认为诉讼对其最为有利,则完全可以不经其他程序,直接诉诸法院。此外,在该新机制下,专家小组以高效、快速及符合成本效益的程序去审理具体案件,并处理明显侵犯商标持有人权利的案件,而可以将较为复杂的案件交由法院处理。② 这样,该新机制又可以成为诉讼程序之前的过滤器。

但这不代表诉讼机制可以取代其他机制。为令 WIPO 中心成功运作,适当限制域名注册商将案件转而诉诸诉讼的权利是很有必要的。部分注册商恶意滥用其权利,通过提交诉讼程序,故意拖延争端解决过程并增加新机制下裁决效力的不确定性。考虑到科技的瞬息万变和域名使用带来的潜在利润,通过诉诸法院来拖延案件审理时间将对另一方当事人十分不利。为了限制有关当事人实施此类恶意行为,并在域名纠纷中确立更确定的管辖权,UDRP 提出所谓的交互管辖权(mutual jurisdiction)③的概念。域名注册协议明确规定,要求域名注册商在提交诉讼时,④只能向域名注册商住所地所在国或注册机构所在国法院提出诉讼。⑤

第三,该机制广泛应用网上设施,为进一步发展适用于更广领域的争端解决机制提供了基础和经验。WIPO 中心的案件管理以及案件处理工作主要通过网

---

① Final Report of the International Ad Hoc Committee: Recommendations for Administration and Management of gTLDs, http://www.iahc.org,(最后访问时间:1997 年 2 月 4 日)。同样,该程序并不能阻止任何当事人随时启动仲裁或调解程序。

② WIPO Processes First Case under New Dispute Resolution Procedures, *World Telecom Law Report*, Vol. 3, No. 1, 2000, p. 23.

③ 关于交互管辖权的定义,参见 UDRP 规则第 1 条, http://www.icann.org。

④ 这意味着侵权行为法也应被包括在内。详见 I. J. Kaufman, *The Domain Name System-Act Now or Regret Later*, http://www.icanndomainnames.

⑤ 详见 WIPO《最后报告》。

上设施:网上归档设施对案件进行归档;当事人和专家小组可以使用电子邮件通信设施联系和交流;网站还给有关当事人提供有关该机制的信息,申诉书及答辩书范本等。① 一旦案件交由 WIPO 中心处理,就会设立一个用于通信联络的在线空间。申诉、答辩及随后相关证据均可通过安全渠道在网上提交和交换。如专家小组认为有需要,可使用电子聊天室进行听证。②

与传统争端解决机制相比,该机制可有效缩短时间并降低成本,③这在很大程度上得益于 UDRP 及其规则对时间和费用的严格规定。④ 如前所述,整个程序在 45 天内结束,这与诉讼和大部分仲裁相比,已经是相当迅速的。此外,由于整个程序经由电子邮件处理,当事人明显节省了原本用于回应文件和答辩、出庭作证以及准备应诉的时间和费用。⑤ 有学者认为,域名的注册费用低是导致域名抢注激增的原因,而且,通过仲裁及诉讼打击域名抢注所需的费用又较高,这会阻碍某些潜在的域名抢注纠纷得到合理解决。因此,若要成功抑制域名抢注,案件处理费用必须在申诉人的支付能力的合理范围之内。

与传统机制不同的是,WIPO 中心解决域名纠纷的机制需要一批专业人士并对他们有很高的要求。正如 UDRP 规则所述,专家小组应对程序的运作拥有非常广泛的权力。⑥ 这些权力是否能得以合理适用取决于他们对于案件事实和机制程序的知识、认识及专业技能,否则会造成权力的滥用。此外,他们应当有良好的声誉,不仅因为他们对其专业领域具备丰富的知识,还因为他们本身的公

---

① Domain Name Dispute Resolution Service in 2000, WIPO Arbitration and Mediation Center, http://arbiter. wipo. int/domains.

② 根据 WIPO《关于域名注册的行政程序之规则》(Rules for Administrative Procedure Concerning Domain Name Registrations)中第 27 条(a)款的规定,(全文载于 http://www. wipo2. wipo. int),听证会的形式可以是当面会晤、电话或视像会议或可使当事人和专家小组实时进行信息交流的电子通信方式。

③ 该机制最主要的特点是非常快捷并且费用低廉。详见 E. H. Tiller, ICANN's Uniform Domain Name Dispute Resolution Policy: An Overview and Critique, *Internet L. & Bus.*, Vol. 1, 2000, p. 589, pp. 591 ~593.

④ 提交申诉费用由 750 美元至 6000 美元不等,甚或更多,具体费用由争端解决服务提供商的不同、涉案域名的数目和专家的数目等因素决定。一般的 UDRP 程序费用少于 10,000 美元,其中包括提交申诉费和律师费。

⑤ D. H. Bernstein, Domain Name Dispute Resolution: A Model for the Future?, International Conference on Dispute Resolution in Electronic Commerce, WIPO, November 2000, ARB/ECOM/00/22.

⑥ ICANN 规则第 10 条。详见 D. Cabell, Domain Name: World Standard Set for Key Internet Disputes, Dispute Resolution Magazine, Vol. 6, *No.* 2, 2000, *http://www. mama-tech. com.*

正性、合理的裁决能力、作为决策者的经验以及在知识产权法、电子商务和互联网领域的实际经验。除了获取一定行政支持外,这些专家主要通过网络的使用来处理案件,因此他们必须具备并懂得运用相关科技知识。选任的专家必须既能以有效、现代的方式与当事人沟通,又能兼顾速度。由此可见,新机制对专家要求颇高。为改善并提高专家处理案件的水平和质量,中心可以组织有关的培训,提供机会帮助专家之间交流经验。①

注册机构的被动性是该机制的特色之一。自网络社区引入竞争以来,域名注册的行政工作就变得越来越重要。不管注册机构的影响如何,一般认为,他们不应为之后发生的域名纠纷承担任何责任,注册协议②也就此作出类似的规定。③ 注册机构也没有义务就有争议的域名进行转让或者移除;总之,在争端没有得到解决之前,维持现状压倒一切;在裁决作出之前,域名不会被冻结或者封锁。若有必要,④他们在纠纷机制中除了执行裁决外,另一重要角色就是向专家小组提供有关域名注册的相关信息。⑤ 只要注册机构认真开展域名注册工作,尤其是遵照 UDRP 的规定行使其职责,那么,他们就无须为域名注册商任何直接或间接侵权行为负责。⑥

第四,裁决中不会判处任何赔偿金。和诉讼机制提供救济方式不同,网上程序提供的救济方式仅限于取消或移交被注册的域名,或者驳回申诉。该机制没有规定赔偿金、律师费或其他禁制令的救济。总的来说,这一做法是合理的。该机制以简单和高效为目标,而决定赔偿金额只会增加当事人提交的请求和专家小组裁决的不确定性和复杂性。毕竟,该机制属于行政性质,并且不具备传统方式的司法能力。如果当事人希望获取赔偿金,那么就必须诉诸法院。

---

① WIPO 中心成功地于 2000 年 11 月 7 日在 WIPO 总部筹办了首次域名专家会议。

② 参见 Network Solutions, Inc. Domain Name Registration Agreement, Article G, http://www.quickstart.rccis.com.

③ 详见 M. Barry, Is the InterNIC's Dispute Policy Unconstitutional?, http://www.mids.org (最后访问时间:1997 年 8 月 1 日)。

④ D. Cabell, Domain Name: World Standard Set for Key Internet Disputes, Dispute Resolution Magazine, Vol. 6, *No.* 2, 2000, *http://www.mama-tech.com.*

⑤ 在程序进行中,注册机构有必要确认并提供有关争议域名的相关信息。关于在行政程序中 WIPO 及注册机构互动模式的讨论,参见 http://www.arbiter.wipo.int。

⑥ C. Gibson, Digital Dispute Resolution: Internet Domain Names and WIPO's Role, *Computer Und Recht International*, *No.* 2, 2001, *p.* 35.

五、分析

尽管 WIPO 机制的运作很大程度上依靠各国政府的支持,但它更强调自律原则的适用。虽然 ICANN 承担公共职能①并强调各个对域名政策有利害关系当事方之间的合作,②但它从本质上是一个私营企业。此外,其任命的各个争端解决服务提供者都有各自不同的申诉规则、服务规则、时限和专家名单。

该机制于 1999 年 12 月 8 日开始运作,并取得巨大的成功。在该机制下,世界各地受到侵害的商标所有权人都可以向有关侵权人提起申诉,寻求救济。该机制没有对其使用者作出地域上的限制:任何地方的任何人皆可以提起申诉,而案件也可由位于世界上任何地方的专家仲裁。而且该机制接收的案件也没有具体范围的限制。目前,中心正致力于为多语言域名③和新的通用顶级网域④中的纠纷提供服务。也许,随着案件数字的上升和受理范围的拓宽,⑤中心的责任也将进一步扩大。该机制的成功有赖于两点:UDRP 统一适用于所有当事人;裁决可以得到域名注册机构的自动执行。⑥ 正如 WIPO 助理总干事 Francis Gurry 所说:“机制的目标是确保各方当事人受到公正及平等的对待;裁决依法作出,为以后争议提供相关指南;这一切都有助于更多人接受此相对迅速及费用低廉的新机制。”⑦

网上机制比传统机制优胜之处是相当明显的。很多人都赞许该机制;事实

---

① Management of Internet Names and Addresses, 63 Fed. Reg., Vol. 63, 1998, p. 31, 741, available at 1998 WL 298883.

② K. McCarthy, Who the Hell Does WIPO Think It Is?, *The Register*, 16 August 2000, http://www.theregister.co.uk/content/5/12638.html.

③ 在以中文、日文及韩文三种语言进行测试成功后,完全可以注册多国语言的域名。

④ 新的通用顶级网域在 2001 年首次提出,其中包括. aero、. biz、. coop、. info、. museum、. name、. pro。这个想法由 IAHC 提议,参见 J. B. Lucas, IAHC Announces New Top-Level Domains: Recommends New Challenge Procedures, *BNA's Elec. Info. Pol'y & L. Rep.*, Vol. 2, 1997, pp. 152 ~ 153; H. N. Mewes, Note, Memorandum of Understanding on the Generic Top-Level Domain Name Space of the Internet Domain Name System, *Berkeley Tech. L. J.*, Vol. 13, 1998, p. 235, 245.

⑤ 其范围包含影响其他相关知识产权的域名纠纷,参见 The Second WIPO Internet Domain Name Process, http://wipo2.wipo.int/process2.

⑥ A. Christie, The ICANN Domain Name Dispute Resolution System: A Model for Other Transborder Intellectual Property Disputes on the Internet?, International Conference on Dispute Resolution in Electronic Commerce, WIPO, November 2000, ARB/ECOM/00/23. 如报告中所述,上述特点形成的原因是,ICANN 掌控着根服务器上含有所有顶级域名的“根区域”文件,并拥有独立的权力决定这些顶级域名的注册机构的任命。

⑦ P. M. Swamy, WIPO Handling First Cybersquatting Case, Bus. Line, 15 December 1999.

亦如他们所期望的一样。该机制能够减少使用其他耗时而又高成本的通信、当面会晤和开庭聆讯等需要。① 其优点总结如下：第一，争端可以得到快速的解决，通常只需 45 ~60 天；这与诉讼所需时间相比有显著的减少。第二，所需的费用非常低廉。相关通信在网上进行，纸质文件减少等都有助于降低费用。而“简易”则是该机制的第三个优点。各方当事人很容易就能浏览相关指引、规则、申诉和答辩范本以及其他相关信息。该机制规则清楚而详细，既使当事人对相关程序一目了然，又使专家易于操作。

鉴于该机制的诸多优点，有学者提议将该机制推广适用于其他电子商务争端的解决。该建议是否恰当值得认真思索。目前 WIPO 接收的案件，主要针对通用顶级网域和若干国家代码顶级网域(ccTLDs)②中的域名抢注案件，这些案件一般事实清晰，无须太多的调查和审理工作；但是其他电子商务的纠纷，种类繁多，案情可能会更复杂。如果将现有机制延伸至其他领域，那么至少在证据披露方面面临包括财务及时间在内多方面的挑战。该机制现在仍处于初始阶段，一旦证明可行，那么当然可以考虑拓展其发展空间。该机制的成功之处以及存在的问题都说明拓展发展空间的可能性。对其现存缺点的研究，不但有利于改进现有工作，而且可以为改善未来的电子商务争端解决机制带来新的构想。

如同其他争端解决机制一样，该机制在最初实施的阶段经历了一些小波折。这些波折主要涉及程序上的问题。争议的焦点之一是，申诉人可能会在域名注册商提交答辩后再递交有关回复，而 ICAAN 规则没有提及这一点。多数专家小组会拒绝考虑上述回复，这样做一方面是为了节省时间，另一方面是为了平衡双方的利益。专家小组的看法是，申诉人在最初提起申诉时就应当准备好相关事实和论据的所有文件。此外，对答辩人时间上的限制其实已经平衡了双方的利

---

① 详见 C. Gibson & J. Fulton, *A Legal Technical Framework for the Online Resolution of Domain Name Disputes*, http://www.ibm.nsysu.edu.

② 在对关于这个问题的所有见解进行详细的考量后，WIPO 决定将其解决域名纠纷的一般强制性行政程序限于蓄意的恶意行为以及滥用性的域名注册。这些限制主要考虑到有许多学者反对将善意使用有争议域名的争端提交该程序解决的立场。详见 M. S. Donahey, Resolving Certain Domain Name Disputes: The WIPO Recommendations, *Journal of Internet Law*, Http://www.gcwf.com. 通用顶级网域包括：“.com”、“.net”、及“.org”；国家代码顶级网域则包括：“.ac(Ascension Island)”、“.io(British Indian Ocean Territory)”、“.nu(Niue)”、“.sh(St. Helena)”、“.tt(Trinidad and Tobago)”、“.tv(Tuvalu)”、“.ws(Western Samoa)”。此外，一些团体向 ICANN 递交有关采用新的顶级域名的建议书，并赞成采用 UDRP 作为这些域名纠纷的争端解决方式。

益。但是,不同争端解决机构有不同的做法。四大服务提供商之一[①],位于明尼苏达州明尼亚波利的国家仲裁论坛(NAF)修订了其附加规则,明确规定只要付出150美元费用,就允许当事人收到答辩后5天内提交回复。因此,不同机构就UDRP规则有不同的做法,可能会导致当事人挑选仲裁机构,因此,UDRP规则有必要作出修改,具体明确有关回复的规定。UDRP如果能有更明确的规定,将有助于域名争端解决方面形成统一的标准。

该机制另一争议处是最终裁决的阐述及生效。根据UDRP规则,专家小组应提供其裁决基于的理由。[②] 这对于整个机制而言是非常重要的。一方面,虽不存在判例制度,但先前作出的裁决仍然可以在以后的争端解决过程中提供指导。争端各方当事人可以从过往的案件中得到指引,并按照指引采取相应行动。考虑到案件审理的时间限制和不同案件之间存在的相似之处,了解以往的案件有助于专家尽快作出裁决。另一方面,一旦存在互相矛盾的裁决,专家可分析这些裁决,并作出合理的裁决。此外,程序的统一和裁决适用原则的一致性也有助于树立人们对该机制的信心。

有学者建议为这一网上机制增设一个上诉庭。该做法合适与否还存在较大的分歧。许多学者认为不妥。原因如下:第一,设立上诉庭将会不必要地延长每个案件的处理时间,并增加处理的费用。第二,这类纠纷涉及的事实相对较为简单,所以上诉庭没有存在的必要。就算出现不公平的时候,还可以诉诸法院。如前所述,在一般电子商务纠纷的情况下,法院诉讼是所有争端解决的安全阀门。

对于该网上机制还存在其他的批评意见。[③] 有些意见是合理的,有一些则不是。例如,很多人批评ICANN缺乏公开性,不存在问责性以及会员制。[④] 诚然,在规管互联网及相关的争端解决程序时,有必要维持透明度及公开性;但笔

---

① 有关国家仲裁论坛的背景材料,详见 http://www.arbforum.com/domains。另外三个争端解决服务提供商是Disputes.org/eResolution Consortium(马萨诸塞州的阿墨斯特和加拿大的蒙特利尔)、CPR争端解决中心(Institute for Dispute Resolution)及亚洲域名争端解决中心。随后将会认可更多的中心。值得注意的是,新的服务提供商有不同的专家名单,将会根据专家背景的不同而采取不同的解决方法和规定。详见 Providers Take Different Approaches, *World Telecom Law Report*, Vol. 2, 2000, p. 2, 23; E-Conflicts Find an eResolution! Creation of a Canadian Virtual Tribunal to Settle Domain Name Disputes, http://www.newswire.ca.

② UDRP Rules 15 (d).

③ 参见 A. M. Froomkin, *Major Flaws in the WIPO Domain Name Proposal-A Quick Guide*, http://www.law.miami.edu; Domain Name System Information and News, http://www.isoc.org.

④ 参见 K. Coughlin, What a Tangled Web the Federal Government Wove-ICANN Has the Unwieldy Task of Sorting Out Net Addresses, *Start-Ledger*, 3 October 1999.

者认为,目前的机制在很大程度上满足了这一需求。其网站明确提供了包括UDRP程序、WIPO中心的行政服务、相关的文件、实践流程和指引、常见问题解答区、范本、待决的案件一览表和已公布裁决的全文等内容在内的完整信息,人们通过网站的信息已经足以对该机制有一个非常全面的了解。网站还会进一步提供不同语言的版本。① 一些人担心该机制的适用会形成垄断,其实这种担心完全不必要,该机制对争端解决有很多优势,不同的争端解决机构的存在本身已经就足以消除此担心。此外,有人认为该机制偏向于申诉人,因为他有时间在提出申诉前为案件作充分准备,而答辩人则只有有限的时间准备应诉。但是,就域名抢注而言,这并不是一个大问题。域名注册商准备注册域名的时候,就应当考虑到这样做可能带来的后果。

毋庸置疑,互联网上基本的隐私权应当得到保护。但是,公开域名注册者的背景资料也很重要,因为这有助于确定潜在侵权人的方位和身份。因此,对注册者的档案进行保密,但是如果存在一些合理情形,应该允许公开。至于合理情形的界定,则由域名注册机构具体确定。具体而言,此类合理情形应包括提出申诉要求获取有关信息或确认注册者资料是否无误。

如前所述,该机制比诉讼更快捷,费用也更低廉,但该机制不存在证据开示的具体规定,也不能给予金钱上的赔偿。诉讼则存在具体的证据开示制度以及金钱赔偿,但是诉讼所费不赀,而且相对而言,也不是一个高效的争端解决机制。② 因此,两种机制各有其优缺点。最后哪一种机制的选择则由申诉人根据其具体情况自行决定,看哪一方面对其更为重要。

前文提到该机制可能有利于申诉人,即商标所有权人,③这一考虑也一直受到关注。至2000年的5月底止,有175个案件得到了解决。在这些案件当中,有143个裁决结果是将域名转交申诉人;只有32个裁决是对答辩人有利的。④ 尽管如此,其中是否存在偏袒的情形还有待证实。有趣的是,商标所有权人也抱怨UDRP存在致命的缺陷,因为它要求申诉人就域名持有人为了牟利的意图负

① C. Gibson & J. Fulton, A Legal Technical Framework for the Online Resolution of Domain Name Disputes, http://www.ibm.nsysu.edu.

② Information About Trademark and Domain Names, http://www.ladas.com.

③ R. O'Keefe, Alternative Resolution for Domain Name Disputes, http://infoeagle.bc.edu; Letter from F. Paul Bland, Jr., Staff Attorney, Trial Lawyers for Public Justice, to Secretary, Federal Trade Commission, at 6 (20 March 2000), http://www.ftc.gov/bcp/altdisresolution/comments/blandjr.pdf; L. Naylor, Individuals Getting Wiped Out by WIPO, The Standard, 5 September 2000, http://www.thestandard.net/article/display/0,1151,18239.00.html.

④ 详见 http://arbiter.wipo.int.

有举证责任，以支持申诉人的有关请求。① 一个机制不可能满足所有当事人的各种要求。我们只有尽可能地满足各方的需求，尽可能提供完善的机制。

总而言之，笔者衷心赞成该机制所带来的成效，也欢迎对其进行改进。确保WIPO 中心可以通过不断为其配备必要的人员和设施向整个机制提供必要的技术支持对于该机制的成功必不可少。目前，对案件的具体处理还没有形成完善的法律指引，因此，WIPO 中心在处理案件过程中必须不断明确有关规则的实质内容和具体实施。虽然该机制属于行政仲裁，不同于其他仲裁模式，但是 WIPO 中心仍然是网络域名纠纷中最重要的争端解决服务提供者之一。因此，该机制作出的裁决对该领域新规则或习惯法的形成会产生重要的影响。

第三节 结论

如果问电子商务用户是否非常乐意通过法院或传统的争端解决机制来解决纠纷，其回答往往是否定的。他们更希望完全在网上解决纠纷——将其申诉在网上提交、使其文件在网上得到考虑、在网上展开听证或者聆讯、在网上得到裁决。②

网上设施为争端解决提供了大量的机会。有些人仍怀疑网上通信能否达到他们的期望。③ 也许他们觉得，在面对面时，人与人之间强烈的互动是不可能通过计算机屏幕再现的。但是熟悉互联网的人则相信，网上系统有助于理性地评估各方当事人的处境，并最终可以传达情绪、评估可靠性并形成更稳固的新关系。④ 其实，随着互联网越来越广泛地得到应用和人们越来越习惯于互联网的存在，传统机制已经落后，并且最终不再能满足客户的各种需求。新现象带来新需求。因此，使用网上机制处理电子商务争端是明智的做法。很多国际组织已

---

① ICANN' s Dispute Policy Seen too Tough on Trademark Holders, *Comm. Daily*, 16 November 1999.

② W. K. Slate II, Challenges and Opportunities for Dispute Resolution in the Era of Electronic Commerce, International Conference on Dispute Resolution in Electronic Commerce, WIPO, November 2000, ARB/ECOM/00/7.

③ 关于网上机制优缺点的讨论，详见 L. Q. Hang, Comments: Online Dispute Resolution Systems: The Future of Cyberspace Law, *Santa Clara L. Rev.*, Vol. 41, 2001, pp. 853 ~ 863; R. M. Victorio, Internet Dispute Resolution (iDR): Bringing ADR into the 21st Century, *Pepp. Disp. Resol L. J.*, Vol. 1, 2001, pp. 289 ~ 298.

④ D. R. Johnson, *The Promise of Online Dispute Resolution*, http://www. toolbox. org/Tvtools/app-onlinedr. html.

经意识到这一点，并提倡争端解决的网上环境。

正在进行的各个项目将为处理传统争端的机制指明未来发展的道路和方向。虽然我们不可盲目地提倡在任何情况下完全用网上系统取代传统的仲裁程序，因为这完全是不切实际的；但是，在传统的仲裁程序中，至少有某些元素是可以使用现代科技完成的。① 目前的各个项目主要是专业团体的研究成果，②此种努力亟待争端解决领域的有关团体进行协调，以更好地去研究、改善和回应电子商务中的纠纷解决问题。③ 在前景尚未明了之前，笔者刚好可以在电子商务争端解决的管理和监管等方面进行进一步的研究，并为电子商务新机制的规划提出建议。

---

① F. Gurry, The Dispute Resolution Services of the World Intellectual Property Organization, *Journal of International Economic Law*, Vol. 2, No. 2, 1999, p. 397.

② 这些努力通常都不会得到消费者团体的实质性支持。

③ R. C. Bordone, Electronic Online Dispute Resolution: A Systems Approach-Potential, Problems, and a Proposal, *Harv. Negotiation L. Rev.*, Vol. 3, 1998, p. 188.

第6章 为电子商务而制定的新机制

第一节 引言

毫无疑问,电子商务是未来商贸的一个重要组成部分。随着越来越多的交易通过互联网完成,对比传统的商业而言,必然也会更加频繁地产生各种各样不同形式的争端。目前存在不同层次的争端解决机制,其中最正式的一种是诉讼。但是在商业领域,面对当事人不同的需求,ADR(Alternative Dispute Resolution,替代性争端解决)机制已经出现并得到广泛的支持。ADR机制的优点对大多数交易方而言颇具吸引力。尽管诉讼在争端解决中仍然具有重要地位,但是ADR机制正越来越频繁地被采用。使用ADR服务解决的案件数、标的、金额以及提及该服务的条款在合同中出现率等都说明这一点。此外,不同领域的机构都积极提供ADR服务并取得较好效果等事实都证明了这一点。一语以蔽之,ADR机制的出现顺应了经济发展的大趋势。

不可否认,在现有的争端解决机制下,大量涉及电子商务的案件得到了解决。但是在很多方面,现有机制下存在的问题对争端的最终解决有着消极影响。国际消费者联盟(Consumers International,简称CI)指出,现有机制的常见弱点包括:语言上的限制(多数只提供英语服务);服务对象仅限特定贸易商;服务费用比一般交易价值还高;难以为某种类型的争端找到适合的争端解决方案;网上ADR机制作出的裁决难以得到很好的执行;关于争端解决结果和解决争端人员资格的信息都缺乏透明度;提供争端解决服务的理事会中缺少足够的消费者代表。① 随着电子商务的迅速发展,互联网社会迫切需要一个适应新的商务特点的新机制。

---

① Press Release: Consumer Redress in E-Commence in Need of Attention: No Online Dispute Resolution Service Meets All Criteria for Good Practice, 11 December 2000, at http://www.consumersinternational.org.

正如之前的章节所述,不同的机构都在为电子商务寻求一个新的机制,其中的一些机构取得了重大成果。本章的研究便建立在上述成果的基础之上。

第二节 为电子商务而制定的网上机制

对贸易商来说,内部机制在一定程度上可以解决申诉,预防争端的发生。然而,当争端真正发生或难以避免时,一个外在的争端解决机制则显得非常重要。如果存在专门处理电子商务争端的机制,就能使消费者对贸易商的可靠性更有信心,从而提高其商誉。

一、对新机制的要求

随着互联网的普及,交易可以在网上更有效率地完成,比传统的交易节省时间和金钱。网上消费者交易的快速发展就是这一事实带来的结果。

为了适应这一新发展,应当修改现有的 ADR 机制。在规划一个新机制时,应考虑到几个必要条件。应确立其技术标准,并将其作为未来新机制的规则、指导方针或特征定义来使用,确保特定的服务符合其相应的目的。新机制在规划时若能遵循上述必要条件,则能确保服务的可靠性和其他特点。就电子商务的机制而言,应当满足以下必要条件:

第一,新机制应以费用较为低廉的方式解决争端。① 众所周知,消费者交易将成为一种越来越重要的未来商业交易形式。一般而论,这种交易中的资金流量相当低。如果解决争端所需的费用高于争端所涉及的金额,这一机制就没有存在的意义了,同时也会使消费者在提出申诉时有所顾虑。

第二,争端应当高效地得到解决。这里所说的效率本质上是经济的、社会的和实用的。经济效率涉及成本极小化(cost minimization)这一首要原则。社会效率是指在产生争端的环境中和平而迅速地解决争端。实用效率则关系到速度。这种机制应能快速地解决争端。一个高效的机制能简化和加快处理程序。

该新机制,配合必备的归档和解决索赔的程序,应该便于消费者和商家运用;更重要的是,该机制能迅速地完成争端解决的任务。随着现代科技的发展,现代社会的步伐也加快了。时间就是金钱。时间拖得越久,对某一争端作出最

---

① 正如欧盟委员会就内部市场电子商务特定法律问题的提案第 17 条所作的解释,由于网络争端往往涉案金额较小,交易方规模不大,在发生争端时,可能出于成本的考虑而不愿使用诉讼程序,因此庭外争端解决机制尤应适用于网络争端。有关提案,参见 http://www.ispo.cec.be/ecommerce/legal.htm.

终裁决的价值就会减小。如果一个案件预期的处理时间很长,消费者也往往不愿意提交争端解决。因此,在创设该新机制时,对效率的强调至关重要。应该为提交争端,递交文件,作出裁决和执行裁决设定合理的时间限制。

第三,公平原则应当适用于相关程序的设置。在强调效率的同时,同样不能忽视程序上的公平和对争端双方权利的保护。在公平和效率之间应当达到平衡。这一机制应该公平公正地对待双方当事人;必要时不排除开庭审理或证据公开等程序。但值得注意的是,若为使该机制公平而加入过多程序上的规定,该机制可能会因过于昂贵或过于烦琐而失去效率。因此应当寻求公平和效率之间的平衡。实际上,追求程序公平不应也不会引起实现时间和成本效率的问题了。① 效率原则应当基于程序公平;如果不能达到公平,效率就没有任何意义了。

第四,强制性原则应该得到维护。《纽约公约》的通过和实施有效地支持了仲裁裁决的效力和仲裁的强制性。在新机制中,该原则仍然应该得到适用。争端解决的过程很重要,但是如果最终的裁决得不到认可和执行,争端解决过程也就没有意义了。用传统物理环境下承认和执行裁决的方式是否满足了目前网络情况的要求,还有待检验。不过,裁决的承认和执行应适应网上环境并且融入到整个争端解决机制中去。承认和执行最终裁决需要国际上的共同努力。

第五,为了确保机制的顺利运转,新机制也应当考虑到网络用户的价值观和所关注的事项。互联网改善了消费者传统的弱势地位。因此,在保护消费者的同时,新机制也必须比传统的争端解决机制更多地将注意力转移到对商家利益的保护上去。交易参与者权力和根本利益的平衡对电子商务的命运至关重要;这种平衡会影响交易双方对该机制的最终采纳。对此,应当采用以利益为基础的研究方法。尽管"现实世界"的争端解决机制仍然是一个以权利和权力为基础的系统,一个以利益为基础的方法比任何两极分化的、以零和(zero-sum)权利为基础的方法更能体现相互满意,价值创造和"双赢"。②

第六,新机制应当易于使用者采用并且为其带来便利。参与该机制的商家应在其网站上提供通往有关该机制网址的链接;政府、消费者组织、贸易机构和其他团体也应当提供链接,便于消费者寻求帮助。③ 该机制应可通过不同的途

---

① 参见 M. E. Schneider, Lean Arbitration, *Arbitration International*, Vol. 10, No. 2, 1994, p. 119.

② L. R. Singer, *Settling Disputes: Conflict Resolution in Business, Families, and the Legal System*, 1994, pp. 1 ~ 14.

③ Alternative Dispute Resolution in the Context of Electronic Commerce, Trans Atlantic Consumer Dialogue (TACD), Doc No. ECOM-12-00, February 2000.

径进入该机制的网站,而且不应存在进入该机制的障碍。申诉者应能毫不困难地找到该机制并提出申讼申请。

第七,现代科技应得以运用。新机制应对网络空间生活的特性和对其不同于现实生活这一事实的认知负责。将这一建议提到原则的高度,是为了强调科技在新机制中的重要地位。在认识现实物质世界可能存在障碍的同时,新机制必须强调并利用网络空间高度科技化这一特性。

二、新机制的模式

网上争端解决方案相当具有吸引力。争端解决的过程应考虑更大的弹性,更具创意的解决方案和更加快捷的裁决。此外,争端一旦得到解决,该方案还应该有助于维持争端双方(原有)的关系。要满足上述的要求,调解、仲裁以及其他 ADR 形式将是最可能与合理的选择。①

毫无疑问,新机制是一个以利益考虑为基础的 ADR 模式。由于对 ADR 载体的选择直接关系到该新机制的成功与否,故此,必须首先决定这一机制是采取何种模式:仲裁、调解还是其他 ADR 模式。对模式的选择取决于争端双方期待的结果,以及他们希望通过此种模式达到的效果。网络空间和科技的特点对选择一个特定的争端解决模式具有一定影响。

迄今为止,仲裁因其具约束力的特性,被证明比其他形式更见成效。作出不具约束力或非终局裁决的争端解决方式对经贸往来的争端双方都不会是最好的选择;而且如果双方互相敌视不愿合作,那么此种争端解决方式也是不合适甚至可能是危险的:争端双方虽同意采用此种争端解决方式,但是可以在不承担任何损失的情况下推翻上述处理方法达成的结果,从而使原有努力白费。② 当然,在上述争端解决过程中使用的证据或推论过程可能会对随后进行的其他争端解决程序有一定作用,但是此类争端解决方式对参与者的信心却有着消极的暗示作用。

合同纠纷的双方当事人往往采用仲裁机制来解决他们之间的争端,仲裁正

---

① R. J. Poslums, The Trillion Dollar Risk, Best's Rev., September 1998, at 36, 110; H. H. Perritt, Jr., President Clinton's National Information Infrastructure Initiative: Community Regained?, *Chi.-Kent L. Rev.*, Vol. 69, 1994, p. 1012.

② W. I. Fagan, Overcoming Impass: Are There Limits to Online Mediation?, International Conference on Dispute Resolution in Electronic Commerce, WIPO, November 2000, ARB/ECOM/00/15.

在得到越来越多的重视。[①] 除此之外，仲裁也适用于非合同纠纷。至于仲裁的具体范围，仲裁员也一直对此做扩大化理解：即认为双方可将由合同引起或与合同有关的所有合同及非合同纠纷提交仲裁。而且，对国内法的解释也日益倾向于将非合同纠纷纳入可仲裁事项的范畴。[②] 因此，在大多数情况下，只要具备法律效力的合同有条款规定将有关争端提交仲裁，争端双方就必须采取仲裁形式解决他们的争端。[③] 当存在上述有效条款时，法院无权介入案件的审理；仲裁裁决具约束力和终局性。[④] 仅在少数情况下，法庭可以推翻仲裁裁决。[⑤]

相对其他争端解决模式，仲裁有如下突出的优势。其一，适用仲裁可以避免产生司法管辖权的问题，从而简化解决争端的全过程。此外，可以预见的是，与一国国内法院作出的判决相比，由于《纽约公约》的存在，仲裁裁决能更好地得到承认和执行。[⑥] 国际仲裁的中立性逐渐受到重视。仲裁建立了一套或多或少以法律为基础的相对完整的规范。与其他争端解决机制相比，这套规范提供了更好的指引。由于仲裁在很大程度上是一个获取和评估信息的过程，网上工具可以为网上仲裁提供极其重要的有利环境。另一方面，法院越来越乐于执行仲裁协议，甚至愿意执行那些包含在消费者合同中的标准条款。[⑦] 综上所述，可见仲裁是一种适合新机制的模式。

---

① H. H. Perritt, Jr., Dispute Resolution in Electronic Network Communities, *Vill. L. Rev.*, Vol. 38, 1993, p. 392.

② J. Goldsmith & L. Lessig, *Grounding the Virtual Magistrate*, at http://mantle. sbs. umass. edu/vmag/groundvm. htm.

③ U. S. Arbitration Act 9 U. S. C. 2 (1990); Uniform Arbitration Act 1, 7 U. L. A. 5 (1985); Restatement (Second) of Judgments 84 (1982).

④ 参见 U. S. Arbitration Act (USAA), 9 U. S. C. 1 - 10 (1990); Uniform Arbitration Act 1, 7 U. L. A. 5 (1985). 详见 A. W. Shilston, The Evolution of Modern Commercial Arbitration, *Journal of International Arbitration*, Vol. 4, 1987, p. 45, 55; A. Redfern & M. Hunter, *Law and Practice of International Commercial Arbitration*, *London*, 1991, *p*. 27, *H. Golsong*, *A Guide to Procedural Issues in International Arbitration*, International Lawyer, Vol. 18, 1984, p. 633.

⑤ 参见 Uniform Arbitration Act 2, 7 U. L. A. 60 - 68.

⑥ 参见 *Scherk v. Alberto-Culver*, 417 U. S, 506 (1974).

⑦ M. E. Budnitz, Arbitration of Disputes Between Consumers and Financial Institutions: A Serious Threat to Consumer Protection, *Ohio St. J. on Disp. Resol.*, Vol. 10, 1995, p. 267; B. G. Garth, Privatization and the New Market for Disputes: A Framework for Analysis and a Preliminary Assessment, in S. S. Silbey & A. Sarat (Eds.), *Studies in Law*, *Politics*, *and Society*, *No.* 12, 1992, *p*. 367; *J. R*; *Sternlight*, *Panacea or Corporate Tool?*: *Debunking the Supreme Court's Preference for Binding Arbitration*, Wash. U. L. Q., *Vol.* 74, 1996, *p*. 637.

尽管仲裁模式在许多领域得到非常广泛的运用,但是这些现有机制并不切合网络的实际情况:高额的费用和越来越长的仲裁过程经常引来争议。如果国际仲裁想要成为一种有用并适合电子商务的模式,那么传统的机制必须与时俱进。因此,国际商业团体正在寻求各种方法,努力参与具体的构建过程,解决仲裁机制在程序上存在的问题,并与当事人就发生争端的相关商业问题展开对话。①

三、新机制的概念

新机制的设计是一个系统工程,要求各种相关团体的协作。很多现有的机制都是针对其设立时的最初目标开展工作的。现在要对电子商务这一领域设计新机制,关键也在于突出一个"新"字。

毫无疑问,新机制应当切合解决电子商务争端的需要;而后者则要求新机制费用低廉并具有高效率。笔者认为,上述要求可以通过建立一个"国际"中心来实现:该中心正如现在的仲裁团体一样向商家和消费者提供行政支持。该中心应属于私人和非营利性质。"国际"一词在此应得到强调。上述机制应该在无国界的网络市场真正得到有效实施,以确保处于距离遥远的两地当事人之间的争端得到有效解决。目前,位于法国巴黎的国际商会(ICC)正在研究其作为国际网上 ADR 服务提供商的角色,并计划在短期内向各国国际商会提交一份计划书。② 如果由国际商会主持一个国际商业仲裁庭,国际商会现有的功能和架构非常适于担任这一新任务。因此,与其花费精力和财力组建一个全新的机构,倒不如由国际商会担任这一职务。

与现有机制不同的是,该中心将密集地使用一个电脑化的网上系统。③ 以台式电脑、互联网和其他广域网络技术、电子邮件、④电子讨论组以及通过万维网(WWW)进行网络活动发表文件等为代表的信息技术应当在该机制下得到充分利用。与第五章中讨论的正在进行的各种项目不同的是,该机制提供一系列公开的网上争端解决程序,在本质上更具全面性。先前需要以书面形式在缓慢而复杂的机制下完成的一切程序如今都可以借助数字格式,通过易于使用和可

---

① S. B. Goldberg, E. D. Green & F. E. A. Sander, *Dispute Resolution*, Little, Brown & Company (Canada) Limited, 1985, p. 445.

② 详见 Comments of the USCIB: Online ADR: the Business Community is Acting Now!, 17 April 2000, at http://www.uscib.org/policy/adrusgfl.htm.

③ 关于网上机制的讨论,参见 E. Katsh, Online Dispute Resolution: Some Lessons from the E-Commerce Revolution, *N. Ky. L. Rev.*, Vol. 28, 2001, pp. 816 ~ 818.

④ 电子邮件极有可能成为解决组织内部争议或解决团体争议的有效机制和途径。

实现多阶段自动化的标准化过程来完成。① 不同的团体在各种场合都反复提及这一构思。例如，美国国际商业委员会(United States Council for International Business,简称 USCIB)对美国政府致力于促进高效的网上 ADR 给予好评，认为这是一个在网上解决消费者申诉的适当方式。② 除此之外，由于在多数情况下，复杂的争端解决程序不能兼顾电子商务中双方当事人的利益，所以“简化的”仲裁程序更为适用。

该中心将执行和其他仲裁机构一样的行政任务，包括：申诉的受理和登记；对整个仲裁过程的管理；③对合格的“仲裁员”名单的日常管理和更新，并且按照公认的标准从该名单中选择独任仲裁员或仲裁庭成员；在仲裁程序中向仲裁员提供法律上、技术上和行政上的支持，等等。④ 就目前情况而言，各种各样的规则可供选择，用以规管程序上的问题，如国际商会或者美国仲裁协会的国际仲裁规则；该中心也可以制定自己的规则。

因此，一旦发生争端，申诉人可以利用网站上的申诉表将案件提交中心。中心会首先审查案件，决定该案是否属于其管辖范围。如果是的话，中心一方面会将一张可供选择的仲裁员名单发送给申诉人；另一方面将该申诉通知被告，并通知其选择仲裁员。仲裁庭由一个或三个由双方选出的仲裁员组成。在有三个仲裁员的情况下，双方各选择一个仲裁员，并由中心在征得双方同意的情况下再任命一个首席仲裁员。在独任仲裁的情况下，中心在征得双方同意的情况下任命一个仲裁员。如果争端双方无法在选择独任仲裁员或首席仲裁员的问题上达成共识，中心可以考虑双方的选择和相关的情况作出最终决定。当事人也可根据具体情况对仲裁员的任命提出反对意见。⑤ 一旦选定仲裁员，文件就会被移送给仲裁庭，正式的仲裁程序也会启动。该程序通常以网上书面文件的形式进行，但必要情况下也会使用电话会议或者其他电子通信手段。

裁决应依照预先设定的时间表在数日内迅速作出。然而，仲裁程序也可能

---

① Electronic Arbitration Tribunal an Alternative Dispute Resolution for SMEs (E-Arbitration-T), Technical Annex: Part B, at http://www.diritto.it/articoli/informatica/arbitration.html.

② 拥有超过 300 家全球公司、专业公司和商业协会作为其会员的美国国际商务理事会(USCIB)努力推广并实现美国商业在海内外的全球利益。USCIB 在主要的国家政府组织中正式代表美国商业团体的利益。

③ 这包括诸如安排听讼地点、获取速记员帮助以及收取和分配仲裁费用等服务。

④ 详见 V. Heiskanen, Dispute Resolution in International Economic Commerce, *Journal of International Arbitration*, Vol. 16, 1999, pp. 38～39.

⑤ 例如，仲裁员与其中一方当事人的关系、仲裁员的中立性等。

由于各种原因而终止,如争端双方达成协议并撤回申诉等。一旦作出裁决,败诉方必须遵守裁决。相关的国内法院应确保裁决的强制性和可执行性。

仲裁裁决在效力上具终局性,但这并不代表仲裁程序完全取代诉讼的地位。理论上,双方当事人都可以选择解决争端的方法,但这一权利实际上是为消费者保留的。一旦接受了网上机制的服务,商家就应在其网站上清楚说明;此后,只有消费者可以决定适用何种方式解决争端。仲裁裁决的有效性在有限的几种情形下才可被随后依法作出的法院判决或裁决推翻。鉴于诉讼体制的重要地位,上述设置相对较为合理。

四、如何实现"网上机制"

网上机制有着传统机制所不具备的很多优点。首先,只要拥有必要的便利条件和设备,每个争端当事人都会获得这一机制的准入渠道。如果传输效率高,进程就会加快,从而降低最终成本:诉讼不再需要在传统的法庭中进行;为异地诉讼进行长途跋涉的可能性将显著减小;①聘用律师的费用也会减少。诉讼可以在争端双方不必到场的情况下进行。通过在互联网上传阅文件,双方可以省下时间,用以考虑细节问题以及表达理性的意见。将每次通信记录在案有助于双方当事人考虑清楚再传送文件。②

网上机制的设立并非一项革命性的创新;某些为特定目的而设计的类似机制已得到充分的发展。通过电子手段对案件进行裁断与相关规则的制定难度相当。该机制的新颖之处在于将网络通信的便利条件扩展到所有可能在电子商务中出现的争端。

该机制及其规则的公开性和透明度是确保该新的网上机制顺利过渡并得到广泛接受的关键。无论这个机制在理论上如何优越,如果不能得到消费者和商家的信任和采纳,该机制就很难实现预期的效果。网上用户对该机制应具备基本知识和了解,否则该机制将会逐渐被淘汰。此外,该机制应得到各国政府的尊重和支持;后者的支持对该新机制的发展起着不可忽视的作用。因此,该机制相关资料的编写和分发要在机制正式运营前完成。所设立的中心应当立即制定包括该机制的性质、参与者、程序等在内的仲裁草案,并准备指南和行为准则,使该

---

① I. T. Hardy, Symposium: Electronic Communications and Legal Change: Electronic Conferences: The Report of an Experiment, *Harv. J. Law and Tech.*, Vol. 6, 1993, p. 233.

② 网上争端解决机制能自动记录争端解决的整个过程,双方当事人的交谈等,以保证双方诚信地参与该机制。详见 M. Lauritsen, Settling Differences Through Interactive Multimedia Networks,载于 http://www.law.vill.edu/ncair/disres/LAURIT.HTM。

机制为消费者和商家所理解。宣传工作包括大量邮寄宣传册和通过电视、广播或互联网等进行宣传。

在进行宣传工作的同时,培养一批受过足够法律培训的工作人员也很重要,其中尤为重要的是他们还应具备必要的技术知识。网上机制的命运很大程度上就掌握在这批向仲裁员们提供日常行政服务的工作人员手上。

与准备工作并行不悖的是建立一个网站来宣传中心。网站上提供的信息应涵盖计划、活动、程序、花费、决策方式以及其他与机制有关的法律信息。① 尤为重要的是,该网站应告知消费者如何提起申讼以及随后程序的相关知识。该网站还应公开地提供指导,增加透明度,以免人们对以后可能出现的其他类似项目产生混淆和怀疑。

此外,还应作出相关安排,确保该机制在网上广泛存在:如设计一个符号或标志,令该机制更明显、更易辨认;又如要求各个商家在其网站上张贴关于他们是否接受该机制的信息。中心的网站应与同意该机制的商家的网站相链接。当消费者点击接受机制的按键时,仲裁协议就达成了。这种间接的、暗示的协议在法律意义上不会产生任何问题。此外,政府、消费者组织、贸易协会等也应提供链接,使申诉者能容易找到这个网站。还可以鼓励个人将该网站作为一个链接放置在他们自己的网页上,以便争端发生时很容易就能找到它。②

同时,应该制定诸如提交案件、答辩、调查等方面的规则。要实现网上归档和申诉并不困难。网站应提供一套完整的申诉表、回复表以及用于选择仲裁员的表格等;上述表格在需要时可以下载。答辩也很简单,因为它只包含提供事实和支持或反对一个申诉的法律理论和回复等电子资料的交换。网上调查(至少以质询形式进行的调查)也不会产生太多的问题。

至于具体案件的实体审理工作也不会出现太大的困难。随着现代案件的审理越来越依赖于书面材料的提交,③网上审理机制应该进一步利用现代技术解决一些书面材料所不能解决的问题。除了网上制图、图像、图表、时间标尺和曲线图等,网上审理还应当充分利用诸如论坛或群组软件、文件软件、互联网交谈、

---

① 为实现这一目的,可以建立一个网上图书馆,用来存放该机制的相关文件。

② 这与电子前沿基金会(Electronic Frontier Foundation,简称 EFF)宣传的构思相似。网页制作者将一个小小的蓝色绶带标志放在网页一角,作为 EFF 的链接。归功于这种宣传方式,截至 1997 年 2 月,EFF 成为整个万维网上点击次数高居第四位的网站。详见 *The Electronic Frontier Foundation, Action Alerts-Local, State, Non-US & Global*,载于 http://www.eff.org。

③ 详见 R. L. Marcus, Completing Equity's Conquest? Reflections on the Future of Trial Under the Federal Rules of Civil Procedure, *U. Pitt. L. Rev.*, Vol. 50, 1989, p. 725, pp. 731 ~735.

远程电话会议、[1]录音和视频质证等多媒体设备。[2] 必要时,技术或法律专家可以通过邮件提交他们的意见。总而言之,允许各方当事人通过网络提交相关材料是实现网上机制的第一步;然后再逐步将网上机制的范围推广。当然,上述所有的任务仍需要处于某一物理位置的人来执行。

申诉一旦提起,该机制就会专门就该具体案件设立一个单独的网络虚拟空间,用以处理并跟进该案的所有网上程序。我们可以应用一些技术来确保安全。使用诸如多用户空间(Multi-User Dimensions 或 MUDs)等现有软件系统就完全可以实现上述目的。每一个 MUD 拥有一个唯一的网址,还可以执行相关的程序,允许合乎最低资格条件的人进入,同时禁止不受欢迎的人进入。此外,还可以创建一个单独的空间让人们发表评论;[3]另一个或多个网络空间来处理特殊问题,或允许某些特定的人进行互动交流。[4] 至于人们交流的话题,则可以由被指定的人来协助确定,或者由具体参与讨论的人们自定。参与者可以选择在一个或多个空间进行交流或回复。此外,该机制还可以通过设定程序来控制人们进入某一空间和参与某一话题的讨论。[5] 此类多方位、多角度的讨论有助于争端双方和仲裁员更深入地理解案件。[6] 此外,有些问题与案件缺乏关联性,但对当事人很重要;上述空间可以为发表和讨论这类问题提供机会。[7]

由于当事人希望案件处理过程确保一定的机密性,网站上对案件及当事人的描述应该尽量中立,不提及具体的姓名和地址。任何对讨论有兴趣的人都可以进入这个地方。为确保讨论的安全性及针对性,有关参与讨论者可以先编辑

---

① 各方当事人都坐在装有声响设备和摄像镜头的电脑前。在他们的屏幕上显示的是另几方人员的画面,声音软件接收一方的发言并转播另几方的发言。

② 网上应用工具包括电子邮件、电子公告板、文件传送协议、远程登陆、万维网(WWW)等。详见 N. Nathanson, *The Laws of the Internet* 4 – 8 (1997).

③ 这与网上新闻讨论空间相似,为人们提供意见交流的讨论区。参见 E. B. Davis, A Look at One of the Most Popular Services in Cyberspace: Usenet, 42 *Fed. Law.*, *Vol.* 42. 1995, *p.* 15.

④ 功能之一是实现集体诉讼。如果一个消费者和某个商家之间发生争端,为了 50 美元的赔偿金额而诉诸一个要花费 1000 美元或更多数额的程序或许不是一个明智之举。但是,如果更多的消费者集中起来对商家提起集体诉讼,情况就不一样了。

⑤ W. J. Olmstead, Electronic Dispute Resolution, an NCAIR Conference, Washington, DC, 22 May 1996, at http://mantle.sbs.umass.edu/vmag/OLMST.HTM.

⑥ 例如,可以将参与网上论坛讨论的人们限制为某一特定的群体;控制阅读和留言的范围;限制其他公众仅可以浏览有关论坛的发言,而不能参与讨论或上载这些公众的言论。

⑦ Alternative Dispute Resolution in the Context of Electronic Commerce, Trans-Atlantic Consumer Dialogue (TACD), Doc No. ECOM-12-00, issued in February 2000.

好有关发言然后再张贴；就有关内容，讨论者还可以通过其他形式进行澄清与解释。参与讨论者大致可以分为两类。其一是专家，他们可以为某一案件提出建议或者决定性意见。另一群体是就争端的内容有相似或相同经历的人们。他们可以分享他们的经验。针对争端所涉及的商品或服务，这些有类似经历的人们互相交流信息，可以增进人们对某一商品或服务的了解。网络上发表的言论可以对相关的商品或服务施加压力，以保护相应群体的利益。个别纠纷可以因此提升至集体争端解决程序，从而在整体上更好地保护消费者。① 这反过来又可以降低以后发生类似案件的可能性。

五、对网上机制的具体安排

该机制是否能够为广大网络使用者接受对该机制的生存和发展至关重要。要做到这一点，赢得使用者的信心至关紧要。要赢得信心，方法之一是获得政府对该机制的认可。当然，作为一种 ADR 机制，政府对其进行的干预应当减少到最低程度。但政府的支持和认可与此并不违背。政府要做的不过是消除使用者的疑虑，增强消费者对该机制的信任度。当然，该机制的最终命运还是由该机制本身的好坏来决定。因此，为该机制作出合理的安排是必不可少的一环；本节的目的就是进一步探讨这些安排。

1. 争端解决中心的委员会(常设机构)

毫无疑问，该机制应当是独立的。如何实现独立性？我们必须认真考虑该中心代表的实体、利益以及具体由谁负责设立这一机制等问题。由某一利益团体单独设立争端解决机制，可能会引起其他利益团体的反对。正如前面有关新机制原则的讨论中提及的，不同利益团体之间利益的平衡在程序的细节设置中是很重要的。

如果能够尽量考虑并平衡网络中不同团体的利益，争端解决程序能更具合理性，并更易为网络社区普遍接受。为了在新机制的设置中取得广泛共识，应当考虑并尊重不同团体的意见。② 该机制应至少考虑到两个特定群体的利益。消费者保护组织无疑是一个重要的群体；互联网社区的商家则是另一重要群体。

---

① 详见 M. E. Schneider & C. Kuner, Dispute Settlement in International Electronic Commerce, *Journal of International Arbitration*, Vol. 14, No. 3, 1999, pp. 25 ~ 27.

② 此类团体可以包括网上虚拟空间的用户、系统操作员以及各国政府等。详见 W. L. Ury *et al.*, Getting Disputes Resolved: Designing Systems to Cut the Costs of Conflict, 1988, p. 69; C. A. Costantino & C. S. Merchant, *Designing Conflict Management Systems*: A Guide to Creating Productive and Healthy Organizations, 1996, p. 76.

后者包括各种类型的子群体,如互联网服务提供商,电子商务公司(信用卡公司、电信公司、航空公司、旅游公司等)。除上述的群体外,还包括与争端无直接关系的各方当事人,如非营利组织。

那么,在新机制的委员会中是否应该有来自政府的代表呢?政府的代表能强化中心的基础。如果要令消费者产生坚定的信心,私营部门自发的努力尚欠缺足够的说服力。政府代表在中心里既处于中立地位,又能作为体现政府支持的标志,从而增加消费者的信心。没有国家强制认可的"威慑氛围",这一机制就无法繁荣发展。① 因此,委员会中应该有相关政府的代表。

2. 地点

通常,地理环境和法律氛围将影响当事人的选择。新机制大部分的程序在网上虚拟空间里进行,所以地理位置不是那么重要。然而,当事人有时仍然会对中心所处的地理位置心存顾虑。因此在促进仲裁全球化的同时,将网上仲裁中心设在像瑞士等这样相对中立的国家,是明智之举。不过,正如国际商会历来的实践,仲裁应该尽量非本地化,努力去除"大本营"的限制。

3. 语言

语言不会在网上程序中产生任何问题。在交易中运用的语言同样适用于这一机制争端解决过程。但是,一些语言的使用可能给中心日常工作带来不便;有必要考虑建立语言人才网络,承担语言的翻译工作。在中心委员会列席的消费者团体的代表也应在整个过程中提供必要的协助,包括语言服务方面的协助。此外,该机制可以和自动翻译设备相连;以现有的技术,这一安排应该不成问题。欧洲直销联合会(Federation of European Direct Marketing,简称 FEDMA)的经验证明了这一点。②

4. 行政费用和其他相关费用

该机制费用不应过于高昂。由于几乎所有活动都在网上完成,处理一个案件的后续费用将大大低于普通程序的开支。此外,传统的许多秘书工作都可以被网上设备所取代,从而大大减少行政费用。该机制的费用将包括支付给仲裁员和网上仲裁中心行政人员的费用,以及修整和维护该中心网页的费用。其他

---

① 某些争端的最终自愿解决正是由于强制性司法救济体制的存在,因此,ADR 机制的效力可能也最终取决于此类争端能否最终诉诸传统法院,作为最后的救济模式。详见 H. H. Perritt, Jr., Jurisdiction in Cyberspace: The Role of Intermediaries, in B. Kahin & C. Nesson (Eds.), *Borders in Cyberspace: Information Policy and the Global Information Infrastructure*, *Cambridge*, *MA*: *MIT Press* 1997, *p*. 164.

② 关于 FEDMA 的有关背景材料,参见 http://www.fedma.org 。

杂项费用包括广告和宣传费用、评估费等等。

获得足够经费以进行网上活动,对该机制非常重要。当然,在最初的阶段,该服务将对用户免费开放,以鼓励人们采用该机制。但是,和其他仲裁中心一样,该中心应当在财政上自给自足。该中心必须收取相对低廉的费用,以维持日常操作和支付聘请仲裁员的费用。

向服务提供商征收一定的费用以及各国政府提供一定的经济支持可以作为该机制的启动经费。该机制能够给网络服务商提供进一步的商机,因此,向他们征收一定的费用是合理的。该机制的设立能够减少现在纠纷对国家司法体制的压力,有助于各国司法体制的运作,因此,各国提供设立基金支持中心的设立也是必要和合理的。除此以外,该中心应该有一个良好的财政框架和收入来源,主要包括以下几方面:

首先,中心可以向进行电子商务的公司收取一定费用。由于该中心可以向上述公司提供争端解决服务,增强这些公司的可信度,吸引更多的消费者与上述公司交易,因此,该中心应当得到这类公司的财政支持。该中心成立后,对网站的定期维护和宣传对商家同等重要,因此,该中心应当得到整个电子商务商家业界的支持。

其次,消费者也应该对该中心的服务提供支持。在网上购物时,消费者有权选择是否享受这一服务。如果选择接受这项服务,相同货物或服务的价格就会相应提高。但是,消费者应该考虑到,如果没有选择使用这一服务,而之后又发生了争端,消费者只能向其他花时较长、费用较高的机制寻求解决;此时消费者将需要承担法律上的风险和跨国诉讼的相关费用。如果此时消费者希望采用该机制,那么必须支付比从一开始就接受中心服务更高的费用。因此,在权衡利弊之后,相信许多消费者会一开始就点击合适的按钮,选择接受此项服务。各商家也能将消费者支付的服务费用交付中心,从而形成该中心财政开支的一项稳定收入。

一旦证明该机制能成功处理电子商务中产生的争端,该机制就能得到更大的支持,得到进一步发展。中心的私营性和非营利性可以逐渐改变。除了保留上述获取经费的途径外,当消费者提起申诉时,也可以要求其支付相应费用。当然,这一费用应当保持在较低的水平,与争端涉及的金额成比例。一旦申诉进入仲裁程序,所有涉案当事人还要按要求支付其他相关的费用。

5. 仲裁员的选择

如上所述,决策者或者我们所说的仲裁员在该机制中非常重要。每个案件会任命一个或三个仲裁员。在有三个仲裁员的情况下,双方当事人都可以选择一个仲裁员,然后再决定首席仲裁员。独任仲裁员的情形,中心应事先征询双方当事人的意见。一旦获得任命，仲裁员就对该案件享有管辖权并对整个争端解决程序拥有最终决定权。要成为该机制的仲裁员显然应当具备相应资格，但是问题在于他们应当具备什么资格呢？由于电子商务方面的争端往往涉及不同的国家，因此，该中心的仲裁员应当具有广泛的代表性。如果各方当事人可以选择懂得他们语言和了解其文化的仲裁员，将能节省时间和金钱，高效地解决有关争端。

整个机制的效率很大程度上取决于仲裁员的素质。他们在处理问题时不应过于刻板。在遵循相应程序的同时，他们应尽量根据案件的实际情况采取合理的解决途径。除了具备基本的专业知识以外，该机制的仲裁员应熟悉网络空间，并能够熟练地运用现代技术。仲裁员可以是律师，但是如果他们具备实践经验，曾经参与商业和技术团体的经营管理活动，则会有助于其争端解决的服务。①如果仲裁员对网络空间不熟悉，就不会很好地理解网络空间里发展起来的习惯法和相关的法律，对具体裁决的作出会产生相当的困难。传统的基于地域的法律已经不能很好地解决网络争端，仲裁员没有网络方面的知识同样也就会损害该机制的可靠性和合理性。② 诚然，随着现代技术的进一步发展及对人们日常生活的影响进一步深入，上述对仲裁员的要求对所有其他争端解决机制同样也具有重大意义。

仲裁员另一个必须具备的特性就是其中立性③和独立性；这尤其在新机制中显得更为重要：当事人往往不会与仲裁员实际接触，只能更多依赖于该机制建立起来的信誉及仲裁员的声望和素质决定是否采用新机制。仲裁员在新机制的细节上有相当大的自由裁量权。仲裁员的中立性和独立性是赢得广大用户对该新机制信任的关键。他们的独立性则可以通过多种方式实现，如通过签订长期合同来保障他们的任期。

另一个值得注意的问题是中心的仲裁员应该具有广泛的代表性，能代表世界各地的法律传统和文化。只要有足够的选择对象，现有系统中的分歧就可以得到合适的调整。如果中心的仲裁员具有经验，能处理各种方式和形式的争端，就能进一步保障最终裁决的公正性。此外，针对此新机制，可以创设一个培训计

---

① U.S. Gen. Accounting Office, *Employment Discrimination: How Registered Representatives Fair in Discrimination Disputes* 2 (1994).

② 参见 M.E. Katsh, *The Electronic Media and the Transformation of Law*, 1989, pp. 53 ~ 54.

③ *Goldberg v. Kelly*, 397 US 254, 271 (1970); R. C. Reuben, Constitutional Gravity: A Unitary Theory of Alternative Dispute Resolution and Public Civil Justice, *UCLA L. Rev.*, Vol. 47, 2000, p. 949, 1058.

划来培养一批合格的仲裁员。可以出版一本手册概述该培训计划的要求、申诉和决定的处理程序以及管辖、执行等的问题。①

6. 可能的救济方法

国际仲裁还不存在一项通用规则对救济方法作出规定。仲裁裁决中救济方式的具体采用主要基于以下几点考虑:(1)当事人的仲裁协议,包括他们事先同意的仲裁规则;(2)适用于争端的实体法;(3)适用于仲裁的程序法。② 在确定具体救济方式的时候,争端解决中适用的实体法的有关规定最为重要。实体法的确定主要有以下几种可能。其一是让仲裁员适用现有的国内冲突规范来决定法律的适用。这种做法并非良策,因为针对某一争端冲突规范的适用,往往还必须决定到底适用哪个国家的冲突规范。另一解决方法是建立统一的冲突法体系。这一做法也存在问题,因为网络空间法律选择的过程本身就是一个相当困难的过程。在此种情形下,似乎较为可行的方式就是制定一套统一实体法——所谓的信息习惯法(*lex informatica*)。该问题将在本章第三节进一步作出探讨。

一般而言,救济方式主要包括以下几点:移除张贴通告;在一段时间内禁止一方发送或张贴任何信息;③永久驱逐令;强迫争端一方张贴道歉公告或改正某种错误;禁制令;补救性的或/和惩罚性的赔偿金;终止进入权;公布不恰当的行为;反垄断行动④;等等。仲裁员可以从中选择一种或多种救济方式。

7. 技术支持

新机制的使用基于现有高度发达的科技。正如远程电信会议的质量取决于连入网络的音频和视频制作设备一样,相关技术的应用在很大程度上将决定机

---

① 详见 The Virtual Magistrate Project, Virtual Magistrate Handbook for Magistrates, 载于 http://vmag.vcilp.org/magis/vmhdbook.html。

② M. Huleatt-James & N. Gould, *International Commercial Arbitration: A Handbook*, 2nd Ed., LLP Asia, 1999, p. 97.

③ 当一个贸易协会成员的会籍是拥有交易权利的前提时,开除会籍是使成员服从规定的最后威慑方法。

④ 该结果可能出现于当某种行为导致他人不能使用特定服务的情形。例如,微软开发了一个浏览器——互联网浏览器(Internet Explorer),并将其与 Window 操作系统捆绑出售。这一行为后来导致了著名的政府诉微软的反垄断案件,政府在该案中胜诉。*United States v. Microsoft Corp.*, 97 *F. Supp. 2d* 59 (*D. D. C.* 2000) (*order*); *United States v. Microsoft Corp.*, 87 *F. Supp. 2d* 30 (*D. D. C.* 2000) (*conclusions of law*); *United States v. Microsoft Corp.*, 84 F. Supp. 2d 9 (D. D. C. 2000) (findings of fact); *Microsoft Corp. v. United States*, 121 S. Ct. 25, 25 (2000).

制的成功与否。现有的各种在线争端解决项目都已经表明,隐私①和认证、保密性和安全性、问题起因的鉴别和过程的完整性将是该新机制适用中关键的问题。结合所有可利用的技术,在新机制下,整个过程会得到完整的记录,并可由有能力查阅记录的当事人在任何时间和地点回放该案的审理过程。② 为实现这一目的,可以设计一个安全的多代理人平台,提供此方面的技术支持。因此,在提供争端解决及有关法律服务的同时,中心也应配备足够的技术专家。

8. 仲裁协议

仲裁协议是整个仲裁程序的基础。③ 仲裁协议在电子商务的争端解决中也是必不可少的。在目前的机制下,商家首先接受新程序并就此作出声明。消费者处于相对被动的地位,只能接受或拒绝商家的此类声明;但是他们在具体的适用时,却拥有决定权。消费者可以在购买商品的同时就决定是否采用该新机制,而且在争端出现时,可以决定是否采用此类机制;而商家只能根据并遵循消费者的选择,根据消费者的决定参与有关争端解决的程序。

互联网技术使仲裁协议的达成变得尤为容易。为了使有关的仲裁协议合法化,商家应将该机制的声明在其网站的"条款和条件"一栏明确列出;将仲裁协议与产品包装在一起,如放入产品的包装盒内;启用"按键协议"(click-wrap):即消费者下载或安装软件之前,从电脑屏幕上弹出来的对话框上点击"我同意"按钮的过程。④ 以上三种方式在交易中可以单独或共同使用,而且每一种方式都

---

① 关于网上隐私问题的讨论,参见 A. Bacard, *The Computer Privacy Handbook* (1995); J. R. Reidenberg & F. O. Gamet-Pol, The Fundamental Role of Privacy and Confidence in the Network, *Wake Forest L. Rev.*, Vol. 30, 1995, p. 105; H. Green *et al.*, A Little Privacy, Please, *Bus. Weekly*, 16 March 1998, at 98; National Info. Infrastructure Task Force, Options for Promoting Privacy on the National Information Infrastructure, April 1997, 载于 http://www.iitf.nist.gov/ipc/privacy.htm。

② 详见 J. Arsic, International Commercial Arbitration on the Internet: Has the Future Come Too Early?, *Journal of International Arbitration*, Vol. 14, 1997, p. 213.

③ H. H. Perritt, Jr., Dispute Resolution in Electronic Network Communities, *Vill. L. Rev.*, *Vol.* 38, 1993, *p.* 186.

④ 详见 R. N. Dreben & J. L. Werbach. Top 10 Things to Consider in Developing an Electronic Commerce Web Site, *Computer Lawyer*, Vol. 16, No. 5, 1999, p. 19.

应被视为构成有效和可执行的仲裁协议。①

9. 证据开示

审判结果的公正性取决于案件有关争议点的解决有确凿证据支持。② 一方当事人拥有大量的相关资料而另一方缺乏这种资料的情况下,证据开示制度对整个案件的公正审理就更为重要了。③ 电子商务中消费者交易往往出现上述双方当事人掌握资料不平衡的现象。消费者通过使用商品知道某商品存在某方面的问题,但是他们没有有关商品设计和制造的资料,无法有力证明厂家的错误。而商家的手头则通常有这些材料,因此在争端解决中,商家往往较容易收集资料为己方作出辩护。在这种情况下,证据开示对处于弱势地位的消费者而言非常必要。诉讼机制相对其他机制而言,证据开示制度得到很好的实施,能较好维护消费者利益;在我们的新机制中,必须考虑如何实施证据开示制度。

毫无疑问,如同其他 ADR 机制,新机制应当明确规定证据开示制度,但此类证据开示必须有一定的限度。各国证据开示的规定很不相同;如果双方当事人都极力坚持遵守适用于各自国内法院程序的相关证据开示程序,案件的处理就会陷入非常困难的局面。就此问题,美国国家仲裁论坛(National Arbitration Forum,简称 NAF)的实践提供了一个范例:制定证据开示的规则。④ 根据 NAF 程序规则,应当允许证据开示,但是必须在一定时限内提出申请。⑤ 该规则规定:一方当事人可以要求文件的公开;进行宣誓回答的书面问题不超过二十五个;当事人满足有关的条件,还可以要求在审理开始前进行证据开示,这些条件为:(1)寻求的信息与申诉或答辩相关、确实可靠并有助于仲裁员审理工作;(2)

① 有些学者可能认为其中有些方式不具可执行性,但是很多软件专利律师则持相反观点。有关讨论,详见 M. A. Lemley, Beyond Preemption: The Law and Policy of Intellectual Property Licensing, *Calif. L. Rev.*, Vol. 87, 1999, p. 120 n. 20 (January 1999); *Klocek v. Gateway, Inc.*, 104 F. Supp. 2d 1332 (D. Kan. 2000); B. Kuklin, On the Knowing Inclusion of Unenforceable Contract and Lease Terms, *U. Cin. L. Rev.*, Vol. 56, 1988, p. 845.

② *Hickman v. Taylor*, 329 US 495 (1947).

③ C. A. Wright & K. W. Graham, Jr., *Federal Practice and Procedure: Federal Rules of Evidence*, 5422, at 674 (1980); E. G. Thornburg, Sanctifying Secrecy: The Mythology of the Corporate Attorney-Client Privilege, 69 *Notre Dame L. Rev.*, *Vol.* 69, 1993, *p.* 157, 203.

④ 另一范例是于1999年6月通过的《国际律师协会关于国际商事仲裁采证的规则》(IBA Rules on the Taking of Evidence in International Commercial Arbitration)。文件载于 http://www.ibanet.org。

⑤ 国家仲裁论坛(NAF)程序规则规定:提出证据开示请求的一方必须在仲裁庭开庭之日前30日内提供给所有的其他当事人一份该请求的复印件;如果是书面开庭,则应在选择仲裁员的通知发出之日起10日内提供其请求的复印件。

所需费用与涉诉金额成适当比例;而且(3)该要求是合理的,不致过分繁重或是所费甚巨。[①]

10. 最终裁决

仲裁裁决应当在合理的期限内作出。仲裁员在裁决中应当就有关的决定提出他们的法律推理。[②] 例如,美国仲裁协会(AAA)发表的一项原则声明中就建议因应任何一方当事人的要求,仲裁员应当及时提供一份关于裁断依据的简明书面解释。[③] 书面论证有助于人们理解终局性裁决,并能指导他们将来的行动。由于在电子商务方面还没有普遍认可的规则,裁决的论证尤其有助于阐明有关的决定。至于论证的范围则由仲裁员自由裁量。

11. 裁决的执行

仲裁文化中一个不可或缺的元素就是裁决的终局性并为各方当事人所遵守。[④] 裁决对双方当事人都具约束力,双方只能就数额计算上的错误或其他技术上的问题提出“上诉”。因此,一旦作出裁决,败诉方应当遵守有关裁定采取行动执行裁决。根据我们原有的设计,商家作为败诉方,如果不执行裁决,将对其商务造成损失;一方面,负面消息的公开将会令人质疑其可信度,而且该方将来使用中心的服务时将要支付更高费用。因此,我们有理由相信大多数败诉方会自愿履行裁决。但是,我们不应理所当然地认为人们总会自觉遵守裁决。以往的经验显示,强制执行的存在将促使人们更加自觉遵守裁决。强制执行过程中可能出现两个问题:第一,如果一方提起诉讼,该有关的仲裁协议能否被认可并被执行?第二,一旦仲裁作出裁决而一方当事人拒绝执行,该裁决能否由法院强制执行?

就第一个问题而言,仲裁协议取决于当事人的特定行为。如上文所述,中心与商家网站相连或网站上关于商家接受中心服务的清楚声明将构成合同法上的

---

① 详见 NAF Code of Procedure, Rule 29 (B), (C).

② 参见 Better Business Bureau, Rules of Arbitration, 20 (1998), 载于 http://www.bbb.org/complaints/bindarb.asp;根据争端解决中心(CPR Institute)争端解决规则,仲裁员必须说明裁决所依据的法律推理,除非当事人同意不需要这样做。

③ American Arbitration Association, Consumer Due Process Protocol: Statement of Principles of the National Consumer Disputes Advisory Committee, Principle 15 (1998), at http://www.adr.org/education/consumer_protocol.html.

④ H. M. Holtzmann, The Permanent Court of Arbitration and the Evolution of a Worldwide Arbitration Culture, in The International Bureau of the Permanent Court of Arbitration (Ed.), *International Alternative Dispute Resolution: Past, Present and Future*, Kluwer Law International, 2000, p. 105.

要约；消费者点击特定按钮则构成了法律意义上对要约的承诺。① 商家将因其先前行为而承担参与仲裁程序的义务。这种协议得到普遍认可。

当前的讨论主要集中在第二个问题上。有关法律都认为，败诉方应按时交纳费用和偿付金额。新机制可以规定，一旦裁定赔偿金额，中心可以即时自行偿付胜诉方，满足他们的诉求。随后，中心即有权要求败诉方向其偿付欠款。为了顺利地运转，可以建立处于中心控制下的理赔基金。商家或公司支付的金额将由他们的年收益来决定。如果公司不能按时支付，中心将寻求法律救济；此外，中心可以将该有关事实公布在网站上，并在将来为同一商家提供争端解决服务时征收更高的费用。

网络系统操作员在职能上很大程度可以等同于地方政府的执行机构。② 此外，网络协会、网络和系统管理人、系统管理人和用户、甚或仅仅是系统管理人，都可通过合同确立中心及其裁决的合法性。③ 此种契约模式对于中心及其裁决效力的认可更为有利。④ 如果一方不遵守仲裁裁决，它将有可能被排除在整个系统之外，亦即在贸易协会或其他工业团体中被剥夺成员资格，并且被禁止使用网上拍卖或记账操作系统等服务。由此，通过不同部门之间的合作，网络社区自律的努力就可以实现了。

在裁决涉及的不仅仅是金钱赔偿或技术考虑等救济情况下，裁决的执行可能会出现问题。如果败诉方在仲裁庭所在国的领土内拥有可供执行的财产，那么执行则不成问题；但是在不存在此类财产时，应如何执行裁决呢？《承认与执

---

① C. Li, Tentative Discussion on the Challenge of the Internet against Traditional Conflict of Laws, *Legal Science*, Vol. 11, 1999, p. 53. 关于合同要约和承诺的讨论，参见 R. Craswell, Offer, Acceptance, and Efficient Reliance, *Stan. L. Rev.*, Vol. 48, 1996, p. 481; M. A. Eisenberg, Expression Rules in Contract Law and Problems of Offer and Acceptance, *Cal. L. Rev.*, Vol. 82, 1994, p. 1127; A. Katz, The Strategic Structure of Offer and Acceptance: Game Theory and the Law of Contract Formation, *Mich. L. Rev.*, Vol. 89, 1990, p. 215; P. M. Tiersma, Comment, The Language of Offer and Acceptance: Speech Acts and the Question of Internet, *Cal. L. Rev.*, Vol. 74, 1996, p. 189; N. G. Williams, Offer, Acceptance, and Improper Considerations: A Common-Law Model for the Prohibition of Racial Discrimination in the Contracting Process, *Geo. Wash. L. Rev.*, Vol. 62, 1994, p. 183.

② 详见 H. S. Reeves, Property in Cyberspace, *U. Chi. L. Rev.*, Vol. 63, 1996, p. 778.

③ H. H. Perritt, Jr., Dispute Resolution in Electronic Network Communities, *Vill. L. Rev.*, *Vol.* 38, 1993, *p.* 361.

④ R. L. Dunne, Deterring Unauthorized Access to Computers: Controlling Behavior in Cyberspace through a Contract Law Paradigm, *Jurimetrics Journal*, Vol. 35, *No.* 1, 1994, *p.* 2.

行外国仲裁裁决的公约》(1958年《纽约公约》)①为承认和执行外国的仲裁裁决确定了有关规则。② 它直接聚焦于仲裁程序的两个重要元素:仲裁协议的合法性和仲裁裁决的执行,③并在其明确的原则性规定中隐含更全面的管制方案。实质上,该公约要求各成员国承认和执行在其他成员国作出的仲裁裁决,或移交到本国执行的非内国裁决。④ 该公约是否也适用于电子商务中的争端解决案件? 如果稍为留意,就会注意到该公约存在一些问题。⑤

该公约是否适用于电子商务的情形必须作出深入探讨。由于本公约是以仲裁为基本的调整对象,因此该机制适用公约不会产生冲突。该公约所具有的广泛代表性也有助于其在该新机制中的适用。但是必须注意以下几点。

首先,《纽约公约》规定,仲裁协议应当是书面的。⑥ 但是在何谓"书面"这一问题上,各成员国没有达成共识。⑦ 该用语以后得到阐明,即应包括书信或电报往来中形成的协议。⑧ 大多数国家将"书面"通常理解为"确定某种媒介的方法,而非媒介本身"。⑨ 在实践中,有些法院将"电报"一词解释为包括其他现代手段的电讯方式。⑩ 将"书面"一词的含义延伸到包括电子形式的重要国际文件是联合国国际贸易法委员会的《电子商务示范法》(简称《示范法》)。根据该《示范法》,"(1)如法律要求信息须采用书面形式,则假若一项数据电文所含信息可以调取以备日后查用,即满足了该项要求;(2)无论本条第(1)款所述要求

---

① 自1958年以来,《纽约公约》的成员国已经超过130个。

② 关于《纽约公约》的评注,参见 W. W. Park, A User's Guide to The New York Arbitration Convention, in B. Barin (Ed.), *Carswell's Handbook of International Dispute Resolution Rules*, Carswell, 1999, pp. 526～538.

③ T. E. Carbonneau, Arbitral Adjudication: A Comparative Assessment of Its Remedial and Substantive Status in Transnational Commerce, *Tex. Int'l L. J.*, Vol. 19, 1984, p. 33, pp. 39～56.

④ 参见《纽约公约》第1条第1款。

⑤ 有关《纽约公约》适用中的问题,详见 R. M. Lucash, Esq., *Arbitration in International Computer Contracts*, at http://www.lgu.com/in43.htm.

⑥ 参见《纽约公约》第2条。

⑦ R. R. Jueneman & R. J. Robertson, Jr., Biometrics and Digital Signatures in Electronic Commerce, *Jurimetrics Journal*, Vol. 38, 1998, p. 434.

⑧ 参见《纽约公约》第2条第2款。

⑨ H. B. Thomsen & B. S. Wheble, Trading with EDI-The Legal Issues, *IBC Financial Books*, London, 1989, p. 136. 这一说法可在一些国内规范的规定中得到印证。例如,《美国统一商法典》在第1－201(46)节中规定"书面或书写"包括打印、打字或者其他任何以可见形式出现的形式。

⑩ G. Born, *International Commercial Arbitration in the United States*, 1994, p. 292.

是否采取一项义务的形式，也无论法律是否仅仅规定了信息不采用书面形式的后果，该款将适用。”①这一宽泛的解释，也涵盖了互联网通信的形式，可以有助于《纽约公约》的适用。② 我们也可以期待以后各国达成的新公约将新的通信方式涵盖在“书面”的范畴之内。③ 这样做的根本目的在于促进国际贸易的发展和提高在国际贸易中达成仲裁协议的可能性。④

其次，《纽约公约》要求申请执行裁决的一方必须及时出示经鉴定的原裁决之正本或其正式副本。⑤ 与此类似，在处理网上案件时，可以签发裁决的纸面副本，或由“公正的第三方”来确认电子裁决书上的数码签名是仲裁员的签名。⑥

最后，《纽约公约》的规则适用于外国仲裁裁决，但是“外国”一词是否适用于涉及互联网用户的案件？该公约使裁决的执行取决于该裁决是否在公约成员国内作出，而不考虑仲裁任何一方的所属国。⑦ 当程序在网上进行时很难决定实际地理位置，所以“外国”这一因素无关紧要。但是，有学者认为，中心作出的裁决应属于该公约的范畴，因为这些裁决适应了国际仲裁发展的非本地化和非

---

① 参见联合国国际贸易法委员会第 29 次会议工作报告，联合国大会官方记录第 17 号补充文件，No. 17（A/51/17），附录一，第 6 条。

② 详见 R. Hill & I. Walden, The Draft UNCITRAL Model Law for Electronic Commerce: Issues and Solutions, *Computer Lawyers*, Vol. 13, No. 3, 1996, p. 18.

③ 详见 F. A. Cona, Application of Online Systems in Alternative Dispute Resolution, *Buff. L. Rev.*, Vol. 45, 1997, p. 975, 993; J. Rosener, *Cyberlaw: The Law of the Internet*, ondon 1997, p. 237 ~241.

④ 详见 A. J. van den Berg, *The New York Convention of* 1958 – *Towards a Uniform Judicial Interpretation*, Asser / Kluwer-The Hague Deventer, 1981, p. 191; N. Kaplan, Is the Need for Writing as Expressed in the New York Convention and the Model Law out of Step with Commercial Practice?, *Arbitration International*, Vol. 12, 1996, pp. 27 ~43.

⑤ 《纽约公约》第 4 条。

⑥ J. Arsíc, International Commercial Arbitration on the Internet: Has the Future Come Too Early?, *Journal of International Arbitration*, Vol. 14, 1997, p. 217.

⑦ 《纽约公约》第 1 条 1 款。

本国化的大趋势。① 根据非本地化和非本国化的理论，国际仲裁与仲裁地不存在任何联系，不受仲裁地的束缚。② 论及本文讨论的新机制，仲裁也应该消除地区化；而且仲裁裁决将在《纽约公约》的任何地方得到承认和执行。

除了上述三个问题，还有其他问题，如该公约没有涵盖消费者合同的仲裁，③网上通告的效力，④以及遵守仲裁地法的问题。⑤ 相对于上述三个问题，这些问题都是次要的，但是为了确保网上机制切实可行，成员国必须认真审查现有规定，作出相应修改，以处理潜在的问题。在作出修改时必须牢记网络空间的特殊性。

一个需要注意的趋势是越来越多的 ADR 裁决得到了司法承认和执行。⑥ 承认和执行的关键前提就在于程序的公正性。此外，合同法将在这一过程中扮演重要角色。合同法的一般原则可以很好地适应互联网的新兴文化，从而回避了由国家或侵权法所强加的非自愿性义务。⑦ 这样，在多方努力下，仲裁裁决的执行问题就能得到很好的解决。

---

① 详见 P. Mayer, the Trend Towards Delocalizaiton in the Last 100 Years, in M. Hunter, A. Marriot & Veeder (Ed.), *The Internationalization of International Arbitration: The LCIA Centenary Conference*, London: Graham & Trotman, 1995, pp. 37 ~ 45. 学者已就此想法进行了激烈的讨论，并提出了各种不同的意见。详见 J. Paulsson, Delocalization of International Commercial Arbitration: When and Why It Matters?, *Int'l & Comp. L. Q.*, Vol. 32, 1983, pp. 53 ~ 61; J. Paulsson, Arbitration Unbound: Award Detached from the Law of the Country of Origin, *Int'l & Comp. L. Q.*, Vol. 30, 1981, pp. 358 ~ 387; W. W. Park, The *Lex Loci Arbitri* and International Commercial Arbitration, *Int'l & Comp. L. Q.*, Vol. 32, 1983, pp. 21 ~ 52; W. W. Park, Judicial Control in the Arbitral Process, *Arbitration International*, Vol. 5, No. 3, 1989, pp. 230 ~ 245; W. L. Craig, Some Trends and Developments in the Laws and Practice of International Commercial Arbitration, *Tex. Int'l L. J.*, Vol. 30, 1995, pp. 1 ~ 58; H. Smit, A-national Arbitration, *Tulane Law Review*, Vol. 63, 1989, pp. 629 ~ 645.

② 详见 F. de Ly, The Place of Arbitration in the Conflict of Laws of International Commercial Arbitration: An Exercise in Arbitration Planning, in M. Storme & F. de Ly (Ed.), *The Place of Arbitration*, Mys & Breesch, Gent, 1993, p. 13.

③ 《纽约公约》第 5 条 1 款 a 项。

④ 《纽约公约》第 5 条 1 款 b 项。

⑤ 《纽约公约》第 5 条 1 款 d 项。

⑥ S. G. Dick, ADR at the Crossroads, *Disp. Resol. J.*, 1994, pp. 52 ~ 53.

⑦ M. Rustad & L. E. Eisenscmidt, The Commercial Law of Internet Security, *High Tech. L. J.*, Vol. 10, 1995, p. 263.

第三节 在新机制中的电子商务法

互联网的应用创造了一个神秘的网络虚拟空间。虽然这个空间看不见，摸不着，但是其中发生的各种活动却直接影响现实空间中的人们：神秘的网上活动和现实世界存在着明显的联系。虽然有些行为是在网络空间内完成，但涉及的行为人却处于物质世界；发起上述活动的设备也位于现实世界的特定场所。但难于追踪行为人是法律适用的问题所在。随着越来越多的商业贸易在互联网上进行，商业社会也越来越亟须回答如下问题：某一活动的结果将是什么？进行交易时应该遵守何种规则？一般的交易规则也适用于电子商务吗？上述问题表明，有必要进一步研究电子商务的法律层面，尤其是适用于交易和随后可能发生的争端过程中的法律规则。

一、网络空间与“国际空间”

1. 网络与空间

一些学者正致力于为互联网寻求一个贴切的比喻。[①] 诚然，有些用来形容互联网的比喻在考虑到其作用时将其描述为一种传播媒介，[②]而没有从法律的角度出发。正如本书的研究目的所述，这里所有分析都要在法律的框架下作出。[③]

长久以来，我们想当然地认为地理边界在决定法律权利和法律责任时是最重要的：所有的法律从表面上看的确都是具有地域性的。[④] 这就意味着为了规划和适用法律，应当确定某一空间的位置。然而，互联网很难被定位。没有人可以感知或触摸网络空间，[⑤]也没有人可以控制网络空间，而且任何拥有必要设备

---

① 详见 A. Ginsburg, Howl, in A. Ginsburg, *Howl and Other Poems* (1956)，载于 http://www.ginzy.com.

② 参见 C. Kozar & A. Lockhart, *Service Provider Liability*, 24 April 1997，载于 http://www.ashelockhart.com/isp; J. Litman, The Exclusive Right to Read, *Cardozo Arts & Ent. L. J.*, Vol. 13, 1994, p. 29. 如其所述，网络通信相当简单，就如同传统的印刷媒介。

③ 很多观察家将网络空间视为用于分析活动的“场所”。参见 L. M. Harasim, Networlds: Networks as Social Space, in L. M. Harasim (Ed.), *Global Networks*, 1993, pp. 15 ~ 34.

④ *American Banana Co. v. United Fruit Co.* 213 US 347, 357 (1909).

⑤ 实际上，没有人居住在网络空间里。D. L. Burk, Trademark Doctrines for Global Electronic Commerce, *S. C. L. Rev.*, Vol. 49, 1998, p. 733; A. R. Stein, The Unexceptional Problem of Jurisdiction in Cyberspace, *Int'l Law.*, Vol. 32, 1998, p. 1175.

的人都可以进入网络空间而不受限制。缺乏明显的地域联系的网络空间为进行法律分析带来了困难。显然，它置身国家主权之外。地理边界在界定网络空间的法律体制时毫无意义。但是，可以为互联网的"法律空间"界定一个在法律上更为重要的边界。

一些学者建议为了法律分析的目的，可以将网络空间设想为一个特殊的空间，①而网络空间和现实世界之间有一条在法律上很重要的边界。② 将网络空间定义为一个"空间"③会产生一个奇怪的后果，亦即需要创造一个描述所有其他空间的术语。④ 值得一提的是，国际特设委员会（IAHC）⑤用"公共资源"⑥来形容互联网顶级域名的网域空间。一些学者建议网络空间扮演一个与外层空间、南极洲或公海⑦相似的角色。这一建议对进一步阐述电子商务网络空间的作用将有所帮助。沿着这一思路，1997 年 7 月美国总统克林顿建议互联网成为一个全球自由贸易区。⑧ 这一空间的法律将考虑到它所管制环境的特殊特点和在那里的人、地点和在那里发现的事物的类型。

---

① "网络空间"一词引入互联网领域，就是指人们可以在此空间，加入网络虚拟社区并获得网络虚拟身份。但是一些学者认为将互联网形容为一个空间的做法经不起时间的考验。详见 T. Wu, When Law & the Internet First Met, Green Bag, Vol. 3, 2*d*, 2000, *pp*. 171 ~ 173.

② D. R. Johnson & D. G. Post, Law and Borders-The Rise of Law in Cyberspace, *Stanford L. Rev.*, Vol. 48, 1996, at http://www.cli.org/X0025_LBFIN.html.

③ 有些学者主张，网络不是一个单独的空间。详见 J. L. Goldsmith, Symposium on the Internet and Legal Theory: Regulation of the Internet: Three Persistent Fallacies, *Chi.-Kent. L. Rev.*, Vol. 73, 1998, p. 1121.

④ W. Rodger, *Read Their Lips: No Net Taxes*, Wired, May 1998, at 101.

⑤ 国际互联网协会（ISOC），互联网编号指配局（IANA），互联网架构委员会（IAB），联邦网络理事会（FNC），世界知识产权组织（WIPO），国际电信联盟（ITU），国际商标协会（INTA）于 1996 年 11 月成立国际特设委员会（IAHC）以国际标准调整域名系统。

⑥ IAHC 宣称顶级网络域名是公共资源，应受公众监管。Final Report of the International Ad Hoc Committee: *Recommendations for Administration and Management of gTLD's*, Executive Summary, 19 February 1997, at http://www.iahc.org/draft-iahc-recommend-00.html.

⑦ D. Menthe, Jurisdiction in Cyberspace: A Theory of International Spaces, *Michigan Telecommunications and Technology Law Review*, Vol. 4, 1998, p. 69, 载于 http://www.mttlr.org/volfour/menthe.html. 这篇论文探讨法律选择的问题。但是，这一想法同时有助于网络空间司法管辖权问题的探讨。

⑧ Remarks by the President of the USA in Announcement of Electronic Commerce Initiative, White House Press Secretary, 1 July 1997, http://www.whitehouse.gov.

首先,网络空间是一个可以区分有形世界和虚拟世界的地方①。由于电子商务法是最直接地处理两个"世界"间联系的法律领域,②认识到网络空间和现实世界在法律上的重要分野与之密切相关。你应将网络空间视为一个单独的空间,因为其中有很多供你获取信息和自我定位的地方。③ 这一空间一个非常重要的特征是,在不同的网上地点找到的团体和活动有它们自己独有的性质,这也决定了它们拥有各自独有的规则。决定哪些规则适用于你的网上活动很可能要比决定你的行为受哪个区域当局的法律管辖更容易。④

2. 网络空间与国际空间

在深入讨论网络空间和电子商务之前,查明网络空间在法律框架中的地位是非常重要的,因为这可以提供对网络空间目前定位的一个基本理解。首先,有必要决定网络空间是否应属于国内或国际的法律体系。众所周知,网络空间超越国家的边界,而且在一国境内作出的行为可以被世界上大多数国家所感知。一个国家可以出于其经济、文化和政治的利益为网络空间的活动立法。然而,这类立法的效力在很大程度上会受到限制,因为一国必须避免作出侵犯其他国家主权的行为;⑤但由于互联网的溢出效应⑥,大大局限了国家规管的可行性,我们

---

① 有人认为网络空间不是一个空间而是很多空间的总和。详见 L. Lessig, Code and Other Laws of Cyberspace, 1999, p. 82。笔者认为这篇文章对网络空间的本质有其独到的见解。网络空间被认为是一个整体空间,但是它可以被进一步划分为不同的空间。D. Hunter, Cyberspace as Place and the Tragedy of the Digital Anticommons, *California Law Review*, Vol. 91, 2003, pp. 446 ~ 452.

② C. L. Conner, *Compuserve v. Patterson*: Creating Jurisdiction Through Internet Contacts, *Richmond Journal of Law & Technology*, Vol. 4, 1998, p. 9, http://www/richmond. edu/ ~ jolt/v4i3/conner. html.

③ I. T. Hardy, Symposium: Electronic Communications and Legal Change: Electronic Conferences: The Report of an Experiment, *Harv. J. Law and Tech.*, Vol. 6, 1993, p. 213, 232 ~ 234.

④ D. R. Johnson & D. G. Post, Law and Borders: The Rise of Law in Cyberspace, *Stanford Law Review*, Vol. 48, 1996, pp. 1372 ~ 1373.

⑤ I. Brownlie, *Principles of Public International Law*, 5th Ed. 1998, p. 301.

⑥ 因为复制对网络的运行至关重要,版权就是一个例子。参见 M. A. Lemley, Dealing With Overlapping Copyrights on the Internet, *U. Dayton L. Rev.*, Vol. 22, 1997, p. 547; J. Litman, The Exclusive Right to Read, *Cardozo Arts & Ent. L. J.*, Vol. 13, 1994, p. 29; E. Dyson, Intellectual Value, Wired, July 1995, pp. 136 ~ 137; J. P. Barlow, The Economy of Ideas, Wired, March 1994, at 85。

应转而讨论网络空间在国际法律框架中的地位。①

在进一步讨论之前，我们应注意到网络空间里国际管制体系虽然是首选，但各国本身的规管活动仍然很重要。虽然对于一些问题政府的规管鞭长莫及，但政府仍然可以采取有关措施影响互联网的管制调节。② 尽管法律上权力受限，一国政府仍可在其能力范围内开展有关工作。

国际法律体系是多层次的。一国在其包括领海在内的领域，享有完全的主权；对其海上的专属经济区享有一定的主权；对所谓的"国际空间"则不享有主权。国际空间的历史始于海上，③而在对这一理论的讨论中，有关公海的法律体系和理论则占有主导地位。④ 随后，南极洲的发现和外层空间活动的出现使这两个领域也纳入了讨论范围。随着"国际空间"概念的讨论，"人类共同继承遗产"理论也被提出。⑤ 该理论认为，世界各国都应受益于其享有共同利益的区域⑥及获得的资源；而且各国都不得对上述区域主张主权。⑦

在各国没有就主权问题达成明确共识之前，网络空间暂时处于所谓的"主

---

① 因此，有人认为互联网有助于强化国际法。详见 H. H. Perritt, Jr., The Internet is Changing International Law, *Chi. -Kent L. Rev.*, Vol. 73, 1998, p. 997; B. Cohen, Note, A Proposed Regime for Copyright Protection on the Internet, *Brook. J. Int'l L.*, Vol. 22, 1996, p. 401, 428; J. B. Ritter & J. Y. Gliniecki, Electronic Communications and Legal Change: International Electronic Commerce and Administrative Law: The Need for Harmonized National Reforms, *Harv. J. L. & Tech.*, Vol. 6, 1993, p. 263, 265; O. Schachter, Philip Jessup's Life and Ideas, 80 AJIL 878, 894 (1986).

② 详见 L. Lessig, The Law of the Horse: What Cyberlaw Might Teach, *Harvard Law Review*, Vol. 113, 1999, pp. 514～515.

③ 1609 年，格劳秀斯提出国家不能在公海上行使主权。详见 H. Grotius, *Mare Liberum; Sive, de Iure Quod Batavis Competit ad Indicana Commercia Dissertio*, 1609.

④ 详见 B. Anderson, *Imagined Communities: Reflections on the Origin and Spread of Nationalism*, 1983, p. 14.

⑤ G. M. Danilenko, The Concept of the "Common Heritage of Mankind" in International Law, *Annals of Air & Space Law*, Vol. 13, 1988, pp. 247～249.

⑥ J. Eltman, A Peace Zone on the High Seas: Managing the Commons for Equitable Use, *Int'l Legal Persp.*, Vol. 5, 1930, p. 47, 64; P. E. Wilson, Jr., Barking Up the Right Tree: Proposals for Enhancing the Effectiveness of the International Tropical Timber Agreement, *Temp. Int'l & Comp. L. J.*, Vol. 10, 1996, p. 229, 232.

⑦ C. C. Joyner, Legal Implications of the Concept of the Common Heritage of Mankind, *Int'l & Comp. L. Q.*, Vol. 35, 1986, pp. 190～191.

权模糊期”。① 但是很明显,在网络空间里国家不可能主张主权;即使某些国家有主张主权的意图,他们也不可能实际控制网络空间。② 因此,从国际法的角度来看,网络空间应当归入国际空间一类。那么,这一归类对当前的研究有何意义呢?

传统上,主权和领土是国际法的基础。然而,国际法也同样取决于其主体性质。人们的沟通方式以及此类沟通方式所处环境的性质或许比领土要素更为重要。③

国际空间和人类共同继承遗产的理论始于同一命题:国籍,而非领土,是确

① 各个主权国家是最基本的立法主体,因此管制体系极有可能最终还要依赖于这些主权国家。参见 W. Wriston, *The Twilight of Sovereignty* (1992).

② 有些学者认为网络空间仍然存在主权。根据其分析,网络空间可以被网络空间的用户和程序的设计者所控制。但是这里对主权的理解完全不同于国际法上的主权概念,因此这种观点是不尽合理的。有关主权的争论,详见 T. Wu, Note, Cyberspace Sovereignty?: The Internet and the International System, *Harv. J. L. & Tech.*, Vol. 10, 1997, p. 647; J. H. Saltzer et al., End-to-End Arguments in System Design, 2 ACM *Transactions in Computer Systems* 277 (1984).

③ J. M. Rogers, Forward: The Internet and Public International Law: The Internet and International Law, *Ky. L. J.*, Vol. 88, 1999/2000, p. 808. 因此,一些学者认为传统的主权概念已经被破坏了。详见 Symposium, The Decline of the National State and Its Effects on Constitutional and International Economic Law, *Cardozo L. Rev.*, Vol. 18, 1996, p. 903.

定管辖权的基础。[①] 已经得到确认的三个国际空间是:南极洲、[②]外层空间[③]和公海[④]。很明显,网络空间超越了领土的界限,领土在网络空间没有实际意义。国际空间的理论正好为网络空间填补了这一阙漏。[⑤]

当然,网络空间与其他三个国际空间存在诸多差异。例如,上述三个国际空间都是自然存在的(虽然以不同方式存在),而网络空间则是虚拟的。但是,我们必须认识到,将某类空间归为国际空间,关键不在于它们的自然类似性,而在于它们的国际化、无主权的特性。[⑥] 将此类概念适用于网络空间的方式可推广至国家不能主张主权的任何区域。[⑦]

虽然任何一个国家都不能对国际空间主张主权,但是对某些国家提出主权

---

① D. Menthe, Jurisdiction in Cyberspace: A Theory of International Spaces, *Michigan Telecommunications and Technology Law Review*, Vol. 4, 1998, p. 69, 载于 http://www. mttlr. org/volfour/menthe. html. ; B. E. Heim, Note, Exploring the Last Frontiers for Mineral Resources: A Comparison of International Law Regarding the Deep Seabed, Outer Space, and Antarctica, *Vand. J. Transnat'l L.*, Vol. 23, 1990, p. 819, 827.

② 参见 J. Blum, The Deep Freeze: Torts, Choice of Law, and the Antarctic Treaty Regime, *Emory Int'l L. Rev.*, Vol. 8, 1994, pp. 667 ~ 668.

③ 参见 I. H. Ph. Diederiks-Verschoor, *An Introduction to Space Law*, 2nd Ed. Kluwer Law International, 1999, pp. 4 ~ 5; H. Shin, Oh, I Have Slipped the Surly Bonds of Earth: Multinational Space Stations and Choice of Law, *Cali. L. Rev.*, Vol. 78, 1990, pp. 1379 ~ 1381; H. Keefe, Essay, Making the Final Frontier Feasible: A Critical Look at the Current Body of Outer Space Law, *Santa Clara Computer & High Tech. L. J.*, Vol. 11, 1995, pp. 366 ~ 367; S. Gorove, Interpreting Article II of the Outer Space Treaty, *Fordham L. Rev.*, Vol. 37, 1969, pp. 349 ~ 352; N. Jasentuliyana, Space Law and the United Nations, *Annals of Air & Space Law*, Vol. 17, 1992, p. 137, 147; C. C. Okolie, International Law Principle of Jurisdiction in Regard to Settlements of Humankind on the Moon and Mars, in *Proc. Thirty-Fourth Colloquium L. Outer Space*, 1991, pp. 64 ~ 65.

④ H. Shin, Oh, I Have Slipped the Surly Bonds of Earth: Multinational Space Stations and Choice of Law, *Cali. L. Rev.*, Vol. 78, 1990, p. 1381.

⑤ E. A. Posner, Law, Economics and Inefficient Norms, *U. Pa. L. Rev.*, Vol. 144, 1996, p. 1741; H. S. Rana, The "Common Heritage of Mankind" & The Frontier: A Revaluation of Values Constituting the International Legal Regime for Outer Space Activities, *Rutgers L. J.*, Vol. 26, 1994, p. 245.

⑥ D. Menthe, Jurisdiction in Cyberspace: A Theory of International Spaces, *Michigan Telecommunications and Technology Law Review*, Vol. 4, 1998, p. 69, 载于 http://www. mttlr. org/volfour/menthe. html.

⑦ 详见 M. R. Burnstein, Conflicts on the Net: Choice of Law in Transnational Cyberspace, *Vand. J. Transnat'l L.*, Vol. 29, 1996, p. 103.

要求潜在可能性的顾虑正是一些条约形成背后的主要因素；而国际条约正是最主要的国际法渊源。[①] 有关之前三个国际空间的条约已经存在，但目前尚未制订有关网络空间法律地位的条约。网络空间产生于20世纪七八十年代互联网设备出现之际，但是直到90年代初，网络用户及包括商业用途在内用途的激增才带来了虚拟社区的概念，并引起了全世界的关注。各国都尝试制定新规范和改革传统规则来适应这些新的发展，但是要让所有的国家签订规范网上活动的条约、达成共识，还需要一段时间。[②] 至今为止，国内规则在网络活动的调整体系中仍占主要地位。

在网络空间中主张主权的意义寥寥。然而，随着越来越多的业务在网络空间中开展，有必要制定一些规则来赋予并规范有关机构进行网络规管的活动。国际空间的理论一方面体现了公法的重要性，另一方面，该理论本身同时也厘定了私法的轮廓和范围。[③] 界定国际空间的目的就是用国籍的标准来识别特定活动并确定相应的管辖权。[④] 例如，在外层空间，航空器登记国，无论该航空器是否有人驾驶，就是该航空器国籍及管辖权确定的标准；在南极洲，设立基地国就是国籍和管辖权的确定标准。该原则也完全可以适用于网络空间开展的有关活动。

与在公海适用船旗国法同理，在网络空间也可以适用相关“船旗国”法。那么，“船旗”应由什么组成呢？一个网页的原始所属国固然重要，但设立网页的

---

① D. Menthe, Jurisdiction in Cyberspace: A Theory of International Spaces, *Michigan Telecommunications and Technology Law Review*, Vol. 4, 1998, p. 69, 载于 http://www.mttlr.org/volfour/menthe.html. 例如，冷战时期对南极洲这块“馅饼”的关注就导致各国达成有关冻结瓜分南极和主权要求的《南极条约》。详见 Antarctica Treaty, Article IV, 12 U. S. T. 794, 402 U. N. T. S. 71, 75.

② 因此，有人建议国际条约应该作为标准而不是作为规则被制订出来，以便在实施时留有法律解释的空间。详见 A. Schwartz & R. E. Scott, The Political Economy of Private Legislatures, *U. Pa. L. Rev.*, Vol. 143, 1995, p. 595, 597, 651。

③ 贸易全球化和冲突法的问题要求国际公法提供解决方案。详见 H. H. Perritt, Jr., The Internet and Public International Law: The Internet is Changing the Public International Legal System, *Ky. L. J.*, Vol. 88, 1999/2000, p. 885, 892.

④ 例如，公海上适用的一般原则是适用船旗国的法律来规管几乎所有与船只、船长和船员有关的问题。详见 W. Tetley, The Law of the Flag, “Flag Shopping,” and Choice of Law, *Tul. Maritime L. J.*, Vol. 17, 1993, p. 140; E. Lafleur, *The Choice of Laws in the Province of Quebec.*, 1898, p. 185.

人或实体的国籍，或者控制设置网页活动人的国籍也同样很重要。[①] 决定采用何种标准来确定相关活动是困难的工作，而决定该类活动所属国家同样也是一个不容易的任务。

适用"船旗国法"原则可以在某种程度上解决法律选择的问题，但是却不能最终地或彻底地解决该问题。而且，像这样选择出来的法律仅仅是程序法进展的一部分，而电子商务的实体法又应包含哪些内容？此外，该原则的适用只会加剧国家间关于哪个机构将负责实施有关的国际法以及哪个机构拥有最终决定权之间的冲突。[②] 因此，有必要在各国广泛遵循的规范基础上[③]建立一个完善的法律框架赋予互联网明确的法律地位以便进一步的法律规范活动。

网络空间需要法律规范，或者更确切地说，在那里进行的商业活动需要法律规范。要为这一无限空间产生的问题提供一个长期的解决方法，就应当明确制定调整各国之间侵权、合同等关系的法律规范。

二、电子商务法

1. 为电子商务立"新"法的必要性

一些学者不遗余力地倡导为网络空间专门立法。[④] 与物理空间和影响全球范围个人活动的法律框架完全不同，网络空间不适合以领土为基础的法律框架。如果要取得成功，电子商务需要有"新"法的规范和调整。[⑤]

有些学者则认为上述看法高估了互联网可能会对社会生活产生的影响力。毕竟互联网只不过是一种通信方式，其功能与其他通信形式毫无二致。[⑥] 它只

---

① D. Menthe, Jurisdiction in Cyberspace: A Theory of International Spaces, *Michigan Telecommunications and Technology Law Review*, Vol. 4, 1998, p. 69, 载于 http://www.mttlr.org/volfour/menthe.html.

② 详见 A. Gigante, Blackhole in Cyberspace: The Legal Void in the Internet, *J. Marshall J. of Computer & Info. L.*, Vol. 15, 1997, p. 433.

③ M. S. Yeo & M. Berliri, Conflict Looms Over Choice of Law in Internet Transactions, *Electronic Com. & L. Rep.*, Vol. 4, 1998, p. 89.

④ D. R. Johnson & D. Post, The Rise of Law on the Global Network, in Kahin.

⑤ J. C. Ginsburg, The Cyberian Captivity of Copyright: Territoriality and Authors' Rights in a Networked World, *Santa Clara Computer & High Tech. L. J.*, Vol. 15, 1999, pp. 347 ~ 348; J. R. Reidenberg, Governing Networks and Rule-Making in Cyberspace, *Emory L. J.*, Vol. 45, 1996, pp. 911 ~ 912.

⑥ A. L. Shapiro, The Disappearance of Cyberspace and the Risk of Code, *Seton Hall Const. L. J.*, Vol. 8, 1998, p. 703.

是一个实现某一目的和任务的工具。[①] 传统基本的商业理论仍然适用于电子商务。这些学者认为,重大的技术进步也许会产生重大的法律影响,但并不需要专门针对该技术建立一个独特的法律体制。[②] 如果要为互联网专门立法,那么当再有新的通信形式出现时是否又要创设另外一套法律呢?[③] 所有需要做的是修改旧的规则以适应新工具的特点;网络空间不过是旧瓶装新酒。[④] 传统的法律手段已经足够应付互联网了。[⑤]

由于两种说法在一定程度上都有道理,所以就制定新法律的必要性探讨并不能轻易得出大家都一致认可的意见。我们还需要进一步探讨在网络空间中的活动及其与法律的联系,从而找出一个合适的解决方案。

一些学者指出互联网是一个"新"现象。但什么是"新"呢?事实上,从有些角度看,互联网是新的;从其他的角度则不然。我们必须在证明一个法律方案合理性的同时分析它的新颖之处。[⑥] 法律有不同的层次。较高层次的法律"放之四海皆准",包括一般法律概念和可以灵活变通的一般原则。这类法律不能很好地指引互联网的活动。而且这些原则性的规定,过于灵活,过于概括,无法提供明确的指引。此类法律在适用于同一或类似问题时,可能导致不一致的结果;这样就会使市民如何遵守法律以及遵守何种法律变得困难。较详细的法律专门针对某些特殊的情形,适用于特殊的活动;而这正是我们应当注意和遵循的法律。

---

① Easterbrook 法官认为讲授网络空间法和有关"马"的法律(the law of the horse)一样,无须花过多的时间和精力,因为两者都不能阐明法律的全部内涵,不属于法律的基础课程。详见 F. H. Easterbrook, Cyberspace and the Law of the Horse, *U. Chi. Legal F.*, 1996, p. 207.

② 参见 M. J. Horwitz, *The Transformation of American Law*, 1977, pp. 1780 ~ 1860.

③ 有人认为这样的管制法属于一个类型,但不是一个独立的类型。详见 M. A. Geist, The Reality of Bytes: Regulating Economic Activity in the Age of the Internet, *Wash. L. Rev.*, Vol. 73, 1998, p. 521, pp. 568 ~ 569; T. Wu, Application-Centered Internet Analysis, *Va. L. Rev.*, Vol. 85, 1999, p. 1163, 1183.

④ 详见 J. H. Sommer, Against Cyberlaw, *Berkeley Tech. L. J.*, Vol. 15, 2000, p. 1231.

⑤ 如前所述,以互联网为基础,创设新的法律学科"互联网法"的做法是不必要或者说不具建设性的。互联网是一个新的媒介,在这个媒介里,传统的法律原则可以在新的环境中运用。"互联网法"并不存在,所以也不需要专门设计单独的法律。详见 G. B. Delta & J. H. Matsura, *Law of the Internet*, at xix, Aspen Law & Business, New York, 1998.

⑥ 如 Hardy 所说,"新"可能意味着某种解决方式适合网络空间的特点,通过其运作,可以增加网络空间的透明度和可预知性,由此形成的规则能填补网络空间法律的真空。详见 T. Hardy, The Proper Legal Regime for "Cyberspace", *University of Pittsburgh Law Review*, Vol. 55, 1994, pp. 1053 ~ 1054.

浅析之,每一种媒介都充满了复杂的新法律问题,而最基本的问题是现有的为其他媒介制定的法律是否也可以应用到新的媒介上。① 一般来说,通信方式不是法律制定的基础。我们应当区分技术上和实质上创新的不同。一些问题的出现仅仅是因为互联网为原有问题创造了一个新环境,而并不是创造了一个新问题。例如,在网上发送一条诽谤的信息与通过信件发送此类信息在结果上并无本质的区别。关于诽谤的传统规则仍然适用于这两类案件。因此,适用于其他媒介的法律仍然可以适用于新媒介,则无须订立新法。②

此外,如果为互联网单独制定法律只是因为该做法提升了法律调整的集中性并从而打破了原来调整不同媒介的法律之间固有的界限,则并非明智之举。③否则当技术的发展使新媒介的出现成为现实时,新的法律就会不断出现,从而导致立法重叠和法律适用的混乱。此外,为高科技问题而专门制定的法律通常只与当时的技术相关(并且往往包含关于该技术的详细说明),因此往往具有较短的寿命:一旦新技术出现,该法律可能就要弃之不用了。④ 当原有法律的适用不存在太大问题,并且此类适用不会给现实生活带来负面影响,就不应该制定一项具体的规则而增加法律适用的复杂性。⑤

---

① T. Hardy, The Proper Legal Regime for "Cyberspace", *University of Pittsburgh Law Review*, Vol. 55, 1994, pp. 996.

② F. H. Easterbrook, Cyberspace and the Law of the Horse, *U. Chi. Legal F.*, 1996, p. 207; L. Lessig, The Law of the Horse: What Cyberlaw Might Teach, *Harvard Law Review*, Vol. 113, 1999, p. 501.

③ OFTEL, *Beyond the Telephone, the TV and the PC* (London, 1995), para. 1. 1. 4.; European Commission, Green Paper on the Convergence of the Telecommunications, Media and Information Technology Sectors, and the Implications for Regulation: Towards an Information Society Approach (COM (97) 623); G. J. H. Smith, *Internet Law and Regulation*, FT Law and Tax, London, 1996, Chapter 6.

④ A. Petkofsky, *Cyber-Cases Present Challenge: Some Legal Issues Stretching Jurisdiction of Traditional Courts*, *Richmond Times-Dispatch*, 18 December 1994, at A1; J. P. Barlow, Crime and Puzzlement: Desperados of the Data Sphere, *Whole Earth Rev.*, 1990, p. 56.

⑤ T. Hardy, The Proper Legal Regime for "Cyberspace", *University of Pittsburgh Law Review*, Vol. 55, 1994, p. 998.

但必须认识到在某些情况下,互联网的使用的确对现有法律构成严重挑战。[①] 此时,将物质世界的现有法律和政府规管简单地延伸去调整这些活动,被证明是不可行的。科学和技术的发展极大地改变了现实世界,而蕴含在这些科技改革背后的思维就成为法律调整的基本出发点。[②] 新技术的出现为新的行为模式以及新的法律问题的出现提供了丰富的土壤。[③] 使用与其他媒介大相径庭的互联网,对大多数人而言都是一项挑战,此新技术必然会导致许多全新的法律关系和交易的出现。[④] 例如,电子商务中数字签名及电子签名的法律效力应该如何?网络的使用使一些新类型的中间人应运而生;那么这中间人的法律责任

---

① 越来越多人认识到,传统的规范模式不适合很多网上进行的经济和政治交易。L. Lessig, The Law of the Horse: What Cyberlaw Might Teach, *Harvard Law Review*, Vol. 113, 1999, pp. ; I. K. Gotts & A. D. Rutenberg, Navigating the Global Information Superhighway: A Bumpy Road Lies Ahead, *Harvard Journal of Law and Technology*, Vol. 8, 1995, p. 275; F. H. Cate, Comment, Law in Cyberspace, *How. L. J.*, Vol. 9, 1996, p. 565, 567.

② 现代科技对国际法的影响已经相当深入,轻易跨越边境的事实不仅使许多新问题出现,还使许多原有问题变得更加复杂。详见 J. W. Dellapenna, Law in a Shrinking World: The Interaction of Science and Technology with International Law, *Ky. L. J.*, Vol. 88, 1999 - 2000, p. 830, 852; J. K. Gamble, International Law and the Information Age, *Mich. J. Int' l L.*, Vol. 17, 1996, p. 747; M. Lachs, Views From the Bench: Thoughts on Science, Technology and World Law, *AJIL.*, Vol. 86, 1992, p. 673.

③ 参见 A. W. Branscombe, Cyberspaces: Familiar Territory of Lawless Frontiers, 2 J. *Computer-Mediated Comm.* (June 1996), at http://www.usc.edu/dept/annenberg/vol2/issue1/intro.html; A. W. Branscombe, Jurisdictional Quandaries for Global Networks, in Harasim; I. T. Hardy, Property (and Copyright) in Cyberspace, *U. Chi. Legal F.*, 1996, p. 217, at http://www.lib.uchicago.edu/forum/hardy.html; D. R. Johnson, Due Process and Cyber-jurisdiction, 2 *J. Computer-Mediated Comm.* (June 1996), at http://www.usc.edu/dept/annenberg/vol2/issue1/due.html; H. H. Perritt, Jr., Property and Innovation in the Global Information Infrastructure, *U. Chi. Legal F.* (Fall 1996), at http://law.lib.uchicago.edu/forum/perritt.txt; D. G. Post, Anarchy, State, and the Internet: An Essay on Law-Making in Cyberspace, *J. Online L.* 3 (1995), at http://www.law.cornell.edu/jol/post.html; J. M. Oberding & T. Norderhaug, A Separate Jurisdiction for Cyberspace?, 2 *J. Computer-Mediated Comm.* (June 1996), at http://www.usc.edu/dept/annenberg/vol2/issue1/juris.html; A. Johnson-Laird, *The Anatomy of the Internet Meets the Body of Law*, 1996, pp. 23 ~ 25; R. D. Cooter, Decentralized Law for a Complex Economy: The Structural Approach to Adjudicating the New Law Merchant, *U. Pa. L. Rev.*, Vol. 144, 1996, p. 1643; M. J. Radin, Property Evolving in Cyberspace, *J. L. & Com.*, Vol. 15, 1996, p. 509.

④ Y. Akdeniz, C. Walker & D. Wall (Eds.), *The Internet, Law and Society*, Pearson Education Limited, 2000, p. 17.

应如何界定？法学专家已就此问题展开深入的讨论。① 中间人是否应为第三方造成的错误负责？在什么情形下他们负有责任呢？针对这些新问题，还没有明确的法律作出规定。一旦一项现有规则无法适用或不存在任何法律调整网络空间的法律关系，②我们就需要一项新法律来填补真空，以界定和调整网络空间各项法律关系。

许多学者就构建电子商务的法律框架提出了不同看法。对那些坚持保持现有法律的人而言，存在着修改相关法律的问题。修改立法的方法之一是重新解释法律的措辞。正如我们在前文就"书面"一词作解释的例子，根据传统的解释，"书面"指任何可触及的书面文件；而新的解释则包括电子文件。因此，电子商务在不制定新法律的情况下仍可以得到有效调整。③

由于网络空间中必然会出现一些新的法律关系，因此必须就这些新的法律关系制定相应的新规则。鉴于互联网的国际性，国际条约的签订可能是规管电子商务的最佳选择。但是电子商务是一个新事物，现在就起草新条约可能为时过早；而且各国存在不同的利益需求，一项条约可能需要相当的时间才能得到大多数国家的采用。因此就目前而言，应当考虑其他方式。首先，一些学者已经提出信息习惯法（*lex informatica*）的概念，将其用于电子商务领域。④ 所谓信息习惯法，就是在网络空间的法律真空状态中，通过各国实践自发产生的法律。⑤ 我们接下来将会深入探讨信息习惯法。此外，一些学者也提出法律礼让原则，即在

---

① 详见 B. W. Sanford, Libel and Privacy, 48 Section 2. 7. 4. (2nd Ed., 1991). 参见 Y. Zhao, Internet Service Providers and Their Liability, *Law/Technology*, World Jurist Association, *Vol.* 34, *No.* 1, 2001, *pp.* 1 ~ 19.

② T. Hardy, The Proper Legal Regime for "Cyberspace", *University of Pittsburgh Law Review*, Vol. 55, 1994, p. 998.

③ 这种做法被认为是运用规管技巧对现有法律的扩大化适用。详见 J. L. Goldsmith, Against Cyberanarchy, 65 *University of Chicago Law Review*, 1199 (1998).

④ 参见 A. W. Branscombe, Overview: Global Governance of Global Networks, in A. W. Branscombe (Ed.), *Toward a Law of Global Communications Networks*, 1, 21 (1986).

⑤ 一些学者已经提议将新兴的规范作为国家法律的一种替代方式，这些规范尤其适用于法律体系尚未完善的发展中国家。参见 R. D. Cooter, The Theory of Market Modernization of Law, *Int'l Rev. L. & Econ.*, Vol. 16, 1996, p. 141; R. D. Cooter, Against Legal Centrism, *Cal. L. Rev.*, Vol. 81, 1993, p. 417; D. G. Post & D. R. Johnson, "Chaos Prevailing on Every Continent": Towards A New Theory of Decentralized Decision-Making in Complex Systems, *Chi.-Kent. L. Rev.*, Vol. 73, 1998, pp. 1087 ~ 1088.

一国法律体系中,应当尊重其他国家的法律规定。① 在电子商务领域,也就是要尊重他国有关网络方面的国内立法,尽可能避免各国立法之间的冲突。

2. 信息习惯法②

信息习惯法的想法源自商人法或者商人习惯法的理念。③ 在中世纪,商业往来已经跨越了整个欧洲;而此时各地法律不同,存在皇室规则,教会法律之间的冲突,这就要求一项共同的规则指引来自不同地区的遵守不同法律的商人之间的交易。④ 当时虽然不存在一部通用的法典,但已有一套可供执行的商人习惯法;该习惯法适用于整个欧洲,便于商人参考,有效地调整了当时的商业贸易。⑤ 它独立于当地的主权规则,保障商人在贸易关系中相对的平等地位。⑥ 因应这些习惯法的产生和适用,出现了特殊法庭,其管辖范围限于商业交易,法官

---

① 详见 Akdeniz,前注 148,第 16 页。它也被定义为礼让原则,指一国在其领土范围内对另一国立法、行政或司法行为的认可,对国际义务和便利以及对其国民或在它的法律保护下的其他人的权利给予应有的尊重。详见 *Hilton v. Guyot*, 115 U. S. 113, 163 - 164 (1995); *Lauritzen v. Larsen*, 345 U. S. 571, 582 (1953); *Mitsubishi Motors V. Soler Chrysler-Plymouth*, 473 U. S. 614 (1985); *The Bremen v. Zapata Off-Shore Co.*, 407 U. S. 1 (1972). 有关该原则的讨论,详见 S. R. Swanson, Comity, International Disputes Resolution Agreements, and the Supreme Court, *Law & Policy in International Business*, Vol. 21, 1990, p. 333; J. R. Paul, Comity in International Law, *Harv. Int'l L. J.*, Vol. 32, 1991, p. 1, 44; H. E. Yntema, The Comity Doctrine, *Mich. L. Rev.*, Vol. 65, 1966, p. 9.

② 这一术语取自 W. H. van Boom & J. H. M. van Erp, Electronic Highways: On the Road to Liability, in V. Bekkers *et al.* (Eds.), *Emerging Electronic Highways: New Challenges for Politics and Law*, 1996, p. 153, 156。

③ 关于商人习惯法的讨论,参见 J. Wiener, *Globalization and the Harmonization of Law*, Printer: London and New York, 1999, pp. 151 ~ 183.

④ 随着罗马帝国的衰落,欧洲的商业活动几乎销声匿迹;而这之前以及之后的 11 - 12 世纪职业性商人出现的时期,商业却非常发达。在发展大量的地区间和国家间的贸易之前,要克服如下几个重要的障碍:语言障碍、距离障碍、人与人之间联系的缺乏等等。当地法律和其他地方法律和商业实践之间出现的冲突导致当地对外国商业的敌意并从而产生了商业对抗。因此,当时要求将法律作为交流语言的需求已经很明显。详见 B. L. Benson, The Spontaneous Evolution of Commercial Law, *Southern Econ. J.*, Vol. 55, 1989, p. 644, pp. 646 ~ 647.

⑤ 详见 W. A. Bewes, *The Romance of the Law Merchant*, 1923, pp. 15 ~ 25; L. E. Trakman, From the Medieval Law Merchant to E-Merchant Law, *University of Toronto Law Journal*, Vol. 53, 2003, pp. 276 ~ 283.

⑥ 详见 H. J. Berman & C. Kaufman, The Law of International Commercial Transactions (*Lex Mercatoria*), *Harv. Intl L. J.*, Vol. 19, 1978, p. 221, pp. 274 ~ 277.

则从商人阶层中基于其经验和资历排名选出。[①] 他们参考习惯法的贸易实践裁断纠纷。当时的统治者认识到这些习惯法的重要性,并有效调整整个商业运作,对他们而言也是有利的,因此各国的国内法都认可这些法庭的裁决并可就裁决的内容申请强制执行。[②]

一些学者质疑这些商人习惯法是否真实地存在,因为我们很难从书面文件中找到这些习惯法的痕迹。[③] 其实,这也很自然,如果我们能从书面文件找到这些习惯法,那么我们就有理由怀疑这些规则到底属于习惯法还是具体的成文法规则。此外,我们也很难确定这些具有弹性的习惯法是否应被视为独立的法律部门,抑或只是补充性的法律文件。[④]

如今,一些习惯法已经成为国内成文法的一部分。为同时确保习惯法的弹性和稳定性,这些习惯法必须得到很好的确立和广泛认可。法律文件可以帮助确定这些习惯法的具体内容,但又应该确保它们在实践中可以继续发展和完善。习惯法在网络空间中同样可以发展,网络通信[⑤]的快速发展预示更多的习惯法将会产生。[⑥] 另外,当我们审视前身是特殊法庭[⑦]的现代仲裁体系时,我们发现习惯法极其适合于商业案件的审断;更重要的是,基于这些习惯法作出的最终裁决已经很好地得到世界范围的承认和执行。[⑧]

显然,商人习惯法在现今的商业社会仍然存在而且继续发挥着重要的指引作用。现今的商业社会由贸易、运输、保险和银行等行业组成,这些行业对相互贸易往来存在的共同的法律认知通过长期的往来就形成了商人习惯法,法院在审理相关的案件中经常援引这些习惯法作出判决。[⑨] 因此,在网络社区,信息习

---

① 裁判者通常是从商人阶层中基于商业经验、客观性和资历排名选出。详见 L. E. Trakman, *The Law Merchant: The Evolution of Commercial Law*, 1983, p. 11, 15.

② L. E. Trakman, *The Law Merchant: The Evolution of Commercial Law*, 1983, p. 2, 9.

③ 详见 F. de Ly, *International Business Law and Lex Mercatoria*, 1992, p. 8.

④ H. J. Berman & F. J. Dasser, The "New" Law Merchant and the "Old": Sources, Content, and Legitimacy, in T. E. Carbonneau (Ed.), *Lex Mercatoria and Arbitration*, 1990, p. 21, 22.

⑤ K. D. Suzan, Comment, Tapping to the Beat of a Digital Drummer: Fine Tuning U. S. Copyright Law for Music Distribution on the Internet, *Alb. L. Rev.*, Vol. 59, 1995, p. 789, 828.

⑥ T. Hardy, The Proper Legal Regime for "Cyberspace", *University of Pittsburgh Law Review*, Vol. 55, 1994, p. 1010.

⑦ L. E. Trakman, *The Law Merchant: The Evolution of Commercial Law*, 1983, p. 42.

⑧ P. S. Berman, The Globalization of Jurisdiction, *U. Pa. L. Rev.*, Vol. 151, 2002, p. 21, 22.

⑨ P. S. Berman, The Globalization of Jurisdiction, *U. Pa. L. Rev.*, Vol. 151, 2002, pp. 21 ~ 24.

惯法的形成可以以商人习惯法作为范例,将其作为发展的起点,不断完善形成体系。①

商人习惯法与其他类型的法律的区别主要有如下两点:首先,习惯法的存在不取决于法令或其他权威的法律声明;其次,习惯法某种意义上独立于那些不适用于商业贸易的一般法律规则并作为其补充而存在。② 特殊法庭的存在和商人习惯法的适用加速了争端的解决过程。

有关商人习惯法的讨论对网络空间习惯法的发展也可起指引作用。如前所述,网络空间的贸易往来也需要有一套统一的规则来调整。目前还不存在这样的规则,而且在短期内制定出一个统一的条约也是不现实的。此外,许多学者提出设计新的 ADR 机制来快速解决争端,该提议得到很大的支持。如果该提议得以实施,信息习惯法形成的可能性和速度就会大增。

由于商业实践习惯是商人习惯法形成的基础,因此,网络实践习惯也就自然成为信息习惯法的重要渊源。③ 自网络出现以来,越来越多的活动在网络空间进行。一些所谓的"网络礼仪"或"网络道德"④习惯规则在活动过程中逐渐发展起来。一般说来,这些规则反映了现实生活网络社群对网上秩序维持的普遍担忧,习惯规则的形成为信息高速公路的活动提供了基本准则,使违反这些行为规则的人们受到网络社区特有的惩罚措施。⑤

商人习惯法和信息习惯法非常相似。在各自的适用中,国家政府的单边规管活动往往不能很好地调整这些活动,而跨越国界的调整才能更好地实现规管的目的。但是我们必须承认发展一项国际规范需要相当长的时间和各国的努力。在还没有一些权威性规范的情况下,网络空间现在可适用的规则就是那些被网络社群认可的习惯法规则:亦即那些在网络空间被普遍遵守并自动被用户接受为具约束力的实践做法。

---

① 详见 A. Mefford, *Lex Informatica*; Foundations of Law on the Internet, *Ind. J. Global Leg. Stud.*, Vol. 5, 1997, p. 225.

② T. Hardy, The Proper Legal Regime for "Cyberspace", *University of Pittsburgh Law Review*, Vol. 55, 1994, p. 1020; A. F. Lowenfeld, *Lex Mercatoria*: An Arbitrator's View, in Carbonneau.

③ A. Mefford, *Lex Informatica*; Foundations of Law on the Internet, *Ind. J. Global Leg. Stud.*, Vol. 5, 1997, p. 228.

④ 一些学者及网络使用者就能采取一些道德规范,取代强制性的法律,以有效调整网络空间的活动。这些规范被称为"网络礼仪"。详见 A. Rinaldi, *Netiquette Home Page: Questions and Answers*, at http://www.fau.edu/rinaldi/netiquette.html.

⑤ G. B. Allison, *The Lawyer's Guide to the Internet*, 1995, p. 338.

信息习惯法并无意取代现有规则；而且一旦国家间达成新的规则，这些新规则将具有优先使用权。有些学者认为信息习惯法和法律规则并行不悖，相互之间有重叠。[①] 笔者认为，还需进一步明确。当不存在任何法律规则调整时，信息习惯法则可以填补法律社会的阙漏并成为重要的行动指南。一旦制定了强行性的法律规则，它们将取代信息习惯法，除非法律另有规定。

国际惯例在国际法领域占有非常重要的位置。[②] 它们是国际法的渊源之一，而且可直接用于案件的裁断。[③] 某项实践要成为惯例，必须满足两个要素：客观要素，即某项实践得到广泛和一致的遵守；主观要素，即该实践被接受为法律，适用于相互之间的关系。[④] 随着越来越多的活动在网络空间展开，亟须统一规则来规范在不同地点进行的网络活动。网络社区通过自身的实践往往可以形成最适合网络用户的规则习惯。由于这些规则习惯的遵守对网络用户有着显而

---

① 详见 J. R. Reidenberg, *Lex Informatica*: The Formulation of Information Policy Rules Through Technology, *Texas Law Review*, Vol. 76, *No.* 3, 1998, *pp.* 583 ~ 586 。如上所述，信息习惯法和法定规则之间的关系应该如下：政策制定者在制定有关政策文件时，必须考虑有关信息习惯法的内容；如果不存在有关法律或在适用自我监管的情形时，信息习惯法就作为国家法律的有效代替物。

② 有关习惯法的讨论，参见 R. P. Dhokalia, *Codification of Public International Law* (1970); H. W. A. Thirlway, *International Customary Law and Codification* (1972); G. M. Danilenko & H. Lauterpacht, Codification and Development of International Law, *AJIL*, Vol. 49, 1955, p. 16; O. Schachter, International Law in Theory and Practice, *Recueil des Cours*, Vol. 178, 1982, p. 9; P. C. Szasz, The Role of the U. N. Secretary-General: Some Legal Aspects, *N. Y. U. J. Int'l L. & Pol.*, Vol. 24, 1991, p. 161; P. R. Trimble, A Revisionist View of Customary International Law, *UCLA L. Rev.*, Vol. 33, 1986, p. 665.

③ 国际法的渊源包括国际条约、国际惯例和一般法律原则等。详见 1945 年 6 月 26 日《国际法院规约》第 38 条；P. Malanczuk, *Akehurst's Modern Introduction to International Law*, 7th Ed., 1997, p. 36; M. W. Janis, *An Introduction to International Law*, 1988, pp. 4 ~ 6, p. 10.

④ 国际惯例来自各国的国家实践。而该国家实践为各国接受为法律。这就意味着一个国家采取某种行动是因为相信该行动受某项实践指引，或相信该实践已经成为了新规范。国际法院已经在尼加拉瓜案件中就此作出阐述。详见 *Nicaragua v. USA* (Merits), ICJ Report, 1986, 14, at 97. 在利比亚诉马耳他的大陆架案件中，国际法院进一步说明国际惯例的具体内涵可以在各国的实践中发现。详见 1985 年国际法院报告，第 29 页；Advisory Opinion on the Legality of the Threat or Use of Nuclear Weapons, ILM 35 (1996), 809, at 826, paragraph 64; L. Condorelli, Custom, in M. Bedjaoui (Ed.), *International Law: Achievements and Prospects*, Dordrecht-Boston-London, 1991, p. 189; L. J. Gibbons, No Regulation, Government Regulation, or Self-Regulation: Social Enforcement or Social Contracting for Governance in Cyberspace, *Cornell J. L. & Pub. Pol'y*, Vol. 6, 1997, p. 475, 505.

易见的益处,因此,网络用户往往能自觉遵守这些规则习惯。①

如前所述,国家并不是网络活动的最佳规管机构;而诸如与网络活动相关的委员会和专家小组等自律团体②才是比较适合的机构,他们在考虑现有网络实践的基础上形成相关规则,避免网络上出现法律的真空。③ 这些团体和协会在成立之初就已经有了自己的章程和议事程序,专门针对网络活动展开规管活动。④ 因此,由这些非常了解网络空间的专家学者制定出来的规则能很好地反映网络空间快速发展,技术迅速更新的现实。⑤

此外,网络用户还可以在日常实践中共同创造他们之间相互适用的规则。

---

① 参见 R. Axelrod, *The Evolution of Cooperation*, 1984, pp. 11 ~ 19.

② 例如,全球电子联网组织(WELL)就与一个小的,准入受限的社区相似。参见 R. C. Ellickson, *Order Without Law: How Neighbors Settle Disputes*, 1991; L. Bernstein, Merchant Law in a Merchant Court: Rethinking the Code's Search for Immanent Business Norms, *U. Pa. L. Rev.*, Vol. 144, 1996, p. 1765; L. Bernstein, Opting Out of the Legal System: Extralegal Contractual Relations in the Diamond Industry, *J.* Legal Stud., *Vol.* 21, 1992, *p.* 115; *H. Rheingold*, The Virtual Community: Homesteading on the Electronic Frontier, 1993, *pp.* 17 ~ 38; *K. Hafner*, *The World's Most Influential Online Community (and It's Not AOL)*, *Wired*, *May* 1997, at 98.

③ 参见 Commission of the European Communities, Communication from the Commission to the Council and the European Parliament: On "Standardization and the Global Information Society: The European Approach", COM(96)359(final) at 4, available at *Standardization and the Global Information Society*, at http://www.ispo.cec.be/infosoc/legreg/docs/96359.html. T1 委员会是一个私人赞助的,由美国国家标准化组织(ANSI)认可的组织。该组织就有关终端用户系统,载波、信息和增值服务提供者以及消费者家用设备之间电讯网络的相互连络和互用性进行研究,制定有关的技术标准并提交相应的报告。详见 Standards Comm., T1 Telecomm., T1 Overview, at http://www.t1.org/html/intro.html.

④ 有关协会的一些规则,参见 G. D. Webster, *The Law of Association*, Section 2.03 (1)(b), (1993)。

⑤ 信息习惯法主要来自技术开发者及有关实践不断发展的过程。详见 L. Lessig, Reading the Constitution in Cyberspace, *Emory L. J.*, Vol. 45, 1996, p. 897.

例如,交易双方当事人不仅可以在合同中规定权利义务关系,①而且还可以指明将来争端发生时应适用何种法律来解决争端;②网络服务提供商可以通过合同就具体服务的内容,双方权利义务以及责任作出明确界定。其他的指引还包括诸如总结归纳国际惯例和分析法律问题的学者著作,以及国际组织的示范规则和建议等。这些论述和规则对未来法律争端的解决都会产生重大的积极作用。③当然,这些论述和规则都可以被张贴在电子公告栏中,供用户查阅及采用。④

上述这些规则都不具有强制性,由用户自愿采用,但由于他们都是充分考虑了网络用户的利益,因此用户往往能主动遵守。这些规则反映了网络活动的实际情况,是用户自身实践的总结,为用户本身提供了一个现实世界的法律所不能提供的规管自身活动的规则,因此,相对国家的法律,用户在适用这些规则的时候往往会更愿意接受并遵守。一旦出现这些规则,网络用户一般不会破坏这些规则,因为他们清楚认识到,一旦他们违反了这些规则,将会受到相关惩罚,甚或

---

① 例如,电话用户为避免显示呼叫者的身份信息,在具体的线路或通话号码之间作出选择有关服务,该种选择就形成了一个适用于该条电话线所有用户的默认规则。双方当事人就知识产权的使用达成有关合同,该合同对第三方也具有效力,这一事实就是我们讨论的核心问题:当事人有权设定自己适用的合法规则。一些学者举例说明了合同存在的外在效力问题。参见 J. E. Cohen, Lochner in Cyberspace: The New Economic Orthodoxy of "Rights Management", *Mich. L. Rev.*, Vol. 97, 1998, p. 462; N. Elkin-Koren, Copyright Policy and the Limits of Freedom of Contract, *Berkeley Tech. L. J.*, Vol. 12, 1997, p. 93; W. J. Gordon, On the Economics of Copyright, Restitution, and "Fair Use": Systemic Versus Case-by-Case Responses to Market Failure, *J. L. & Info. Sci.*, Vol. 8, 1997, p. 7; M. A. Lemley, Dealing With Overlapping Copyrights on the Internet, *U. Dayton L. Rev.*, Vol. 22, 1997, pp. 169 ~ 171; M. A. Lemley, The Economics of Improvement in Intellectual Property Law, *Tex. L. Rev.*, *Vol.* 75, 1997, *p.* 989, *pp.* 1057 ~ 1058; *L. P. Loren*, *Redefining the Market Failure Approach to Fair Use in an Era of Copyright Permission Systems*, J. Intell. Prop. L., *Vol.* 5, 1997, *p.* 1; *D. McGowan*, *Free Contracting*, *Fair Competition*, *and Draft Article 2B*: *Some Reflections on Federal Competition Policy*, *Information Transactions*, *and "Aggressive Neutrality"*, Berkeley Tech. L. J., *Vol.* 13, 1998, *p.* 1173; *M. J. Meurer*, *Price Discrimination*, *Personal Use and Piracy*: *Copyright Protection of Digital Works*, Buff. L. Rev., *Vol.* 45, 1997, *p.* 845.

② R. H. Coase, The Problem of Social Cost, *J. L. & Econ.*, Vol. 3, 1960, p. 1.

③ 参见 W. L. Craig *et al.*, J. Paulson, *International Chamber of Commerce Arbitration*, section 35.01 (2nd Ed. 1990).

④ 详见 E. Katsh, Law in A Digital World: Computer Networks and Cyberspace, *Vill. L. Rev.*, Vol. 38, 1993, p. 403.

被逐出网络空间;①一旦某一用户违反相关规则,其他用户将能采取有关惩罚措施,迫使该用户回归正轨,遵守既定游戏规则,由此,网络用户一定程度上已经将这些规则等同于国家法律。② 从心理学的角度来看,网络用户已经像对待法律一样地忠于这些规则并自觉遵守这些实践。简而言之,这些规则已经获得法定效力,而不需国家主权立法者的具体认可行为了。

综上,信息习惯法产生的主客观要素、内在和外在因素都已经很充分了。信息习惯法的具体内容可能产生于一个讨论群体的帖子,其他用户可能继续张贴有关回应,对该帖子提出批评并对原帖子的想法加以扩展,诸如此类,直到这个想法反复修改完善。③ 这样一来,一项信息习惯法就得以澄清和明确。该习惯法就能与其他现有法律共同调整网络活动,为网络社区提供完善的法律框架。

3. 信息习惯法和争端解决

为网络空间,尤其是为电子商务制定相关规则,从概念上来说,是一个很独特的过程,不同于解决争端的过程。然而,这两个不同的程序在实践中可以有机地结合起来。④ 如上所述,我们正致力于设立一个新的 ADR 机制,以解决电子商务中的争端。⑤ 正如中世纪的特殊法庭,强调具体用户的实际需求;⑥法官或仲裁员从行家或知名专家中选出,对于新机制,我们也应采取同样或类似的做法。

---

① 技术进步使有关规则能够自动生效并得到执行,避免出现未经许可或授权的现象。参见 M. Blaze *et al.*, Decentralized Trust Management, in *Proceedings of the IEEE Conference on Security and Privacy* (Oakland, Cal.) (May 1996).

② 一个拥有共同利益的团体可以惩罚个别成员作出违反共同利益的行为,而此种惩罚具有一定的合法性。详见 M. A. Lemley, Symposium on the Internet and Legal Theory: The Law and Economics of Internet Norms, *Chi. -Kent. L. Rev.*, Vol. 73, 1998, p. 1270.

③ 详见 T. Laquey, *The Internet Companion: A Beginner's Guide to Global Networking*, 2nd Ed., 1994, pp. 62~74. 仲裁员可以在一个网页上建立一套"习惯法",学术界和业界可以在网页上发表评论和批评意见。这个网页能不断更新,反映当前关于网络空间法律适用的主流观点。详见 D. R. Johnson, The New Case Law of Cyberspace, at http://www.eff.org/pub/Intellectualprop...ration_cyber_caselaw_johnson.article.

④ H. H. Perritt, Jr., The Internet and Public International Law: The Internet is Changing the Public International Legal System, *Ky. L. J.*, Vol. 88, 1999/2000, p. 349, 389.

⑤ R. L. Dunne, Deterring Unauthorized Access to Computers: Controlling Behavior in Cyberspace through a Contract Law Paradigm, *Jurimetrics Journal*, Vol. 35, No. 1, 1994, p. 2.

⑥ 这些商事法庭及其适用的法律强调的是争端的快速解决,而这正是一个重要的因素:时间就是金钱。T. Hardy, The Proper Legal Regime for "Cyberspace", *University of Pittsburgh Law Review*, Vol. 55, 1994, p. 102.

不同于诉讼程序，新机制可以相当灵活地适应习惯法不断发展的性质。①电子商务中处理事务的习惯模式俯拾皆是。随着商事交易的频繁发生，习惯法将在一个更大的商业范围内增生扩散和发展，并可能与“现实世界”已存的其他习惯法发生冲突。② 而对技术和法律环境③的变化④作出快速反应并适应新环境的能力正是信息习惯法最显著的特点之一。⑤ 正如传统普通法国家法院法官能制定新规则一样，新机制中的仲裁员在审理案件时将依据所有现有的规则、习惯法及其他相关原则解决争端，作出客观合理的裁决，并可能产生一些新的规则以体现公平合理原则。因此，电子商务中的争端解决过程可以是由双方当事人任命某一中立的第三方在没有任何明确规则的情况下，依据公平合理原则⑥作出裁决；也可以是在既存的明确规则基础上，该第三方依据案情作出分析和具体适用，作出具终局性和约束力的裁决。⑦ 而该第三方在其裁决中作出的分析以及法律的具体适用等都有可能成为习惯法的渊源。⑧ 此外，信息习惯法使管辖权问题不再成为案件审理的障碍，对习惯法及相关法律有深入理解的仲裁员作

---

① 网络空间的情形瞬息万变，而交易发生种类众多；一项习惯法从形成到消亡可能只有数周的时间。

② T. Hardy, The Proper Legal Regime for "Cyberspace", *University of Pittsburgh Law Review*, Vol. 55, 1994, pp. 1009 ~ 1010.

③ T. Hardy, The Proper Legal Regime for "Cyberspace", *University of Pittsburgh Law Review*, Vol. 55, 1994, p. 1021. 由于网络社区的人数已经从最初不到一百万的网络科学家猛增到超过一亿的来自各行各业的人，网络的规则也作出了必要的改变。网民特点的改变和他们绝对数量的增加进一步推动网络空间规则的发展。详见 K. S. Byford, Privacy in Cyberspace: Constructing a Model of Privacy for the Electronic Communications Environment, *Rutgers Computer & Tech. L. J.*, Vol. 24, 1998, p. 1, 38, pp. 63 ~ 64; L. Lessig, The Zones of Cyberspace, *Stan. L. Rev.*, Vol. 48, 1996, p. 1403, 1407。

④ 科学技术进步的速度令法律鞭长莫及，法律在不同的先例之间徘徊，试图追上现实的脚步。L. H. Tribe, *American Constitutional Law*, Section 12 - 25, at 1007 (2nd Ed. 1988).

⑤ 或者我们可以预想这样一个系统，内部的规则相对灵活，而且没有人享有审判权，因而这些规则只是具有某种道德力量。

⑥ 对于“公平”的一般理解，我们可以参考普通法的有关规定。一项习惯要具有可执行性，必须合法、广为人知、历时久远、有连续性、合理、确定、而且具强制性。详见 J. H. Levie, Trade Usage and Custom Under the Common Law and Uniform Commercial Code, *N. Y. U. L. Rev.*, Vol. 40, 1965, p. 1101, 1103.

⑦ H. H. Perritt, Jr., The Internet and Public International Law: The Internet is Changing the Public International Legal System, *Ky. L. J.*, Vol. 88, 1999/2000, p. 390.

⑧ 这正是规则制定者的职能。一旦某规则在适用于某案件不太合适时，规则制定者可以有自由裁量权，依照他们认为合理的方式处理案件，而这种方式就成为了新规则。

出的裁决往往得到更广泛的尊重，其作出的裁决也易于得到执行；在此类裁决中出现的新规则往往也最能得到更广泛的用户的支持和接受。①

信息习惯法在争端解决过程中的适用过程和新机制作出最终裁决的过程是互动的。一方面，仲裁员②有权最终决定习惯法在具体案件中的适用，因而习惯法的适用这一事实本身就确认了它们在网络空间的效力。③ 另一方面，所作出的裁决可以成为这些习惯法存在的一个书面证据，影响当事人和其他人的具体网络行为。因此，随着书面裁决的大量出现，对习惯法不确定性④的顾虑完全可以被打消。此外，争端解决乃至最终作出裁决的整个过程可以进一步发展既存习惯法。由于选择的仲裁员往往都是受人敬重的网络社区成员或专家，他们可以很好地理解网络空间适用的法律和习惯法并能正确预测这些规则进一步发展的趋势，因此，他们作出的决定通常代表着对特定问题的正确理念。⑤ 在考虑现有实践的同时，他们会进一步推动网络社区认可和接受的其他实践和习惯的发展。

信息高速公路正在努力形成一个国家立法者无法预期和干预的、具有自身特性的法律环境。在为电子商务设计争端解决机制时，我们必须考虑该机制对网络法律发展的潜在作用。⑥ 争端解决过程本身不仅仅是对现有规则的适用，也是一个新规则形成的过程；一旦新规则得到广泛接受和认可，就可能成为习惯

① A. Mefford, *Lex Informatica*; Foundations of Law on the Internet, *Ind. J. Global Leg. Stud.*, Vol. 5, 1997, p. 226.

② 为确保一些基于自由裁量权作出的裁决的公正性和稳定性，可能有必要在网络空间设立司法复核程序。而为确保网络法律适用方面的灵活性不会最终导致法律的不确定性，有必要撤销那些任意使用习惯法或经常屈服于公众压力，不能公正审判案件的仲裁员的资格。参见 A. Mefford, *Lex Informatica*; Foundations of Law on the Internet, *Ind. J. Global Leg. Stud.*, Vol. 5, 1997, p. 230。

③ 一旦某项争端依据信息习惯法作出裁决，该项裁决应被网络社区认可并接受。参见 B Simpson, The Common Law and Legal Theory, in W. Twining (Ed.), *Legal Theory and Common Law*, 1986, *p.* 19.

④ 详见 D. P. Fidler, Challenging the Classical Concept of Custom: Perspectives on the Future of Customary International Law, *German Yearbook of International Law*, Vol. 39, 1996, pp. 198 ~208.

⑤ 实证研究也表明仲裁员通常不会使用现有的法律来处理案件中的特殊情况。参见 H. Kronstein, Arbitration Is Power, *N. Y. U. L. Rev.*, Vol. 38, 1963, p. 661, pp. 669 ~ 679; S. Mentschikoff, Commercial Arbitration, *Colum. L. Rev.*, Vol. 61, 1961, p. 846, pp. 865 ~867.

⑥ M. E. Schneider & C. Kuner, Dispute Settlement in International Electronic Commerce, *Journal of International Arbitration*, Vol. 14, No. 3, 1999, p. 10.

法。换言之,争端解决的功能本身不仅仅在于解决争端,而且还在于新规则的制定。就其第二个功能而言,现在的争端解决机制,特别是 ADR,具有重大而深远的历史意义。在某一特定领域缺乏专才和完善的法律的时候,争端解决机制的第二个功能显得尤为重要;而"信息习惯法"概念的使用正好把握这个机会并向这个重要方向发展。

三、评论

技术与政治及法律问题的交集正在改变着我们作为国际法律学者所做的每件事。① 对法律的不断探寻都证实我们一直以来就有的一个想法,即个人和社区的身份确认要求有法律具体来界定和区分不同的社区。② 正如 Galanter 所说,"通常情况下,法律并不是依赖强制力来实施,而是通过信息的传递,使人们了解什么是法律所预期的,什么是禁止的,什么是法律允许的,什么是特定行为可能导致的后果"。③ 网络空间非常独特,存在一套自己的规则。在互联网的规管方面,传统的国家规管模式所面临的困难使人们考虑采用国际法模式来实现网络的自我管制。④ 置身于国际法这个大领域,网络空间完全可以适用国际空间这一特殊概念的有关理论。尽管在很多方面不同,网络空间保留着国际空间的基本性质。根据国际空间理论,相关网上活动所属国家的法律应该就是适用的法律。

但是,实际上许多现有法律在制定的时候都没有考虑到网络这一新领域,所以如今适用的法律是实践中的"大杂烩"而不是编纂成典的规则。⑤ 当前的现实就是各国没有专门全面规管网络空间活动的法律⑥,而国际层面的规管才是合

---

① J. G. Ruggie, International Responses to Technology: Concepts and Trends, *Int'l Org.*, Vol. 29, 1975, pp. 557 ~ 558.

② 详见 P. Giordano, Invoking Law as a Basis for Identity in Cyberspace, *Stan. Tech. L. Rev.*, 1998, p. 8, at http://stlr.stanford.edu/STLR/Articles/98_STLR_1.

③ M. Galanter, The Legal Malaise: Or, Justice Observed, *Law and Society Review*, Vol. 19, 1985, p. 537, 545.

④ H. H. Perritt, Jr., The Internet and Public International Law: The Internet is Changing the Public International Legal System, *Ky. L. J.*, Vol. 88, 1999/2000, p. 931.

⑤ L. Edwards & C. Waelde, *Law and the Internet*, Hart Publishing, Oxford, 1997, p. 9.

⑥ 在历史上,法律和政府法规就信息政策已经确立了包括言论自由的宪法性规定和信息所有权的法定权利在内的默认规则。然而,这些规则都不是专门针对网络空间而订立的。参见 J. Boyle, Shamans, *Software and Spleens* (1996); M. E. Katsh, *Law in a Digital World* (1995); D. L. Burk, Federalism in Cyberspace, *Conn. L. Rev.*, Vol. 28, 1996.

适的规管模式。如前所述,国内层面上,不应专门就网络空间制定一部法律。有学者也提出单一的法典不适合调整科技领域的法律问题,对一个科技发达的社会来说甚至是不受欢迎的;而大量具有针对性的法律的存在才较适应当今复杂经济发展需求并有助于提高国家规管的效率。① 回溯到中世纪,商人习惯法为网络空间提供了一个成功的范例。信息习惯法的发展完全可以满足网络社区的要求。古往今来,几乎所有的法律系统,习惯法都占有相当重要的地位,而许多法律也都是在习惯法的基础上制定的。②

信息习惯法是一套相对独立的规则,能较好调整跨越国界的法律问题;因此在适用于电子商务这一能轻易跨境的商业活动时,能有效避免传统法律在管辖权以及法律选择所面临的困难。③ 信息习惯法的形成综合了法律专家、网络用户以及互联网专家等多方面的意见和实践,有效克服了很多现有法律适用于网络空间时所面临的问题。

当然,目前还存在有关网络空间法律适用的激烈争论;显而易见,直到现在,关于什么规则应当适用于电子商务或网络空间的问题还没有达成广泛的共识。但是,许多学者都认为在国家干预、施加影响力来迫使网络社区的规则与物质世界的规则接轨之前,应当给正处在萌芽和逐渐成熟阶段的网络社区一个机会来发展和检验它们自己的规则。④ 我们很高兴地看到网络空间争端解决机制已经被提上议程。一旦网络活动的进一步开展使网络社区认识并接受新的争端解决机制,那么该机制就有机会通过案件审理和裁决的制作确定现有的网络实践,确认其为信息习惯法;通过争端解决的过程,还有助于习惯法的进一步发展和完善。

当然,在适用信息习惯法的同时,我们不能否认国家和国际社会为电子商务制定法律方面所起的作用。⑤ 一旦条件成熟,相关的习惯法可以制定为成文法,

---

① R. D. Cooter, The Theory of Market Modernization of Law, *Int'l Rev. L. & Econ.*, Vol. 16, 1996, p. 141, 148.

② 例如,早期的北美印第安人部落法庭就认识到信仰背后的习惯和行为为部落统治和管制提供了一个有效的基础。详见 G. Valencia-Weber, Tribal Courts: Custom and Innovative Law, *N. M. L. Rev.*, Vol. 24, 1994, p. 225, 244.

③ J. R. Reidenberg, *Lex Informatica*: The Formulation of Information Policy Rules Through Technology, *Texas Law Review*, Vol. 76, *No.* 3, 1998, *p.* 578.

④ A. W. Branscomb, Anonymity, Autonomy, and Accountability: Challenges to the First Amendment in Cyberspaces, *Yale L. J.*, Vol. 104, 1995, p. 1667.

⑤ 有关将习惯法规则、条约以及国内法规则相结合使用适当性的讨论,参见 A. Endeshaw, The Proper Law of Electronic Commerce, *Information and Communications Technology Law*, Vol. 7, No. 1, 1998, pp. 11 ~ 12.

使有关网络社区的法律关系趋于稳定。国际条约、国内法和信息习惯法可以并存,互相补充,共同调整网络活动。① 但是,政府和国际组织不应仓促立法:电子商务的法律必须真实反映网络社区当前需求以及将来发展的需要。

无论如何,我们必须牢记,为电子商务设立的任何争端解决机制都必须首先为网络社区的成员所信赖。② 该新机制以及电子商务的未来在很大程度上都取决于网络社区对该机制的信任度。

第四节 结语

综上所述,一项网络社区自行发起设立的争端解决机制更具弹性,有助于习惯法和网络技术的继续发展,相对于国家司法机制更适合网络空间这一动态领域。③ 一项结合习惯法使用的ADR机制是快捷地解决电子商务争端而迈出理性的第一步。采用网上机制来解决争端并不新奇。新奇的在于将这样一个体制扩展适用到整个电子商务领域。电子商务领域发生的争端形式多种多样。因此,必须确保该新机制能适用于所有这些争端。在设立该新机制时必须充分考虑市场需求和电子商务的独特性。

随着电子商务继续迅速发展,可以预见越来越多的争端会发生。该新机制必须能经得起时间的检验。为了能对新机制作出客观的评价,该机制应该给用户提供有关反馈和评估工具。在新机制实施一年后,应当对所有的机制参与者和使用者进行调查。对该机制进行评估时,应该考虑三个要素:效率、有效性和公众对其过程、结果以及相互之间关系维系的满意程度。该机制应该及时对网络空间的随时变化和网络社区的需求作出回应,并在必要时作出相应的调整。④

---

① 国际民用航空组织(ICAO)和国际电信联盟(ITU)体制的成功有赖于其条约规定的义务,但同时在很大程度上也有赖于业界在发展和执行这些条约规则时的投入。详见 H. H. Perritt, Jr., The Internet as a Threat to Sovereignty? Thoughts on the Internet's Role in Strengthening National and Global Governance, *Ind. J. Global Leg. Stud.*, Vol. 5, 1998, pp. 433 ~ 434.

② A. E. Almaguer & R. W. Baggott III, Shaping New Legal Frontiers: Dispute Resolution for the Internet, *Ohio St. J. on Disp. Resol.*, Vol. 13, 1998, p. 717.

③ E. C. Lide, Note & Comment, ADR and Cyberspace: The Role of Alternative Dispute Resolution in Online Commerce, Intellectual Property and Defamation, *Ohio St. J. on Disp. Resol.*, Vol. 12, 1996, p. 216.

④ 详见 Bordone, Electronic Online Dispute Resolution: A Systems Approach-Potential, Problems, and a Proposal, *Harv. Negotiation L. Rev.*, Vol. 3, 1998, pp. 209 ~ 210.

大多数网上争端解决项目都得到不同程度的成功,因此我们也有理由对该新机制表示乐观。可以预见越来越多的案件会提交到该机制,此时中心工作量的增加可能会不利于案件的有效快速解决。因此,可以在该中心总部的指导下按照地区或行业设立一些独立的分部。随着该机制进一步的发展,还可以建立双层仲裁体系,为双方当事人提供上诉机会。抑或当当事人不服分部作出的裁决,还可以向总部上诉等。当然这些发展都有待进一步的讨论。

同样地,由于目前的课题是为电子商务设计一个新机制,我们还可以设想将这样一个网上机制扩展到其他非网络领域,解决我们日常发生的争端。马里兰大学就已经有此类项目关注这个问题。美国自动化信息研究中心(NCAIR)于1996年秋就已注资此项目。在该项目中的争端解决机制,由马里兰大学法学院和网上调解中心负担日常行政工作;并拟定一份可供选择的调解员名单,当事人可以从中选择调解员调解他们之间的争端。

该项目与第五章讨论的其他项目有很大不同。该项目不是针对网络活动发生的争端,而是着眼于一些传统的争端,即用新的技术、方法和手段来解决可以用传统机制解决的争端。① 该项目存在几个限制。它只能依马里兰州的法律处理发生在马里兰州的争端。该项目只处理两种类型的争端:家庭纠纷,如有关监护权、探视权、儿童抚养和财产分割方面发生的争端;以及发生在消费者和保险公司之间,或消费者和卫生保健设备厂商之间的健康护理争端。②

这个项目的显著特点之一是,它选用调解而不是仲裁来解决争端。这个安排就目前来看是恰当的。在家庭纠纷中,情感问题在大多数的案件中比金钱问题更重要。双方当事人不用面对面交流,这种由网络上的交流而产生的生理上和心理上的距离能从很大程度上减少双方之间原有情感上的敌对。因此,双方当事人往往较易在较短的时间内达成协议。

此外,由于导致争端发生的情形林林总总不一而足,根据个案进行具体的调解工作才是恰当的。调解员在调解过程中可以采用多种工具:除了网上通信工具之外,还可以使用其他联系方式以便信息得以及时和适当地交流。该项目使用的网络工具,相比传统的通信工具,有助于使用新视野分析争端,并监控解决

---

① 详见 R. Granat, *Creating An Environment for Mediating Disputes on the Internet* (May 1996), http://www.law.vill.edu/ncair/disres/granat.htm。

② R. Granat, *Creating An Environment for Mediating Disputes on the Internet* (May 1996), http://www.law.vill.edu/ncair/disres/granat.htm.

方案达成后的执行情况。①

到目前为止，这一项目相当成功，这也意味着网上机制不仅仅可以用于网络争端，还可以用来解决传统的争端。在现代社会，争端会不可避免地发生，而且随着网络新科技的使用，有上升的趋势。该新的争端解决机制不仅可以用于解决网络争端，还可以在将来扩展用于解决传统争端。我们现在的任务就在于为电子商务的争端解决构建一个完善并可行的框架，并探求将该机制作进一步的调整以扩展其适用的领域。

① M. E. Katsh, Dispute Resolution in Cyberspace, *Connecticut Law Review*, Vol. 28, 1996, p. 966.

第7章 结论

“互联网非凡革新的关键就在于它不允许‘准许’这种字眼的存在。它是为不准许这类字眼而缔造的。”①

全球正进行着一场科技革命。② 科技的迅速发展令电子商务成为现实，从而成为新的全球化系统的催化剂。③ 它在商务方面的应用使国内市场力量与地区市场力量加速向真正的全球化经济汇聚。④

由于世界变得越来越小，各地之间越来越息息相关，你的机遇和风险越来越多地来自于和你有联系的人，而这些人则展示出截然不同的兴趣和特征。在电脑屏幕背后，有着国籍、民族、社会阶层、职业、宗教信仰、政治信念、年龄、生活习惯、性别各不相同的人们。他们一同而又在相互之间显示出千差万别的喜恶、对未来的希望和担忧。⑤

---

① L. Lessig, *Architecting Innovative*, *The Standard* (Intelligence for the Internet Economy), 14 November 1999, at http://www.thestandard.com/article/display/0,1151,7430,00.html. 每一项发展中的新科技都带来了挑战和机遇，这也能令有权力的人感到害怕，又为没有权力的人带来权力。详见 G. LaMarche, International Free Expression Principles in Cyberspace, *Whittier L. Rev.*, Vol. 17, 1995, p. 279.

② 关于技术发展的讨论，参见 J. E. Faucette, Note, The Freedom of Speech at Risk in Cyberspace: Obscenity Doctrine and a Frightened University's Censorship of Sex on the Internet, *Duke L. J.*, Vol. 44, 1995, p. 1155, pp. 1161 ~ 1162.

③ F. H. Cate, Symposium: Sovereignty and the Globalization of Intellectual Property: Introduction Sovereignty and the Globalization of Intellectual Property, *Ind. J. Global Legal Stud.*, Vol. 6, 1998, p. 1; F. H. Cate, Symposium: Data Protection Law and the European Union's Directive: The Challenge for the United States: The E. U. Data Protection Directive, Information Privacy, and the Public Interest, *Iowa L. Rev.*, Vol. 80, 1995, p. 431, pp. 441 ~ 442.

④ J. W. Dellapenna, Law in a Shrinking World: The Interaction of Science and Technology with International Law, *Ky. L. J.*, Vol. 88, 1999 - 2000, p. 809, 837.

⑤ A. Benshop, *Peculiarities of Cyberspace "Building Blocks for an Internet Sociology"*, at http://www.pscw.uva.nl/sociosite/WEBSOC/introE.html.

在世界各地,国际合作与和谐应当得到推崇和追求,但冲突持续存在,这些冲突又呈现出更复杂的局面。也许没有其他的问题比电子商务中可能发生的争端显得更让人困惑,尤其是在争端双方位于世界各地的情况下。由此产生了关于冲突本质和冲突解决的问题。网络市场成长过程中遇到的一个非常巨大的障碍就是如果对一项有关交易、对销售商、或对产品和服务的申诉不能与商家心平气和地得以解决,消费者就会对能否获得救济欠缺信心。对此,法律社会必须作出迅速的回应。

法律世界总是滞后于现实世界,①而电子商务的争端当事人对法律如何界定其行为感到不安,这些事实令人关注一旦发生争端应由谁负责解决,以及适用何种法律规则厘清案件。② 如果这些重要问题得不到解决,电子商务的进一步发展将受到限制。本书的目的就是对上述问题进行研究和探讨。

这一研究旨在为解决电子商务中的争端寻求一个综合全面的法律环境。第二章提供了电子商务、互联网、网络空间、争端和争端解决机制的背景资料。该章就目前公众对电子商务理解的概览是进行进一步研究的起点。

第三章讨论了对于电子商务争端解决而言很重要的三个政策指向。第一,自律原则赋予互联网社会在通过使用互联网而创造的网络空间中定义其地位和表达其看法的力量和机会。第二,由于电子商务本质上是全球性的问题,并不局限在一国之内,③国际合作的政策对各国都会产生显著影响。国际互动不受国界的限制,从而使有着对抗的价值和利益的人们在国内法排他的控制以外的环境中不可避免地产生各种冲突。④ 顺应当前全球化的浪潮,这项政策将得到更多和更广泛的适用。第三,因为消费者交易变得越来越重要,并进一步深入日常生活,消费者保护政策也由此而生。电子商务中消费者的特殊地位也决定了消费者在这类交易中享受特别待遇。原有的消费者保护的概念已获得重新界定,

---

① M. I. Meyerson, Virtual Constitutions: The Creation of Rules for Governing Private Networks, *Harvard Journal of Law and Technology*, Vol. 8, 1994, p. 129; J. Connellan, *Regulators Face up to Ecommerce Uncertainty*, Telecommunications, International Edition, 2000, pp. 35 ~ 37; E. M. Landry, Scrolling Around the New Organization: The Potential for Conflict in the On-Line Environment, *Negotiation Journal*, Vol. 16, No. 2, 2000, pp. 133 ~ 140.

② L. Margherio, *The Emerging Digital Economy*, at http://www. ecommerce. gov/danintro. htm.

③ Building Confidence in Electronic Commerce: A Consultation Document, Department of Trade and Industry, UK, Unique Reference Number: URN 99/642.

④ V. Chiappetta, The Impact of E-Commerce on the Laws of Nations Forward, *Willamette J. Int' l L. & Dispute Resolution*, Vol. 7, 2000, p. 9.

而这一重构的方式对电子商务的命运有着至关重要的影响。上述三个政策均从宏观的角度得到分析,它们需要在具体的案件中得到进一步的检验。

讨论了基本的政策后,有必要详细阐述电子商务中的争端解决方式。作为传统的争端解决机制,诉讼对电子商务中的争端仍保持其强大的影响力。然而,为适应最近科技的发展,法院系统需要从根本上修正某些理论,例如那些关于司法管辖权和准据法之选择的理论,这在第四章述及。对其进行探讨可为将来处理这些问题提供一个重要的指引。

司法管辖权,即通往诉讼程序的入口,在诉讼理论中占有重要的地位。参考现有的美国和欧盟的做法可为本书的讨论提供指引。各国致力于实现司法管辖权的协调,这一努力也产生了重大的影响。《海牙公约草案》中为变革提出了一个很好的建议:在合同中,不同当事人及其所处地理位置的确定可代替传统的地域联系原则,以确定管辖权所属。

在确认司法管辖权后要作出准据法的选择。应对合同和侵权两方面问题的法律适用加以研究。本书讨论了美国和欧盟正在进行的实践。当事人意思自治原则是合同纠纷问题中的一个非常重要的理论。在不存在意思自治的情况下,我们必须参考某些相关因素,如货物或服务的交付地点或商家的住所或者是营业地,来选择适用的准据法。服务器的所在地点是决定应当适用的侵权行为法的因素之一。

ADR 机制因诉讼机制的不足而受到推崇。在第五章中已讨论过数个例子。这些实验处于电子商务争端解决领域的领先地位,当中很多都取得了成功,这也为将来的进一步努力提供了基本方向。值得注意的是,成功地解决域名争端的统一域名争端解决机制得到广泛的关注,也是本书研究的重点之一。但作为一个实验或项目,它已经达到了极限。该实验的成功并不代表它适用于电子商务领域的其他层面。毫无疑问,需要寻求一个更具可行性的机制来解决一般性的电子商务纠纷。

由于贸易和互联网联系密切,不难预料,电子商务可预见的扩张和深入将使争端各方当事人在解决争端时求助于其日常商业活动中使用的同一种媒介。考虑到这一媒介的存在,第六章负责规划一个常设机构解决电子商务中的争端。乍看之下,这一机构与其他仲裁机构有着共同之处;但它的运作细节使我们认识到,我们之前对冲突和争端解决模式的看法和设想需要重新定位。

这一机制和传统机制的区别之一在于网上设施的使用;网上设施进一步加强了对维护、执行和其他后续程序的支持。该机制的性质介于一个纯粹的仲裁机制和一个在选定的法律系统下实施法律规则的法庭之间;它综合专家的中立意见，根据网络空间的独特特质作出裁决①。它是一项试行机制，其可行性将在真实的商业生活中得到检验。网络空间是进行尝试和竞争的舞台，它现在甚或永远也不是一个和谐的地方。一个有效的司法系统的出现需要相当的创意，但当网络空间发展得越大和越活跃时，对 ADR 机制的需求就会大大增长。② 在就连执法机构都还在学习如何规管一个陌生系统之际，而现有的机制又不能应付这一新发展，一个有潜力成为该领域先锋的管理机制值得重视。

电子商务法与该机制紧密相关；它在互联网这一广阔的框架下被讨论。从前文的讨论可知，目前信息习惯法可以适用于目前的电子商务。为了反映国际社会自律原则的运用，从严格的法律意义上说，信息习惯法在所谓的"电子联邦"中③将可以取代复杂的国际立法程序而适用于电子商务领域。

本书检验了解决电子商务争端的法律体系，同时极力推荐一个致力于解决这类争议的可行机制。无论是域名的保护、跨国安全、加密数码身份的建立和使用问题，抑或任何在电子商业交易背景中出现的问题，对一个高效和有效的争端解决机制的需求是非常迫切和重要的。④ 幸运的是，这一问题已得到越来越多人们的关注。很多学者已开始从不同角度对该问题进行研究，而各种团体也已开始建议并提供解决争端服务的项目。这些努力很大程度上都来自于网络社区居民普遍具有的主动性。它的态度和活动为这一探究找准了方向。

每位学者和每个团体所作的努力引起了国际社会的关注。它的重要性促成了 WIPO 仲裁和调解中心于 2000 年 11 月 6 日至 7 日举办电子商务争端解决国际会议。除了许多个人参加外，约有 40 个国家、政府间组织和非政府组织的代

---

① E. C. Lide, Note & Comment, ADR and Cyberspace: The Role of Alternative Dispute Resolution in Online Commerce, Intellectual Property and Defamation, *Ohio St. J. on Disp. Resol.*, Vol. 12, 1996, p. 220.

② E. Katsh, J. Rifkin & A. Gaitenby, E-Commerce, E-Disputes, and E-Dispute Resolution: In the Shadow of "eBay Law", *Ohio St. J. on Disp. Resol.*, Vol. 15, 2000, p. 733.

③ 详见 G. S. Wood, Thomas Jefferson, Equality and the Creation of a Civil Society, *Fordham L.* Rev., *Vol.* 64, 1996, *p.* 2133, 2135; J. R. Reidenberg, Governing Networks and Rule-Making in Cyberspace, in B. Kahin & C. Nesson (Eds.), *Borders in Cyberspace: Information Policy and the Global Information Infrastructure*, Cambridge, MA: MIT Press, 1996, p. 84; D. L. Burk, Federalism in Cyberspace, *Conn. L. Rev.*, Vol. 28, 1996, p. 1095; D. G. Post, Anarchy, State, and the Internet, 1 *J. Online L.* 3, 20 (1995), http://www.law.cornell.edu/jol/post.html.

④ L. Yves Fortier, International Commercial Arbitration and E-Commerce: Plus ca Change, plus c'est La Meme Chose, 27 October 2000, International Conference on Dispute Resolution in Electronic Commerce, WIPO, ARB/ECOM/00/2.

表都参加了这一会议。① 各种有关处理电子商务争端解决的议题都得到了热烈的讨论。各种讨论涉及争端解决方面新的法律问题,包括加密和保安、域名争端解决、网络服务提供商纠纷,拍卖网站的纠纷等。显然,对于以上问题的讨论可以成为电子商务新一轮发展的推动力。争端解决不仅是互联网社会需要处理的问题,同时也是目前国际信息社会的焦点所在。

正在进行中的计划和研究的普遍共识是,电子商务,或者更广泛地说,信息科技,应当通过引入网上仲裁这一类专门机制来改变争端解决的方式。电子商务的争端解决需要公正、高效、迅速和适当的争端解决方式,这一需要使网上争端解决机制的出现具有了合理性和基础。首先,这样做不会产生任何技术上的困难。保安、保密和加密的问题可通过改善技术和执行法律来解决。实践中,最大障碍是要处理大量的文件证据,但是归根结底,书面文件可以被扫描。仲裁员必须改变那种不愿摒弃惯用方法的思维,而应尝试从未试过的方法。② 作为一种争端解决的古老机制,仲裁需要不断的革新。这也要求裁决员留意仲裁使用者的需求并对其作出的反应。

正如第六章中所述,仲裁协议、仲裁席位、最终裁决等法律问题不应成为新机制的障碍。国际社会致力于为电子商务提供一个法治环境。美国有数个州已通过《统一电子交易法》(Uniform Electronic Transaction Act,简称 UETA);然而,很多州对这一示范法进行了修改,从而造成了州与州之间法律实施的不一致。在 2000 年,联邦政府立法通过《电子签名法》,使各州间法律有一定的一致性,但没有通过 UETA 的州仍存在法律规定的分歧。欧盟、其他政府组织和非政府组织颁布了一系列的指令。③ 例如,联合国国际贸易法委员会提供了一套示范法。上述做法并不能保证在近期内可以产生一个受到普遍认可的电子商务法律架构。但尽管目前没有一套完整的电子商务法律或得到普遍接受的国际规则,一个新的 ADR 机制仍然可以提出并得以适用。

电子商务正因应其本质进行改造和采用新的争端解决技术和规则。这为仲裁从业人员提供了向网络空间中的新一代网民推销一个独特灵活而又完善的电子商务争端解决机制的机会。如果你需要一个有能力和经验的 ADR 专业人员

---

① WIPO, ARB/ECOM/00/INF/1 Prov. 2, 6 November 2000.

② R. Hill, Institutional Perspectives and Responses, International Conference on Dispute Resolution in Electronic Commerce, 3 November 2000, WIPO, ARB/ECOM/00/32.

③ 详见 M. I. M. Aboul-Enein, An Outline on "Dispute Resolution in Electronic Commerce" in the Arab Countries: Institutional Perspectives and Responses, International Conference on Dispute Resolution in Electronic Commerce, November 2000, WIPO, ARB/ECOM/00/29.

的协助，如果你不想提起诉讼，如果你想降低成本和费用，如果你想使用一个可以随时进入裁断过程的非同步程序；那么，一个网上的电子商务争端解决机制将会是你正确的选择。全球电子商务提供者都有责任建立使用者对电子商务的信心，并确保网上交易安全。①

即使设想在发达国家中立即建成一个完美、完善而又没有分歧、不存在任何不确定因素和困难的电子商务争端解决机制，也还是为时过早，过于乐观。一个电子商务争端解决机制的发展应当取决于电子商务的进一步发展。本书提供了一些初步的建议，也许有助于其他人进一步研究，提出并设立更完善的电子商务的争端解决机制。

---

① L. E. Teitz, Providing Legal Services for the Middle Class in Cyberspace: The Promise and Challenge of On-Line Dispute Resolution, *Fordham L. Rev.*, Vol. 70, 2001, p. 1016.

参考书目

1. 著作

Akdeniz, Y., Walker, C. & Wall, D. (Eds.), *The Internet, Law and Society*, Pearson Education Limited, 2000.

Allison, G. B., *The Lawyer's Guide to the Internet*, Chicago, The American Bar Association, 1995.

Anderson, B., *Imagined Communities: Reflections on the Origin and Spread of Nationalism*, London: Verso Editions/NLB, 1983.

Asch, P. & Seneca, R., *Government and the Marketplace*, Chicago: Dryden Press, 1985.

Axelrod, R., *The Evolution of Cooperation*, Basic Books, New York, 1984.

Ayres, I. & Braithwaite, J., *Responsive Regulation: Transcending the Deregulation Debate*, Oxford University Press, 1992.

Bacard, A., *The Computer Privacy Handbook*, Peachpit Press, 1995.

Bachetta, M. et *al.*, *Electronic Commerce and the Role of the WTO*, Geneve: WTO Publications, 1998.

Barin, B. (Ed.), *Carswell's Handbook of International Dispute Resolution Rules*, Carswell, 1999.

Bedjaoui, M. (Ed.), *International Law: Achievements and Prospects*, Dordrecht-Boston-London, 1991.

Bekkers, V. et al. (Eds.), *Emerging Electronic Highways: New Challenges for Politics and Law*, Kluwer, 1996.

Bermann, G. A. et al., *Cases and Materials on European Community Law*, St. Paul, Minn.: West Publishing, 1993.

Berners-Lee, T. & Fischetti, M., *Weaving the Web: The Original Design and Ultimate Destiny of the World Wide Web by Its Inventor*, Harper San Francisco, 1999.

Bewes, W. A., *The Romance of the Law Merchant*, London: [s. n.], 1923.

Boele-Woelki, K. & Kessedjian, C. (Eds.), *Internet: Which Court Decides? Which Law Applies?* Kluwer Law International, 1998.

Born, G. & Westin, D., *International Civil Litigation in the United States Courts*,

Deventer [etc.] : Kluwer Law and Taxation Publishers, 1993.

Born, G., *International Commercial Arbitration in the United States: Commentary & Materials*Deventer [etc.] : Kluwer Law and Taxation Publishers, 1994) —, *International Civil Litigation in the United States Courts*, 3rd Ed., Kluwer 1996.

Boss, A. H. & Ritter, J. B., *Electronic Data Interchange Agreements: A Guide and Sourcebook*, Paris : ICC Publishing, 1993.

Boyle, J., Shamans, *Software and Spleens: Law and the Construction of the Information Society*, Cambridge, MA [etc.] : Harvard University Press, 1996.

Branscomb, A. W. (Ed.), *Toward a Law of Global Communications Networks*, New York : Longman, 1986.

Brilmayer, L., *Conflict of Laws: Foundations and Future Directions* (Boston [etc.] : Little, Brown & Co., 1991) —, *Conflict of Laws: Cases and Materials*, 4th Ed., Aspen, 1995.

Brown, L., *The Reluctant Reformation: On Criticizing the Press in America*, New York, McKay, 1974.

Brownlie, I., *Principles of Public International Law*, 5th Ed., Oxford [etc.] : Clarendon Press, 1998.

Cairncross, F., *The Death of Distance: How the Communications Revolution Will Change Our Lives*, Boston, MA : Harvard Business School Press, 1997.

Campbell, D. & Summerfield, P. (Eds.), *Effective Dispute Resolution for the International Commercial Lawyer*, Deventer [etc.] : Kluwer Law and Taxation 1989.

Carbonneau, T. E., *Alternative Dispute Resolution: Melting the Lances and Dismounting the Steeds*, University of Illinois Press, 1989) — (Ed.), Lex Mercatoria and Arbitration, Kluwer, 1990.

Cavazos, E. A. & Morin, G., *Cyberspace and the Law: Your Rights and Duties in the On-Line World*, Cambridge, Mass., [etc.] : MIT Press, 1994.

Cavers, D. F., *The Choice-of-Law Process*, University of Michigan Press, Ann Arbor, 1965.

Conley, J. & O' Barr, W., *Just Words: Law, Language, and Power*, Chicago: University of Chicago Press, 1998.

Cook, W. W., *The Logical and Legal Bases of the Conflict of Laws*, Cambridge, Mass, 1942.

Cooper, J. (Ed.), *Liberating Cyberspace*, Pluto Press, London, 1998.

Costantino, C. A. & Merchant, C. S., *Designing Conflict Management Systems: A Guide to Creating Productive and Healthy Organizations*, San Francisco: Jossey

Bass 1996.

Craig, W. L. & Paulson, J., *International Chamber of Commerce Arbitration*, 2nd Ed., New York: Oceana Publications, 1990.

Currie, B., *Selected Essays on the Conflict of Laws*, Durham, N. C.: Duke University Press, 1963.

De Ly, F., *International Business Law and Lex Mercatoria*, Amsterdam [etc.]: North-Holland, 1992.

Delta, G. B. & Matsuura, J. H., *Law of the Internet*, Aspen Law & Business, New York, 1998.

Dertouzos, M. L., *What Will Be: How the New World of Information Will Change Our Lives*, London: Piatkus, 1997.

Dhokalia, R. P., *The Codification of Public International Law*, Manchester etc.: Manchester University Press etc.; [Dobbs Ferry, N. Y.]: Oceana Publications, 1970.

Dickie, J., *Internet and Electronic Commerce Law in the European Union*, Oxford [etc.]: Hart, 1999.

Diederiks-Verschoor, I. H. Ph., *An Introduction to Space Law*, Kluwer, 1999.

Dyson, E., *Release 2.0: A Design for Living in the Digital Age*, New York: Broadway Books, 1997.

Edwards, L. & Waelde, C., *Law and the Internet*, Hart Publishing, Oxford, 1997.

Ellickson, R. C., *Order Without Law: How Neighbors Settle Disputes*, Cambridge, MA. [etc.]: Harvard University Press, 1991.

Firestone, C. M. & Garmer, A. K. (Eds.), *Digital Broadcasting and the Public Interest: Reports and Papers of the Aspen Institute Communications and Society Program*, The Aspen Institute, Aspen, COL., 1998.

Fuller, L., *The Morality of Law*, New Haven [etc.]: Yale University Press, 1964.

Gates, B., *The Road Ahead*, London: Viking, 1995.

Gelernter, D. H., *Mirror Worlds, or, the Day Software Puts the Universe in a Shoebox How It Will Happen and What It Will Mean*, Oxford University Press 1991.

Gibson, W., *Neuromancer*, Berkeley Publishing Group, 1984.

Glannon, J. W., *Civil Procedure Examples and Explanation*, 2nd Ed., Boston: Little, Brown, 1992.

Goldberg, S. B., Green, E. D. & Sander, F. E. A. (Eds.), *Dispute Resolution*, Little, Brown & Company (Canada) Limited, 1985.

Goodrich, H. F., *Handbook of the Conflict of Laws*, 3rd Ed., St. Paul, Minn.: West Publishing Co., 1949.

Grewlich, K. W. , *Governance in Cyberspace' : Access and Public Interest in Global Communications*, Kluwer, 1999.

Grotius, H. , *Mare Liberum: Sive, de Iure Quod Batavis Competit ad Indicana Commercia Dissertio*, Lvgdvni Batavorvm : ex officin Elzeviriana, 1609.

Hafner, K. & Lyon, M. , *Where Wizards Stay Up Late: the Origins of the Internet*, New York: Simon & Schuster, 1996.

Hanley, P. , *Internet Regulation: The Way Forward?* , ITC, London, 2000.

Harasim, L. M. (Ed.), *Global Networks: Computers and International Communication*, Cambridge, MA [etc.] : MIT Press, 1993.

Hartley, T. C. , *The Foundations of European Community Law: An Introduction to the Constitutional and Administrative Law of the European Community*, Oxford Clarendon Press, 1994.

Henkin, L. et *al.*, *International Law: Cases and Materials*, 3rd Ed. , St. Paul, MN : West, 1993.

Horwitz, M. J. , *The Transformation of American Law*, Cambridge, MA : Harvard University Press, 1977.

Hsu, C. & Pant, S. , *Innovative Planning for Electronic Commerce and Enterprises: A Reference Mode*, Kluwer, 2000.

Huber, P. , *Law and Disorder in Cyberspace*, Oxford University Press, New York, 1997.

Huleatt-James, M. & Gould, N. , *International Commercial Arbitration: A Handbook*, 2nd Ed. , LLP Asia, 1999.

Hunter, M. , Marriot, A. & Veeder, (Eds.), *The Internationalization of International Arbitration: The LCIA Centenary Conference*, London: Graham &Trotman, 1995.

Janis, M. W. , *An Introduction to International Law*, Boston [etc.] : Little, Brown and CO, 1988.

Jones, T. & Newburn, T. , *Private Security and Public Policing*, Clarendon Press, Oxford, 1998.

Jordan, T. , *Cyberpower*, Routledge, London, 1999.

Juenger, F. K. , *Choice of Law and Multistate Justice*, Dordrecht [etc.] : Nijhoff, 1993.

Kahin, B. & Keller, J. H. (Eds.), *Coordinating the Internet*, Cambridge, MA: The MIT Press, 1997.

Kahin, B. & Nesson, C. , *Borders in Cyberspace: Information Policy and the Global Information Infrastructure*, MIT Press, Cambridge, MA, 1997.

Kalakota, R. & Whinston, A. B. (Eds.), *Readings in Electronic Commerce*, Reading,

MA [etc.] : Addison-Wesley, 1997.

Katsh, M. E., *The Electronic Media and the Transformation of Law*, Oxford University Press, 1989) —, *Law in a Digital World*, Oxford University Press, 1995.

Kendall, V., *EC Consumer Law*, London [etc.] : Wiley Chancery, 1995.

Lafleur, E., *The Choice of Laws in the Province of Quebe*, Montreal, 1898.

Laquey, T., *The Internet Companion: A Beginner's Guide to Global Networking*, 2nd Ed., Addison-Wesley Publishing Company, 1994.

Lee, J. D. & Lindahl, *Modern Tort Law: Liability & Litigation*, Willmette, IL Callaghan, 1994.

Leflar, R. A., *American Conflict of Law*, 3rd Ed., Indianapolis : Bobbs-Merrill Co., 1977.

Lessig, L., *Code and Other Laws of Cyberspace*, New York. Basic Books, 1999.

Levine, J. R. & Baroudi, C., *The Internet for Dummies*, 2nd Ed., San Mateo, CA: IDG Books Worldwide, 1994.

Litan, R. E. & Niskanen, W., *Going Digital!*, London : Profile Books, 1998.

Lowenfeld, A. F., *International Litigation and the Quest for Reasonableness*, Oxford : Clarendon Press, 1996.

Mackaay, E., Poulin, D. & Basque, G. (Eds.), *The Electronic Superhighway*, The Hague [etc.] : Kluwer Law International, 1995.

Malanczuk, P., *Akehurst's Modern Introduction to International Law*, Routledge, 7th Ed. 1997.

Mann, C. L., Eckert, S. E. & Knight, S. C., *A Policy Primer: Global Electronic Commerce*, Institute for International Economics, 2000.

Moore, J. W. et al., *Moore's Federal Practice*, 3rd Ed., Matthew Bender, 1999.

Nash, T. (Ed.), *Electronic Commerce: Directors and Opportunities for Electronic Business*, London [etc.] : Director Publications [etc], 1998)

Nathanson, N., *The Law of the Internet* (Butterworths, 1997.

Negroponte, N. P., *Being Digital*, London : Hodder & Stoughton, 1995.

Pallot, M. & Sandoval, V., *Concurrent Enterprising: Toward the Concurrent Enterprise in the Era of the Internet and Electronic Commerce*, Boston : Kluwer Academic Publishers, 1998.

Pennock, J. R. & Chapman, J. W. (Eds.), *Markets and Justice*, New York University Press, 1989.

Penz, G. P., *Consumer Sovereignty and Human Interests*, Cambridge University Press, 1986.

Perritt, Jr., H. H., *Law and the Information Superhighway*, New York [etc.] : John

Wiley, 1996.

Petersmann, E. U. & Jaenike, G., *Adjudication of International Trade Disputes in International and National Economic Law*, University Press Fribourg, Switzerland, 1992.

Pike, M. A., *Using the Internet*, 2nd Ed., Indianapolis, IN : Que, 1995.

Prechal, S., *Directives in European Community Law*, [S. l.] : Brouwer Uithof, 1995.

Rahman, S. M. & Raisinghani, M. S. (Eds.), *Electronic Commerce: opportunity and Challenges*, IDEA Group Publishing, 2000.

Raisch, M. J. & Shaffer, R. I., *Introduction to Transnational Legal Transactions*, New York 1995.

Reese, W. L. M., et al., *Cases and Materials on Conflict of Laws*, 9th Ed., Westbury, New York : Foundation Press, 1990.

Redfern, A. & Hunter, M., *Law and Practice of International Commercial Arbitration*, London, 1991.

Reimann, M., *Conflict of Laws in Western Europe: A Guide Through the Jungle*, Irvington, NY : Transnational Publishers, 1995.

Rheingold, H., *The Virtual Community: Homesteading on the Electronic Frontier*, Reading, Mass. [etc.] : Addison-Wesley, 1993.

Richardson, J. (Ed.), *European Union Power and Policy-Making*, London and New York, Routledge, 1996.

Richman, W. M. & Reynolds, W. L., *Understanding Conflict of Laws*, Matthew Bender & Co., 1984.

Robin, B., Keeler, E. & Miller, R., *Educator's Guide to the Web*, New York: Henry Holt and Company, 1997.

Rosener, J., *Cyberlaw: The Law of the Internet*, London, 1997.

Sanford, B. W., *Libel and Privacy*, 2nd Ed., Aspen Law & Business, 1997.

Schott, J. (Ed.), *The WTO after Seattle*, Institute for International Economics, July 2000.

E. F. Scoles & P. Hay, *Conflict of Laws*, 2nd Ed. 1992

Shaw, M. N., *International La*, 3rd Ed., Grotius/Cambridge University Press, 1991.

—, Blanning, R., Strader, T. & Whinston, A. (Eds.), *Handbook on Electronic Commerce*, Springer-Verlag, 2000.

Shapiro, A. L., *The Control Revolution: How the Internet is Putting Individuals in Charge and Changing the World We Know*, New York, N. Y. : Public Affairs, 1999.

Shreve, G. R. (Ed.), *A Conflict-of-Laws Anthology*, Cincinnati: Anderson Publishing Co., 1997.

Siebel, T. M. & House, P., *Cyber Rules, Strategies for Excelling at E-Business*, New York [etc.]: Currency/Doubleday, 1999.

Silbey, S. S. & Sarat, A. (Eds.), *Studies in Law, Politics, and Society*, , No. 12, Greenwich, Conn. [etc.]: JAI Press, 1992.

Singer, L. R., *Settling Disputes: Conflict Resolution in Business, Families, and the Legal System*, Boulder, CO: Westview Press, 1994)

Smith, G. J. H., *Internet Law and Regulation* (FT Law and Tax, London, 1996.

Smith, P. & Swann, D., *Protecting the Consumer*, McGraw-Hill, 1979.

Smith, R. (Ed.), *Achieving Civil Justice: Appropriate Dispute Resolution for the 1990s*, Legal Action Group, 1996.

Spanogle, J. A. et *al.*, *Consumer Law: Cases and Materials*, 2nd. Ed., West, 1991.

Stone, P., *The Conflict of Laws*, London: Longman, 1995.

Storme, M. & de Ly, F. (Eds.), *The Place of Arbitration*, Mys & Breesch, Gent, 1993.

Story, J., *Commentaries on Conflict of Laws*, 2nd Ed., London: A. Maxwell, 1841.

Stourzh, G., *Alexander Hamilton and the Idea of Republican Governmen*, Stanford: Stanford University Press, 1970.

Swire, P. & Litan, R., *None of Your Business: World Data Flows, Electronic Commerce, and the European Privacy Directive*, International Economics/Technology Brookings Institution Press, 1998.

The International Bureau of the Permanent Court of Arbitration (Ed.), *Internationla Alternative Dispute Resolution: Past, Present and Future*, Kluwer 2000.

Thirlway, H. W. A., *International Customary Law and Codification*, Kluwer, 1972.

Thomsen, H. B. & Wheble, B. S., *Trading with EDI-The Legal Issues*, IBC Financial Books: London, 1989.

Trakman, L. E., *The Law Merchant: The Evolution of Commercial La*, Littleton, Colo.: Fred B. Rothman & Co., 1983.

Tribe, L. H., *American Constitutional Law*, 2nd Ed., Mineola, NY: The Foundation Press, 1988.

Twining, W. (Ed.), *Legal Theory and Common Law*, Basil Blackwell, Oxford, 1986.

Ulmer, E., *Intellectual Property Rights and the Conflict of Laws*, Deventer, Kluwer, 1978.

Ury, W. L., Brett, J. M. & Goldberg, S. B., *Getting Disputes Resolved: Designing Systems to Cut the Costs of Conflict*, Jossey-Bass, Inc., 1988.

Utton, M. A., *The Economics of Regulating Industry*, Basil Blackwell Ltd., Oxford, 1986.

Van den Berg, A. J., *The New York Convention of* 1958-*Towards a Unification Judicial Interpretation*, Asser/Kluwer-The Hague Deventer, 1981.

Whaley, D. J., *Problems and Materials on Consumer Law*, Little, Brown, 1991.

Wiener, J., *Globalization and the Harmonization of Law*, Pinter: London and New York, 1999.

Wood, G. S., *The Radicalism of the American Revolution*, Knopf, 1992.

Wright, B. & Winn, J. K., *The Law of Electronic Commerce*, 3rd Ed., Aspen Publishers, 1999.

Wright, C. A. & Graham, Jr., K. W., *Federal Practice and Procedure: Federal Rules of Evidence*, St. Paul: West, 1980.

Wriston, W., *The Twilight of Sovereignty*, Charles Scribner's Sons, New York, 1992)

2. 论文

Aaron, M. C., The Value of Decision Analysis in Mediation Practice, *Negotiation Journal*, Vol. 11, 1995, p. 123.

Abeyratne, R. I. R., Auctions on the Internet of Airline Tickets, *Trolley's Communications Law*, Vol. 4, No. 1, 1999, p. 22.

Acker, R. H., Choice-of-Law Questions in Cyberfraud, *The University of Chicago Legal Forum*, 1996, pp. 437 ~ 469.

Adam, N. R. et al., The Development and Practice of Law in the Age of the Internet: April 12, 1996, *Am. U. L. Rev.*, Vol. 46, 1996, pp. 327 ~ 475.

Adams, J. M., Controlling Cyberspace: Applying the Computer Fraud and Abuse Act to the Internet, *Santa Clara Computer & High Tech. L. J.*, Vol. 12, 1996, pp. 403 ~ 434.

Aguilar, J. R., Over the Rainbow European and American Consumer Protection Policy and Remedy Conflicts on the Internet and a Possible Solution, *International Journal of Communications Law and Policy*, Vol. 4, Winter 1999/2000, pp. 1 ~ 57.

Alboukrek, K., Adapting to a New World of E-commerce: The Need for Uniform Consumer Protection in the International Electronic Marketplace, *George Washington International Law Review*, Vol. 35, 2003, p. 425.

Allard, N. W. & Kass, D. A., Law and Order in Cyberspace: Washington Report, *Hastings Comm. & Ent. L. J.*, Vol. 19, 1997, p. 563.

Allen, W. H. & O'Hara, E. A., Second Generation Law and Economics of Conflict of

Laws: Baxter's Comparative Impairment and Beyond, *Stanford Law Review*, Vol. 51, 1999, pp. 1011 ~ 1048.

Almaguer, A. E. & Baggott III, R. W., Shaping New Legal Frontiers: Dispute Resolution for the Internet, *Ohio State Journal on Dispute Resolution*, Vol. 13, 1998, pp. 711 ~ 748.

Arsic, J., International Commercial Arbitration on the Internet: Has the Future Come Too Early?, *Journal of International Arbitration*, Vol. 14, 1997, pp. 209 ~ 221.

Ashton, P., Using E - Commerce, *Compuship*, Vol. 3, No. 7, 2000, p. 32.

Baratta, O. M. & Hanaman, D. L., A Global Update on the Domain Name System and the Law: Alternative Dispute Resolution for Increasing Internet Competition-Oh, the Times They Are a-Changin'!, *Tul. J. Int'l Comp. L.*, Vol. 8, 2000, pp. 325 ~ 390.

Barlow, J. P., Crime and Puzzlement: Desperados of the Datasphere, *Whole Earth Rev.*, Vol68, 1990, pp. 44 ~ 57.

Barnett, R., The Sounds of Silence: Default Rules and Contractual Consent, *Va. L. Rev.*, Vol. 78, 1992, pp. 821 ~ 911

Bauchner, J. S., State Sovereignty and the Globalizing Effects of the Internet: A Case Study of the Privacy Debate, *Brooklyn J. Int'l L.*, Volo. 26, 2000, pp. 689 ~ 722.

Baxter, W. F., Choice of Law and the Federal System, *Stanford Law Review*, Vol. 16, 1963, p. 1.

Beall, C. P., The Scientological Defenestration of Choice-of-Law Doctrines for Publication Torts on the Internet, *J. Marshall J. Computer & Info. L.*, Vol. 15, 1997, pp. 361 ~ 390.

Benkler, Y., Internet Regulation: A Case Study in the Problem of Unilateralism, *EJIL*, Vol. 11, No. 1, 2000, pp. 171 ~ 185

Benson, B. L., The Spontaneous Evolution of Commercial Law, *Southern Econ. J.*, Vol. 55, 1989, p. 644.

Berman, H. J. & Kaufman, C., The Law of International Commercial Transactions (*Lex Mercatoria*), *Harv. Intl L. J.*, Vol. 19, 1978, p. 221.

Berman, P. S., The Globalization of Jurisdiction, *U. Pa. L. Rev.*, Vol. 151, 2002, pp. 422 ~ 423.

Bermann, G. A., Taking Subsidiarity Seriously: Federalism in the European Community and the United States, *Columbia Law Review*, Vol. 94, 1994, pp. 332 ~ 456.

Bernstein, L., Opting Out of the Legal System: Extralegal Contractual Relations in the Diamond Industry, J. *Legal Stud.* ,Vol. 21,1992,p. 115.

—,Merchant Law in a Merchant Court: Rethinking the Code's Search for Immanent Business Norms, *U. Pa. L. Rev.* ,Vol. 144,1996,pp. 1765 ~ 1821.

Bing,J. ,The Legal Infrastructure for the Trade in networks of Information Services Related to Intellectual Property, *Telecommunications and Space Journal*, Vol. 3, 1996,pp. 83 ~ 101.

Blum,J. ,The Deep Freeze: Torts,Choice of Law,and the Antarctic Treaty Regime, *Emory Int'l L. Rev.* ,Vol. 8,1994,pp. 667 ~ 699.

N. J. Boddie, II, et al. , A Review of Copyright and the Internet, *Campbell Law Review*, Vol. 20,1998,pp. 193 – 272.

Borchers,P. J. ,The Choice-of-Law Revolution: An Empirical Study, *Wash. & Lee L. Rev.* ,Vol. 49,1992,p. 357.

Bordone, R. C. , Electronic Online Dispute Resolution: A Systems Approach-Potential,Problems, and a Proposal, *Harv. Negotiation L. Rev.* , Vol. 3, 1998, pp. 175 ~ 211.

Born,G. B. ,Reflections on Judicial Jurisdiction in International Cases, *Ga. J. Int'l & Comp. L.* ,Vol. 17,1987,p. 1.

A. H. Boss,Electronic Data Interchange Agreements: Private Contracting Toward a Global Environment, *Nw. J. Int'l Bus.* ,Vol. 13,1992,pp. 31 ~ 70.

—,& Winn,J. K. ,The Emerging Law of Electronic Commerce, *Bus. Law.* ,Vol. 52, 1997,p. 1469

—,Electronic Commerce and the Symbiotic Relationship Between International and Domestic Law Reform, *Tulane L. Rev.* ,Vol. 72,1998,pp. 1931 ~ 1984.

—,the Jurisdiction of Commercial Law: Party Autonomy in Choosing Applicable Law and Forum Under Proposed Revisions to the Uniform Code, *Int'l Law.* ,Vol. 32, 1998,p. 1067.

—, The Internet and the Law: Searching for Security in the Law of Electronic Commerce, *Nova L. Rev.* ,Vol. 23,1999,pp. 583 ~ 624.

Bovenzi,G. ,Liabilities of System Operators on the Internet, *Berkeley Tech. L. J.* ,Vol. 11,No. 1,1996,p. 93.

Boyle, J. , Foucault in Cyberspace: Surveillance, Sovereignty, and Hardwired Censors, *U. Cin. L. Rev.* ,Vol. 66,1997,pp. 177 ~ 205.

Bradley,C. A. ,Territorial Intellectual Property Rights in an Age of Globalism, *Va. J. Int'l L.* ,Vol. 37,1997,pp. 505 ~ 585.

Brady, G. T. , Consumer Protection in the European Community: Hope for the Consumer or Unfulfilled Promises?, *N. C. J. Int'l Law & Com. Reg.* ,Vol. 23,

1997, pp. 155 ~ 199.

Brand, R. A., Intellectual Property, Electronic Commerce and the Preliminary Draft Hague Jurisdiction and Judgments Convention, *U. Pitts. L. Rev.*, Vol. 62, Issue 4, 2001, pp. 581 ~ 603.

Branscomb, A. W., Anonymity, Autonomy, and Accountability: Challenges to the First Amendment in Cyberspaces, *Yale L. J.*, Vol. 104, 1995, pp. 1639 ~ 1679.

Breen, M. N., Personal Jurisdiction and the Internet: "Showhorning" Cyberspace into International Shoe, *Seton Hall Const. L. J.*, Vol. 8, 1998, pp. 763 ~ 814.

Brilmayer, L., Interest Analysis and the Myth of Legislative Intent, *Michigan Law Review*, Vol. 78, 1980, p. 392.

—, Consent, Contract, and Territory, *Minn. L. Rev.*, Vol. 74, 1989, pp. 1 ~ 35.

—, The Role of Substantive and Choice of Law Policies in the Formation and Applicable of Choïce of Law Rules, *Recueil des Cours*, Vol. 252, 1995, p. 9.

Brown, J. E., New Law for the Internet, *Ariz. St. L. J.*, Vol. 28, 1996, pp. 1243 ~ 1258.

—, Jurisdiction to Prosecute Crimes Committed by Use of the Internet, *Jurimetrics Journal*, Vol. 38, 1998, pp. 611 ~ 616.

Budnitz, M. E., Arbitration of Disputes Between Consumers and Financial Institutions: A Serious Threat to Consumer Protection, *Ohio St. J. on Disp. Resol.*, Vol. 10, 1995, pp. 267 ~ 342.

Burk, D. L., Patents in Cyberspace: Territoriality and Infringement on Global Computer Networks, *Tulane Law Review*, Vol. 68, 1993, pp. 1 ~ 24

—, Transborder Intellectual Property Issues on the Electronic Frontier, *Stan. L. & Pol'y Rev.*, Vol. 6, 1994, pp. 9 ~ 15.

—, Trademarks Along the Infobahn: A First Look at the Emerging Law of Cybermarks, *U. Rich. J. L. & Tech.*, Vol. 1, 1995, p. 1.

—, Federalism in Cyberspace, *Conn. L. Rev.*, Vol. 28, 1996, pp. 1095 ~ 1136.

—, Jurisdiction in a World Without Borders, *Va. J. L. & Tech.*, Vol. 1, 1997, p. 3.

—, Trademark Doctrines for Global Electronic Commerce, *S. C. L. Rev.*, Vol. 49, 1998, p. 733.

—, Virtual Exit in the Global Information Economy, *Chi.-Kent L. Rev.*, Vol. 73, 1998, pp. 943 ~ 995.

Burmeister, K., Jurisdiction, Choice of Law, Copyright, and the Internet: Protection against Framing in an International Setting, *Fordham Intellectual Property, Media & Entertainment Law Journal*, Vol. 9, 1999, pp. 625 ~ 723.

Burnstein, M. R. Burnstein, Conflicts on the Net: Choice of Law in Transnational

Cyberspace, *Vand. J. Transnat' l L.*, Vol. 29, 1996, pp. 75 ~ 116.

Byford, K. S., Privacy in Cyberspace: Constructing a Model of Privacy for the Electronic Communications Environment, *Rutgers Computer & Tech. L. J.*, Vol. 24, 1998, pp. 1 ~ 74.

Campbell, A. J., Self – Regulation and the Media, *Federal Communications Law Journal*, Vol. 51, 1999, pp. 711 ~ 772.

Carbonneau, T. E.,, Arbitral Adjudication: A Comparative Assessment of Its Remedial and Substantive Status in Transnational Commerce, *Tex. Int' l L. J.*, Vol. 19, 1984, p. 33.

Carrington, P. D., Regulating Dispute Resolution Provisions in Adhesion Contracts, *Harv. J. on Legis.*, Vol. 35, 1998, p. 225.

—, Virtual Civil Litigation: A Visit to John Bunyan' s Celestial City, *Colum. L. Rev.*, Vol. 98, 1998, pp. 1516 ~ 1537.

Casey, T. D., & Magenau, J., A Hybrid Model of Self – Regulation and Governmental Regulation of Electronic Commerce, *Santa Clara Computer & High Technology Law Journal*, Vol. 19, 2002, p. 1.

Cate, F. H., Symposium: Data Protection Law and the European Union' s Directive: The Challenge for the United States: The E. U. Data Protection Directive, Information Privacy, and the Public Interest, *Iowa L. Rev.*, Vol. 80, 1995, pp. 431 ~ 443.

—, Law in Cyberspace, *How. L. J.*, Vol. 39, 1996, pp. 565 ~ 579.

—, Symposium: Sovereignty and the Globalization of Intellectual Property: Introduction Sovereignty and the Globalization of Intellectual Property, *Ind. J. Global Legal Stud.*, Vol. 6, 1998, pp. 1 ~ 9.

Cavers, D. F., A Critique of the Choice of Law Problem, *Harv. L. Rev.*, Vol. 47, 1933, p. 173.

Caviedes, A. A., International Copyright Law: Should the European Union Dictate Its Development?, *B. U. Int' l L. J.*, Vol. 16, 1998, pp. 165 ~ 229.

Chase, A., A Primer on Recent Domain Name Disputes, *Va. J. L. & Tech.*, Vol. 3, 1998, p. 3.

Cheatham, K., Negotiating a Domain Name Dispute: Problem Solving v. Competitive Approaches, *Willamette J. Int' l & Dispute Resolution*, Vol. 7, 2000, pp. 33 ~ 100.

Chiappetta, V., The Impact of E – Commerce on the Laws of Nations Forward, *Willamette J. Int' l L. & Dispute Resolution*, Vol. 7, 2000, pp. 1 ~ 9.

Chon, M., Internet Law Symposium: Introduction, *Seattle Univ. L. Rev.*, Vol. 20,

1997, pp. 613 ~ 618.

Chow, S. Y., UCITA: A 1990's Vision of E - Commerce, *J. Marshall J. of Computer & Info. Law*, Vol. 18, No. 2, 2000, pp. 323 ~ 364.

Clift, J., Electronic Commerce: the UNCITRAL Model Law and Electronic Equivalents to Traditional Bills of Lading, *International Business Lawyer*, Vol. 27, No. 7, 1999, pp. 311 ~ 316.

Coase, R. H., The Problem of Social Cost, *Journal of Law & Economics*, vol. 3 1960, p. 1.

Cobb, S. & Rifkin, Practice and Paradox: Deconstructing Neutrality in Mediation, *Law & Social Inquiry*, Vol. 16, No. 1, 1991, pp. 25 ~ 63.

Cohen, B., A Proposed Regime for Copyright Protection on the Internet, *Brooklyn J. Int'l L.*, Vol. 22, 1996, pp. 401 ~ 435.

Cohen, J. E., Lochner in Cyberspace: The New Economic Orthodoxy of "Rights Management", *Mich. L. Rev.*, Vo. 97, 1998, pp. 462 ~ 563.

Cohen, S., Jurisdiction Over Cross Border Internet Infringements, *European Intellectual Property Review*, Vol. 20, 1998, pp. 294 ~ 297.

Cona, F. A., Application of Online Systems in Alternative Dispute Resolution, *Buff. L. Rev.*, Vol. 45, 1997, pp. 975 ~ 999.

Connellan, J., *Regulators Face up to Ecommerce Uncertainty*, Telecommunications, International Edition, 2000, pp. 35 ~ 37.

Conner, C. L., *Compuserve v. Patterson*: Creating Jurisdiction through Internet Contacts, *Rich. J. L. & Tech.*, Vol. 4, 1998, p. 9.

Cooter, R. D., Against Legal Centrism, *Cal. L. Rev.*, Vol. 81, 1993, pp. 417 ~ 429.

—, The Theory of Market Modernization of Law, *Int'l Rev. L. & Econ.*, Vol. 16, 1996, p. 141.

—, Decentralized Law for a Complex Economy: The Structural Approach to Adjudicating the New Law Merchant, *U. Pa. L. Rev.*, Vol. 144, 1996, pp. 1643 ~ 1696.

Coston, J. K., Embrace the New, but Don't Forget About the Old: Asserting Personal Jurisdiction over the New Internet Age, *Southern University Law Review*, Vol. 34, 2007, p. 249.

Craig, W. L., Some Trends and Developments in the Laws and Practice of International Commercial Arbitration, *Tex. Int'l L. J.*, Vol. 30, 1995, pp. 1 ~ 58.

Craswell, R., Offer, Acceptance, and Efficient Reliance, *Stan. L. Rev.*, Vol. 48, 1996, pp. 481 ~ 553.

Currie, On the Displacement of the Law of the Forum, *Columbia Law Review*, Vol. 58, 1958, p. 964.

Dane, P., Vested Rights, "Vestedness", and Choice of Laws, *Yale L. J.*, Vol. 96, 1987, pp. 1191 ~ 1275.

Danilenko, G. M. & Lauterpacht, H., Codification and Development of International Law, *AJIL*, Vol. 49, 1955, p. 16.

Danilenko, G. M., The Concept of the "Common Heritage of Mankind" in International Law, *Annals of Air & Space Law*, Vol. 13, 1988, p. 247.

David, R., The International Unification of Private Law, *International Encyclopedia of Comparative Law*, Vol. 2, 1969, p. 8.

Davis. C. N., Personal Jurisdiction in Online Expression Cases: Rejecting Minimum Contacts in Favor of Affirmative Acts, *International Review of Law Computer & Technology*, Vol. 14, No. 1, 2000, pp. 43 ~ 54.

Davis, E. B., A Look at One of the Most Popular Services in Cyberspace: Usenet, *Federal Lawyer*, Vol. 42, 1995, p. 15.

Delacourt, J. T., The International Impact of Internet Regulation, *Harvard International Law Journal*, Vol. 38, 1997, pp. 207 ~ 235.

Delaume, G., Comparative Analysis as a Basis of Law in State Contracts: The Myth of the *Lex Mercatoria*, *Tulane Law Review*, Vol. 63, 1989, pp. 575 ~ 611

Dellapenna, J. W., Law in a Shrinking World: The Interaction of Science and Technology with International Law, *Ky. L. J.*, Vol. 88, 1999 - 2000, pp. 809 ~ 883.

Dennis, E. E., Internal Examination: Self Regulation and the American Media, *Cardozo Arts & Entertainment Law Journal*, Vol. 13, 1995, pp. 697 ~ 704.

DeSaussure, H. & Haanappel, P. P. C., A Unified Multinational Approach to the Application of Tort and Contract Principles to Outer Space, *Syracuse J. International L. & Com.*, Vol. 6, 1978, p. 12.

Donahey, M. S., Dispute Resolution in Cyberspace, *Journal of International Arbitration*, Vol. 15, 1998, pp. 127 ~ 168.

Dreben, R. N. & Werbach, J. L., Top 10 Things to Consider in Developing an Electronic Commerce Web Site, *Computer Lawyer*, Vol. 16, No. 5, 1999, p. 17.

Driscoll, J. M., It's a Small World After All: Conflict of Laws and Copyright Infringement on the Information Superhighway, *U. Pa. J. Int'l Econ. L.*, Vol. 20, 1999, pp. 939 ~ 986.

Dunne, R. L., Deterring Unauthorized Access to Computers: Controlling Behavior in Cyberspace through a Contract Law Paradigm, Jurimet. *J.*, Vol. 35, 1994, p. 2.

Easterbrook, F. H., Cyberspace and the Law of the Horse, *U. Chi. Legal F.*, 1996, p. 207.

Edelstein, J. I., J. I. Edelstein, Anonymity and International Law Enforcement in Cyberspace, *Fordham Intell. Prop. Media & Ent. L. J.*, Vol. 7, 1996, pp. 231 ~ 294.

Eisenberg, M. A., xpression Rules in Contract Law and Problems of Offer and Acceptance, *Cal. L. Rev.*, Vol. 82, 1994, pp. 1127 ~ 1180.

Elkin - Koren, N., Copyright Law and Social Dialogue on the Information Superhighway: The Case Against Copyright Liability of Bulletin Board Operators, *Cardozo Arts & Ent. L. J.*, Vol. 13, 1995, p. 345.

—, Copyright Policy and the Limits of Freedom of Contract, *Berkeley Tech. L. J.*, Vol. 12, 1997, p. 93.

Eltman, J., A Peace Zone on the High Seas: Managing the Commons for Equitable Use, *Int'l Legal Persp.*, Vol. 5, 1930, p. 47.

Ely, J. H., Choice of Law and the State's Interest in Protecting Its Own, *Wm. & Mary L. Rev.*, Vol. 23, 1981, p. 173.

Endeshaw, A., The Proper Law of Electronic Commerce, *Information and Communications Technology Law*, Vol. 7, No. 1, 1998, pp. 5 ~ 14.

Epstein, K. J. & Tancer, B., Enforcement of Use Limitations By Internet Services Providers: "How to Stop that Hacker, Cracker, Spammer, Spoofer, Flamer, Bomber", *Hastings Comm/Ent. L. J.*, Vol. 9, 1997, p. 661.

Evans, R., Time for Action: EU Consumer Policy, *Consumer Policy Review*, Vol. 4, 1994, p. 18.

Faucette, J. E., The Freedom of Speech at Risk in Cyberspace: Obscenity Doctrine and a Frightened University's Censorship of Sex on the Internet, *Duke L. J.*, Vol. 44, 1995, pp. 1155 ~ 1182.

Faucher, J. D., Let the Chips Fall Where They May: Choice of Law in Computer Bulletin Board Defamation Cases, *U. C. Davis Law Review*, Vol. 26, 1993, pp. 1045 ~ 1078.

Feeley, M. J., EU Internet Regulation Policy: The Rise of Self- Regulation, *Boston College International and Comparative Law Review*, Vol. 22, 1999, pp159 ~ 174.

Fidler, D. P., Challenging the Classical Concept of Custom: Perspectives on the Future of Customary International Law, *German Yearbook of International Law*, Vol. 39, 1996, p. 198.

Fischer, J. C., Policing the Self - Help Legal Market: Consumer Protection or Protection of the Legal Cartel?, *Ind. L. Rev.*, Vol. 34, 2000, pp. 121 ~ 153.

Fitzmaurice, K. M. & Mody, R. N., International Shoe Meets the World Wide Web: Whither Personal Jurisdiction in Florida in the Age of the Internet?, *Fla. B. J.*, Vol. 71, 1997, p. 22.

Flaming, T. H., The Rules of Cyberspace: Informal Law in a New Jurisdiction, *Illinois Bar Journal*, Vol. 85, 1997, p. 174.

Flint, D., Much Confusion in Cyberspace – A Personal View of the Proposals for Internet Regulation, *Business Law Review*, Vol. 19, No. 5, pp. 112 ~ 115.

—, European Initiatives – A Progress (?) Report, *Business Law Review*, Vol. 20, No. 7, 1999, pp. 184 ~ 186.

Fraser, S., The Copyright Battle: Emerging International Rules and Roadblocks on the Global Information Infrastructure, *J. Marshall J. Computer & Info. L.*, Vol. 15, 1997, pp. 759 ~ 818.

Frendo, M., M. Frendo, Legal Aspects of E-commerce, *Law/Technology*, World Jurist Association, Vol. 32, 1999, pp. 1 ~ 30

Frieden, R., Does a Hierarchical Internet Necessitate Multilateral Intervention?, *N. C. J. Int'l Law & Com. Reg.*, Vol. 26, 2001, pp. 361 ~ 405.

Friedman, G., &Gellman, R., An Information Superhighway "On Ramp" for Alternative Dispute Resolution, *N. Y. St. Bus. J.*, Vol. 68, 1996, pp. 38 ~ 39.

Froomkin, A. M., The Essential Role of Trusted Third Parties in Electronic Commerce, *Oregon L. Rev.*, Vol. 75, 1996, p. 49.

—, The Legal and Policy Framework for Global Electronic Commerce: A Progress Report of Governments and Governance, *Berkeley Tech. L. J.*, Vol. 14, 1999, p. 617.

—, Wrong Turn in Cyberspace: Using ICANN to Route Around the APA and the Constitution, 50 *Duke L. J.*, Vol. 50, 2000, pp. 17 ~ 157.

—, Habermas@ Discourse. net: Toward a Critical Theory of Cyberspace, *Harvard Law Review*, Vol. 116, 2003, p. 749.

Fulton, A. M., Cyberspace and the Internet: Who Will be the Privacy Policy?, *Commlaw Conspectus*, Vol. 3, 1995, p. 63.

Gaillard, E., Resolution of Consumer Disputes: A New Trend?, *New York Law Journal*, December 4, 1997.

Galanter, M., The Legal Malaise: Or, Justice Observed, *Law and Society Review*, Vol. 19, 1985, p. 537.

Gale, J. S. Gale, Note, Service Over the "Net": Principles of Contract Law in Conflict, *Case W. Res. L. Rev.*, Vol. 49, 1999, p. 567.

Gamble, J. K., International Law and the Information Age, *Mich. J. Int'l L.*, Vol. 17,

1996, p. 747.

Gao, L., Intellectual Property Rights in the Internet Era: The New Frontier, *The John Marshall Law School Review of Intellectual Property Law*, Vol. 5, 2006, p. 589.

Gassman, G. L., Internet Defamation: Jurisdiction in Cyberspace and the Public Figure Doctrine, *J. Marshall J. of Computer & Info. L.*, Vol. 14, 1996, pp. 563 ~ 593.

Gaumer, C. P., Conflicts, the Constitution, and the Internet, *Ill. B. J.*, Vol. 86, 1998, p. 502.

Gautier, K., Electronic Commerce: Confronting the Legal Challenge of Building E – Dentities in Cyberspace, 20 *Miss. C. L. Rev.*, Vol. 20, 1999, pp. 117 ~ 163.

Gaylord, J. E., State Regulatory Jurisdiction and the Internet: Letting the Dormant Commerce Clause Lie, *Vand. L. Rev.*, Vol. 52, 1999, pp. 1095 ~ 1130.

Geist, M. A., The Reality of Bytes: Regulating Economic Activity in the Age of the Internet, 73 *Wash. L. Rev.*, Vol. 73, 1998, pp. 521 ~ 574.

Gibbons, L. J., No Regulation, Government Regulation, or Self-Regulation: Social Enforcement or Social Contracting for Governance in Cyberspace, *Cornell J. L. & Pub. Pol'y*, Vol. 6, 1997, pp. 475 ~ 551.

—, Rusticum Judicium? Private "Courts" Enforcing Private Law and Rights: Regulating Virtual Arbitration in Cyberspace, *Ohio N. U. L. Rev.*, Vol. 24, 1998, pp. 769 ~ 794.

Gibson, C., Digital Dispute Resolution: Internet Domain Names and WIPO's Role, *Computer Und Recht International*, No. 2, 2001, pp. 33 ~ 39.

Gigante, A., Blackhole in Cyberspace: The Legal Void in the Internet, *Journal of Computer & Information Law*, Vol. 15, 1997, pp. 413 ~ 436

Ginsburg, J. C., Global Use/Territorial Rights: Private International Law Questions of the Global Information Infrastructure, *J. Copyright Society U. S. A.*, Vol. 42, 1995, p. 318.

—, Copyright Without Borders? Choice of Forum and Choice of Law for Copyright Infringement in Cyberspace, *Cardozo Arts & Entertainment Law Journal*, Vol. 15, 1997, p. 153.

—, The Cyberian Captivity of Copyright: Territoriality and Authors' Rights in a Networked World, *Santa Clara Computer & High Technology Law Journal*, Vol. 15, 1999, pp. 347 ~ 361.

Giordano, P., Invoking Law as a Basis for Identity in Cyberspace, *Stanford Technology Law Review*, 1998, p. 1.

Gliniecki, J. Y. & Ogada, C. G., The Legal Acceptance of Electronic Documents,

Writings, Signatures, and Notices in International Transportation Conventions: A Challenge in the Age of Global Electronic Commerce, *J. Int'l. L. & Bus.*, Vol. 13, 1992, pp. 117 ~ 158.

Goldsmith, J. L., Regulation of the Internet: Three Persistent Fallacies, *Chi. - Kent L. Rev.*, Vol. 73, 1998, pp. 1119 ~ 1131.

—, Against Cyberanarchy, *University of Chicago Law Review*, Vol. 65, 1998, pp. 1199 ~ 1250.

—, The Internet and the Abiding Significance of Territorial Sovereignty, *Ind. J. Global Legal Stud.*, Vol. 5, 1998, pp. 475 ~ 491.

—, Unilateral Regulation of the Internet: A Modest Defence, *EJIL*, Vol. 11, No. 1, 2000, pp. 135 ~ 148.

Golsong, H., A Guide to Procedural Issues in International Arbitration, *International Lawyer*, Vol. 18, 1984, p. 633.

Gordon, W. J., On the Economics of Copyright, Restitution, and "Fair Use": Systemic Versus Case-by-Case Responses to Market Failure, *J. L. & Info. Sci.*, Vol. 8, 1997, p. 7.

Gore, A., Bringing Information to the World: The Global Information Infrastructure, *Harv. J. L. & Tech.*, Vol. 9, 1996, p. 1.

Gorove, S., Interpreting Article II of the Outer Space Treaty, *Fordham L. Rev.*, Vol. 37, 1969, p. 349.

I. K. Gotts & A. D. Rutenberg, Navigating the Global Information Superhighway: A Bumpy Road Lies Ahead, *Harvard Journal of Law and Technology*, Vol. 8, 1995, pp. 275 ~ 344.

Greenwood, D. J. & Campbell, R. A., Electronic Commerce Legislation: From Written on Paper and Signed in Ink to Electronic Records and Online Authentication, *Bus. Law.*, Vol. 53, No. 1, 1997, pp. 307 ~ 338.

Gregoire, C., Law Enforcement Challenges in Cyberspace, *Prosecutor*, Vol. 34, 2000, p. 29.

Grosso, A., The National Information Infrastructure, *Fed. B. News & J.*, Vol. 41, 1994, p. 481.

Grundfest, J., Internationalization of the World's Securities Markets: Economic Causes and Regulatory Consequences, *Fin. Svcs. Res.*, Vol. 4, 1990, p. 349.

Guibault, l., Canada: New Legislation on E - commerce Underway, *Computer Und Recht International*, No. 1, 2001, pp. 25 ~ 26.

Gurry, F., The Dispute Resolution Services of the World Intellectual Property Organization, *Journal of International Economic Law*, Vol. 2, No. 2, 1999, pp.

385 ~ 398.

Guthrie, N., A Good Place to Shop: Choice of Forum and the Conflict of Laws, *Ottawa Law Review*, Vol. 27, 1995, p. 201.

Hachigian, N., Essential Mutual Assistance in International Antitrust Enforcement, *Int'l Law.*, Vol. 29, 1995, p. 117

Hang, L. Q., Online Dispute Resolution Systems: The Future of Cyberspace Law, *Santa Clara L. Rev.*, Vol. 41, 2001, pp. 837 ~ 866.

Hanley, S. M., International Internet Regulation: A Multinational Approach, *Journal of Computer & Information Law*, Vol. 16, 1998, pp. 997 ~ 1024.

Hardy, I. T., Electronic Communications and Legal Change: Electronic Conferences: The Report of an Experiment, *Harv. J. Law and Tech.*, Vol. 6, 1993, pp. 213 ~ 235.

—, The Proper Legal Regime for "Cyberspace", *U. Pitts. L. Rev.*, Vol. 55, 1994, pp. 993 ~ 1055.

—, Property (and Copyright) in Cyberspace, *U. Chi. Legal F.*, 1996, pp. 217 ~ 260.

Harper, F. V., Policy Bases of the Conflict of Laws: Reflections on Rereading Professor Lorenzen's Essays, *Yale L. J.*, Vol. 56, 1947, p. 1155.

Hauser, H. & Wunsch - Vincent, S., A Call for a WTO E-Commerce Initiative, *Int'l J. Comm. L. & Pol'y*, Vol. 6, 2000/2001, pp. 1 ~ 30

Hayford, S. L., Commercial Arbitration in the Supreme Court 1983 - 1995: A Sea Change, *Wake Forest L. Rev.*, Vol. 31, 1996, pp. 1 ~ 39.

Heim, B. E., Exploring the Last Frontiers for Mineral Resources: A Comparison of International Law Regarding the Deep Seabed, Outer Space, and Antarctica, *Vand. J. Transnat'l L.*, Vol. 23, 1990, p. 819.

Heiskanen, V., Dispute Resolution in International Electronic Commerce, *Journal of International Arbitration*, Vol. 14, No. 3, 1997, pp. 29 ~ 44.

Herscha, L. A., Is There a Doctor in the House? Licensing and Malpractice Issues Involved in Telemedicine, *B. U. J. Sci. & Tech. L.*, Vol. 2, 1996, p. 8.

Highet, K., The Enigma of the *Lex Mercatoria*, *Tulane Law Review*, Vol. 63, 1989, pp. 613 ~ 628

Hill, J. S. & Brazier, J. E., Constraining Administrative Decisions: A Critical Examination of the Structure and Process Hypothesis, *Journal of Law, Economics & Organization*, Vol. 7, No. 2, 1991, pp. 373 ~ 400.

Hill, R. & Walden, I., The Draft UNCITRAL Model Law for Electronic Commerce: Issues and Solutions, *Computer Lawyers*, Vol. 13, No. 3, p. 18.

Hill, R., Electronic Commerce, The World - Wide Web, Minitel, and EDI, *The*

Information Society, Vol. 13, No. 1, 1997, pp. 33 ~ 41

—, The Internet, Electronic Commerce and Dispute Resolution: Comments, *Journal of International Arbitration*, Vol. 14, No. 4, 1997, pp. 103 ~ 110.

R. L. Hoegle & C. P. Boam, The Internet and Jurisdiction: International Principles Emerge but Confrontation Looms, *Journal of World Intellectual Property*, Vol. 3, No. 1, 2000, pp. 31 ~ 50

Horlick, G., *Dispute Resolution Mechanism: Will the United States Play by the Rules?*, JWT, Vol. 29, No. 2, 1995, pp. 163 ~ 171.

Hughes, J., The Internet and the Persistence of Law, *B. C. L. Rev.*, Vol. 44, 2003, p. 359.

Hunter, D., Cyberspace as Place and the Tragedy of the Digital Anticommons, *California Law Review*, Vol. 91, 2003, p. 439.

Ingrim, C. L., Choice – of – Law Clauses: Their Effect on Extraterritorial Analysis – A Scholar's Dream, A Practitioner's Nightmare, 28 *Creighton Law Review*, Vol. 28, 1995, pp. 663 ~ 682.

Jacques, S. C., *Reno v. ACLU*: Insulating the Internet, the First Amendment, and the Marketplace of Ideas, *Am. U. L. Rev.*, Vol. 46, 1997, p. 1945.

Jasentuliyana, N., Space Law and the United Nations, *Annals of Air & Space Law*, Vol. 17, 1992, p. 137.

Johns, M., Comment, the First Amendment and Cyberspace: Trying to Teach Old Doctrines New Tricks, *U. Cin. L. Rev.*, Vol. 64, 1996, pp. 1383 ~ 1437.

Johnson, D. R. & Marks, K. A., Mapping Electronic Data Communications onto Existing Legal Metaphors: Should We Let Our Conscience (and Our Contracts) Be Our Guide?, *Vill. L. Rev.*, Vol. 38, 1993, pp. 487 ~ 515.

Johnson, D. R. & Post, D. G., Law and Borders – The Rise of Law in Cyberspace, *Stanford Law Review*, Vol. 48, 1996, pp. 1357 – 1402.

Johnson, D. R., Due Process and Cyberjurisdiction, *J. Computer – Mediated Comm.*, Vol. 2. 1996.

Johnson – Laird, A., The Anatomy of the Internet Meets the Body of Law, *University of Dayton Law Review*, Vol. 22, No. 3, 1997, pp. 465 ~ 509.

Joseph, J. A., The Law at Your Fingertips: Practical Applications of the Law on the Internet, *T. Jefferson L. Rev.*, Vol. 18, 1996, pp. 53 ~ 60.

Joyner, C. C., Legal Implications of the Concept of the Common Heritage of Mankind, *Int'l & Comp. L. Q.*, Vol. 35, 1986, p. 190.

Jueneman, R. R. & Robertson, Jr., R. J., Biometrics and Digital Signatures in Electronic Commerce, *Jurimetrics Journal*, Vol. 38, 1998, p. 427.

Juenger, F. K., Choice of Law in Interstate Torts, *U. Pa. L. Rev.*, Vol. 118, 1969, p. 202.

—, Conflict of Laws: A Critique of Interest Analysis, *American Journal of Comparative Law*, Vol. 32, 1984, p. 48.

—, Mass Disaster and the Conflict of Laws, *University of Illinois Law Review*, No. 1, 1989, p. 105.

Kaplan, L. G. C. & Bankoff, J. R., Of Satellites and Copyrights: Problems of Overspill and Choice of Law, *Emory International Law Review*, Vol. 7, 1993, p. 727.

Kaplan, N., Is the Need for Writing as Expressed in the New York Convention and the Model Law out of Step with Commercial Practice?, *Arbitration International*, Vol. 12, 1996, p. 27.

Karamon, M. C., Note, ADR on the Internet, *Ohio St. J. on Disp. Resol.*, Vol. 11, 1996, pp. 537 ~ 548.

Katsh, E., Law in a Digital World: Computer Networks and Cyberspace, *Vill. L. Rev.*, Vol. 38, 1993, p. 403.

—, Dispute Resolution in Cyberspace, *Conn. L. Rev.*, Vol. 28, 1996, pp. 953 ~ 980.

—, Rifkin, J. & Gaitenby, A., E - Commerce, E - Disputes, and E - Dispute Resolution: In the Shadow of "eBay Law", *Ohio St. J. on Disp. Resol.*, Vol. 15, 2000, pp. 705 ~ 734.

—, The New Frontier: Online ADR Becoming a Global Priority, *Disp. Resol. Mag.*, 2000, pp. 6 ~ 8.

—, Online Dispute Resolution: Some Lessons from the E - Commerce Revolution, *N. Ky. L. Rev.*, Vol. 28, 2001, pp. 810 ~ 821.

Katz, A., The Strategic Structure of Offer and Acceptance: Game Theory and the Law of Contract Formation, 89 *Mich. L. Rev.*, Vol. 89, 1990, pp. 215 ~ 295.

Katz, L, Jurisdiction and E - Commerce Disputes, *Journal of World Intellectual Property*, Vol. 3, No. 2, 2000, pp. 289 ~ 306.

Kaufman, I. J., The Domain Name System: Dispute Resolution and the Nice Classification System, *International Business Lawyer*, Vol. 28, No. 1, pp. 35 ~ 41.

Kay, H. H., Theory into Practice: Choice of Law in the Courts, *Mercer Law Review*, Vol. 34, 1983, p. 521.

Kay, J., Sexuality, Live Without a Net: Regulating Obscenity and Indecency On the Global Network, *S. Cal. Interdisciplinary L. J.*, Vol. 4, 1995, pp. 355 ~ 389.

Keefe, H., Making the Final Frontier Feasible: A Critical Look at the Current Body of Outer Space Law, *Santa Clara Computer & High Tech. L. J.*, Vol. 11, 1995, pp.

345 ~ 371.

Kelly & Hieber, Untangling a Web of Minimum Contacts: The Internet and Personal Jurisdiction in Trademark and Unfair Competition Cases, *The Trademark Reporter*, Vol. 18, No. 5, 1997, p. 576.

Kidd, Jr., D. L., Casting the Net: Another Confusing Analysis of Personal Jurisdiction and Internet Contacts in Telco Communications v. An Apple a Day, *University of Richmond Law Review*, Vol. 32, 1998, pp. 505 ~ 543.

Kirby, M., Legal Aspects of Transborder Data Flows, *Computer L. J.*, Vol. 9, 1991, p. 233.

Kleinwaechter, W., ICANN Governance: From Self - Governanceto Public - Private Partnership: The Changing Role of Governments in the Management of the Internet's Core Resources, *Loyola of Los Angeles Law Review*, Vol. 36, 2003, p. 1103.

Knoll, A., Any Which Way But Loose: Nations Regulate the Internet, *Tul. J. Int'l & Comp. L.*, Vol. 4, 1996, pp. 275 ~ 301.

Kohona, P. T. B., Dispute Resolution under the World Trade Organization: An Overview, *JWT*, Vol. 28, No. 2, 1994, pp. 23 ~ 47.

Komuro, N., The WTO Dispute Settlement Mechanism: Coverage and Procedures of the WTO Understanding, *JWT*, Vol. 29, No. 4, 1995, pp. 5 ~ 95.

Korn, H. L., Development of Judicial Jurisdiction in the United States, *Brooklyn L. Rev.*, Vol. 65, 1999, pp. 935 ~ 1001.

Kozyris, P. J., Values and Methods in Choice of Law for Products Liability: A Comparative Comment on Statutory Solutions, *American Journal of Comparative Law*, Vol. 38, 1990, p. 475.

Kramer, L., Rethinking Choice of Law, *Colum. L. Rev.*, Vol. 90, 1990, pp. 277 ~ 345.

Krasner, S. D., Global Communications and National Power: Life on the Pareto Frontier, *World Politics*, Vol. 43, No. 3, 1991, pp. 336 ~ 366.

Krasovec, J., Comment: Cyberspace: the Final Frontier, for Regulation?, *Akron Law Review*, Vol. 31, 1997, pp. 101 ~ 145.

Kreimer, S. F., The Source of Law in Civil Rights Actions: Some Old Light on Section 1988, *U. Pa. L. Rev.*, Vol. 133, 1985, pp. 601 ~ 633.

Kronstein, H., Arbitration Is Power, *N. Y. U. L. Rev.*, Vol. 38, 1963, p. 661.

Krueger, R. T., Traditional Notions of Fair Play and Substantial Justice Lost in Cyberspace: Personal Jurisdiction and On-Line Defamatory Statements, *Cath. U. L. Rev.*, Vol. 51, 2001, pp. 301 ~ 334.

Kuklin, B., On the Knowing Inclusion of Unenforceable Contract and Lease Terms,

U. Cin. L. Rev. ,Vol. 56,1988,pp. 845 ~918.

Lachs, M. ,Views from the Bench: Thoughts on Science, Technology and World Law, *AJIL* ,Vol. 86,1992,p. 673,

LaMarche, G. , International Free Expression Principles in Cyberspace, *Whittier L. Rev.* ,Vol. 17,1995,pp. 279 ~284.

Landry, E. M. ,Scrolling Around the New Organization: The Potential for Conflict in the On – Line Environment, *Negotiation Journal* ,Vol. 16, No. 2,2000,pp. 133 ~142.

Lazzaretti, A. ,Internet Regulation and On – Line Gambling: A Brief Study of the US and EU Legal Systems, *Law/Technology*, *World Jurist Association* ,Vol. 31, No. 4,1998,pp. 1 ~30.

Lee, C. S. , The Development of Arbitration in the Resolution of Internet Domain Name Disputes, *Rich. J. L. & Tech.* ,Vol. 7,2000,p. 2.

Lee, T. R. ,In *Rem* Jurisdiction in Cyberspace, *Washington Law Review* ,Vol. 75, No. 1,2000,pp. 97 ~145.

Lehmann, M. ,Electronic Commerce and Consumer Protection in Europe, *Santa Clara Computer & High Tech. L. J.* ,Vol. 17,2000,pp. 101 ~114.

Lemley, M. A. ,Dealing With Overlapping Copyrights on the Internet, *U. Dayton L. Rev.* ,Vol. 22,1997,pp. 547 ~585.

—, The Economics of Improvement in Intellectual Property Law, *Tex. L. Rev.* ,Vol. 75,1997,pp. 989 ~1084.

—, The Law and Economics of Internet Norms, *Chi. – Kent. L. Rev.* ,Vol. 73,1998, pp. 1257 ~1294.

—, Beyond Preemption: The Law and Policy of Intellectual Property Licensing, *Calif. L. Rev.* ,Vol. 87,1999,pp. 111 ~172.

—, Standardizing Government Standard-Setting Policy for Electronic Commerce, *Berkeley Tech. L. J.* ,Vol. 14,1999,pp. 745 ~758.

Lessig, L. , The Path of Cyberlaw, *Yale Law Journal* ,Vol. 104, 1995, pp. 1743 ~ 1755.

—, The Zones of Cyberspace, *Stan. L. Rev.* ,Vol. 48,1996,pp. 1403 ~1411.

—, Reading the Constitution in Cyberspace, *Emory L. J.* ,Vol. 45,1996,pp. 869 ~ 910.

—, The Law of the Horse: What Cyberlaw Might Teach, *Harvard Law Review* ,Vol. 113,1999,pp. 501 ~549.

—, The Limits in Open Code: Regulatory Standards and the Future of the Net, *Berkeley Tech. L. J.* ,Vol. 14,1999,pp. 759 ~769.

Lester, T. P., Globalized Automatic Choice of Forum: Where Do Internet Consumers Sue?: Proposed Article 7 of the Hague Convention on International Jurisdiction and Foreign Judgments in Civil and Commercial Matters and its Possible Effects on e – Commerce, *New England Journal of International and Comparative Law*, Vol. 9, 2003, pp. 431 ~ 488.

Levie, J. H., Trade Usage and Custom Under the Common Law and Uniform Commercial Code, *N. Y. U. L. Rev.*, Vol. 40, 1965, p. 1101.

Li, C., Tentative Discussion on the Challenge of the Internet Against Traditional Conflict of Laws, *Legal Science*, Vol. 11, 1999, pp. 52 ~ 54.

Lide, E. C. Lide, Note & Comment, ADR and Cyberspace: The Role of Alternative Dispute Resolution in Online Commerce, Intellectual Property and Defamation, *Ohio St. J. on Disp. Resol.*, Vol. 12, 1996, pp. 193 ~ 222

Litan, R. E., Law and Policy in the Age of the Internet, *Duke L. J.*, Vol. 50, 2001, pp. 1045 ~ 1085.

Litman, J., The Exclusive Right to Read, *Cardozo Arts & Ent. L. J.*, Vol. 13, 1994, pp. 29 ~ 54.

Lock, D., Toll – Free Vanity Telephone Numbers: Structuring a Trademark registration And Dispute Settlement Regime, *Calif. L. Rev.*, Vol. 87, 1999, pp. 371 ~ 419.

Long, III, G. P., Who are You?: Identity and Anonymity in Cyberspace, 55 *U. Pitt. L. Rev.*, Vol. 55, 1994, pp. 1177 ~ 1213.

Loren, L. P., Redefining the Market Failure Approach to Fair Use in an Era of Copyright Permission Systems, *J. Intell. Prop. L.*, Vol. 5, 1997, pp. 1 ~ 58.

Loundy, D. J., A Primer on Trademark Law and Internet Addresses, *J. Marshall J. Computer & Info. L.*, Vol. 15, 1997, pp. 465 ~ 491.

Love, M., International Jurisdiction over the Internet: A Case Analysis of Yahoo! Inc. v. La Ligue Contre le Racisme et L'antisemitisme, *Temple International and Comparative Law Journal*, Vol. 17, 2003, pp. 261 ~ 275.

Lubitz, M., Jurisdiction and Choice of Law for Electronic Contracts: An English Perspective, *Computer Und Recht International*, No. 2, 2000, pp. 39 ~ 45.

Lucas, J. B., IAHC Announces New Top – Level Domains: Recommends New Challenge Procedures, *BNA's Elec. Info. Pol'y & L. Rep.*, Vol. 2, 1997, p. 152.

Lui – Kwan, K. & Opsahl, K., The Legal and Policy Framework for Global Electronic Commerce: A Progress Report, *Berkeley Tech. L. J.*, Vol. 14, 1999, pp. 503 ~ 518.

Macduff, I., Flames on the Wires: Mediating from an Electronic Cottage, *Negotiation*

Journal, Vol. 10, 1994, pp. 5 ~ 13.

Macintosh, K. L., The New Money, *Berkeley Tech. L. J.*, Vol. 14, 1999, pp. 659 ~ 673.

Madden, R., Developments in the Electronic Courtroom, *International Yearbook of Law Computer and Technology*, Vol. 6, 1992, pp. 203 ~ 208.

Maggs, G. E., Internet Solutions to Consumer Protection Problems, *S. C. L. Rev.*, Vol. 49, 1998, pp. 887 ~ 902.

Maltz, E. M., Unraveling the Conundrum of the Law of Personal Jurisdiction: A Comment on *Asahi Mental Industry Co. v. Superior Court of California*, *Duke Law Journal*, 1987, p. 669.

Mann, C. L., The Uniform Computer Information Transactions Act and Electronic Commerce: Balancing Issues and Overlapping Jurisdiction in the Global Electronic Marketplace: The UCITA Example, *Washington University Journal of Law & Policy*, Vol. 8, 2002, p. 215.

Marcus, R. L., Completing Equity's Conquest? Reflections on the Future of Trial Under the Federal Rules of Civil Procedure, *U. Pitt. L. Rev.*, Vol. 50, 1989, pp. 725 ~ 788.

Margiano, R., The Ninth Circuit Holds that Internet Domain Name E - mail And Web Service Provider is not a Cybersquatter for Trademark Dilution Purposes, *Avery Dennison Corp. v. Sumpton*, *The Journal of Information*, *Law and Technology*, No. 3, 1999.

Mayer, F. C., Europe and the Internet: The Old World and the New Medium, *EJIL*, Vol. 11, No. 1, 2000, pp. 149 ~ 169

Mayer - Schonberger, V., The Shape of Governance: Analysing the World of Internet Regulation, *Va. J. Int'l L.*, Vol. 43, 2003, p. 605.

McGowan, D., Free Contracting, Fair Competition, and Draft Article 2B: Some Reflections on Federal Competition Policy, Information Transactions, and "Aggressive Neutrality", *Berkeley Tech. L. J.*, Vol. 13, 1998, pp. 1173 ~ 1238.

McGregor, H., Law on a Boundless Frontier: The Internet and International Law, *Ky. L. J.*, Vol. 88, 1999/2000, pp. 967 ~ 986.

McManis, C., Taking TRIPS on the Information Superhighway: International Intellectual Protection and Emerging Computer Technology, *Vill. L. Rev.*, Vol. 41, 1996, pp. 207 ~ 288.

Mefford, A., *Lex Informatica*: Foundations of Law on the Internet, *Ind. J. Global Leg. Stud.*, Vol. 5, 1997, pp. 211 ~ 237.

Menkel - Meadow, C., Do the "Haves" Come Out Ahead in Alternative Judicial

Systems?: Repeat Players in ADR, *Ohio St. J. on Disp. Resol.*, Vol. 15, 1999, pp. 19 ~ 61 (1999.

Menthe, D., Jurisdiction in Cyberspace: A Theory of International Spaces, *Michigan Telecommunications and Technology Law Review*, Vol. 4, 1998, p. 69

Mentschikoff, S., Commercial Arbitration, *Colum. L. Rev.*, Vol. 61, 1961, p. 846.

Meurer, M. J., Price Discrimination, Personal Use and Piracy: Copyright Protection of Digital Works, *Buff. L. Rev.*, Vol. 45, 1997, pp. 845 ~ 898.

Mewes, H. N., Memorandum of Understanding on the Generic Top – Level Domain Name Space of the Internet Domain Name System, *Berkeley Tech. L. J.*, Vol. 13, 1998, pp. 235 ~ 247.

Meyerson, M. I., Efficient Consumer Form Contracts: Law and Economics Meet the Real World, *Ga. L. Rev.*, Vol. 24, 1990, pp. 583 ~ 627

—, Virtual Constitutions: The Creation of Rules for Governing Private Networks, *Harvard Journal of Law and Technology*, Vol. 8, 1994, pp. 129 ~ 153.

Michael, D. C., Federal Agency Use of Audited Self-Regulation as a Regulatory Technique, *Administrative Law Review*, Vol. 47, 1995, pp. 171 ~ 253。

Micklitz, H. W. & Weatherill, Consumer Policy in the European Community, *Journal of Consumer Policy*, Vol. 16, 1993, p. 285

Mirzaian, Esquire, A. G., Y2K Who Cares? We Have Bigger Problems: Choice of Law in Electronic Contracts, *Rich. J. L. & Tech.*, Vol. 6, 1999 – 2000, p. 20.

Mnookin, R. H., Why Negotiations Fail: An Exploration of Barriers to the Resolution of Conflict, *Ohio St. J. on Disp. Resol.*, Vol. 8, No. 2, 1993, pp. 235 ~ 249.

Mullenix, L. S., Another Easy Case, Some More Bad Law: Carnival Cruise Lines and Contractual Personal Jurisdiction, *Tex. Int' l L. J.*, Vol. 27, 1992, p. 323.

—, Resolving Aggregate Mass Tort Litigation: The New Private Law Dispute Resolution Paradigm, *Val. U. L. Rev.*, Vol. 33, 1999, pp. 413 ~ 447.

Muth, R. T., Old Doctrines on a New Frontier: Defamation and Jurisdiction in Cyberspace, *Wisconsin Lawyer*, Vol. 68, 1995, p. 11.

Nathenson, I. S., Showdown at the Domain Name Corral: Property Rights and Personal Jurisdiction Over Squatters, Poachers and Other Parasites, *University of Pittsburgh law Review*, Vol. 58, 1997, p. 991.

Netanel, N. W., Cyberspace Self-Governance: A Skeptical View from Liberal Democratic Theory, *Cal. L. Rev.*, Vol. 88, 2000, p. 395 ~ 498.

Newman, J. O., "Rethinking Fairness": Perspectives on the Litigation Process, *Yale L. J.*, Vol. 94, 1985.

Nimmer, R. T. & Krauthaus, P. A., The Global Information Superhighway Challenges

Virtually All of the Premises of Copyright Law, *Stanford Law & Policy Review*, Vol. 6, 1994, pp. 25 ~ 39.

Nimmer, R. T., Licensing on the Global Information Infrastructure: Disharmony in Cyberspace, *Nw. J. Int'l L. Bus.*, Vol. 16, 1995, p. 224.

—, Electronic Contracting: Legal Issues, *J. Marshall J. Computer & Info. L.*, Vol. 14, 1996, pp. 211 ~ 246.

—Article 2B: An Introduction, *J. Marshall J. Computer & Info. L.*, Vol. 16, 1997, pp. 211 ~ 253.

Noonan, M. F., Civil Procedure—Personal Jurisdiction: Evolution and Current Interpretation of the Stream of Commerce Test in the Third Circuit, *Villanova Law Review*, Vol. 40, 1995, pp. 779 ~ 802.

Nunziato, D. C., Freedom of Expression, Democratic Norms, and Internet Governance, *Emory Law Journal*, Vol. 52, 2003, p. 187.

Okolie, C. C., *International Law Principle of Jurisdiction in Regard to Settlements of Humankind on the Moon and Mars*, Proc. Thirty - Fourth Colloquium L. Outer Space, 1991, p. 64.

Oppedahl, C., Analysis and Suggestions Regarding NSI Domain Name Trademark Dispute Policy, *Fordham Intellectual Property, Media & Entertainment Law Journal*, Vol. 7, No. 1, 1996, p. 73.

—, Remedies in Domain Name Lawsuits: How is a Domain Name Like a Cow?, *J. Marshall J. of Computer & Info. L.*, Vol. 15, 1997, pp. 437 ~ 464.

Orange, A., Developments in the Domain Name System: For Better or for Worse?, *The Journal of Information, Law and Technology*, No. 3, 1999.

O'Rourke, M. A., Fencing in Cyberspace: Drawing Borders in a Virtual World, 82 *Minn. L. Rev.* 609 (1998.

—, Progessing Towards a Uniform Commercial Code for Electronic Commerce or Racing Towards Nonuniformity?, *Berkeley Tech. L. J.*, Vol. 14, 1999, pp. 635 ~ 658.

Park, W. W., The *Lex Loci Arbitri* and International Commercial Arbitration, *Int'l & Comp. L. Q.*, Vol. 32, 1983, p. 21.

—, Judicial Control in the Arbitral Process, *Arbitration International*, Vol. 5, No. 3, p. 230.

Patchel, K., Choice of Law and Software Licenses: A Framework for Discussion, *Brooklyn J. Int'l L.*, Vol. 26, 2000, pp. 117 ~ 186.

Paul, J. R., Comity in International Law, *Harv. Int'l L. J.*, Vol. 32, 1991, pp. 1 ~ 44.

Paulsson, J., Arbitration Unbound: Award Detached from the Law of the Country of

Origin, *Int'l & Comp. L. Q.*, Vol. 30, 1981, p. 358.

—, Delocalization of International Commercial Arbitration: When and Why It Matters?, *Int'l & Comp. L. Q.*, Vol. 32, 1983, p. 53.

Perritt, Jr., H. H., Dispute Resolution in Electronic Network communities, *Vill. L. Rev.*, Vol. 38, 1993, pp. 349 ~ 401.

—, President Clinton's National Information Infrastructure Initiative: Community Regained?, *Chi. - Kent L. Rev.*, Vol. 69, 1994, pp. 991 ~ 1022.

—, Property and Innovation in the Global Information Infrastructure, *U. Chi. Legal F.*, 1996.

—, The Internet as a Threat to Sovereignty? Thoughts on the Internet's Role in Strengthening National and Global Governance, *Ind. J. Global Leg. Stud.*, Vol. 5, 1998, pp. 423 ~ 442.

—, The Internet is Changing International Law, *Chi. - Kent L. Rev.*, Vol. 73, 1998, pp. 997 ~ 1054.

—, The Internet is Changing the Public International Legal System, *Ky. L. J.*, Vol. 88, 1999/2000, pp. 885 ~ 955.

—, Dispute Resolution in Cyberspace: Demand for New Forms of ADR, *Ohio St. J. on Disp. Resol.*, Vol. 15, 2000, pp. 675 ~ 703.

Pollack, R. F., Creating the Standards of a Global Community: Regulating Pornography on the Internet—An International Concern, *Temp. Int'l & Comp. L. J.*, Vol. 10, 1996, pp. 467 ~ 492.

Ponte, L. M., Boosting Consumer Confidence in E - Business: Recommendations for Establishing Fair and Effective Dispute Resolution Programs for B2C Online Transactions, *Albany Law Journal of Science & Technology*, Vol. 12, 2002, p. 441.

Posner, E. A., Law, Economics and Inefficient Norms, *U. Pa. L. Rev.*, Vol. 144, 1996, pp. 1697 ~ 1744.

Post, D. G., Anarchy, State, and the Internet, *J. Online L.*, Vol. 1, 1995, p. 3.

—, Governing Cyberspace, *Wayne L. Rev.*, Vol. 43, 1996, pp. 155 ~ 171.

— & Johnson, D. R., "Chaos Prevailing on Every Continent": Towards A New Theory of Decentralized Decision-Making in Complex Systems, *Chi. -Kent. L. Rev.*, Vol. 73, 1998, pp. 1055 ~ 1099.

Pridgen, D., How Will Consumers Be Protected on the Information Superhighway?, *Land & Water Law Review*, Vol. 32, 1997, pp. 237 ~ 255.

Pruner, M., The Internet and the Practice of Law, *Pace L. Rev.*, Vol. 19, 1998, pp. 69 ~ 93.

Puurunen, T., The Legislative Jurisdiction of States Over Transactions in International Electronic Commerce, *J. Marshall J. Computer & Info. L.*, Vol. 18, 2000, pp. 689 ~753.

Radin, M. J., Property Evolving in Cyberspace, *J. L. & Com.*, Vol. 15, 1996, p. 509.

—, & Wagner, R. P., The Myth of Private Ordering: Rediscovering Legal Realism in Cyberspace, *Chi. -Kent L. Rev.*, Vol. 73, 1998, pp. 1295 ~ 1317.

Rakoff, T., Contracts of Adhesion: An Essay in Reconstruction, *Harv. L. Rev.*, Vol. 96, 1983, pp. 1173 ~ 1283

Rana, H. S., The "Common Heritage of Mankind" & The Frontier: A Revaluation of Values Constituting the International Legal Regime for Outer Space Activities, *Rutgers L. J.*, Vol. 26, 1994, pp. 225 ~ 250.

Raysman, R. & Brown, P., Dangerous Liaisons: The Legal Risks of Linking Web Sites, *N. Y. L. J.*, 1997, p. 3.

Redish, M. H., Of New Wine and Old Bottles: Personal Jurisdiction, The Internet, and the Nature of Constitutional Evolution, *Jurimetrics Journal*, Vol. 38, 1998, pp. 575 ~ 610.

Reese, W. L. M., The Law Governing Airplane Accidents, *Washington & Lee Law Review*, Vol. 39, 1982, p. 1303.

Reeves, H. S., Property in Cyberspace, *U. Chi L. Rev.*, Vol. 63, 1996, pp. 761 ~ 799.

Reidenberg, J. R. & Gamet - Pol, F. O., The Fundamental Role of Privacy and Confidence in the Network, *Wake Forest L. Rev.*, Vol. 30, 1995, pp. 105 ~ 125.

Reidenberg, J. R., Governing Networks and Rule-Making in Cyberspace, *Emory L. J.*, Vol. 45, 1996, pp. 911 ~ 930.

—, *Lex Informatica*: The Formulation of Information Policy Rules Through Technology, *Texas Law Review*, Vol. 76, 1998, pp. 553 ~ 593.

Reindl, A. P., Choosing Law in Cyberspace: Copyright Conflicts on Global Networks, *Mich. J. Int'l L.*, Vol. 19, 1998, pp. 799 ~ 871.

Rice, D. T., Jurisdiction in Cyberspace: Which Law and Forum Apply to Securities Transactions on the Internet? Appendix, *U. Pa. J. Int'l Econ. L.*, Vol. 21, 2000, pp. 585 ~ 653.

Ritter, J. & Gliniecki, J., International Electronic Commerce and Administrative Law: The Need for Harmonized National Reforms, *Harv. J. L. & Tech.*, Vol. 6, 1993, pp. 263 ~ 285.

Robertson, R. J., Electronic Commerce on the Internet and the Statute of Frauds, *S. C. L. Rev.*, Vol. 49, 1998, pp. 787 ~ 845.

Roew, M. P., Options, Functions, and Skills: What an Organizational Ombudsperson

Might Want to Know, *Negotiation Journal*, Vol. 11, 1995, p. 103.

Rogers, J. M., The Internet and International Law, *Ky. L. J.*, Vol. 88, 1999/2000, pp. 803 ~ 808.

Rosen, K. T. & Howard, A. L., E – Retail: Gold Rush or Fool's Gold?, *California Management Review*, Vol. 42, No. 3, 2000, pp. 72 ~ 99.

Rothchild, J., Protecting the Digital Consumer: The Limits of Cyberspace Utopianism, *Indiana Law Journal*, Vol. 74, 1999, pp. 893 ~ 989.

Rowe, Jr., T. D., American Law Institute Study on Paths to a "Better Way": Litigation, Alternatives, and Accommodations: Background Paper, *Duke L. J.*, Vol. 38, 1989, pp. 824 ~ 902.

Ruggie, J. G., International Responses to Technology: Concepts and Trends, *Int'l Org.*, Vol. 29, 1975, p. 557.

Rustad, M., Legal Resources for Lawyers Lost in Cyberspace, *Suffolk U. L. Rev.*, Vol. 30, 1996, pp. 317 ~ 352.

— & Eisenschmidt, L., The Commercial Law of Internet Security, *High Tech. L. J.*, Vol. 10, No. 2, 1995, p. 213.

A. Salaun, E-Commerce: Consumer Protection Proposals for Improving the Protection of Online Consumers, *Computer Law & Security Report*, Vol. 15, No. 3, 1999, pp. 159 ~ 167.

Salbu, S. R., Who Should Govern the Internet?: Monitoring and Supporting a New Frontier, *Harv. J. Law & Tech.*, Vol. 11, 1998, pp. 429 ~ 480.

Saltzer, J. H. et al., End – to – End Arguments in System Design, *ACM Transactions in Computer Systems*, Vol. 2, 1984, p. 277.

Schachter, O., International Law in Theory and Practice, *Recueil des Cours*, Vol. 178, 1982, p. 9.

—, Philip Jessup's Life and Ideas, *AJIL*, Vol. 80, 1986, pp. 878 ~ 895.

Schack, J., Cost Containment, *Institutional Investor*, Vol. 33, 1999, pp. 43 ~ 49.

Schneiderman, E. & Kornreich, R., Personal Jurisdiction and Internet Commerce, *New York Law Journal*, 1997.

Schuck, P. H., Legal Complexity: Some Causes, Consequences, and Cures, *Duke L. J.*, Vol. 42, 1992, pp. 1 ~ 52.

Schneider, M. E., Lean Arbitration, *Arbitration International*, Vol. 10, No. 2, 1994, p. 119.

— & Kuner, C., Dispute Resolution in International Electronic Commerce, *Journal of International Arbitration*, Vol. 14, No. 3, 1997, pp. 5 ~ 37.

Schwartz, A. & Scott, R. E., The Political Economy of Private Legislatures, *U. Pa. L.*

Rev. , Vol. 143, 1995, pp. 595 ~ 654.

Schwartz, J. L. , Making the Consumer Watchdog's Bark as Strong as its Gripe: Complaint Sites and the Changing Dynamic of the Fair Use Defense, *Albany Law Journal of Science & Technology*, Vol. 16, 2006, p. 59.

Schwartz, P. M. , European Data Protection Law and Restrictions on International Data Flows, *Iowa L. Rev.* , Vol. 80, 1995, pp. 471 ~ 496.

Selin, S. , The Need for an International Solution, *Gonz. L. Rev.* , Vol. 32, 1996/1997, pp. 365 ~ 388

Shahan, T. D. , The World Summit on the Information Society and the Future of Internet Governance, *Computer Law Review & Technology Journal*, Vol. 10, 2006, p. 325.

Shapiro, A. L. , The Disappearance of Cyberspace and the Risk of Code, *Seton Hall Const. L. J.* , Vol. 8, 1998, p. 703.

Shilston, A. W. , The Evolution of Modern Commercial Arbitration, *Journal of International Arbitration*, Vol. 4, 1987, p. 45.

Shin, H. , Oh, I have Slipped the Surly Bonds of Earth: Multinational Space Stations and Choice of Law, *Cali. L. Rev.* , Vol. 78, 1990, pp. 1375 ~ 1414.

Shreve, G. R. , Choice of Law and the Forgiving Constitution, *Indiana Law Review*, Vol. 71, No. 2, 1996, p. 271.

Silbey, S. S. & Merry, S. E. , Mediator Settlement Strategies, *Law & Policy*, Vol. 8, 1986, p. 7.

Smit, H. , A - national Arbitration, *Tulane Law Review*, Vol. 63, 1989, pp. 629 ~ 645

Solimine, M. E. , An Economic and Empirical Analysis of Choice of Law, *Ga. L. Rev.* , Vol, 24, 1989, pp. 49 ~ 93.

Solomon, L. & Corso, L. , The Impact of Technology on the Trading of Securities: The Emerging Global Market and the Implications for Regulation, *J. Marshall L. Rev.* , Vol. 24, 1991, p. 299.

Sommer, J. H. , Against Cyberlaw, *Berkeley Tech. L. J.* , Vol. 15, 2000, pp. 1145 ~ 1232.

Spector, P. L. , The Internet and Intellectual Property: Toward a New Model for the Economics of Content, *Telecommunications and Space Journal*, Vol. 4, 1997, pp. 155 ~ 175.

Staerk, III, R. B. & Rozell, L. M. , A Cyberspace Perspective: The Federal Trade Commission's Commitment to On - Line Consumer Protection, *J. Marshall J. Computer & Info. L.* , Vol. 15, 1997, pp. 679 ~ 702.

Stefik, M. , Shifting the Possible: How Trusted Systems and Digital Property Rights

Challenge Us to Rethink Digital Publishing, *Berkeley Tech. L. J.*, Vol. 12, No. 1, 1997, p. 137.

Stein, A. R., The Unexceptional Problem of Jurisdiction in Cyberspace, *International Lawyer*, Vol. 32, 1998, p. 1167.

Sterling, S. B., New Age Bandits in Cyberspace: Domain Names Held Hostage on the Internet, *Loy. L. A. Ent. L. J.*, Vol. 17, 1997, pp. 133 ~ 330.

Sternlight, J. R., Panacea or Corporate Tool?: Debunking the Supreme Court's Preference for Binding Arbitration, *Wash. U. L. Q.*, Vol. 74, 1996, pp. 637 ~ 712.

Stoll, P. & Goller, B., Electronic Commerce and the Internet, *German Yearbook of International Law*, Vol. 41, 1998, pp. 128 ~ 169.

Stott, D. L., Personal Jurisdiction in Cyberspace: The Constitutional Boundary of Minimum Contacts Limited to a Web Site, *Journal of Computer & Information Law*, Vol. 15, 1997, pp. 819 ~ 854

Sunstein, C. R., Legal Interference with Private Preferences, *U. Chi. L. Rev.*, Vol. 53, 1986, pp. 1129 ~ 1174.

Suzan, K. D., Tapping to the Beat of a Digital Drummer: Fine Tuning U. S. Copyright Law for Music Distribution on the Internet, *Alb. L. Rev.*, Vol. 59, 1995, pp. 789 ~ 829.

Swanson, S. R., Comity, International Dispute Resolution Agreements, and the Supreme Court, *Law & Policy in International Business*, Vol. 21, 1990, p. 333.

Swindells, C. & Henderson, K., Legal Regulation of Electronic Commerce, *The Journal of Information, Law and Technology*, Vol. 3, 1998, p. 30.

Swire, P. P., Of Elephants, Mice, and Privacy: International Choice of Law and the Internet, *International Lawyer*, Vol. 32, 1998, p. 991.

Symeondes, S. C., Choice of Law in the American Courts in 1993 (and in the Six Previous Years), *American Journal of Comparative Law*, Vol. 42, 1994, p. 599.

—, Choice of Law in the American Courts in 1994: A View "From the Trenches", *American Journal of Comparative Law*, Vol. 43, 1995, p. 1.

Szasz, P. C., The Role of the U. N. Secretary - General: Some Legal Aspects, *N. Y. U. J. Int'l L. & Pol.*, Vol. 24, 1991, p. 161.

Tamayo, Y. A., Who? What? When? Where? Personal Jurisdiction and the World Wide Web, *Rich. J. L. & Tech.*, Vol. 4, 1998, p. 7.

Tavakol, S., Digital Value Units, Electronic Commerce and International Trade: An Obituary for State Sovereignty over National Markets, *Journal of Computer & Information Law*, Vol. 17, 1999, pp. 1197 ~ 1233

Taitz, A. B., Removing Road Blocks Along the Information Superhighway: Facilitating the Dissemination of New Technology by Changing the Law of Contributory Copyright Infringement, *George Washington Law Review*, Vol. 64, 1995, pp. 133 ~ 171.

Teitz, L. E., Providing Legal Services for the Middle Class in Cyberspace: the Promise and Challenge of On – line Dispute Resolution, *Fordham L. Rev.*, Vol. 70, 2001, pp. 985 ~ 1016.

Tetley, W., The Law of the Flag, "Flag Shopping", and Choice of Law, *Maritime Lawyer*, Vol. 17, 1993, pp. 139 ~ 184.

Thomas, S. K., The Protection and Promotion of E – Commerce: Should There Be a Global Regulatory Scheme for Digital Signatures?, *Fordham Int'l L. J.*, Vol. 22, 1999, pp. 1002 ~ 1063.

Thornburg, E. G., Sanctifying Secrecy: The Mythology of the Corporate Attorney – Client Privilege, *Notre Dame L. Rev.*, Vol. 69, 1993, p. 157.

—, Going Private: Going Private: Technology, Due Process, and Internet Dispute Resolution, *U. C. Davis L. Rev.*, Vol. 34, 2000, pp. 151 ~ 220.

Tien, L., Who's Afraid of Anonymous Speech? McIntyre and the Internet, *Or. L. Rev.*, Vol. 75, 1996, pp. 117 ~ 189.

Tiersma, P. M., The Language of Offer and Acceptance: Speech Acts and the Question of Intent, *Cal. L. Rev.*, Vol. 74, 1986, pp. 189 ~ 232.

Tita, S. & Scamby, G., The "Effects Test": Unifying Personal Jurisdiction Case law in Internet Defamation Cases, *Law/Technology*, *World Jurist Association*, Vol. 33, No. 1, 2000, pp. 1 ~ 30.

Toth, A. G., The Principle of Subsidiarity in the Maastricht Treaty, *Common Market Law Review*, Vol. 29, 1992, p. 1079.

Towle, H. K., Electronic Transactions and Contracting, *PLI/Pat*, Vol. 520, 1998, p. 515.

Trachtman, J. P., Conflict of Laws and Accuracy in the Allocation of Government Responsibility, *Vand. J. Transnational L.*, Vo. 26, 1994, p. 975.

Trakman, L. E., From the Medieval Law Merchant to E – Merchant Law, *University of Toronto Law Journal*, Vol. 53, 2003, p. 265.

Trangsrud, R. H., The Federal Common Law of Personal Jurisdiction, *Geo. Wash. L. Rev.*, Vol. 57, 1989, pp. 849 ~ 906.

Trimble, P. R., A Revisionist View of Customary International Law, *UCLA L. Rev.*, Vol. 33, 1986, pp. 665 ~ 732.

Trubow, G. B., Regulating Transactions of the Internet, *Ohio N. U. L. Rev.*, Vol. 24,

1998, pp. 831 ~ 841.

Uyttendaele, C. & Dumortier, J., Free Speech on the Information Superhighway: European Perspectives, *J. Marshall J. of Computer & Info. L.*, Vol. 16, No. 4, 1998, pp. 905 ~ 936.

Valdivia, D. C., Panel I: Report on the E - Commerce Activities of the OAS, ICC, ABA, and UNCITRAL, *Ariz. J. Int'l & Comp. Law*, Vol. 17, 2000, pp. 109 ~ 117.

Valencia - Weber, G., Tribal Courts: Custom and Innovative Law, *N. M. L. Rev.*, Vol. 1994, pp. 225 ~ 263.

Vermulst, E. & Driessen, B., *An Overview of the WTO Dispute Settlement System and Its Relationship with the Uruguay Round Agreements: Nice on Paper but Too Much Stress for the System?*, JWT, Vol. 29, No. 2, 1995, pp. 131 ~ 161.

Vermut, R. S., File Caching on the Internet: Technical Infringement or Safeguard for Efficient Network Operation, *J. Intell. Prop. L.*, Vol. 4, 1997, p. 273.

Victorio, R. M., Internet Dispute Resolution (iDR): Bringing ADR into the 21st Century, *Pepp. Disp. Resol. L. J.*, Vol. 1, 2001, pp. 279 ~ 300.

Wai, R., Transnational Liftoff and Juridical Touchdown: The Regulatory Function of Private International law in an Era of Globalization, *Columbia Journal of Transnational Law*, Vol. 40, 2002, p. 209.

Waldrop, M. M., Cultural Shock on the Networks, *Science*, Vol. 265, 1994, pp. 879 ~ 883.

Wall, D. S., Catching Cybercriminals: Policing the Internet, *International Review of Law Computers & Technology*, Vol. 12, No. 2, 1998, pp. 201 ~ 218.

Wang, L., Some Observations on the Dispute Settlement System in the World Trade Organization, *JWT*, Vol. 29, No. 2, 1995, pp. 173 ~ 178

Ware, S. J., Default Rules from Mandatory Rules: Privatizing Law Through Arbitration, *Minn. L. Rev.*, Vol. 83, 1999, pp. 703 ~ 754.

Weinberg, J., ICANN and the Problem of Legitimacy, *Duke L. J.*, Vol. 50, 2000, pp. 187 ~ 260.

Weintraub, R. J., Methods for Resolving Conflict - of - Laws Problems in Mass Tort Litigation, *U. Ill. L. Rev.*, 1989, p. 129.

Weiswasser, G., Domain Names, the Internet, and Trademarks: Infringement in Cyberspace, *Santa Clara Computer & High Tech. L. J.*, Vol. 13, 1997, pp. 137 ~ 180.

White, Jr., H. M. & Lavria, R., The Impact of New Communication Technologies on International Telecommunication Law and Policy: Cyberspace and the

Restructuring of the International Telecommunication Union, *Cal. W. L. Rev.*, Vol. 32, 1995, pp. 1 ~ 30

Wiley, R. & Butler, R., National Information Infrastructure: Preserving Personal Space in Cyberspace, *Communications Lawyer*, Vol. 12, No. 3, 1994, pp. 1 ~ 29.

Williams, N. G., Offer, Acceptance, and Improper Considerations: A Common – Law Model for the Prohibition of Racial Discrimination in the Contracting Process, *Geo. Wash. L. Rev.*, Vol. 62, 1994, pp. 183 ~ 229.

Wilske, S., Conflict of Laws in Cyber Torts, *Computer Und Recht International*, No. 3, 2001, pp. 68 ~ 74.

—& Schiller, T., International Jurisdiction in Cyberspace: Which States May Regulate the Internet?, *Fed. Comm. L. J.*, Vol. 50, 1997, pp. 117 ~ 178.

Wilson, D., Viewing Computer Crime: Where Does the Systems Error Really Exist?, *Computer/L. J.*, Vol. 11, No. 2, 1991, pp. 265 ~ 286.

Wilson, Jr., P. E., Barking Up the Right Tree: Proposals for Enhancing the Effectiveness of the International Tropical Timber Agreement, *Temp. Int'l & Comp. L. J.*, Vol. 10, 1996, pp. 229 ~ 253.

Winn, J. K. Winn, Open Systems, Free Markets and Regulation of Internet Commerce, *Tul. L. Rev.*, Vol. 72, 1998, pp. 1177 ~ 1259.

Winship, P., Private International Law and the U. N. Sales Convention, *Cornell International Law Review*, Vol. 21, No. 3, 1988, p. 487.

Wittow, M. H., U. S. U. S. District Court for the Northern District of California: Personal Jurisdiction over Nonresidents, *Computer Und Recht International*, No. 4, 2001, pp. 111 ~ 117

Wood, G. S., Thomas Jefferson, Equality, and the Creation of a Civil Society, *Fordham L. Rev.*, Vol. 64, 1996, pp. 2133 ~ 2147.

Wu, S. S., Incorporation by Reference and Public Key Infrastructures: Moving the Law Beyond the Paper – Based World, *Jurimetrics Journal*, Vol. 38, No. 3, 1998, pp. 317 ~ 344.

Wu, T. S., Cyberspace Sovereignty?: The Internet and the International System, *Harv. J. L. & Tech.*, Vol. 10, 1997, pp. 647 ~ 666.

—, Application – Centered Internet Analysis, *Va. L. Rev.*, Vol. 85, 1999, pp. 1163 ~ 1204.

—, When Law & the Internet First Met, *Green Bag 2d*, Vol. 3, 2000, pp. 171 ~ 177.

Yates, J. C., Recent Legal Issues in Electronic Commerce and Electronic Data Interchange, *PLI/Pat*, 1996, p. 271.

Yeo, M. S. & Berliri, M., Conflict Looms Over Choice of Law in Internet

Transactions, *Electronic Commerce & Law Report*, Vol. 4, 1998, p. 85.

Yeo, Y. L., Domain Name Dispute Resolution within the Asian Region, *Universityof Toledo Law Review*, Vol. 38, 2006, p. 403.

Yntema, H. E., The Comity Doctrine, *Mich. L. Rev.*, Vol. 65, 1966, p. 9.

Young, A. R., Towards a More Vigorous European Consumer Policy?, *European Business Journal*, Vol. 7, No. 4, 1995, p. 34.

Zain, S., Regulation of E – Commerce by Contract: Is It Fair to Consumers?, *U. West. L. A. L. Rev.*, Vol. 31, 2000, pp. 163 ~ 186.

Zanghi, J. S., "Community Standards" in Cyberspace, *U. Dayton L. Rev.*, Vol. 21, 1995, p. 95.

Zaphiriou, G. A., Basis of the Conflict of Laws: Fairness and Effectiveness, *Geo. Mason U. L. Rev.*, Vol. 10, 1988, p. 301.

Zembek, R. S., Jurisdiction and the Internet: Fundamental Fairness in the Networked World of Cyberspace, *Alb. L. J. Sci. & Tech.*, Vol. 6, 1996, pp. 339 ~ 381.

Zhao, Y., Internet Service Providers and their Liability, *Law/Technology*, *World Jurist Association*, Vol. 34, No. 1, 2001, pp. 1 ~ 19.

Zittrain, J., ICANN: Between the Public and the Private – Comments Before Congress, *Berkeley Tech. L. J.*, Vol. 14, 1999, pp. 1071 ~ 1093.

Zollers, F. E., Hurd, S. N. & Shears, P., Consumer Protection in the European Union: An Analysis of the Directive on the Sale of Consumer Goods and Associated Guarantees, *U. Pa. J. Int'l Econ. L.*, Vol. 20, 1999, pp. 97 ~ 131.

后记

本书是在本人的博士学位论文的基础上修改而成的。本论文的英文版已经于2005年8月由国际知名的Martinus Nijhoff出版社出版发行。在荷兰四年的学习、工作和生活是我生命中最宝贵的时光。1998年9月拿着荷兰政府奖学金(NUFFIC)来到著名的莱顿大学攻读国际法学硕士,一年的硕士学习,使我接触到诸多国际法名家,也有幸得到他们的悉心指导,坚定了我投入学术圈的信心和决心。在硕士导师Haanappel教授的极力推荐下,当年我的硕士论文获得Diederiks-Verschoor奖,并成为该奖设立以来的第一个获奖者。

硕士学业即将结束,当时任鹿特丹Erasmus大学国际法讲席的著名国际法学家Malanczuk教授决定接收我为其博士生,并给我提供了该校法学院的研究职位,解决了我的后顾之忧。Malanczuk教授对学生的期望很高,要求也非常严格,学位论文的写作,不论从最初的选题,还是布局谋篇乃至行文,他都付出艰辛劳动,进行细致修改。在几年的博士研究过程中,他的言传身教和身体力行让我充分领略到一个法学家的可贵精神和崇高品格。尤其让我感动的是,他对中国的热情和法学教育的关注;如今,他已经置身于中国,更有了中国名字,继续致力于推动中国法学教育的发展。可以说,Malanczuk教授为我的人生树立了一个非常重要的榜样,将成为我毕生的精神财富。

我还要感谢Diederiks-Verschoor教授。在获得以其命名的奖后,我终于在2000年第一次与她在荷兰莱顿见面。当时已经85高龄的她,仍然精神矍铄,与我细细探讨博士研究的课题。作为国际知名的国际空间法和航空法学家,她毕生致力于这些法学前沿阵地,是这些阵地的开创者和拓展者。在几年的博士研究过程中,不论在学习,还是生活,抑或工作,我都经常得到她多方面的帮助和指导,我也一直尊称她为我的祖母。作为我的博士学位论文答辩委员会委员,她对我的论文提出了很多宝贵的意见。2005年7月我再次去荷兰参加她90岁生日庆祝。如今Diederiks-Verschoor教授仍非常活跃,撰写其《航空法引论》第8版(已被译成177种语言)和《空间法引论》第3版。在此我谨祝她永远健康长寿。

感谢前南刑庭刘大群法官,作为我的博士答辩委员会委员,他对本书的写作提出了许多很好的建议。也要感谢我的研究助手为本书的写作给予的帮助。

最后,我要对所有在该书出版过程中给予帮助和支持的人士表示衷心的感谢,正是他们的支持和努力,才将我的梦想变成现实。

图书在版编目(CIP)数据

电子商务中的争端解决问题探究/赵云著.—厦门:厦门大学出版社,2008.9

ISBN 978-7-5615-3078-8

Ⅰ.电… Ⅱ.赵… Ⅲ.电子商务-国际争端-研究 Ⅳ.F713.36

中国版本图书馆 CIP 数据核字(2008)第 137474 号

厦门大学出版社出版发行

(地址:厦门大学 邮编:361005)

http://www.xmupress.com

xmup @ public.xm.fj.cn

三明地质印刷厂印刷

2008 年 9 月第 1 版 2008 年 9 月第 1 次印刷

开本:787×960 1/16 印张:16.5 插页:2

字数:320 千字 印数:0001～2 000 册

定价:25.00 元